普通高等教育国际经济与贸易专业系列教材

国际贸易理论与实务

主　　编　邱爱莲
副主编　王玲莉　丛　峻
参　　编　韩　涌　侯　坤　张　雪
　　　　　高连廷　洪丹丹　孟祥铭
　　　　　宋连成　佟继英　王　岩
　　　　　闫　微

机械工业出版社

本书将国际经济与贸易专业两大核心课程——"国际贸易学"和"国际贸易实务"的主要内容整合在一起，既系统地介绍了国际贸易学的理论体系，又全面地介绍了国际贸易业务的流程。

本书既做到了主要内容全覆盖，又详略得当，突出了主要贸易理论和重点贸易环节。理论部分难易结合，部分理论内容为描述性知识，部分理论则结合了经济学原理进行了阐述，对学生来说既易于理解，又具有一定的挑战性；实务部分既传承了传统，又体现了各种新变化，凸显了与时俱进的特点。

本书是一本介绍国际贸易理论和实务的通识性教材，适用于普通高等院校经管类专业的本科生和专业硕士研究生，也可作为国际贸易从业人员的学习资料。

图书在版编目（CIP）数据

国际贸易理论与实务 / 邱爱莲主编. -- 北京：机械工业出版社, 2025. 2. --（普通高等教育国际经济与贸易专业系列教材）. -- ISBN 978-7-111-77395-5

Ⅰ. F740

中国国家版本馆 CIP 数据核字第 20254PT814 号

机械工业出版社（北京市百万庄大街22号　邮政编码100037）
策划编辑：常爱艳　　　　　　　责任编辑：常爱艳　王华庆
责任校对：潘　蕊　李　杉　　　封面设计：鞠　杨
责任印制：李　昂
河北泓景印刷有限公司印刷
2025年4月第1版第1次印刷
184mm×260mm・25.25印张・560千字
标准书号：ISBN 978-7-111-77395-5
定价：78.00元

电话服务　　　　　　　　　　网络服务
客服电话：010-88361066　　　机　工　官　网：www.cmpbook.com
　　　　　010-88379833　　　机　工　官　博：weibo.com/cmp1952
　　　　　010-68326294　　　金　书　网：www.golden-book.com
封底无防伪标均为盗版　　　机工教育服务网：www.cmpedu.com

前言

当今世界波谲云诡，逆全球化卷土重来，贸易保护主义重新抬头，自由贸易精神屡屡遭到践踏。一些国家实施的"制造业回流"政策，已经对我国的出口贸易造成了一定的影响。以美国为首的一些发达国家针对我国搞"脱钩断链"，决心之大，手段无所不用其极，使我国与某些国家的贸易往来遭遇了巨大的阻碍。我国企业在海外的投资时常遭遇各种非难，甚至被非法对待，在我国已经深度融入世界价值链的背景下，与投资相关的贸易受到的冲击无疑是巨大的。新冠疫情在很长的一段时间里给全世界的经济造成了沉重的打击，目前，虽然各国经济恢复，但其对贸易的影响尚未完全消除，极大地拖慢了我国贸易的发展速度。

与此同时，国际形势风云变幻，局部战争和地区冲突不断，对当前的国际贸易产生了重大的影响，甚至可能会影响未来的世界贸易格局。

但是，我国贸易的发展也面临着巨大的机遇，共建"一带一路"的顺利推进，RCEP（《区域全面经济伙伴关系协定》）的顺利签署，为我国应对逆全球化提供了新路径。尤其是随着数字经济的迅猛发展，我国贸易获得突破，尤其是服务贸易实现"弯道超车"成为可能。

党的二十大报告提出，"推进高水平对外开放。依托我国超大规模市场优势，以国内大循环吸引全球资源要素，增强国内国际两个市场两种资源联动效应，提升贸易投资合作质量和水平。稳步扩大规则、规制、管理、标准等制度型开放。推动货物贸易优化升级，创新服务贸易发展机制，发展数字贸易，加快建设贸易强国"，为我国贸易的持续发展提供了坚实的政策支持。

因此，本书既要介绍国际贸易一般的理论和实务内容，又要引导学生通过学习能够于危机中见转机，因势利导，与时俱进地推动我国贸易持续发展。具体体现为：一是从理论上分析当前贸易面临局势的成因，为从政策制定上寻求破解之道提供理论支撑；二是从实践的角度，结合当前的新机遇为我国发展国际贸易破解困局提供实际可行的方法和思路。

本书写作的特点之一是详略得当、重点突出，既覆盖全面又突出了重点理论、重点流程和重要内容。本书的特点之二是既继承了传统又体现了变化。理论部分主要以传统知识介绍为主，同时关注了新理论、新现象和新政策。本书的特点之三是理论知识结合了大量的案例和拓展资料，既呈现了经典案例也展示了贸易相关领域的最新进展。

本书特别适用于普通高等院校经管类专业本科生及专业硕士研究生，也适合作为国际贸易从业人员的学习资料。

本书由专业任课教师撰写，佐以从业人员指导和把关。各章的编者都为多年从事国际贸易理论和实务教学的高校教师，他们分别来自沈阳工业大学等院校，充分保证了本书内容的开放性和普适性。参与的企业人员为多年从事国际贸易的专家，具有丰富的实践经验，为本书的实用性提供了有力的保障。

本书由沈阳工业大学邱爱莲担任主编，由沈阳理工大学王玲莉和沈阳远大智能工业集团股份有限公司高管丛峻担任副主编，沈阳理工大学的韩涌、沈阳航空航天大学的高连廷、沈阳工学院的闫微、华南师范大学的王岩、唐山学院的佟继英，以及沈阳工业大学的孟祥铭、侯坤、洪丹丹、张雪和宋连成等参加编写。

本书由邱爱莲负责设计大纲，撰写前言，统稿并定稿。具体编写分工如下：第一章由佟继英、邱爱莲编写；第二、三、九章由王玲莉、邱爱莲编写；第四、八、十、十一章由邱爱莲编写；第五、六章由侯坤编写；第七、十三章由王玲莉编写；第十二章由邱爱莲、丛峻编写；第十四章由张雪、邱爱莲编写；第十五、二十章由韩涌、邱爱莲编写；第十六章由张雪、丛峻编写；第十七、十九章由韩涌、闫微编写；第十八章由高连廷编写；第二十一章由宋连成、王岩编写；第二十二章由丛峻编写；第二十三章由洪丹丹编写；第二十四章由孟祥铭编写。

我们首先衷心地感谢沈阳工业大学的领导和同事对本书的大力支持；同时感谢具有多年国际贸易从业经历的福建美之扣科技有限公司创始人陈乃华先生、中车时代电动汽车股份有限公司副总经理冯罡先生、大连蓝创玻璃制品有限公司张畅总经理、天大北洋化工设备有限公司海外营销总监查龙华先生，他们对书中国际贸易实务部分提供了大量宝贵意见和素材。本书在写作过程中还得到了姜国庆教授、张孟才教授的指导和支持，研究生张攀、于迎春、尹馨梓负责部分资料收集和整理工作，在此对他们表示衷心的感谢！对本书中引用的文献和资料的作者一并表示感谢。真诚期待广大读者提出宝贵意见和建议。

配套资源请登录机工教育服务网（www.cmpedu.com）索取。

邱爱莲
2025 年 1 月

目录
Contents

前　言

第一章　导论

第一节　国际贸易的重要性 ··· 1
第二节　国际贸易的产生和发展 ······································· 4
第三节　国际贸易的研究对象 ··· 8
第四节　基本概念和常见分类 ··· 13
【本章小结】 ··· 18
【习题与思考】 ··· 19

第一篇　国际贸易理论与政策

第二章　古典国际贸易理论

第一节　古典经济学与重商主义 ······································· 21
第二节　绝对优势理论 ·· 24
第三节　比较优势理论 ·· 28
第四节　相互需求原理 ·· 33
【本章小结】 ··· 35
【习题与思考】 ··· 36

第三章　新古典国际贸易理论

第一节　要素禀赋理论 ·· 37
第二节　"里昂惕夫悖论" ··· 43
【本章小结】 ··· 47

【习题与思考】 47

第四章　新古典国际贸易理论的扩展

第一节　要素价格均等化定理 49
第二节　斯托尔珀-萨缪尔森定理 51
第三节　特定要素模型、国际贸易与收入分配 55
第四节　经济增长与国际贸易 58
【本章小结】 65
【习题与思考】 66

第五章　当代国际贸易理论

第一节　当代国际贸易的新发展 67
第二节　规模经济、不完全竞争与国际贸易 71
第三节　需求决定的国际贸易 76
第四节　技术差距论与产品生命周期理论 77
第五节　异质性企业贸易理论 80
【本章小结】 81
【习题与思考】 81

第六章　要素流动与国际贸易

第一节　资本流动与国际贸易 82
第二节　FDI 理论基础 84
第三节　FDI 与国际贸易关系理论 87
第四节　劳动力流动与国际贸易 90
第五节　国际服务贸易概述 92
第六节　国际技术贸易概述 94
【本章小结】 95
【习题与思考】 95

第七章　国际贸易政策

第一节　国际贸易政策概述 96

第二节	自由贸易政策的演变及理论依据	100
第三节	贸易保护政策的演变	102
第四节	贸易保护政策的理论依据	108

【本章小结】 114

【习题与思考】 114

第八章　关税措施

第一节	关税	115
第二节	关税的主要分类	116
第三节	关税的征收	122
第四节	关税的经济效应	125

【本章小结】 129

【习题与思考】 130

第九章　非关税壁垒

第一节	非关税壁垒概述	131
第二节	进口配额与"自愿"出口限额	133
第三节	相机保护措施	136
第四节	技术性贸易壁垒与绿色壁垒	142
第五节	社会壁垒与动物福利壁垒	146
第六节	知识产权壁垒	150
第七节	对外贸易国家垄断与歧视性的政府采购	151
第八节	其他非关税壁垒	152

【本章小结】 155

【习题与思考】 156

第十章　鼓励出口的措施

第一节	出口补贴	157
第二节	商品倾销	160
第三节	外汇倾销	161
第四节	出口信贷和出口信贷国家担保制	163
第五节	鼓励出口的组织和服务措施	164

第六节　区域开放 ·· 165
【本章小结】 ·· 168
【习题与思考】 ·· 168

第十一章　限制出口的措施

第一节　出口管制 ·· 169
第二节　国际卡特尔 ·· 173
第三节　贸易制裁 ·· 175
【本章小结】 ·· 178
【习题与思考】 ·· 178

第十二章　区域经济一体化

第一节　区域经济一体化的组织形式 ································ 179
第二节　区域经济一体化理论 ··· 181
第三节　主要区域经济一体化组织简介 ····························· 186
【本章小结】 ·· 190
【习题与思考】 ·· 190

第十三章　多边贸易体制与 WTO

第一节　GATT 的发展历程 ·· 191
第二节　WTO 简介 ··· 195
第三节　WTO 与中国 ·· 199
【本章小结】 ·· 203
【习题与思考】 ·· 203

第二篇　国际贸易实务

第十四章　国际贸易实务概述

第一节　国际贸易的特点 ·· 205
第二节　出口贸易流程 ··· 207

第三节　进口贸易流程 ··· 216
【本章小结】 ·· 221
【习题与思考】 ··· 221

第十五章　交易磋商与合同的签订

第一节　交易前的准备 ··· 222
第二节　交易磋商 ·· 226
第三节　合同的订立、成立与生效 ································ 233
【本章小结】 ·· 236
【习题与思考】 ··· 237
【案例分析】 ·· 237

第十六章　国际贸易术语和价格

第一节　国际贸易惯例概述 ·· 238
第二节　《2000年国际贸易术语解释通则》 ··················· 240
第三节　《2010通则》和《2020通则》 ·························· 249
第四节　合同中的贸易术语 ·· 252
第五节　进出口商品价格 ··· 253
【本章小结】 ·· 260
【习题与思考】 ··· 260
【案例分析】 ·· 260

第十七章　商品的品名、品质、数量和包装条款

第一节　商品的品名条款 ··· 261
第二节　商品的品质条款 ··· 263
第三节　商品的数量条款 ··· 271
第四节　商品的包装条款 ··· 275
【本章小结】 ·· 282
【习题与思考】 ··· 282
【案例分析】 ·· 282

第十八章　国际货物运输条款

- 第一节　国际货运方式 283
- 第二节　货运单据 290
- 第三节　装运条款 293
- 【本章小结】 297
- 【习题与思考】 297
- 【案例分析】 297

第十九章　商品检验条款

- 第一节　商品检验概述 298
- 第二节　商品检验的程序与方法 303
- 第三节　商品检验证书 306
- 第四节　检验条款概述 307
- 【本章小结】 308
- 【习题与思考】 309
- 【案例分析】 309

第二十章　国际货物运输保险条款

- 第一节　保险概述 310
- 第二节　货物运输保险的承保范围 312
- 第三节　我国海洋运输货物保险的险别与条款 316
- 第四节　伦敦保险协会的海运货物保险条款 320
- 第五节　进出口货运保险实务和国际货物买卖合同中的保险条款 322
- 【本章小结】 325
- 【习题与思考】 326
- 【案例分析】 326

第二十一章　国际贸易货款结算条款

- 第一节　票据 327
- 第二节　常用的结算方式 331

第三节　结算方式的选择和使用 ·· 342
【本章小结】 ·· 345
【习题与思考】 ·· 346
【案例分析】 ·· 346

第二十二章　国际贸易争端解决条款

第一节　争端、违约及其法律后果 ·· 348
第二节　合同中的索赔条款 ·· 350
第三节　不可抗力 ·· 355
第四节　国际贸易争端解决方式 ·· 359
第五节　国际贸易仲裁 ·· 361
【本章小结】 ·· 365
【习题与思考】 ·· 365
【案例分析】 ·· 366

第二十三章　国际贸易方式

第一节　加工贸易方式 ·· 367
第二节　一般贸易方式 ·· 370
第三节　其他贸易方式 ·· 374
【本章小结】 ·· 376
【习题与思考】 ·· 376

第二十四章　电子商务与国际贸易

第一节　跨境电商发展简介 ·· 377
第二节　电子商务的运用与国际贸易 ·· 382
【本章小结】 ·· 389
【习题与思考】 ·· 389

参考文献

第一章 导论

国际贸易理论与实务

第一节 国际贸易的重要性

国际贸易泛指国际商品和劳务的交换，是世界各国对外贸易的总和，也是世界各国经济在国际分工基础上相互依存、相互联系的主要表现形式之一。随着社会生产力水平的提高，劳动分工不断深化，剩余产品开始出现，人类产生了互通有无的需要，贸易活动也就随之开展起来。贸易活动的初期仅为少量剩余产品的互通有无，后来逐渐发展成为不同国家和地区之间的大规模对外经济活动。在历史上，国际贸易曾被视为一国经济的附属物，对经济的发展无足轻重。但是，随着科技的发展，世界各国经济交往越来越频繁，国际贸易开始成为各国经济的重要组成部分，变成了"经济增长的发动机"，越来越受到各国的重视。

一、调节各国市场的供求关系

调节各国市场的供求关系、互通有无始终是国际贸易的重要作用之一。各国的产品生产能力主要是由其物质资源、生产条件和技术水平决定的，而对产品的需求则受人口和经济发展水平等因素的影响。因此，一国的产品供给和需求可能存在着一定程度的失衡。这些供求不平衡的状况会妨碍一国经济的发展。

一国国内市场相对来说总是狭小的，出口的扩大则克服了国内市场的狭小性，生产规模也可以不断扩大，以达到最佳，生产效率不断提高，单位成本不断下降。这样一方面可以提高利润率，另一方面会增强国际竞争能力。

通过国际贸易，一国就可以出口剩余产品，进口稀缺产品，互通有无，调剂余缺。出口贸易为国内剩余资源和商品解决了出路，进口贸易为资源稀缺国排忧解难，从而起到平衡一国国内市场供求关系的作用。

二、发挥比较优势获取贸易利益

世界上没有任何一个国家能拥有发展本国经济所需要的一切资源，也没有任何一个国家能掌握世界上所有的先进技术。世界各国的商品生产都具有自身的比较优势和比较劣势。在参与国际分工生产之前，一国为了满足国内市场多样化的需求，必须将自身的生产要素分配到各类商品上，会造成部分商品生产效率的低下和生产要素的浪费。而一国可以利用国际分工，发挥自身优势，扬长避短。通过合理配置生产要素，利用比较优势进行国际分工和国际贸易，扩大本国相对优势商品的生产与出口，进口本国相对劣势的商品，通过交换节约社会劳动，增加商品价值总量，提高生产效率，获得更大的经济效益。

三、促进世界生产要素的充分利用

生产要素在各个国家的分布往往是不平衡的，如果没有国际贸易，各国家国内生产都会受到其短缺的生产要素的制约。同时，富余的生产要素将被闲置或浪费，生产潜力得不到发挥。通过国际贸易，一国可以直接或间接地将国内富余的生产要素与他国交换，获得国内短缺的生产要素，从而缓解生产要素稀缺对生产的制约。

四、扩大资本积累并提高国民福利

一国通过对外贸易可以提高一国的财政收入。第二次世界大战前，很多国家把对进出口企业征收的关税作为增加一国的财政收入，尤其是作为增加国家经济建设与发展过程中急需的外汇收入的手段之一。在美国联邦政府成立初期，关税收入曾占联邦财政收入的90%。如今，关税和涉外税收仍然是一些国家特别是发展中国家财政收入的重要来源。此外，通过国际分工和国际商品交换使各国节约一定的社会劳动消耗，利用引进先进技术和设备，提高社会劳动生产率，创造更多的产值，从而间接地增加一国的财政收入。这些都可以推动一国资本积累，为经济实现更快发展打下良好的基础。

国际贸易还可以提高国民的福利水平。它可以通过进口国内短缺而又迫切需要的商品，或者进口比国内商品价格更低廉、质量更好、式样更新颖、特色更突出的商品，使国内消费者获得更多的福利。此外，国际贸易的扩大，特别是劳动密集型产品出口的增长，将为国内提供更多的就业机会，间接增进国民福利。

五、促进贸易国及世界经济的发展

20世纪30年代，经济学家罗伯特逊（D. H. Robertson）提出了对外贸易是"经济增长的发动机"的命题。20世纪50年代，R. 纳克斯（Ragnar Nurkse）进一步补充和发展了这一命题。

一方面，各国通过专业化分工，进行交换，获得对外贸易的直接利益。另一方面，随着对外贸易的发展，通过一系列的动态转换过程，把经济增长传递到国内各个经济部门，从而带动国民经济的全面增长。这是对外贸易产生的间接动态利益。

同时，国际贸易对整个世界经济的发展起到了促进作用。各国之间的经济、技术交流与合作，深化了国际分工，加速了生产要素在世界各国间的转移，促进了生产的国际化、资本的国际化与经营的国际化，从而促进了整个世界经济的发展。

六、助力我国成为世界经济增长极

（一）改革开放成就中国速度

改革开放初期，我国进出口规模不足千亿元，此后 20 年间，在改革开放激发的动力助推下，规模提升至 2000 年的近 4 万亿元人民币。加入世界贸易组织（World Trade Organization，WTO）后，我国外贸加速发展，2009 年出口总额超过 1.2 万亿美元，超越德国成为全球最大的出口国。同年，我国外汇储备余额突破 2 万亿美元，约占世界外汇储备的 1/3，成为世界第一。在加入世界贸易组织 10 年后，我国国内生产总值从全球排名第六位跃居第二位，年均增速 11%。2012 年，我国的贸易总额首次超过美国，成为世界上贸易规模最大的国家。这些亮眼的数据都体现了经济发展的"中国速度"，也充分体现了国际贸易的迅猛发展对我国经济拉动的巨大作用。

（二）中国经贸给力世界经济

2020 年，在新冠疫情冲击下，中国货物进出口总额依然实现了约 32.2 万亿元，增长 1.9%，是全球唯一实现贸易正增长的主要经济体。根据 WTO 数据，2020 年中国出口增速高于全球 7.4 个百分点，进出口、出口、进口的国际市场份额分别达 13.1%、14.7%、11.5%，均创历史新高，货物贸易第一大国地位进一步得到巩固。2022 年，在全球贸易低迷的情况下，我国货物贸易仍然表现亮眼，总额突破 40 万亿元，比 2021 年增长 7.7%，连续 6 年保持全球货物贸易第一大国地位，有力保障了全球产业链供应链稳定畅通，为促进世界经济复苏贡献了中国力量；我国对外贸易伙伴由几十个国家（地区）发展到 200 多个，出口国际市场份额连续 14 年居全球首位，以自身超大规模市场成为全球经贸的"稳定器"。

我国不仅在努力扩大自己的贸易对象和贸易规模，也在努力帮助其他国家参与国际分工，提升其经济发展水平。自 2013 年以来，我国与"一带一路"共建国家进出口规模十年间实现翻番，共建"一带一路"成为全球影响力最大的国际经济合作新平台；与 29 个国家（地区）签署了 22 个自贸协定，协定数量和开放水平持续提升；自由贸易试验区数量已扩大到 22 个，海南自由贸易港建设稳步推进，年度进出口规模突破 2000 亿元。在"物美价廉"的"中国制造"享誉全球、走进世界各地千家万户的同时，我国坚持实施扩大进口战略，连续 14 年稳居全球第二大进口市场，成为全球产品和企业竞相争艳的大舞台。我国坚持互惠互利、合作共赢，广织"朋友圈"，为世界经贸发展形成了稳固的纽带。在当今世界局势复杂多变、经济发展低迷、各种自然灾害频发的形势下，我国在推动世界经贸发展方面的各种努力，为缓解经济危机、消除贫困、实现和平贡献了巨大的中国力量。

第二节　国际贸易的产生和发展

一、国际贸易的产生

国际贸易的本质就是国家和国家之间商品和劳务的交换,所以国际贸易的产生必须具备两个基本前提条件:一是要满足一定的物质条件,经济生产中要有大量剩余的产品作为商品交换的基础;二是要满足一定的社会条件,商品交换要在各自为政的社会实体(国家或地区)之间进行。这两大条件都离不开生产力的发展。

国际分工是指世界各国之间的劳动分工,它是当社会分工发展到一定阶段,国民经济内部分工超越国家界限发展的结果。分工是一个社会范畴,人类发展历史上曾经出现过三次社会大分工,但国际分工是在国家出现和社会生产力发展到一定水平后才产生的。由社会分工发展至地域分工,再发展至国际分工的进程,既是以社会生产力的发展为物质基础,又是社会生产力发展的结果。国际分工和国际贸易各国之间形成相互依赖的关系。因此,国际贸易是随着三次社会分工而产生并不断发展壮大的。恩格斯在《家庭、私有制和国家的起源》中指出:"随着生产分为农业和手工业这两大主要部门,便出现了直接以交换为目的的生产,即商品生产,随之而来的是贸易,不仅有部落内部和部落边界贸易,而且还有海外贸易。"

二、国际贸易的发展

国际贸易的产生可以追溯到古代。在人类社会的早期,不同地区的人们开始意识到各自拥有的资源和技能不同,于是开始进行物品交换,以满足各自的需求。这种物品交换逐渐演变成跨国交易,从而形成了国际贸易的雏形。

(一)古代的"地区间"贸易

最早的国际贸易,大约产生于公元前 100 年,表现为"地区间"贸易。当时各地区之间交换的物品种类并不多,主要有罗马的金银铜锡、亚麻布、玻璃,印度的宝石、香料和中国的丝绸。中世纪后期的西欧势力扩张对国际贸易产生了第一次推动作用。公元 11—13 世纪,十字军多次东征,并夺得了地中海地区,从此,地中海成为欧亚大陆贸易的海上通道。到了 14 世纪,整个欧洲已形成了几个主要的贸易区,地中海、北海与波罗的海、不列颠地区、汉萨地区之间的贸易往来非常频繁。与此同时,以印度为主的南亚贸易区与以中国、朝鲜和日本为主的东亚贸易区在亚洲形成。

13—14 世纪,东西方之间的陆路贸易主要依靠"丝绸之路"来开展,海上贸易通道则主要从地中海经红海和印度洋到达印度,或者从波斯湾经阿拉伯海到达印度。亚洲输往欧洲的主要商品有印度的珠宝、蓝靛、药材和地毯,中国的丝绸、瓷器和茶叶,以及东南亚的香料。欧洲出口至亚洲的商品主要是羊毛、呢绒和金属制品。15 世纪前,国际贸易只是作为经济生活的补充,其稳定性和连续性都比较差。

(二)"地理大发现"与殖民贸易

伴随着生产力的发展,欧洲城市自 11 世纪逐渐兴起,手工业与农业进一步分离,商品经济得到较快发展。14世纪末至15世纪，土耳其奥斯曼帝国开始崛起，并占领了小亚细亚、巴尔干半岛和埃及，从欧洲通往波斯、印度和中国的陆路贸易几乎中断。但此时航海技术已经有了一定的发展，欧洲人为了寻找新的贸易通道，开始通过远洋探索新世界。

1492年，哥伦布发现了美洲新大陆，结束了世界各地相对孤立的状态，世界各地的文明开始交融，以欧洲为世界市场中心的雏形开始显现，经贸开始繁荣茂盛，促进了资本主义的萌芽发展；1497年，达·伽马绕过好望角到达南亚西海岸，打通了通往欧洲的新航路；1519年，麦哲伦到达菲律宾群岛，开启了西班牙殖民统治的时代。这些标志性事件以及后来的一系列新航线的开辟，发现了大片欧洲人从未到过的新土地。

"地理大发现"及随之带来的殖民地开拓，对欧洲乃至世界经济贸易发展产生了深远的影响。一方面，它引发了商业革命，商业性质、经商技术以及商业组织等方面发生了巨大的变革。另一方面，"地理大发现"引发了长达两个世纪的殖民扩张和殖民贸易，推动了洲与洲之间的贸易。这一时期自然资源和生产技能是影响国际贸易的主要因素。

同时，"地理大发现"使得市场范围进一步扩大，反过来促进了手工业向工场手工业的过渡，有些国家进入了资本主义的原始积累时期。在这一阶段，西欧殖民主义者对拉丁美洲、亚洲和非洲用暴力手段和超经济的强制手段进行掠夺，扩大本国工业品的生产和出口，出现了最初的分工形式，即宗主国与殖民地的分工，早期的国际专业化生产也开始建立。如当时盛行的"三角贸易"——由西非提供奴隶作为劳动力，西印度群岛生产并出口蔗糖和烟草，英国生产并出口工业品（毛织品、铁器、枪炮等），就属于这种典型分工的表现形式。

（三）第一次产业革命与国际贸易格局的形成

18世纪60年代到19世纪60年代的产业革命，使国际分工的发展进入新的阶段。随着产业革命的完成，英国率先建立了大机器工业和现代工厂制度，同时也建立了资本主义生产体系，促进了社会分工和商品经济的发展，由此真正意义上的国际分工开始形成。

欧美之间的贸易大大促进了欧美国家以分工交换为基础的市场经济的形成和经济实力的加强。工业革命大大提高了各国的劳动生产率，促进了交通的发展，使各国和世界的自然经济结构发生了彻底性的改变，也使国际分工和国际贸易成为人类经济活动中的必要组成部分。从此，国际贸易的发展速度大大加快，农产品贸易、制成品贸易的比重有了大幅增加。世界日益成为一个经济整体，并形成了一个由西欧、北美国家生产和出口制成品，其余国家生产和出口初级产品并进口欧美制成品的国际分工和世界贸易格局。国际贸易的基础已不是仅依靠各国的天然资源，而是技术对贸易模式的影响越来越大。

（四）第二次产业革命与国际贸易方式的转变

第二次产业革命出现在19世纪末20世纪初，它促进了机械、电报工业的迅速发展。石油、汽车、电力等工业相继建立。交通运输业也发展迅速，特别是苏伊士运河和巴拿马运河的建成、海底电缆的铺设，都大大地促进了资本主义生产的发展。1820年—1870

年的 50 年间，世界工业生产总值增加了 9 倍。铁路网的建设连接了内陆与港口，叠加海洋新航线的开辟，使得运输费用下降，先进通信手段的不断发展，交流费用下降，沟通效率大大提升，各国开始迅速地融入世界市场。

在这个时期，发达国家通过资本输出将资本主义生产移植和扩大到亚、非、拉国家。国际分工的重要形式——宗主国与殖民地半殖民地间的分工、工业产品生产国与初级产品生产国之间的分工日益加深和强化，国际分工体系最终形成。分工的中心从英国扩展至美、德、法等国。1886 年，英国在世界出口中所占比重为 20%，1913 年下降到 13.1%，其他西欧和北美国家，特别是美国和德国在国际贸易中的地位迅速上升。

参与国际分工的每个国家都有许多部门首先为世界市场生产，而其消费的许多产品也都源自世界市场。例如，德国当时的大部分产品输往了其他国家。同时，德国的生产和日常消费对其他国家也有较强的依赖性，消费的产品包括俄国谷物制成的面包、匈牙利和丹麦的家畜、北美的大米、巴西的烟草、西非的可可豆、中国的茶叶等。

（五）第二次世界大战后世界贸易的迅速发展

经过两次世界大战，世界经济变得十分萧条，贸易规模呈现倒退趋势。但第二次世界大战后，第三次科技革命开始兴起，这极大地促进了生产力的发展。生产的专业化和国际化程度不断加强，各国之间的相互依存关系日益加深，国际分工进入深化发展的新时期，工业国之间的分工居于主导地位，工业国与农业国之间的国际分工格局在削弱。工业部门内部的分工也日益深化，国际分工采取了产品、零部件和工艺流程等更加细分的专业化形式。

伴随第二次世界大战后国际分工的新发展，国际贸易也呈现出一些新的特点。

1. 国际贸易发展速度达到历史新高

第二次世界大战后，国际贸易的增长速度在大多数年份快于世界经济的增长速度。1950 年世界货物贸易额为 607 亿美元，2005 年达到了 206700 亿美元，为 1950 年世界货物贸易总额的 340 倍。

2. 各国对国际贸易的依存度空前提高

在世界范围内，生产要素的国际流动性不断增强，资源的配置效率不断被优化，整个世界的福利水平得到很大提升，很多国家对外贸的依存度都有所提高。1991 年美国的外贸依存度约为 11%，加拿大的外贸依存度约为 25%，比利时的外贸依存度约为 73%，中国的外贸依存度约为 20%。根据世界银行的数据，目前全球平均外贸依存度已经达到了比较高的水平。2022 年，美国的外贸依存度约为 13.3%，加拿大的外贸依存度约为 59.1%，英国的外贸依存度约为 30.3%，中国的外贸依存度约为 35.2%。

3. 发达国家是国际贸易的主体

第二次世界大战后发达国家之间的贸易量及其在世界贸易的比重在不断提高。在全球货物贸易中，发达国家仍然占据主导地位，在全球市场上仍然具有较强的竞争力。不过一些新兴市场国家，如中国、印度和巴西等，通过实施开放政策和促进产业升级，也逐渐成为全球贸易的重要参与者，在国际市场的贸易份额不断增加。

4. 产业内贸易迅速增长

同类产品之间贸易的比重不断上升是第二次世界大战后国际贸易发展的突出特点。

无论是发达国家还是发展中国家，同类产品间的贸易量都有了很大程度的增加。

5. 科学技术在国际贸易中的作用日益加强

第二次世界大战后，科技进步一方面丰富了世界贸易的内容，另一方面也使世界贸易的模式发生了改变。科技革命的迅猛发展使国际分工形式和结构发生了巨大变化，不仅改进了国际交通和通信条件，还创造出了一大批新设备、新材料和新工艺。科学技术的发展不仅强化了传统的产业间分工与合作，还促进了产业内的分工与合作，部门内分工得到发展。2022年，亚洲国家（主要是中国）在高新技术产品出口市场中占据了约30%的市场份额；美洲（主要是美国）高新技术产品出口市场份额占比为25%左右；欧洲2022年的高新技术产品出口市场份额占比为20%左右，其中，德国、英国等国家的出口规模较大。

另外，国际贸易的新发展还表现在跨国公司、服务贸易和区域一体化的迅猛发展以及多边贸易体制作用的增强等方面。

（六）国际贸易发展的新趋势

目前，世界贸易的发展也面临着许多新的变化，这些变化正在重塑全球贸易格局。国际贸易在迎来机遇的同时，也面临着诸多严峻的挑战。

1. 新技术和新规则为世界各国的经济和贸易发展带来了全新的机遇

1）全球新一轮科技变革和产业革命正在孕育兴起。这一进程将催生更加丰富的新产业、新业态、新模式，并对全球产业链、创新链、价值链产生前所未有的深刻影响，重构全球创新版图、重塑全球经济结构。如随着信息技术和互联网的发展，数字化贸易正在逐渐成为贸易的主要方式。跨境电商、数字产品和服务的贸易日益增长，数字化技术正在改变传统的贸易模式，推动全球贸易向数字化、智能化的方向发展。新一轮变革也提供了一个"机会窗口"，缘由在于新一轮的产业革命所依托的变革性新技术尚处于初期阶段，多种技术还可能处在摸索、交织和碰撞阶段，相关规则也仍在初建阶段，新的竞争赛道涌现，这将为包括新兴经济体在内的各经济体创造更多的新机遇，也将重塑各国经济竞争力和全球竞争格局。

2）区域经济合作趋势增强。全球范围的多边主义转向区域多边主义或者双边主义。比如，作为当前最大的区域性合作组织，亚太经合组织（Asia-Pacific Economic Cooperation，APEC）海纳百川，横跨太平洋两岸。同时，随着各区域内新兴经济体的崛起，全球治理方式出现相应变化，合作性、包容性的区域多边主义趋势增强，如《全面与进步跨太平洋伙伴关系协定》（CPTPP）和《区域全面经济伙伴关系协定》（RCEP）等区域合作协议正蓬勃发展。

3）随着全球对气候变化问题重视程度的提高，越来越多的国家和企业开始推动绿色的、可持续的贸易发展。贸易伙伴开始关注产品的环境友好度和碳排放问题，这将导致贸易规则和标准的调整，推动全球贸易向更加环保和可持续的方向发展。随着全球经济新平衡的形成，新兴市场和发展中国家的贸易规模逐渐扩大，成为全球贸易的重要推动力量，这将带动全球贸易增长模式的根本性变革，重塑全球贸易的格局。

2. 贸易保护主义抬头导致全球贸易体系陷入波动

1）逆全球化浪潮愈演愈烈。自贸易全球化从20世纪90年代迅猛发展以来，国际贸易一直处于蓬勃发展的状态，全球价值链不断扩大，全球产能配置日益合理。全球化主要是发达国家驱动的，然而，近年来发达国家内部出现比较明显的反全球化浪潮，经济民族主义抬头。"脱钩"与"战略自主"成为美欧发达国家的战略重点，美国针对中国和欧洲发起贸易战，意在构筑美国主导的新的国际多边与双边自由贸易架构；欧盟从2020年以来逐步构建"欧洲战略自主"的政策体系，涵盖产业战略、贸易政策、欧元区金融架构、处理美欧关系的战略和增强欧洲主体地位的全球治理构想等，强调确立欧盟自主掌控的"经济主权"与"技术主权"。

2）欧美等国的"再工业化"浪潮逐渐兴起。由于一系列因素的作用，包括劳动力成本的上涨、技术创新的推动、国内市场需求的增加等，一些发达国家开始重新关注制造业，推动制造业回流，实现"再工业化"。如美国政府近年来提出了"Make America Great Again"（让美国再次伟大）的政策口号，大力推动美国再次成为制造业大国，加大对外贸易保护措施，致力于振兴本土制造业。

总之，世界贸易发展面临新变化，将会对全球贸易格局的形成产生深远的影响，贸易主体应积极应对这些新机遇和新挑战，共同推动世界贸易向更加开放、公平、包容和可持续的方向发展。

第三节　国际贸易的研究对象

国际贸易学的研究对象主要包括国际贸易理论、国际贸易政策以及国际贸易实务。其中，国际贸易理论回答的基本问题是国际贸易模式和国际贸易利益，具体回答国际贸易产生的动因、国际贸易的结构、国际贸易的结果即利益的来源与分配；国际贸易政策回答的基本问题是国际贸易政策的原因与效果；国际贸易实务回答的基本问题是国际性商品交换的具体运作过程，包括该过程经历的环节、操作方法和技能，应遵循的法律和管理等行为规范。

一、国际贸易的原因与结果

国际贸易理论回答的是国际贸易的产生原因与结果，如：为什么各国之间会发生贸易？国际贸易是在怎样的情况下发生的？国际贸易的结构是由什么因素决定的？对这些原因的解释，就构成国际贸易的动因问题，也可以说是国际贸易的基础问题。同时，国际贸易理论还要回答国际贸易发生后的结果，即国际贸易的各种利益或影响，这些问题包括：国际贸易利益表现为哪些？如何分配利益？给本国生产者和消费者带来哪些影响？哪些属于短期影响？哪些属于长期影响？从古典比较优势理论诞生以来，经济学家们就从未停止过对上述问题的深入探索。

（一）国际贸易的原因

国家间发生贸易的原因有很多，比如：生产成本差异导致的价格差异会导致国家间通过贸易交换物美价廉的商品；强烈的需求偏好差异和相近的需求偏好都会导致两国从对方购买各自喜欢的商品；技术差距不仅会带来贸易的发生，还会导致贸易在国家间的转移。

1. 从供给方面即从生产成本角度解释

国际贸易的基本原则是低价进口、高价出口，所以，贸易发生在产品价格在国家间存在差异的时候。那么，这种国家间的价格差异是由什么造成的呢？对此的不同解释就构成了不同的国际贸易理论模型。

李嘉图的比较优势理论认为，国际贸易发生的原因是劳动生产率相对差别以及由此产生的相对成本差异。要素禀赋理论则是从生产要素比例的差别来阐释贸易产生的原因。规模经济理论认为，只要规模经济存在，生产成本就会下降，国家之间就可以产生专业化分工和贸易。

2. 强调需求因素对贸易产生和贸易结构的影响

林德尔运用"人均收入水平"这一概念，论述了需求偏好相似对国际贸易地理结构和产品结构的影响。

3. 从供给与需求的互动关系角度解释贸易新现象

张伯伦模型试图从产品差别化与消费需求和规模经济的相互影响来解释产业内贸易发生的原因。新 H-O 模型以产品的垂直差异性为基础，分析了产业内贸易发生的原因。新张伯伦模型则将分析建立在解释水平差异产品的产业内贸易上。

4. 从其他角度对贸易的成因进行解释

技术差距论认为，国家间由于模仿时滞的存在而产生国际贸易，同时，随着技术的发展，贸易会在国家间转移。经济增长理论认为一国经济的发展一方面会扩大其出口能力，另一方面也会降低对国际市场依赖的进口替代效应。

（二）国际贸易的利益

传统贸易理论在假定技术不变和资源储备不变的情况下回答国际贸易的利得与分配。第二次世界大战后，随着理论研究的范围、深度和所使用方法的不断拓展、深化和更新，对比较优势的研究也逐渐由静态分析发展为动态分析。越来越多的经济学家开始运用标准的 H-O 模型分析开放经济中的长期均衡发展问题，特别是比较优势的长期决定因素。由于动态比较优势研究将国际贸易理论与经济增长和发展问题结合了起来，因此在一定程度上摆脱了静态分析的纯理论性和短期分析的局限性。

1. 贸易得益与损失并存的原因

传统贸易理论认为，按比较优势进行国际分工，各国都有利益可得。贸易利益来自专业化生产效率的提高。而当代新贸易理论则认为，贸易利益不仅来自比较优势利益，而且存在以下潜在得益：生产效率提高；生产集中于效率最高的国家；减少了垄断，缓和了价格扭曲，使资源配置更加优化；产品多样性，消费者福利增多。

新贸易理论同时也指出了一国贸易受损的可能性。该理论认为，贸易可能使得本国以递增规模生产的行业和高度垄断的行业收缩，而其带来的其他利益也很有可能不足以弥补这种收缩带来的规模经济和垄断利润的损失。

均衡动态贸易理论认为，如果一个国家想要长期促进本国比较劣势部门的发展，必然会因贸易量的缩减而遭受福利损失。

2. 将国际贸易、技术变动与经济增长纳入同一分析框架

20 世纪 80 年代以来的研究有两个方向：一是沿着李嘉图模型，将技术看作一个外生变量，从动态的角度分析技术对各国福利水平和贸易模式的影响；二是把技术视为一个内生变量，研究技术变动、国际贸易和经济增长三者之间的互动关系。

新贸易理论认为，技术变动有两个源泉：一是主动地经过专门研究开发而产生的，称为"技术革新"；二是被动地通过贸易等经济行为接受"技术外溢"学来的，称为"干中学"。技术外溢可分为国外技术外溢和国内技术外溢。前者可能改变一国的原有比较优势，而后者有可能强化原有的贸易模式。一国要维护或塑造其竞争优势，改善贸易地位，必须积极接受"技术外溢"，同时应努力促进本国技术创新。

总之，国际贸易理论在动态分析中考虑了贸易得益与损失并存的原因，同时将国际贸易、技术变动和经济增长纳入同一框架研究。这些研究为理解贸易和经济增长的关系提供了新的视角和理论基础。表 1-1 列明了国际贸易主要理论模型的基本假设、主要结论和代表人物。

表 1-1 国际贸易主要理论模型的基本假设、主要结论和代表人物

贸易理论	基本假设	主要结论	代表人物
传统贸易理论	企业和产品同质性，完全竞争市场，规模报酬不变	比较优势和要素禀赋的差异是产生国际贸易的主要原因，产业间贸易是国际贸易的主要模式	Ricardo（1817） Heckscher 和 Ohlin（20 世纪 20 年代） Samuelson、Rybczynski Venek（20 世纪五六十年代） Jones、Bhagwat、Findlayi Deardorff（20 世纪六七十年代）
新贸易理论	企业同质性，产品差异化，不完全竞争市场，规模经济	市场结构的差异、规模经济和产品差异化推动了贸易的产生，产业内贸易是国际贸易的主要模式	Dixlt 和 Stiglitz（20 世纪 70 年代） Either、Lancaster、Krugman、Helpman、Brander、Markusen（20 世纪 80 年代） Brander、Spencer、Dixit、Grossman（20 世纪 80 年代） Grossman、Helpman（20 世纪 90 年代）
新新贸易理论	企业异质性，产品差异化，不完全竞争市场，规模经济	企业异质性的假定使企业面临不同的贸易抉择，主要解释了企业内贸易、产业间贸易以及不同企业异质性的根源	Melitz、Antras Eaton Helpman、Bernard Baldwinm Jensen、Yeaple（21 世纪初）

二、国际贸易政策的原因与结果

一国要不要采取保护的贸易政策？如果需要，贸易政策应如何选择？应选择何种政策工具？贸易政策实施后会产生哪些影响？对这些问题的回答就构成了国际贸易政策的主要内容。

（一）传统贸易理论对自由贸易的推崇

传统贸易理论十分强调自由贸易的正确性和重要性。自由贸易的观点认为，自由贸

易可以提高效率，促进资源的优化配置。国家不应限制本国进出口贸易，也不应提供优待特权，只有自由贸易才能产生福利最大化效应。古典贸易理论、新古典贸易理论、要素贸易理论、规模经济论、生命周期论、产业内贸易理论等，本质上都属于自由贸易的支持者。19世纪的萨伊市场定律同样表述了必须实行自由贸易竞争政策，才能促进市场本身达到总供需的均衡。从"干中学"和规模经济的角度来说，劳动力丰富的欠发达国家可以通过自由贸易积累大量的人力资本。生命周期贸易模型表明，贸易自由化有利于物质资本的积累和经济增长，促进发达国家和发展中国家之间经济增长率的趋同。异质性企业贸易理论认为，自由贸易鼓励企业提高创新力度，有利于提高国内企业的生产效率。贸易自由化不仅有利于实现产业内、企业间的资源优化配置，还有利于实现企业内、产品间的资源优化配置。

（二）新贸易理论对保护贸易"合理性和必要性"的强调

从15世纪的重商主义开始，无论是李斯特的幼稚产业保护理论，还是凯恩斯主义的超保护贸易政策主张，都从不同角度阐述了保护贸易的合理性和必要性。新贸易理论认为，如果模型中的这些理想化假设不复存在，市场有效的结论就值得怀疑了。布兰德说："如果能稍微偏离标准理论，向现实世界靠近一些的话，我们就能得出政府干预政策的依据。"当然，在实施贸易保护政策中，还有许多问题需要实证支持，如：本国实行扶持政策是否会提高国民收入？外国实施的贸易政策对本国造成了产业的此消彼长变化，会不会降低本国的国民收入？进一步说，在经济学中，劳动和资本能否直接获得比它们在其他地方更高的报酬？或者，这种劳动和资本能否对经济的其他部门带来特殊利益的"战略性"活动呢？

（三）战略贸易政策的产生

20世纪80年代，布兰德（J. A. Brander）、斯潘塞（B. J. Spencer）、克鲁格曼（P. R. Krugman）等人发展起来一种新的贸易政策——战略贸易政策。该政策以不完全竞争和规模经济理论为前提，以产业组织中的市场结构理论和企业竞争理论为分析框架，突破了以比较优势为基础的自由贸易学说，强调了政府适度干预贸易对于本国企业和产业发展的作用。

战略贸易政策从本质上说并不是关于战略性产业的贸易政策，但却是一种有利于促进战略性产业发展的、政府有效干预的对外贸易政策。布兰德、克鲁格曼等人指出，"积极的贸易政策"可以比自由贸易更能使一国受益并使其竞争对手承担损失。

总之，一定的贸易理论是一定的贸易政策产生的基础。相应来说，一定的理论在很大程度上是特定的贸易政策和贸易实践的反映和总结。国际贸易理论发展的历史就是一部理论和政策、理论和实践相结合的历史。

三、国际贸易实务

国际贸易实务是指对国际贸易实践中的具体问题和现象进行深入分析和讨论。学习国际贸易实务需要掌握的具体内容是多方面的，包括国际贸易法律规范、国际贸易条件、国际贸易程序和国际贸易方式等。

（一）国际贸易法律规范

国际贸易活动需要在一定的法律规范下开展。只有这样，才能保证国际贸易持久、有序而健康地开展，才能保证贸易商的利益不受侵害。因此，国际贸易法律规范是开展国际贸易实务的基本条件。从国际贸易的实践来看，国际贸易法律规范越来越重要。

国际贸易法律规范以各国制定的有关贸易的法律为基础。但是，由于各国法律制度存在差异，因此，国家之间及国际组织制定的一系列条约协定，在一定程度上调整了各国之间的法律关系，力求在国际上实施统一的法律规范。另外，由于各国法律及国际条约对国际贸易实务的很多具体细节问题难以做出规范，因此，往往会借用国际贸易长期以来反复被使用的国际贸易惯例作为法律规范的补充。所以，各国的法律、国际条约和国际惯例共同组成了国际贸易法律规范的框架，这三个方面的内容是从事国际贸易实务活动必须要学习和掌握的。

（二）国际贸易条件

贸易商为了实现各自的经济目的，在贸易中必然会提出一系列贸易条件。国际贸易就是围绕这些贸易条件进行的，贸易商之间的谈判主要是针对这些贸易条件的。贸易商之间对各项贸易条件达成一致意见后，便以合同的形式把这些条件确定下来。之后，贸易商各自按事先商定的贸易条件履行义务，完成交易，并最终获得期望的利益。因此，贸易条件是国际贸易实务活动的基本活动。国际贸易条件主要包括货物的品质（质量）、数量、包装、价格、交货（运输和保险）、支付、检验、索赔、不可抗力和仲裁等条件。通常将前六项条件称为主要交易条件（Major Terms and Conditions），将后四项交易条件称为一般交易条件（General Terms and Conditions）。

（三）国际贸易程序

国际贸易程序是指国际贸易实务操作是按照怎样的流程进行的。国际贸易程序大体上可分成三个阶段。第一个阶段是交易前准备。这个阶段的内容是：开展国际市场调研，制订国际贸易计划，以及对将要进行的一笔交易进行成本、价格和经济效应核算。第二个阶段是交易磋商和订立合同。这个阶段主要是谈判成交的过程，其中包括询盘、发盘、还盘、接受和订立合同等环节。第三个阶段是履行合同和违约处理。这个阶段的内容主要包括：怎样履行合同；在履行合同过程中要注意哪些问题；怎样避免违约；如果发生了违约事件，应该如何去处理等。

（四）国际贸易方式

国际贸易方式也是国际贸易实务中的一个重要内容。要发展对外贸易，就要研究和运用新型的国际贸易方式。在当代国际贸易中，已经有很多贸易方式被应用了，如为了稳定贸易双方长期关系的包销和寄售；为了引起买家之间和卖家之间竞争的招标、投标和拍卖；生产和贸易相结合的加工贸易；进口和出口相结合的易货贸易、互购贸易、补偿贸易等。

综上所述，通过学习以上这些内容，可以加深对国际贸易实际操作的理解和提高相应的能力，更好地适应国际贸易的发展趋势和需求变化。

第四节 基本概念和常见分类

一、基本概念

(一) 贸易规模

国际贸易中通常用贸易额表示贸易规模。一定时期内(通常为一年)一国从国外进口商品的全部价值,称为进口贸易总额或进口(总)额;一定时期内一国向国外出口商品的全部价值,称为出口贸易总额或出口(总)额;两者相加为对外贸易额。从世界范围看,由于一国的出口就是另一国的进口,为不重复计算,通常用世界各国的出口总额之和表示国际贸易额。为避免价格等因素影响贸易规模的真实性,通常还用对外贸易量(以不变价格计算)表示贸易规模。其计算公式为

$$出口贸易量 = 出口额 / 出口价格指数 \qquad (1\text{-}1)$$
$$进口贸易量 = 进口额 / 进口价格指数 \qquad (1\text{-}2)$$

进口额、出口额和进出口额都是用来评价一个国家对外贸易总规模的指标,反映进出一国国境的货物总金额。出口总额减去进口总额是贸易差额,差额是正数则称为顺差,反之称为逆差。出口货物按离岸价格(Free on Board,FOB)统计,进口货物按到岸价格(Cost Insurance and Freight,CIF)统计。表1-2所示为我国2011年—2022年货物进出口额。

表1-2 我国2011年—2022年货物进出口额 (单位:亿美元)

年份	进出口 金额	进出口 同比增长	出口 金额	出口 同比增长	进口 金额	进口 同比增长
2011	36,418.64	22.5%	18,983.81	20.3%	17,434.84	24.9%
2012	38,671.19	6.2%	20,487.14	7.9%	18,184.05	4.3%
2013	41,589.93	7.5%	22,090.04	7.8%	19,499.89	7.2%
2014	43,015.27	3.4%	23,422.93	6%	19,592.35	0.4%
2015	39,530.33	-8%	22,734.68	-2.9%	16,795.64	-14.1%
2016	36,855.57	-6.8%	20,976.31	-7.7%	15,879.26	-5.5%
2017	41,071.38	11.4%	22,633.45	7.9%	18,437.93	16.1%
2018	46,224.44	12.5%	24,866.96	9.9%	21,357.48	15.8%
2019	45,778.91	-1%	24,994.82	0.5%	20,784.09	-2.7%
2020	46,559.15	1.7%	25,899.52	3.6%	20,659.62	-0.6%
2021	60,438.7	29.8%	33,571.4	29.6%	26,867.3	30%
2022	63,065.1	4.3%	35,921.4	7.0%	27,143.6	1%

(数据来源:中华人民共和国商务部商务数据中心)

(二) 贸易结构

贸易结构是指构成对外贸易活动的要素之间的比例关系及其相互联系,主要表现为

贸易商品结构、贸易方式结构、贸易地区结构和贸易模式结构等。贸易结构反映了一国或地区的比较优势、资源优势与规模优势。

1. 贸易商品结构

贸易商品结构是指各类商品的贸易额在总贸易额中所占的比重。国际贸易商品一般分为初级产品和工业制成品两大类。一国出口商品构成取决于它的国民经济状况、自然资源以及对外经济政策等因素。一国出口制成品所占的比重越大，反映该国的生产力水平越高。贸易商品结构分为国际贸易商品结构和对外贸易商品结构。

国际贸易商品结构是指一定时期内各大类商品或某种商品在整个国际贸易中的构成，即各大类商品或某种商品贸易额在整个世界出口贸易额中的比重。其计算公式为

$$国际贸易商品结构 = \frac{某国某类商品的出口（进口）额}{世界出口（进口）额} \times 100\% \tag{1-3}$$

对外贸易商品结构是指一定时期内一国进出口贸易中各种商品的构成，即某大类或某种商品进出口贸易额与整个进出口贸易额之比。其计算公式为

$$对外贸易商品结构 = \frac{某国某类商品的出口（进口）额}{某国出口（进口）额} \times 100\% \tag{1-4}$$

2. 贸易方式结构

贸易方式结构是指各种贸易方式在一国贸易方式中所占的比重（地位）及其相互联系。贸易方式即交易的具体做法，如一般贸易、加工贸易、易货贸易、补偿贸易等。

传统意义上的一般贸易指的是单纯或绝大部分使用本国资源和材料进行生产和出口的贸易方式，通常主要是指一国境内企业单边进口或单边出口货物的交易形式，但投资设备、捐赠等除外。加工贸易是指国内企业从境外进口全部或部分原辅材料、零部件、元器件、配套件、包装物料等，经加工或装配后，将成品或半成品复出口的交易形式，包括来料加工和进料加工两种贸易方式。表1-3所示为2022年我国各主要贸易方式进出口总值。

表1-3　2022年我国各主要贸易方式进出口总值　　　　（单位：亿元）

贸易方式	进出口	出口	进口
一般贸易	268,092.1	152,467.7	115,624.4
来料加工装配贸易	11,512.1	5,537.5	5,974.6
进料加工贸易	73,014.5	48,415.0	24,599.5
其他（包括补偿贸易及易货贸易）	10,324.0	9,500.6	823.4

（数据来源：中华人民共和国海关总署网站）

2022年，我国一般贸易进出口额约为26.81万亿元，占进出口总额的63.7%。其中，出口额约为15.25万亿元，进口额约为11.56万亿元。同期，加工贸易进出口额约为8.45万亿元，占进出口总额的20.1%。

3. 贸易地区结构

贸易地区结构也称贸易地理结构、地区分布和空间结构，它包括外部区域结构和内部区域结构。外部区域结构即为国别结构，也称贸易地理方向或贸易国别分布，是指一

定时期内各国、各地区在一国对外贸易中所占的地位,通常用它们对该国的进出口额占该国进出口总额的比例来表示。该指标指明一国出口商品的去向和进口商品的来源,反映了该国贸易伙伴的构成。内部区域结构是从国内经济的地理分布角度观察进出口贸易分布情况。如中国的东、中、西地区或者各省份在中国贸易总额中所占的比例。表1-4所示为2022年我国进出口商品主要国别总值。

表1-4 2022年我国进出口商品主要国别总值　　　　（单位：亿元）

进口原产国/出口最终目的国	进出口	出口	进口
美国	50,540.3	38,706.5	11,833.8
韩国	24,120.7	10,843.0	13,277.7
日本	23,831.1	11,536.6	12,294.5
越南	15,697.9	9,812.0	5,885.9
德国	15,170.7	7,743.3	7,427.4
澳大利亚	14,722.5	5,266.1	9,456.5
马来西亚	13,600.6	6,263.7	7,336.9
俄罗斯	12,760.6	5,123.0	7,637.5
巴西	11,422.1	4,128.1	7,294.0
印度尼西亚	9,956.9	4,755.7	5,201.2
印度	9,055.8	7,895.7	1,160.0
泰国	8,994.2	5,233.4	3,760.8
荷兰	8,683.5	7,848.2	835.2
新加坡	7,715.4	5,458.1	2,257.2
英国	6,887.6	5,437.7	1,449.8
加拿大	6,431.6	3,571.0	2,860.6
菲律宾	5,852.9	4,319.3	1,533.5
法国	5,417.6	3,037.5	2,380.1
意大利	5,184.8	3,382.3	1,802.5
南非	3,788.2	1,615.3	2,172.9
新西兰	1,671.8	611.4	1,060.4

（数据来源：中华人民共和国海关总署网站）

4. 贸易模式结构

贸易模式结构是指以某种分工形式为基础所进行的对外贸易活动,一般可分为产业间贸易和产业内贸易两种。前者是以对外垂直分工为基础,即基于比较优势或要素禀赋差别所进行的贸易;后者是以对外水平分工为基础,即基于产品差别和规模经济所形成的贸易。贸易模式结构是指产业间贸易和产业内贸易在一国对外贸易模式中所占的比重及其相互间的关联。

贸易商品结构反映了一个经济地区与其他经济地区进行地区分工的比较优势产品品类,它与贸易方式结构、贸易模式结构一起体现了该经济区在国际分工中的地位。贸易地区结构表明一个贸易主体作为一个经济地区与其他经济地区的联系性,实质上反映了该经济地区在世界劳动地区分工格局中与哪些国家或地区进行了国际分工。

（三）贸易差额

在一定时期内一国出口总额（货物与/或服务）与进口总额（货物与/或服务）之间的差额称为贸易差额（Balance of Trade）。贸易差额用以表明一国对外贸易的收支状况。当出口总额超过进口总额时，称为贸易顺差，或出超（Trade Surplus）；反之，称为贸易逆差，或入超（Trade Deficit）。通常贸易顺差以正数表示，贸易逆差以负数表示。如果出口总额与进口总额相等，则称为贸易平衡。表1-5所示为2022年我国与主要国别（地区）的贸易差额。

表1-5　2022年我国与主要国别（地区）的贸易差额　　　　（单位：亿元）

国别（地区）	贸易差额	国别（地区）	贸易差额
美国	26,872.62	新西兰	-449.04
欧洲联盟	18,400.84	日本	-757.87
东南亚国家联盟	10,659.82	韩国	-2,434.69
印度	6,735.69	俄罗斯联邦	-2,514.47
英国	3,987.9	澳大利亚	-4,190.38
加拿大	710.4		

（数据来源：中华人民共和国海关总署网站）

（四）对外贸易依存度

对外贸易依存度（简称外贸依存度）又称为对外贸易系数，是指一国的进出口总额占该国国民生产总值（或国内生产总值）的比重，分为进口依存度和出口依存度。外贸依存度反映一国对国际市场的依赖程度，也是衡量一国对外开放程度的重要指标。各依存度计算公式为

$$外贸依存度 = \frac{一国一定时期对外贸易额}{该国同期 GDP 或 GNP} \times 100\% \quad (1\text{-}5)$$

$$出口依存度 = \frac{一国一定时期出口额}{该国同期 GDP 或 GNP} \times 100\% \quad (1\text{-}6)$$

$$进口依存度 = \frac{一国一定时期进口额}{该国同期 GDP 或 GNP} \times 100\% \quad (1\text{-}7)$$

图1-1为2003年—2022年中国外贸依存度的变化趋势图。

二、对外贸易分类

（一）按从事贸易的角度划分

根据从事贸易的角度，国际贸易分为对外贸易和国际贸易。

(1) 对外贸易（Foreign Trade）　是指一个国家或地区同其他国家或地区进行商品和劳务的交换活动，一些岛国如英国、日本等也常用"海外贸易"（Oversea Trade）这一概念。包括货物与服务的对外贸易称为广义对外贸易，不包括服务在内的则称为狭义对

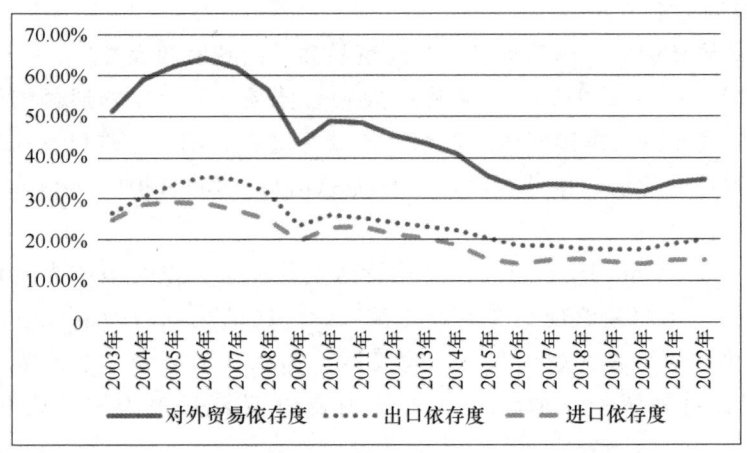

图 1-1　2003 年—2022 年中国外贸依存度的变化趋势图

外贸易。

（2）国际贸易（International Trade）　是指国家之间商品和劳务的交换，是世界各国之间国际分工的表现形式，它反映了世界各国在经济上的相互联系。从世界范围来看，国际贸易是由各国的对外贸易构成的。

（二）按商品流向划分

按商品流向可将国际贸易分为出口贸易、进口贸易、过境贸易、复出口和复进口。

（1）出口贸易　又称输出贸易（Export Trade），是指本国生产或加工的商品输往国外市场销售。从国外输入的商品，未在本国消费，又未经本国加工而再次输出国外，称为复出口（Re-export Trade）。

（2）进口贸易　又称输入贸易（Import Trade），是指将国外商品输入本国市场销售。输往国外的商品未经消费和加工又输入本国，称为复进口（Re-import Trade）。

（3）过境贸易（Transit Trade）　是指某种商品从甲国经过乙国输往丙国销售，该商品的输入和输出对乙国而言即为过境贸易。这种贸易对乙国来说，既不是进口也不是出口，仅仅是商品过境而已。过境贸易并没有商品买卖行为，货物在过境国不进行任何加工和改变。

（三）按贸易参加者情况划分

国际贸易按参加者情况分为直接贸易、间接贸易和转口贸易。

（1）直接贸易　是指货物生产国将货物直接出口到消费国，由进出口两国直接完成的贸易。

（2）间接贸易　是指商品生产国不直接向消费国出口，商品消费国也不直接从生产国进口，而经由第三国商人来完成贸易。

（3）转口贸易（Entrepot Trade）　是指商品生产国和消费国通过第三国进行的贸易，对第三国而言就是转口贸易。在转口贸易中，商品在第三国可以进行简单的加工，如重新包装、简单装配等业务活动。这时的第三国虽是出口国，却不是生产国；虽是进口国，但不是消费国。

（四）按统计标准划分

按照不同的统计标准，国际贸易分为总贸易和专门贸易两大类。

（1）总贸易（General Trade） 又称一般贸易体系，是以货物通过国境作为统计对外贸易的标准。凡是进入本国国境的货物一律计为进口，称为总进口（General Import）；凡是离开本国国境的货物一律计为出口，称为总出口（General Export）。两者之和为总贸易额。

（2）专门贸易（Special Trade） 又称特殊贸易体系，以关境作为统计对外贸易的标准。关境是指一国海关法规全部生效的领域。一国的关境与国境可能出现不一致的情况，如果一个国家存在保税区和自由贸易区，那么其国境会大于关境；而几个国家结成关税同盟，对外统一征收关税，内部则自由贸易互免关税，此时关境要大于国境。

（五）按商品形式与内容划分

国际贸易按商品形式与内容不同分为货物贸易与服务贸易。

（1）货物贸易 也称为有形（商品）贸易，其用于交换的商品主要是以实物形态表现的各种商品。国际贸易中的货物种类繁多，为便于统计，联合国秘书处起草了1950年版的《联合国国际贸易标准分类》（Standard International Trade Classification，SITC），并于1960年和1974年分别进行修订，目前使用的是2006年修订的第4版。

（2）服务贸易 是一国的法人或自然人在其境内或进入他国境内向外国的法人或自然人提供服务的贸易行为。

【本章小结】

1. 随着人类文明的不断发展，社会生产力水平逐步提高，劳动分工不断进行深化，剩余产品开始出现，人类产生了互通有无的需要，贸易活动也就随之开展起来。

2. 国际分工是国际贸易和世界市场的基础，三次大分工使得国际贸易开始逐渐发展起来，并经历了"地区间"贸易、殖民贸易等形式。随着工业革命和科技革命的爆发，国际贸易对各国的重要性越来越强，对外贸易在一国经济和社会的发展中都有着十分重要的作用，被称作"经济增长的发动机"。

3. 国际贸易学的研究对象主要包括国际贸易理论、国际贸易政策和国际贸易实务。其中，国际贸易理论回答的基本问题是国际贸易模式和国际贸易利益，具体回答国际贸易产生的动因、国际贸易的结构、国际贸易的结果即利益的来源与分配；国际贸易政策回答的基本问题是国际贸易政策的原因与效果；国际贸易实务回答的基本问题包括国际性商品交换的具体运作过程。

【习题与思考】

1. 国际贸易的基本含义是什么？
2. 国际贸易研究的主要对象是什么？
3. 地理大发现和工业革命对世界贸易的发展各自有怎样的影响？
4. 各国间为什么会发生贸易？国际贸易理论是从哪些方面加以解释的？

国际贸易理论与实务

第一篇

国际贸易理论与政策

国际贸易理论与实务

第二章
古典国际贸易理论

古典国际贸易理论产生于 18 世纪后半期，英国率先完成工业革命，确立了资产阶级在国内的统治，机器大工业代替了工场手工业，工业得以迅速发展。英国的产品销往世界各地，原料、食品来自世界各地。英国被形容为"世界工厂"，重商主义的贸易保护政策成为束缚英国经济发展和阻碍资产阶级对外扩张的严重障碍。为此，英国的新兴工业资产阶级迫切要求废除以往的贸易保护政策，主张在世界市场上实行自由贸易政策。正是在这一历史前提下，产生了资产阶级古典经济学派，他们在经济政策上反对政府干预，主张"自由放任"；在对外贸易方面提出"绝对成本"和"比较成本"理论，为英国及西欧其他各国的工业资产阶级确立统治地位、争取自由贸易提供了依据。

第一节 古典经济学与重商主义

重商主义产生和发展于欧洲资本原始积累时期，体现了这一历史时期社会经济思想的主流。它产生于 15 世纪末，全盛于 16—17 世纪，18 世纪下半叶因工业革命的发生而逐渐衰落。重商主义的经济思想主要是通过一些政治家、巨商大贾、律师、牧师和哲学家们在从事商业、工业和行政工作的过程中提出来的，因时间、地点不同，观点也不尽一致，统称为重商主义学说。重商主义中的"商"是指对外贸易，故重商主义学说实质上是重商主义对外贸易学说，它是对资本主义生产方式准备时期的最初理论考察。

重商主义并不属于古典经济学，但古典经济学是在对重商主义进行批判的过程中产生的，重商主义作为最早的资产阶级经济学说和对外贸易学说曾一度产生过重要的影响。

一、产生背景

重商主义是 15—18 世纪西欧资本主义生产方式准备时期,代表欧洲商业资本利益的经济思想和政策体系。随着"新大陆"和新航线的发现,商品交易的费用空前扩大,西欧对美洲、非洲、亚洲的殖民掠夺使大量金银流入西欧各国并使这些国家积累了巨额的货币财富,导致了商品货币经济的蓬勃发展和封建自然经济迅速瓦解。社会财富的中心由土地转向金银货币,社会各阶层的经济生活对商品资本都有很大的依赖性。货币财富成为各阶层共同追逐的对象,也成为社会经济生活的支配力量,赤裸裸的拜金主义成为当时的社会风尚。这种剧烈变化反映在经济思想和政策方面,就表现为重商主义的兴起,它是贸易保护的起点。英国是当时经济最发达的国家,重商主义发展得最为成熟。

二、主要内容

重商主义认为,贵金属(货币)是衡量财富的唯一标准,一国拥有的贵金属越多,就会越富有、越强大。国家间的经济交往是一种"零和博弈",国民财富增长的唯一途径是通过对外贸易实现贸易顺差,这样才会导致贵金属(货币)的净流入,使一国的货币(财富)总量增加。

重商主义的发展经历了两个阶段:从 15 世纪末到 16 世纪中叶为早期重商主义时期;从 16 世纪下半叶到 18 世纪为晚期重商主义时期。

早期重商主义的主要代表人物是英国的威廉·斯塔福德。早期重商主义者都只着眼于货币的增加,极力强调国家利益在于增加货币,认为任何的进口都会导致金银的外流,任何的出口都可以使金银增加,因此主张多卖少买(甚至不买),每一笔交易都保持顺差,以获得金银,同时主张政府通过行政手段禁止本国金银流出。早期重商主义将重心集中在对金银货币的增加和管制上,故称"重金主义"或"货币差额论",流行于 15 世纪末到 16 世纪中叶的西欧各国。当时的英国、西班牙、葡萄牙等国的政府在这一思想的指导下均实行贸易保护政策,采取保护关税、发展本国工业及奖励出口、限制进口等行政措施。通过法令规定外国商人必须将出售货物所得的全部货币用于购买本国的商品。早期重商主义者将货币与商品绝对对立起来,严格限制货币运动,实际上阻碍了对外贸易规模的扩大和货币财富的增加。

晚期重商主义盛行于 16 世纪下半叶到 18 世纪,主要代表人物是英国的托马斯·孟。此时西欧各国工场手工业有了较大的发展,对推动国际贸易的发展发挥了巨大的作用。晚期重商主义者批判了早期重商主义者守财奴式的"货币差额论",认为货币只有投入流转才能增多,对内贸易不能使国家致富,只有对外贸易才是国家致富的唯一手段。该理论主张国家应允许货币输出国外,用于购买本国生产所需的原材料或进行转口贸易发展生产,但仍然坚持少买多卖的原则,以保持贸易顺差,并强调国家干预对外贸易。晚期重商主义者明确提出,国家必须实行保护政策以保护本国工业、商业和航运业的顺利发展,抵制国外竞争对手。因此,晚期重商主义以"贸易差额论"为中心。晚期重商主义者开始认识到货币运动与商品运动的内在联系,他们虽然也主张少进多出,但反对国家禁止货币输出，认为这样做会影响贸易规模的扩大和贸易顺差的增加。

【名家专栏】

托马斯·孟

托马斯·孟（Thomas Mun，1571—1641）是英国重商主义的集大成者，其重商主义理论及税收思想集中表现在《英国得自对外贸易的财富》一书中。该书不但成为英国，而且成为一切实行重商主义政策的国家在政治、经济等方面的基本准则，在历史上占据着不可磨灭的地位。马克思曾给予其很高的评价："这一著作早在第一版就有了特殊的意义，即它攻击当时在英国作为国家政策还受到保护的原始的货币制度，因而它代表重商主义体系对于自己原来体系的自觉的自我脱离。这一著作……对立法产生了直接影响。"马克思接着指出，这部书"在一百年之内，一直是重商主义的福音书。因此，如果说重商主义具有一部划时代的著作……那么这就是托马斯·孟的著作"。

（资料来源：马克思，恩格斯. 马克思恩格斯全集：第二十卷［M］. 北京：人民出版社，1971.）

三、政策主张

重商主义的政策主张集中于贸易保护，主要体现在以下几个方面：

1. 货币政策——金银货币管制政策

传统重商主义认为，除了开采金银矿以外，对外贸易是货币财富的真正来源。因此，要使国家变得富强，就应使对外贸易保持顺差。早期重商主义的金银货币管制政策主张严禁金银输出，贵金属一旦进口后，就必须留在国内。在禁止货币外流的同时，这些国家又想方设法吸取外国货币。政府通过法令规定外国商人必须将出售货物所得全部货币用于购买当地商品。但晚期的贸易差额论者的货币政策有所松动。

2. 贸易政策——奖出限入政策

重商主义者主张鼓励出口，限制进口，实现贸易顺差，积累货币财富。在政策措施方面，要求政府积极干预对外贸易。这种干预体现在两个领域：一是在出口方面，采取鼓励出口的政策，重商主义学派认为政府应阻止原料或半制成品出口，鼓励制成品出口，提高出口产品的加工程度；二是在进口方面，禁止奢侈品、限制一般工业制成品的进口。

3. 产业政策——鼓励和支持工业的发展

强大的工业是贸易顺差的基础，保持贸易顺差的关键在于本国能够多出口竞争力强的工业制成品。因此，重商主义主张制定与实施大力发展本国工业的政策，如高薪聘请外国工匠、禁止熟练工人外流和机械设备输出、给工场手工业者发放贷款和提供各种优惠条件等。

4. 保护关税政策

在整个重商主义时期，高关税是各国贸易政策的主要特征。其具体做法是：对进口的制成品设置关税壁垒，课以重税阻止进口；对本国必需的原材料及来自殖民地的初级产品免征或减征进口税；对出口原材料及半制成品征收出口税；对出口的制成品免征出口关税等。例如，当时的英国，对进口货物几乎全部征收关税，并以关税作为贸易战的重要武器。1651 年，英国颁布了《航海法案》（*The Navigatior Acts*，又称为《航海条例》），对用外国船舶运输的进口货物征收歧视性的高额关税，特别是对主要的贸易竞争对手法国的产品征收高于其他国家产品的进口关税。

四、对重商主义的评价

重商主义摆脱了宗教伦理观念（重农轻商）的束缚，其理论和政策主张在当时促进了资本主义的原始积累，推动了资本主义生产方式的发展。重商主义开始对社会经济现象进行实际的研究，为经济学理论和实践的结合开辟了道路，奠定了国际贸易一般理论的基础。

但随着资本主义生产方式的进一步发展，重商主义的理论缺陷日益凸显出来：首先，它把经济活动局限于流通领域，忽视了生产领域创造财富的基础性作用，未能揭示财富产生和积累的真正源泉；其次，重商主义的财富观是狭隘的，甚至是错误的，它把货币和财富混为一谈，以货币为标准去衡量一个国家的富强程度；最后，重商主义只把货币当作财富而没有把交换所得产品也包括在财富之内，从而把国际贸易中双方的等价交换看作一种"零和博弈"，即一方受益必定使另一方受损。

第二节　绝对优势理论

18 世纪，英国古典经济学家亚当·斯密批判地借鉴了法国重农学派的思想，在劳动价值论的基础上创立了绝对优势理论（Theory of Absolute Advantage），亦称绝对成本理论。该理论是亚当·斯密在 1776 年出版的代表作《国民财富的性质和原因的研究》（简称《国富论》）中为适应英国新兴资产阶级的需要而提出的，用以解释国际贸易分工和国际贸易基础。

一、产生背景

18 世纪，英国资本主义正处于成长时期，随着第一次产业革命出现，英国工场手工业开始向机器大工业过渡。当时的英国出现了很多新变化：新技术发明不断出现，国内生产规模进一步扩大；"圈地运动"使得农民破产，城市人口倍增，资本主义拥有了大量廉价劳动力；随着殖民地的不断开拓，海外市场得到了极大的扩张。

到了 18 世纪最后 30 年，英国成为世界第一的商业和殖民地强国，不再需要贸易保护主义。此时，曾经流行一时的重商主义的限制政策已成为英国大工业生产和海外扩张的束缚。

处于青年时期的英国资产阶级，为了清除前进道路的障碍，迫切要求从理论上和实践上废除重商主义，建立一个自由的经济学说体系。亚当·斯密的《国富论》就是在这个历史时期肩负着这样的阶级历史任务而问世的。它代表了走上政治舞台的工商业资产阶级的利益和要求。

【名家专栏】

亚当·斯密

亚当·斯密（Adam Smith，1723—1790），1723年出生于苏格兰法夫郡的柯卡尔迪，自幼博览群书，14岁时就进入了格拉斯哥大学学习。他选定人文科学方向，在逻辑、道德哲学和数字方面都成绩斐然。1740年，他又进入牛津大学深造，闭门苦读6年。由于某些政治事件的原因，斯密不得不于1746年回到柯卡尔迪。之后，他经常到爱丁堡演讲，内容涵盖法学、政治学、社会学和经济学。这时，斯密开始对政治经济学表现出特殊的兴趣。

从1751年开始，斯密在格拉斯哥大学连续任教12年，先后讲授逻辑学和道德哲学，颇受学生欢迎。在这段被他称为"一生中最幸福的时期"中，斯密参加了政治经济学俱乐部活动，而且他每年总要到爱丁堡待上2~3个月，宣扬他的经济自由思想。

1759年，斯密发表了他的第一部科学巨著《道德情操论》，标志着其哲学思想和经济思想的形成。在此著作的创作过程中，兴趣和时代需要使斯密沉湎于政治经济学的研究之中。他在1762—1763年的讲稿里，提出了一系列的唯物主义思想，并且在其讲稿的经济学部分已出现了在《国富论》中的思想的萌芽。

1765—1766年，斯密批判性地借鉴重农学派学说，在劳动价值论的基础上创立了自己的经济理论。斯密通过"经济人"这一概念，提出了一个具有重大理论意义和实际意义的问题，即关于人的经济活动的动因和动力问题。而"看不见的手"这一提法指出了客观经济规律的自发作用。斯密又把利己主义和经济发展自发规律相结合，提出了自然秩序概念，这是他放任主义政策的原则和目的。当他写作《国富论》时，竞争和自由已成为其经济学基石，作为一条主线贯穿于整部《国富论》之中。

1767年春，斯密回到柯卡尔迪开始写作。1776年3月，《国富论》在伦敦出版，之后被翻译成多种语言。斯密在这本巨著中坚定地提出经济自由主义，重新定义了价值、劳动分工、生产过程、自由贸易、制度发展、天赋人权、政府的作用和资本的作用。

《国富论》无疑是政治经济学史上最引人注目的著作之一，当时一位有名的学者指出，这不仅是一篇经济专题论文，还是"一本描述时代的非常有趣的书"。

斯密成名后曾在海关工作，但大部分时间还是致力于精练修改他的这部著作。1790年7月，斯密逝世于爱丁堡，享年68岁。

（资料来源：伊特韦尔，米尔盖特，纽曼. 新帕尔格雷夫经济学大辞典：第四卷[M]. 陈岱孙，译. 北京：经济科学出版社，1992：384-404.）

二、主要内容

亚当·斯密花了将近10年时间，于1776年出版了一部古典政治经济学理论体系的奠基之作——《国富论》。在这部著作中，他一方面对重商主义理论做出了系统的批判，另一方面提出了自由贸易的思想，即绝对优势理论。《国富论》在令当时世界震惊的同时也为后世所推崇，成为打击英国封建主义残余的一枚"重磅炸弹"。

1. 对重商主义的批判

亚当·斯密认为，衡量一国财富和强盛的标准不是它所拥有的贵重金属的多少，而是可供人们消费的物品以及可以用来生产这些物品的各种资本，包括劳动力。亚当·斯密指出重商主义强调出口、限制进口的做法是主次颠倒。出口的重要性是间接的，出口是不得已而为之的事，因为只有通过出口才能换取用于进口的外汇；而进口才是最重要的，因为进口的物品直接为本国人民所消费，从而提高人民的福利。

亚当·斯密认为贸易不是"零和博弈"，而是"正和博弈"。在其《国富论》中，斯密比较了国家之间的贸易与一国内家庭之间的贸易，认为两者之间没有什么差别。一个家庭的生产是为了其成员的消费，它向别的家庭销售产品是因为需要获得其他物品以满足自己家庭成员的消费。这样的生产和交易行为对于每个家庭来说都是有好处的。国家之间的贸易其实也一样，通过自由贸易，世界上的资源可以得到最有效的分配，为每个国家带来贸易收益。

2. 绝对优势理论的构建

在对重商主义批判的基础上，亚当·斯密提出了自由贸易的思想，也就是绝对优势理论。任何经济理论都是建立在一定的假设前提之下的，亚当·斯密的理论有以下前提假设。

1）2×2×1 模型。两个国家、生产两种商品、使用唯一的生产要素——劳动。两国两商品的假设是为了简化分析，将劳动作为唯一的要素投入是为了坚持劳动价值论。

2）两国在两种商品上的生产技术不同（即两国的劳动生产率不同），且技术水平都保持不变。

3）生产要素可以在国内不同的部门间自由流动，但在国家之间则完全不能流动。

4）规模报酬不变，排除了因规模报酬差异引起国际贸易的可能。

5）所有市场都是完全竞争的。

6）实行自由贸易。

7）运输费用和其他交易费用为零。

8）不考虑货币在国家间的流动。

绝对优势理论是建立在亚当·斯密的分工学说基础之上的。亚当·斯密认为，一国增加国民财富的主要原因是靠提高劳动生产率，而要提高劳动生产率，首先又要靠分工的发展，而分工与交换的原则是绝对优势。每个国家由于自然禀赋或者后天的人为因素，都会在一些产品的生产上具有绝对有利的条件，即生产成本绝对低或者劳动生产率绝对高，而在另外一些产品的生产上具有绝对不利的条件。各国都应当集中资源去生产自己有绝对优势的产品，放弃生产具有绝对劣势的产品，然后在专业化生产的基础上彼此进行国际贸易。这对各国都有利，整个世界也由此能够获得专业化分工的好处。

综上所述，绝对优势理论的基本原理是：分工可以提高劳动生产率，每个国家应该集中资源生产并出口其具有劳动生产率和生产成本绝对优势的产品，进口其不具有绝对优势的产品,其结果比自己什么都生产更有利,因而一国政府应采用自由贸易政策。

三、例解绝对优势理论

1. 绝对优势的判断方法

绝对优势可以用生产成本或劳动生产率进行衡量。

(1) 用生产成本衡量　即用生产 1 单位产品所需的要素投入数量衡量。若 A 国某产品的生产成本低于 B 国,则 A 国在该产品上就具有绝对优势。

(2) 用劳动生产率衡量　即通过单位要素投入的产出率衡量。若 A 国某产品的劳动生产率比 B 国高,则 A 国在该产品上具有绝对优势。

2. 绝对优势与国际贸易

假定英国和葡萄牙两国均生产两种产品:葡萄酒和毛呢。分工前,在各自国内生产 1 单位酒需要的劳动投入,英国是 120 人/年,葡萄牙是 80 人/年;生产 1 单位毛呢需要的劳动投入,英国是 70 人/年,葡萄牙是 110 人/年。具体见表 2-1。

表 2-1　绝对优势条件下英国、葡萄牙的分工与贸易利得

分工状态	条件说明				
	国家	酒		毛呢	
		产量(单位)	劳动投入/(人/年)	产量(单位)	劳动投入/(人/年)
分工前	英国	1	120	1	70
	葡萄牙	1	80	1	110
	合计	2	200	2	180
分工后	英国	0	0	2.714	190
	葡萄牙	2.375	190	0	0
	合计	2.375	190	2.714	190
交换后	英国	1		1.714	
	葡萄牙	1.375		1	
	合计	2.375		2.714	

通过比较可知,酒的生产成本英国高于葡萄牙,毛呢的生产成本英国低于葡萄牙,所以英国的绝对优势产品是毛呢,葡萄牙的绝对优势产品是酒。分工前,英国和葡萄牙各享有 1 单位酒和 1 单位毛呢。世界产品总量是 2 单位酒和 2 单位毛呢。依照绝对优势分工原则,两国均应选择生产各自具有绝对优势的产品,所以,英国应生产和出口毛呢,葡萄牙生产和出口酒。在现有劳动投入水平下,英国把其全部劳动力 190 人都投入毛呢的生产,那么英国毛呢的生产总量约是 2.714 单位。同理,葡萄牙把其全部的 190 人投入酒的生产,那么葡萄牙酒的生产总量是 2.357 单位。假定英国、葡萄牙的绝对劣势产品拥有量与分工前一样,国际上酒与毛呢的交换比价是 1∶1。则分工后,英国享有 1 单位酒和 1.714 单位毛呢,比分工前(封闭条件下)增加了 0.714 单位的毛呢;葡萄牙享有 1 单位毛呢和 1.375 单位酒,比分工前增加了 0.375 单位酒。

可见，实行国际分工后，通过国际贸易，英国、葡萄牙两国都得到了实惠，既得到了分工前所拥有的产品又有了一定的剩余产品，整个世界的福利亦增加。

究其原因，利益就来自两国各自发挥生产中的绝对优势，使生产效率提高而增加的产量，这就是分工和绝对优势带来的利益体现。

四、对绝对优势理论的评价

1. 绝对优势理论的进步性

1）把国际贸易理论纳入"自由放任"的市场经济的理论体系，开创了对国际贸易的经济分析。

2）第一次运用劳动价值论说明国际贸易的基础和利益，其对社会经济现象的研究从流通领域转到生产领域，深刻地指出了分工对提高劳动生产率的巨大意义，为科学的国际贸易理论的建立做出了可贵的贡献。

3）首次论证了贸易双方都能从国际分工与国际贸易中获利的思想，即国际贸易可以是一个"双赢局面"，而不是一个"零和博弈"，从而部分地解释了国际贸易产生的原因。

2. 绝对优势理论的局限性

绝对优势理论不具有普遍意义，该理论只说明了国际贸易中的一种特殊的现象，即至少在一种商品的生产上处于绝对优势的国家，才能参加国际分工和国际贸易并从中获得利益。而在生产上并不具有优势的国家能否参加国际分工和国际交换，能否获得利益，亚当·斯密的理论并没有做出回答。

第三节 比较优势理论

比较优势理论（Theory of Comparative Advantage）又称比较成本理论，是在绝对优势理论基础上发展起来的。英国工业革命深入发展时期的经济学家和政治活动家大卫·李嘉图在其1817年出版的《政治经济学及赋税原理》中论证了国际贸易的基础是比较优势而非绝对优势。该理论自创立两百多年来，一直被西方国际经济学界奉为经典，并成为资产阶级国际分工与国际贸易理论发展的主线。

一、产生背景

从1789年法国大革命初期到1815年拿破仑滑铁卢战败的这一段时期，英国和法国几乎一直处于战争状态，影响了英国的贸易。由于英国是工业品出口国和农产品进口国，法国的封锁行动使英国粮食的相对价格提高，工业品厂商的利益受损。然而英国的土地所有者却在多年的战争中获取了大量利润。但是，战后英国的粮食价格下跌。在1815年战争刚刚结束后，英国政府为维护地主贵族阶级利益而颁布了《谷物法》，规定国内小麦价格必须高于一定水平时才允许进口，而且这个价格限额在不断地提高。该法实施后不久，英国粮食价格骤升，地租猛增，地主贵族成为主要受益者，工业资产阶级的利益却受到严重损害。昂贵的谷物使工人的货币工资被迫提高，工业成本增加，利润减少，削弱了工业品的竞争力。同时，昂贵的谷物也扩大了英国各阶层的吃粮开支，减少了对工业品的消费。《谷物法》还招致外国以高关税阻止英国工业品对它们的出口。由此，地主贵族和工业资产阶级的矛盾成为当时社会的主要矛盾，双方矛盾之一是《谷物法》的存废之争。为了废除《谷物法》，英国工业资产阶级在全国各地组织"反《谷物法》同盟"，广泛宣传《谷物法》的危害性，鼓吹谷物自由贸易的好处。而地主贵族阶级则千方百计地维护《谷物法》，他们认为，既然英国能够自己生产粮食，就根本不需要从国外进口，进而反对谷物的自由贸易。

这时，工业资产阶级迫切需要找到谷物自由贸易的理论依据。李嘉图适时而出，他认为，英国不仅要从外国进口粮食，而且要大量进口，因为英国在纺织品生产上所占的优势比在粮食生产上所占的优势还大。故英国应专门发展纺织品生产，以纺织品出口换取粮食，取得比较利益。为此，李嘉图在废除《谷物法》的论战中，提出了著名的比较优势理论，这是一项最重要的、至今仍然没有受到挑战的经济学普遍原理，具有很强的实用价值和经济解释力。

【名家专栏】

大卫·李嘉图

大卫·李嘉图（David Ricardo，1772—1823），1772年出生于英国伦敦一个富有的交易所经纪人家庭，他所受的学校教育不多，14岁就开始跟随父亲在交易所做事。后来因婚姻和宗教问题与父亲脱离关系，自己经营交易所，干得非常成功。1799年，李嘉图偶然得到一本《国富论》，使李嘉图对政治经济学产生了很大的兴趣，最终他在分析、批判前人经济理论的基础上，结合时代提出的问题，将经济理论推向了一个新阶段。

李嘉图在其出版的《论谷物低价对资本利润的影响》一书中，主要研究了价值理论。以亚当·斯密的价值理论为出发点研究价值问题，力图纠正和揭露亚当·斯密价值理论的混乱和矛盾。他坚持耗费劳动量决定商品价值的原理，并将这一原理始终贯穿于其经济理论中。

李嘉图对国际贸易理论有开创性的贡献，是自由贸易的坚决支持者。1817年4月，他的名著《政治经济学及赋税原理》出版，该书包含丰富的经济思想，在经济史上有着很重要的地位。在这部著作中，李嘉图提出了比较优势学说，可以说是政治经济学中最广泛地为人们所接受的"真理"。在该书"论对外贸易"一章中，他对英国和葡萄牙的外贸进行了研究，用精彩的例子"酒和毛呢"说明了比较成本，并得到了贸易的结果，使之被无数经济学者引用并发展。他还给出了与在贸易自由条件下和谐发展国际经济关系理论相适应的结论。

终其一生，李嘉图都以严谨的思维、数学的逻辑性和精确性著称，他是古典政治经济学的集大成者，发展了斯密的工资、利润和地租的观点，即社会3个主要阶层最初收入的观点。他认为，地租只是从利润中扣除的部分，从而利润被说成是收入最初的基本形式，而资本是收入的基础，即利润实质上就是剩余价值，这又是他在科学上取得的光辉成就之一。

（资料来源：伊特韦尔，米尔盖特，纽曼. 新帕尔格雷夫经济学大辞典：第四卷[M]. 陈岱孙，译. 北京：经济科学出版社，1992：196-214.）

二、前提假设

除了强调两国之间生产技术（劳动生产率）存在相对差异而不是绝对差异之外，比较优势理论的前提假设与绝对优势理论的前提假设基本一样。

三、主要内容

作为古典政治经济学的重要人物，大卫·李嘉图与亚当·斯密一样，主张自由贸易，认为国际贸易对所有的参加国都是有利的。因此，政府应该采取支持自由贸易或不干预的对外贸易政策。不过，大卫·李嘉图并非只是重复亚当·斯密关于自由贸易的好处，而是提出了更加系统的自由贸易理论。在其代表作《政治经济学及赋税原理》中，大卫·李嘉图指出国际贸易的基础不再是绝对优势，而是比较优势：虽然一国在两种商品的生产上均处于绝对优势，另一国在两种商品的生产上均处于绝对劣势，但只要两种商品的优势或劣势程度有所不同，则该国在优势重、另一国在劣势轻的商品上就各自具有比较优势；如果该国"两优取最优"，另一国"两劣取次劣"，进行专业化生产，然后进行国际交换，贸易双方同样能从国际分工和国际交换中获得利益，世界资源能得到最佳配置，社会总财富亦有所增加。

四、例解比较优势理论

1. 比较优势的判断方法

比较成本的差异反映了各国在生产技术上的相对差异。在说明参与贸易各国的比较优势时，用下面的方法进行判定：

（1）相对劳动生产率　即生产两种商品的绝对劳动生产率之比，相对劳动生产率高，具有比较优势，反之具有比较劣势。

（2）相对生产成本　即生产两种商品的绝对生产成本之比，相对生产成本高，具有比较劣势，反之具有比较优势。相对生产成本又称比较成本。

（3）机会成本　即一种商品的机会成本是生产额外一单位这种商品所放弃的另外一种商品的产量。当一国在一种商品的生产上具有较低的机会成本时，该国在该商品的生产上就具有比较优势，反之具有比较劣势。

无论用以上哪种方法来判断，结果都是一致的。

2. 比较优势与国际贸易

为了说明依据比较成本或比较优势原则进行分工交换，参加各国都可以获得利益，李嘉图沿用了英国和葡萄牙的例子，但对条件做了一些变动，具体见表2-2。

表 2-2　比较优势条件下英国、葡萄牙的分工与贸易利得

分工状态	国家	条件说明			
		酒		毛呢	
		产量（单位）	劳动投入/（人/年）	产量（单位）	劳动投入/（人/年）
分工前	英国	1	120	1	100
	葡萄牙	1	80	1	90
	合计	2	200	2	190
分工后	英国	0	0	2.2	220
	葡萄牙	2.125	170	0	0
	合计	2.125	170	2.2	220
交换后	英国	1		1.2	
	葡萄牙	1.125		1	
	合计	2.125		2.2	

从表 2-2 可以看出，葡萄牙每单位酒和毛呢的生产成本分别是 80 人/年和 90 人/年，所需劳动投入均少于英国，则葡萄牙生产这两种产品均具有优势，而相应的英国生产这两种产品均处于劣势。根据亚当·斯密的绝对优势理论，两国之间不会进行国际分工，也不会发生国际贸易。而李嘉图认为，葡萄牙生产每单位酒所需劳动投入比英国少 40 人/年，生产每单位毛呢所需劳动投入比英国少 10 人/年，即葡萄牙每单位酒的生产成本为英国的 0.67，每单位毛呢的生产成本为英国的 0.9。显然，葡萄牙生产酒的优势更大一些，尽管它生产毛呢也具有优势；英国生产这两种产品均处于劣势，但英国在毛呢生产上劣势较小一些。根据李嘉图的论点，应依据"两优取最优，两劣取次劣"的原则进行分工和贸易。英国虽均处于绝对不利地位，但应取其不利程度较小的毛呢进行生产；葡萄牙虽均处于绝对有利地位，但应取有利程度较大的酒进行生产。如按这种原则进行国际分工，葡萄牙会将全部劳动 170 人/年都投入酒的生产，那么其酒的产量达到 2.125 单位；英国会将全部劳动 220 人/年都投入毛呢的生产，那么其毛呢的产量达到 2.2 单位。在各国保持需要交换产品的拥有量与分工前相同的情况下（即英国仍然拥有 1 单位酒，葡萄牙拥有 1 单位毛呢），假定国际交换比价是 1∶1，分工后两国拥有的产品总量都增加了，英国增加了 0.2 单位的毛呢，葡萄牙增加了 0.125 单位的酒。可见，通过国际分工仍可使社会财富增加。

至于为什么葡萄牙自己生产单位毛呢的成本是 90 人/年，却要去购买英国成本达到 100 人/年的毛呢？李嘉图自己的解释是，对于葡萄牙来说，与其挪用可以用来生产酒的要素去生产毛呢，还不如用这些要素去生产酒，因为由此可以从英国换得更多的毛呢。

归纳起来，李嘉图比较优势理论的核心是贸易的原因或基础是劳动生产率的相对差别以及由此产生的相对成本不同。他认为一国在产品的生产上不需要有绝对优势，只要具有比较优势，就可以在要素投入不发生改变的条件下通过参与国际分工从贸易中获取利益，但贸易利益实现的前提必须是完全的自由贸易。

五、对比较优势理论的评价

1. 比较优势理论的进步性

1）李嘉图是英国古典经济学的完成者,古典经济学到李嘉图时达到了顶峰,对后来的经济学发展有着深远的影响。

2）李嘉图的比较优势理论在历史上曾起过较大的进步作用,它为废除《谷物法》、促进英国工业资产阶级争取自由贸易提供了有力的理论"武器",而自由贸易又促进了英国生产力的迅速发展,使英国成为"世界工厂",在世界工业和贸易中居于首位。

3）比较优势理论将自由贸易的领域推广到各种类型的经济水平各异的国家,从而论证了自由贸易政策的普遍性和合理性。尤其为发展中国家对外开放提供了理论指导。

2. 比较优势理论的局限性

1）比较优势理论也是建立在一系列假设的基础上,把复杂多变的国际经济状况抽象成静态的、短期的、凝固的状态,没有考虑到规模经济、技术进步等对进出口贸易的影响,因而不能如实全面地反映国际经济现状。这在一定程度上削弱了比较优势理论的实用性。

2）根据该理论,贸易各国所获得的利益都是短期利益,这个静态的短期利益往往与一国的长期利益相矛盾。比如一个国家为了长远发展,对关乎国计民生的战略性产业和高科技产品,不论有无优势都应该发展。因此,在制定对外贸易政策时,应灵活运用比较优势理论;否则,就会陷入"比较优势陷阱",不利于一个国家经济、产业结构的调整。

3）该理论对互利贸易的范围、贸易利得的分配等问题均未触及。

【知识拓展】

比较优势陷阱

所谓"比较优势陷阱",是指一国(尤其是发展中国家)完全按照比较优势,生产并出口初级产品和劳动密集型产品,则在国际贸易中,虽然能获得利益,但贸易结构不稳定,总是处于不利地位,从而落入"比较优势陷阱"。

"比较优势陷阱"包括两种形式。第一种是初级产品"比较优势陷阱"。它是指在执行比较优势战略时,发展中国家完全按照机会成本的大小来确定本国在国际分工中的位置,运用劳动力资源和自然资源优势参与国际分工,从而只能获得相对较低的附加值。并且比较优势战略的实施还会强化这种国际分工形式,使发展中国家长期陷入低附加值环节。由于初级产品的需求弹性小,加上初级产品的国际价格下滑,发展中国家的贸易条件恶化,甚至不可避免地出现"贫困化增长"的现象。第二种类型是制成品"比较优势陷阱"。由于初级产品出口的形势恶化,发展中国家开始以制成品来替代初级产品的出口,利用技术进步来促进产业升级。但由于自身基础薄弱,主要通过大量引进、模仿先进技术或接受技术外溢和改进型技术等作为手段来提高在国际分工中的地位,并有可能进入高附加值环节。但是这种改良型的比较优势战略由于过度依赖技术引进,使自主创新能力长期得不到提高，无法发挥后发优势，只能依赖发达国家的技术进步。

发展中国家必须要调整自己的贸易发展战略，突破比较优势战略的束缚，实行竞争优势战略。所谓竞争优势战略，就是指以技术进步和制度创新为动力，以产业结构升级为特征，全面提高本国产业的国际竞争力，以具有竞争优势的产品参与国际竞争，分享国际贸易利益的一种强调贸易动态利益的贸易发展战略。它强调贸易利益的动态性和长期性，注重产业内部的交换关系和产业的生产率以及产业替代的因果关系，以适应当前国际贸易中产业内贸易不断上升的趋势。竞争优势战略是发展中国家改变在国际贸易中不利地位、充分发挥对外贸易作用的一个必然选择。

（资料来源：周双燕，吴莎. 国际贸易理论［M］. 青岛：中国海洋大学出版社，2019：29-30.）

第四节 相互需求原理

一、产生背景

亚当·斯密的绝对优势理论和大卫·李嘉图的比较优势理论均从供给角度解释了国际贸易产生的原因是由于劳动生产率的不同，并论证了贸易互利性原理。但他们没有说明国际交换比例如何确定，或者说两国之间应该按照一个什么样的比例展开交换，也未考虑需求因素对国际贸易的重要影响。针对上述问题，英国19世纪最有影响力的古典经济学家约翰·斯图尔特·穆勒（John Stuart Mill，1806—1873）提出"相互需求原理"，从需求角度完善了古典贸易理论。

穆勒生活的年代正是英国工业革命蓬勃发展的时期，此时的生活环境与李嘉图时代相比已经发生了巨大变化。在经济理论方面，穆勒积极推崇古典经济学家的自由贸易与比较优势理论，并对李嘉图的比较优势理论做了重要的补充。对两国间交换比例的确定和贸易利益在各国间的分配等问题进行了研究，并且在《政治经济学原理及其在社会哲学上的若干应用》中提出了相互需求原理，也称相互需求方程式或国际需求方程式。这是穆勒在国际贸易理论上的最大贡献。

二、主要内容

穆勒认为：参加贸易的两个国家的商品交换比（即贸易条件）是由两国对各自商品的需求强度决定的。主要包括以下三个方面的内容：

（一）国际商品交换比例的上下限

前面讨论绝对优势理论和相对优势理论时，为简化说明及计算，只是假定了两种商品的国际交换比例为1∶1，但现实贸易中不一定是这样。

穆勒认为，开展贸易之前，在封闭条件下两国国内各自形成一个统一的国内交换比例。开展贸易之后，又会形成一个国际交换比例，两国的国内交换比例构成了国际交换比例的上下限。

穆勒在比较优势理论的基础上，用国际交换比例的上下限来说明两国贸易利益的范围。假设英国和德国生产的两种产品分别是毛呢和麻布，在投入等量的劳动和资本后，两国两种产品的劳动生产率见表2-3。

表2-3　两国两种产品的劳动生产率

国家	毛呢产量/yd[1]	麻布产量/yd
英国	10	15
德国	10	20

① 1yd＝0.9144m

从表2-3可见，英国和德国生产毛呢的劳动生产率相同，但是德国生产麻布的劳动生产率高于英国生产麻布的劳动生产率。在没有分工前，根据劳动价值论，英国国内毛呢和麻布的交换比例是"10yd 毛呢＝15yd 麻布"（即10∶15），德国国内交换比例是"10yd 毛呢＝20yd 麻布"（即10∶20）。如果两国进行贸易，根据比较优势理论，英国应集中生产并出口毛呢，德国应集中生产并出口麻布。

假如英国用10yd 毛呢能换取15yd 以上的麻布，则对英国有利；德国用20yd 以下麻布换取10yd 毛呢，则对德国有利。对英国来讲，交换比例的上限为20yd 麻布，下限是15yd 麻布。如果英国能用10yd 毛呢换取20yd 麻布，则对英国最有利，但对德国最不利，因为德国国内也可按此比例交换，无须再参加贸易；相反，如果国际交换比例是10yd 毛呢只能换取15yd 麻布，则对德国最有利，对英国不利，双方贸易不能达成。所以，国际交换比例只能在两国国内交换比例之间（即10∶20～10∶15）的范围内变动，这样，国际贸易才具有互利性。这个变动范围越大，说明两国的比较成本差异越大，互补性越强，进行互惠贸易的空间越大。

（二）贸易利益的分配

根据比较优势理论，国际贸易会使贸易参加国均受益，但贸易利益在两国之间如何分配以及两国各自受益程度如何呢？穆勒认为，贸易利益总量的大小取决于两国国内交换比例之间的差别幅度。如前面英德贸易的例子中，两国国内毛呢和麻布的交换比分别为10∶15和10∶20，则两国之间每进行10yd 毛呢的贸易就会产生5yd 麻布的贸易利益。

当国际交换比为10∶18时，10yd 毛呢可换回18yd 麻布，则英国多得了3yd 麻布，德国只节约了2yd 麻布，英国的贸易利得大于德国的贸易利得。当国际交换比为10∶16时，10yd 毛呢可换回16yd 麻布，则英国多得了1yd 麻布，德国节约了4yd 麻布，即德国的贸易利得大于英国的贸易利得。

通过以上分析表明，贸易利益的分配取决于具体的国际交换比例，该比例越接近对方国家的国内交换比例，贸易条件对本国越有利，本国从贸易中获益越多；反之，越接近本国国内交换比例，贸易条件对本国越不利，本国从贸易中获益越少。

（三）相互需求方程式

约翰·穆勒用相互需求方程式说明国际交换比例的确定及其变动。相互需求方程式是指在国际分工的条件下，两个国家各自生产不同的产品并相互交换，这两种产品的交换比例必须等于两国相互需求对方产品总量的比例。当这一相互需求方程式成立时，国际市场中商品的相对价格便由此决定。

穆勒认为,国际商品交换比例取决于两国对对方产品需求的强度,并稳定在输出货物恰好能抵偿输入货物的水平上。穆勒认为一切贸易都是商品的交换,一个国家为了获得一定数量的某种商品的进口,它也需要提供一定数量的其他商品出口。一方出售商品是购买对方商品的手段,即一方的供给是对对方商品的需求,这种供给和需求就是相互需求。

受国际供求均衡规律的影响,两种商品交换比例的确定必须满足进口值与出口值相等的条件。一国产品与他国产品相交换的价值,应该使该国的出口总量刚够支付该国进口总量所需的价值,即:

$$P_{出口} \times Q_{出口} = P_{进口} \times Q_{进口}$$

式中,$Q_{进口}$为本国需求量,$Q_{出口}$为外国需求量。

按照穆勒的思想,实际的国际交换比例是根据双方消费者的需求偏好和强度在两国国内交换比范围内进行调整。若一方的需求发生变化,原先的贸易条件被打破,市场力量会自动调整国际交换比例,直到使贸易双方的出口总价值等于进口总价值,从而实现新的均衡贸易条件。

两国相互需求的强度对国际交换比例的形成有重大影响。本国对他国产品的需求越强,国际交换比例就越接近本国的国内交换比例,贸易条件对本国越不利;反之,本国对他国产品的需求越弱,国际交换比例就越接近对方国家的国内交换比例,贸易条件对本国越有利。如在表2-3所示的例子中,因英国对德国产品的需求强度下降,交换比例由10∶15变为10∶18,更接近德国国内的交换比例,显然,这一比例对英国有利而对德国不利。

三、对相互需求原理的评价

西方经济学家对约翰·穆勒的相互需求原理给予很高的评价,认为穆勒从需求的角度分析了国际贸易为双方带来利益的范围,说明了贸易利益的分配,强调了需求因素在决定商品的国际交换比例上的重要作用。

但穆勒的相互需求原理也存在局限性,即它抛弃了劳动价值论,庸俗了大卫·李嘉图的理论,集中表现在他用交换价值代替价值。他认为,本国产品价值决定于它的生产成本,而外国产品价值决定于国际交换比例,而国际交换比例决定国际价值。

【本章小结】

1. 本章介绍了重商主义和古典经济学对贸易问题的认识,初步回答了三个问题:①国际贸易产生的原因是什么?②贸易模式如何决定?③贸易利益如何体现?

2. 重商主义是前资本主义国际贸易理论的集中反映,代表西欧封建制度向资本主义制度过渡时期商业资产阶级的早期经济思想及其政策。重商主义认为,一国在贸易上的收益只能建立在其他国家受损的基础上,主张限制进口,鼓励出口。

3. 亚当·斯密在对重商主义进行批判的基础上,提出了绝对优势理论,认为国际贸易产生的原因在于各国劳动生产率的绝对差别。认为各国应集中生产并出口具有绝对优势的产品，进口不具有绝对优势的产品，贸易双方都将从中获益。

4. 大卫·李嘉图提出了更具有一般意义的比较优势理论，认为国际贸易产生的原因在于各国劳动生产率的相对差别而不是绝对差别。每个国家都应生产与出口比较优势产品，进口比较劣势产品，这样，对参加贸易的国家都有利。

5. 约翰·穆勒提出的相互需求原理，解释了国家间商品交换比例的确定，认为国际交换比例介于两国国内交换比例之间，具体比例取决于相互需求强度的大小，国际交换比例越接近一个国家的国内交换比例，则贸易利益的分配对该国越不利。

【习题与思考】

1. 重商主义贸易理论的理论观点和政策主张是什么？
2. 什么是绝对优势理论？绝对优势理论的主要观点是什么？
3. 简要分析比较优势理论产生的背景和理论内容。
4. 约翰·穆勒的相互需求原理中，国际交换比例如何确定？

国际贸易理论与实务

第三章 新古典国际贸易理论

古典学派的国际分工和国际贸易理论在西方经济学界占支配地位达一个世纪之久。但是随着资本主义生产的迅速发展,多要素投入成为生产过程的普遍特征,研究投入产出关系的经济理论获得发展,新古典经济学逐渐形成。在新古典经济学框架下对国际贸易进行分析的新古典国际贸易理论也随之产生,主要包括要素禀赋理论和里昂惕夫悖论。

第一节 要素禀赋理论

一种商品在不同的国家具有不同的价格,体现了比较优势的存在,这是两国互惠贸易的基础。但是比较优势产生的原因是什么?古典国际贸易理论简单地认为比较优势源于各国劳动生产率的差异,并没有深入说明这种差异产生的原因。20世纪30年代,瑞典经济学家赫克歇尔及其学生俄林在继承古典国际贸易理论的基础上创立了要素禀赋理论(又称赫克歇尔-俄林定理,简称H-O定理),也称生产要素比例学说,从生产要素禀赋的角度解释了比较优势的根源。

一、要素禀赋理论产生的背景

古典国际贸易理论认为劳动是创造价值和产生成本差异的唯一生产要素,国际贸易产生的原因在于各国劳动生产率的绝对或相对差异。然而,随着资本主义生产关系的出现以及工业革命的发生,资本越来越成为一种重要的生产要素,产品生产不再由单一生产要素决定。在亚当·斯密和大卫·李嘉图的模型中,劳动生产率差异的背后其实主要就是各国生产技术的差异。而在一个完全竞争、信息充分的世界里,生产技术的差异是不可能永远保持的。尤其是进入20世纪后,随着技术在国家之间尤其是在欧美各国之间流动和扩散，国家之间的劳动生产率水平越来越接近，但欧美之间的贸易量不但没有减少反而增多。这样看来，引发比较优势差异的一定还有技术以外的生产因素。

赫克歇尔和俄林从各国资源禀赋即生产要素供给情况不同的角度出发，具体分析了国际分工的原因、国际贸易的格局和国际贸易的商品结构。他们的理论被称为赫克歇尔-俄林理论，后经保罗·萨缪尔森（Paul Samuelson）等经济学家不断完善。要素禀赋理论无论在理论分析还是实践应用中，都取得了巨大的成功，以至于在20世纪前半叶到70年代末这段时期，要素禀赋理论成为国际贸易理论的典范，几乎成为国际贸易理论的代名词。

【名家专栏】

赫克歇尔与俄林

伊·菲·赫克歇尔（Eli F. Heckscher, 1879—1952），瑞典著名的经济学家和经济史学家，1879年生于斯德哥尔摩的一个犹太人家庭。从1897年起在乌普萨拉大学学习历史和经济，并于1907年获得博士学位。毕业后，他曾任斯德哥尔摩大学商学院的临时讲师，1909年—1929年任经济学和统计学教授，1929年创建斯德哥尔摩经济史研究所，并任第一任所长，成为瑞典经济史研究的创始人。

赫克歇尔对经济史有独特理解，强调经济理论的重要性，对经济史的研究兼有经济学家和统计学家的特点。他对经济学的贡献主要是在经济理论上的创新和在经济史研究方面引入了新的方法论——定量研究方法。

赫克歇尔在1919年发表的《外贸对收入分配的影响》是现代赫克歇尔-俄林要素禀赋理论的起源，集中探讨了各国要素禀赋构成与商品贸易模式之间的关系，并且一开始就运用了总体均衡的分析方法。赫克歇尔认为要素绝对价格的均等化是国际贸易的发展趋势，他的论文具有开拓性的意义，之后这个理论由他的学生俄林进一步加以发展，从而形成完整的理论。

贝蒂尔·俄林（Bertil Ohlin, 1899—1979），瑞典著名经济学家和政治学家，1899年生于瑞典南方的一个小村子克利潘。1917年在隆德大学获得数学、统计学和经济学学位，1919年在赫克歇尔的指导下获得斯德哥尔摩大学工商管理学院经济学学位，1923年获得哈佛大学文科硕士学位，1924年获得斯德哥尔摩大学博士学位。1925年担任丹麦哥本哈根大学经济学教授，五年后回瑞典在斯德哥尔摩大学商学院教学，1937年在加利福尼亚大学（伯克利）任客座教授，1969年—1975年担任诺贝尔经济学奖委员会主席。

俄林最为著名的工作是他对国际贸易理论的现代化处理，并因此获得1977年诺贝尔经济学奖。俄林的研究成果主要表现在国际贸易理论方面，其著作包括1924年出版的《国际贸易理论》，1933年出版的著名的《区间贸易和国际贸易论》，1936年出版的《国际经济的复兴》，1941年出版的《资本市场和利率政策》等。俄林受他的老师赫克歇尔关于生产要素比例的国际贸易理论的影响，在美国哈佛大学教授威廉斯的指导下，结合瓦尔拉斯和卡塞尔的总体均衡理论进行分析论证，在《区间贸易和国际贸易论》中最终形成了他的贸易理论。因此，俄林国际贸易理论又被称为赫克歇尔-俄林理论。

（资料来源：1. 伊特韦尔，米尔盖特，纽曼. 新帕尔格雷夫经济学大辞典. 第二卷[M]. 陈岱孙，译. 北京：经济科学出版社，1992：666-667.

2. 伊特韦尔，米尔盖特，纽曼. 新帕尔格雷夫经济学大辞典. 第三卷[M]. 陈岱孙，译. 北京：经济科学出版社，1992：747-749.）

二、要素禀赋理论的主要内容

1919 年赫克歇尔发表了题为《外贸对收入分配的影响》的论文，认为在两个国家各个生产部门技术水平相同时，两个国家生产要素禀赋的差异也会形成不同的比较优势。只要生产不同产品所使用的要素比例不同，仍然存在分工和贸易的基础。其学生俄林在这篇文章的基础上做了进一步的研究，在 1933 年发表的经典著作《区间贸易和国际贸易论》一书中，更周密地分析了资源禀赋差异引起的贸易及贸易对收入分配的影响，全面阐述了新古典贸易理论的基本框架，俄林因此获得了 1977 年诺贝尔经济学奖。

（一）重要概念

1. 要素禀赋

要素禀赋（Factor Endowment）是指一个国家或经济体各种生产要素（即经济资源）的拥有状况（数量）。它既包括自然存在的资源，如土地、矿产、森林、气候条件等，也包括社会积累的资源，如技术、资本、劳动、管理、信息等，通常用"丰裕"或"稀缺"来表示。

一国要素禀赋中某种要素供给所占比例大于别国同种要素的供给比例而价格相对低于别国同种要素的价格，则该国的这种要素相对丰裕；反之，如果在一国的生产要素禀赋中某种要素供给所占比例小于别国同种要素的供给比例而价格相对高于别国同种要素的价格，则该国的这种要素相对稀缺。

2. 要素丰裕度

要素丰裕度（Factor Abundance）是指一国所拥有的各种资源的丰富程度，即一国的要素禀赋状况，专门用来刻画一国要素禀赋的特征。它是一个相对的概念，必须通过国家之间的比较，与其所拥有的要素总量无关。如果一个国家的某种生产要素的供给比例大于别国同种生产要素的供给比例，那么该种生产要素的相对价格就低于别国同种生产要素的相对价格，该种生产要素即为该国的丰裕生产要素。

衡量要素丰裕度有两种方法：

（1）以生产要素供给总量衡量 若一国某生产要素的供给比例大于别国的同种生产要素供给比例，则该国相对于别国而言，该生产要素丰裕。

例如，如果 A 国所拥有的全部资本（K）数量与劳动（L）数量的比率高于 B 国，即 $(K/L)_A > (K/L)_B$，则说明 A 国相对于 B 国是资本丰裕的，而 B 国相对于 A 国是劳动丰裕的。

这里所说的资本-劳动比率（K/L）是一个相对量，不是各国可获得的资本和劳动的绝对数量。因此只要满足上述不等式，即使 A 国的资本总量小于 B 国，A 国相对于 B 国来说仍然是资本丰裕的。

（2）以生产要素相对价格衡量　若一国某生产要素的相对价格——某生产要素的价格和其他生产要素价格的比率低于别国两种生产要素的相对价格比率，则该国该生产要素相对于别国丰裕。

劳动要素的价格是工资（w），资本要素的价格是利润（r）。例如，如果 A 国的工资-利润率比 B 国的高，即 $(w/r)_A > (w/r)_B$，则 A 国相对于 B 国来说是资本丰裕的国家，而 B 国相对于 A 国是劳动丰裕的国家。

以总量法衡量的要素丰裕只考虑生产要素的供给，有一定的片面性，因为生产要素价格是由生产要素的供给与需求两方面的力量共同决定的，故以价格法衡量的要素丰裕兼顾生产要素的供给和需求，因而较为科学。

3. 要素密集度

要素密集度（Factor Intensity）是指生产不同产品所需投入的生产要素组合之间的比率，也是一个相对概念，必须通过产品之间的比较，与生产要素的绝对投入量无关。如果某生产要素投入的比例大，称为该生产要素密集程度高。

一般来说，给定资本和劳动两种生产要素以及 X 和 Y 两种产品，如果 X 产品在生产中投入的资本-劳动比率比 Y 产品高，即 $(K/L)_X > (K/L)_Y$，则相对于 Y 产品，X 产品的生产更为密集地使用了资本这一生产要素。因此，X 产品是资本密集型产品，而 Y 产品为劳动密集型产品。

（二）"H-O"理论的前提假设

1）只有两个国家（A 国和 B 国）、两种产品（X 和 Y）、两种生产要素（劳动 L 和资本 K）。

2）两国同种产品的生产技术相同，即同种产品的劳动生产率没有差距，但不同产品的生产技术存在差异。

3）同种产品的要素密集度相同，不同产品的要素密集度不同。

4）两国两种产品的生产均为规模报酬不变。

5）两国生产要素的供给是固定的，且生产要素是同质的。生产要素在国家间不能流动而在国内完全流动。

6）两国的生产资源都得到了充分利用，任何一个国家要扩大一种产品的生产，都必须从另一个产业部门中吸收资源，并造成另一个部门产量的下降。

7）商品市场和生产要素市场是完全竞争市场。

8）对两种产品的需求偏好相同。

9）货物流通中的一切限制都不存在且两国的相互进出口额相等。

10）两国的分工是不完全分工，即在自由贸易条件下，两国也要继续生产两种产品。

（三）"H-O"理论的主要内容

基于上述重要概念以及假设条件，我们可以这样表述 H-O 理论：在国际贸易中，一国的比较优势是由其要素丰裕度决定的。在各国生产要素存量一定的情况下，一国应集中生产并出口要素密集度和要素丰裕度一致的产品，即一国应出口密集使用其丰裕要素生产的产品，进口密集使用其稀缺要素生产的产品。简而言之，劳动相对丰裕的国家应当出口劳动密集型产品，进口资本密集型产品；资本相对丰裕的国家应当出口资本密集型产品，进口劳动密集型产品。

这一理论模型的基本结论基于如下的推理过程。第一，各国生产同种产品，其价格的绝对差异是国际贸易产生的直接原因，商品的价格差是国际贸易产生的利益驱动力。第二，这种价格的绝对差异是由生产成本差别造成的。第三，各国生产相同产品时的成本不同，是由生产要素的价格不同造成的。第四，生产要素的价格差异是由各国生产要素的供给差异造成的。经济学的基本理论告诉我们，生产要素的价格决定于它们的供求关系，两国生产要素的供给差异造成了两国生产要素价格的差异。第五，两国生产要素供给的差异是由两国的要素禀赋决定的。某种生产要素若在一国相对比较丰裕，其供给量就大；相反另一种生产要素若在该国比较稀缺，则其供给量就小。各国生产要素的不同丰裕度和各种产品所需要的生产要素比例的不同，使各国在不同产品上具有比较优势或成本优势。总之，H-O 理论说明了，在技术水平相同的情况下，各国生产要素的相对丰裕度是各国比较利益形成的基础。

（四）例解 H-O 理论

1. 要素丰裕度和要素密集度的判定

假设美、英两国同时生产 X 和 Y 产品，已知生产每单位 X 产品需投入 6 单位资本、2 单位劳动，生产每单位 Y 产品需投入 2 单位资本、4 单位劳动。美国每单位资本价格为 20 美元，每单位劳动价格为 100 美元；英国每单位资本价格为 10 美元，每单位劳动价格为 60 美元。

基于上述条件，可计算出生产每单位产品的成本（$rK+wL$），见表 3-1。

表 3-1　美、英两国生产情况

国家	生产条件			
	单位要素价格/美元		单位产品成本/美元	
	资本(r)	劳动(w)	X $6K+2L$	Y $2K+4L$
美国	20	100	320	440
英国	10	60	180	260

（1）要素丰裕度的判定　美国和英国的利率与工资率之比（r/w）分别为 1/5 和 1/6，即美国资本的相对价格比英国资本的相对价格要高，反过来，即 $(w/r)_美<(w/r)_英$，故美国为劳动相对丰裕的国家，英国为资本相对丰裕的国家。

（2）要素密集度的判定　X 与 Y 产品要素密集度之比（K/L）分别为 6/2 和 2/4，即 X 产品的资本密集程度相对于 Y 产品要高，即 $(K/L)_X>(K/L)_Y$，故 X 产品为资本密集型产品，Y 产品为劳动密集型产品。

2. 分工与贸易互利性

根据要素禀赋理论，美、英两国应该生产并出口要素丰裕度和要素密集度一致的产品，即美国应当生产并出口 Y 产品，进口 X 产品；英国应当生产并出口 X 产品，进口 Y 产品。

由表 3-1 可知，在美国 1 单位 Y 产品的相对价格为 440 美元/320 美元 = 11/8，即 1 单位 Y 产品可换 11/8 单位 X 产品；在英国 1 单位 Y 产品的相对价格为 260 美元/180 美元 = 13/9，即 1 单位 Y 产品可换 13/9 单位 X 产品。因为 11/8 < 13/9，所以美国 Y 产品的相对价格低于英国 Y 产品的相对价格，故根据相互需求原理，美国出口 1 单位 Y 产品可换回更多的 X 产品。同理，英国出口 1 单位 X 产品可换回更多的 Y 产品。

三、对要素禀赋理论的评价

1. 要素禀赋理论的进步性

1）要素禀赋理论是建立在比较优势理论基础之上的，从两个方面发展了比较优势理论，有其合理的成分和可借鉴的意义。即以投入两种生产要素为分析前提，这一观点与现实更加接近。

2）李嘉图的比较优势理论建立在各国劳动生产率差异的基础上，而要素禀赋理论假设各国生产同一产品的技术水平是相同的，各国生产同一产品的成本差异是由要素禀赋差别造成的。

2. 要素禀赋理论的局限性

1）要素禀赋理论比较强调静态结果，忽略了经济和技术上的差异，又假定各种生产要素本身的生产效率是相同的，从而把比较优势和生产要素的禀赋差别看成是绝对的和不变的，从而忽视了世界各国生产力和生产关系的动态变化。

2）该理论在分析过程中引入了价格或货币因素，增加了问题的复杂性。我们在第二章内容的分析中，没有涉及货币问题，比较优势和价格差异的测度标准是物质产品间的比价。而要素禀赋理论为了说明问题，引入了价格因素，但在国际贸易中，产品价格会受到多种因素影响，因而可能引起比较优势和价格竞争优势之间的差异或脱节。

【经典案例】

日本动漫产业的繁荣与危机

日本被誉为"动漫王国"，是全球最大的动漫产品输出国和制作方之一。动漫作品凭着剧情的创新和趣味性受到世界各地青少年甚至成年观众的欢迎。据统计，目前全球播放的动漫作品中，有 60% 以上来自日本，欧美的动漫产业只占 20% 左右。从 2007 年开始，日本动漫产业的年营业额超过 200 万亿日元（约合 9.3 万亿元人民币），成为日本的第三大产业。日本销往美国的动画片以及相关产品的总收入是日本出口到美国的钢铁总收入的 4 倍。日本的动漫不仅是广受欢迎的流行文化，还是一个能带来很好收益的产业，深刻影响了日本的国民经济。

日本的动漫产业并没有美国动漫产业悠久的百年历史。日本动漫从 20 世纪 60 年代开始起步，在短短的几十年间就占据了动漫行业的宝座，这与日本涌现了一批思想深刻、画风细腻而又风格各异的漫画家密不可分，如宫崎骏、青山刚昌、鸟山明等。

日本漫画注重团队之间的合作以及在描绘朋友之间的友情方面更加细致和有血有肉，同时风格和题材也呈现多样化，出现儿童动漫、校园动漫、少女动漫、搞笑动漫、奇幻动漫等多种类型，取材也涉及社会上的各行各业，能满足社会不同阶层不同年龄段读者的需求。

日本动漫有着庞大的体系，作为动漫创作灵魂的漫画家显得尤为重要。动漫人才的培养在日本经过多年的摸索后形成现在这样一种状况：日本动漫人才培养机构主要有学院、大学、短期培训机构。大概有1000所学校开设动漫教育相关专业，如东京大学等高等学府也开设动漫教育专业。而且日本的动漫教育不只重视技术上的培训，还很注重学员想象力的开发以及与企业的结合。企业会派遣老师到学校里面直接教学生，进一步拉近学生与市场间的距离。日本独特的动漫教育体系培养出了大批既继承日本动漫优良作风又可以根据自己的生活经验和体会来进行创新的优秀动漫行业从业人员。日本在动漫创作人才上的禀赋充裕保证了日本在动漫产业链上游的牢固地位，使日本在动漫创作上具有比较优势。

但我们也必须看到，日本动漫产业经过多年发展，从成为世界第一动漫大国、市场规模在2006年达到顶峰，到现在开始呈现下降趋势，市场规模逐年萎缩，发展环境不容乐观。日本共同社援引帝国数据库公司发布的调查结果报道，日本动漫产业2020年销售额总计2511亿日元（约合117亿元），比2019年减少46亿日元（约合2.15亿元），销售额同比减少1.8%，为10年来首次下降。日本人口老龄化、全球金融危机、人才流失、本土动漫产业空洞化、数字网络对传统产业的冲击和国际竞争加剧等因素，使日本动漫产业受到严重影响。

（资料来源 1. 林舒舒：《当前日本动漫风靡现象分析》，载于《江苏社会科学》，2006年第2期。2.《日本动漫产业销售额十年来首次下降》，https：//baijiahao.baidu.com/s?id=1708141215141614846&wfr=spider&for=pc。）

第二节 "里昂惕夫悖论"

H-O定理问世以后，逐渐被大多数人接受，与比较优势理论一起成为国际贸易的主流理论。第二次世界大战后，贸易理论的主要方向是运用经验资料对模型进行检验，以考察其结论是否符合国际贸易现实。其中，引起轰动的是美国经济学家里昂惕夫的实证工作，其检验结果在国际经济学界引起了强烈反响，这就是著名的"里昂惕夫悖论"，又称"里昂惕夫之谜"。

一、"里昂惕夫之谜"的内容

第二次世界大战结束之后，美国作为世界上发达的国家，被普遍认为是资本丰裕的。根据传统的要素禀赋理论，第二次世界大战后美国出口的应是资本密集型产品，进口的应是劳动密集型产品。

里昂惕夫在其 1953 年发表的论文《国内生产与对外贸易：美国地位的再审查》中，首次对 H-O 理论进行了实证检验。他利用美国 1947 年的统计资料，运用自己研究的投入-产出分析方法，对美国的对外贸易商品结构进行计算，以验证美国的贸易结构与 H-O 理论的结论是否一致。沿用 H-O 理论的假定，他把生产要素分为资本和劳动两种类型，对 200 种贸易商品进行分析，计算出每百万美元的出口商品和进口替代（或竞争）商品所使用的资本和劳动量，从而得到美国出口商品和进口替代（或竞争）商品的资本劳动比率，以反映商品的资本和劳动密集程度。其计算结果见表 3-2。

表 3-2 美国每百万美元进出口商品对国内资本和劳动的需求量

投入	资本和劳动的需求量			
	1947 年		1951 年	
	出口商品	进口替代商品	出口商品	进口替代商品
资本/美元	2,550,780	3,091,339	2,256,800	2,303,400
劳动/(人/年)	182.313	170.004	173.91	167.81
资本劳动比率	13,991	18,184	12,977	13,726

由表 3-2 可知，1947 年生产进口替代商品的资本劳动比率，即人均资本使用量的比率与生产出口商品的人均资本使用量的比率为 18,184/13,991 ≈ 1.3，即高出 30%，这一数字说明美国出口商品的资本密集程度低于进口替代商品，或者说美国出口商品的劳动密集程度高于进口替代商品的劳动密集程度。这个验证结果表明：美国参与国际分工是建立在劳动密集型生产专业化基础上的，而不是建立在资本密集型生产专业化基础上的。可见，该验证结果明显有悖于依照 H-O 理论推演出的结论，令西方经济学界大为震惊。西方经济学界将这个由里昂惕夫发现的 H-O 理论与贸易实践的巨大背离现象，称为"里昂惕夫之谜"或"里昂惕夫悖论"（The Leontief Paradox），并掀起对 H-O 理论进行重新评价，进一步验证和探讨"里昂惕夫之谜"的热潮。

一些人怀疑里昂惕夫的方法和数据存在错误，里昂惕夫自己也反复对方法和结论进行核对，证明无误。1956 年，里昂惕夫又根据美国 1951 年的数据再度进行实证检验（见表 3-2 中 1951 年的数据和比率），获得相同的结果，美国出口商品的资本密集程度低于美国进口商品的资本密集程度，进口替代商品与出口商品的资本-劳动比率为 1.06，即高出 6%。

除里昂惕夫之外，其他一些经济学家也采用类似方法进行了类似的研究，得出了类似的结论，这表明"里昂惕夫之谜"是普遍存在的。

那为什么会出现"里昂惕夫之谜"？作为西方国际贸易理论发展史上的一个重大转折点，它引发了经济学家对第二次世界大战后国际贸易新现象、新问题的深入探索。于是围绕着这个谜，西方学者进行了大量研究，从不同角度提出了各种各样的学说对此进行解释，这些学说深化了对生产要素禀赋理论的认识，极大地丰富和发展了国际贸易理论。

【名家专栏】

里昂惕夫

瓦西里·W. 里昂惕夫（Wassily W. Leontief，1906—1999）是俄裔美国人，著名经济学家，生于彼得堡。1928 年在柏林大学获经济学、哲学博士学位，1973 年获诺贝尔经济学奖。1927—1930 年在德国 Kiel 经济研究所工作。1931 年移居美国，曾任哈佛大学教授。1975 年里昂惕夫就任纽约大学经济分析研究所所长。代表作《投入产出经济学》，收录了他从 1947—1965 年公开发表的 11 篇论文，其中有两篇主要研究国际贸易，即《国内生产与对外贸易：美国资本地位的再审查》（1953 年）和《生产要素比例和美国的贸易结构：进一步的理论和经济分析》（1956 年）。

里昂惕夫在经济学上的贡献在于发展了投入-产出方法，并将其应用于重要的经济学问题研究。

（资料来源：胡代光，高鸿业. 西方经济学大辞典 [M]. 北京：经济科学出版社，2000：1188.）

二、对"里昂惕夫之谜"的解释

"里昂惕夫之谜"被提出后，经济学家纷纷从不同角度对里昂惕夫的验证结果进行探讨，试图解释"里昂惕夫之谜"产生的原因。其中，较为典型的观点主要有以下 5 种。

1. 劳动熟练说

劳动熟练说又称人类技能说或劳动效率说。它最先由里昂惕夫自己提出，后来由美国经济学家基辛（D. B. Keesing）加以发展。他们用劳动效率和劳动熟练度或技能的差异来解释"里昂惕夫之谜"。

里昂惕夫认为，各国的生产要素禀赋可以体现在数量或质量上的差异。"谜"之所以产生，可能是由于美国工人的劳动效率和技巧更高，大约是其他国家工人的 3 倍。如果把美国的劳动量乘以 3 进行调整之后，美国就成为劳动相对丰裕而资本相对稀缺的国家了。因此，美国出口劳动密集型产品、进口资本密集型产品是符合 H-O 理论的。但一些研究表明实际情况并非如此。如美国经济学家克雷宁（Krelnin）经过验证，认为美国工人的效率和欧洲工人相比，最多高出 1.2~1.5 倍。

后来，基辛对这个问题做了进一步研究。他利用美国 1960 年的人口普查资料，将美国企业职工划分为熟练劳动和非熟练劳动两大类：熟练劳动包括科学家、工程师、技术员、推销员、其他专业人员和熟练的手工操作工人等；非熟练劳动是指不熟练工人和半熟练工人。他还以此分类对 14 个国家的进出口商品结构进行分析，得出的结论是：资本较丰裕的国家，如美国，往往也是熟练劳动较丰裕的国家，倾向于出口熟练劳动密集型商品；资本较缺乏的国家，如印度，往往也是熟练劳动稀缺而非熟练劳动丰裕的国家，倾向于出口非熟练劳动密集型商品。

这表明发达国家在生产含有较多熟练劳动的商品方面具有比较优势，而发展中国家在生产含有较少熟练劳动的商品方面具有比较优势。因此，熟练劳动程度的差异是国际分工和国际贸易发生和发展的重要原因之一。

2. 人力资本说

人力资本说是由美国著名经济学者凯南（P. B. Kenen）等人提出的，他们运用人力资本这一概念来解释"里昂惕夫之谜"。他们认为，因为劳动不同质，故而在劳动效率上存在差异，这种差异主要是由劳动熟练程度决定的。而劳动熟练程度又取决于对劳动者进行培训、教育和其他的相关开支，即对智力开发的投资。因此，高的劳动效率归根到底是对人力投资的结果。由此可以认为，商品生产所需的资本投入不仅是物质资本，还应包括人力资本。所谓人力资本，是指投资于人的劳动技能训练所花费的费用，包括政府投资、个人投资及个人接受职业教育、技术培训的机会成本。人力资本的投入可提高劳动技能和专门知识水平，促进劳动生产率的提高。由于美国投入了较多的人力资本，因而拥有更多的熟练技术劳动力，因此，美国出口产品含有较多的熟练技术劳动。如果把熟练技术劳动收入高出非熟练技术劳动的这部分收入资本化，并同有形资本相加，经过这样处理后，美国仍是出口资本密集型产品，"里昂惕夫之谜"就消失了。

3. 自然资源说

该解释认为，在 H-O 理论中，只考虑了劳动和资本两种生产要素，而忽略了诸如土地、森林、矿藏等自然资源等非常重要的要素。如果一种商品是自然资源密集型的，将其简单地划分为资本或劳动密集型产品，显然是不正确的。当把自然资源考虑进来后，"里昂惕夫之谜"就变得好解释了。

自然资源与资本要素之间有一定的替代性，如果生产某种产品的自然资源不足，就必须采用先进、复杂的设备而投入大量的资本。阿拉伯半岛石油资源丰富，开采方便，所需的开采设备较为简单，因此需要投入的资本较少，所以该地区生产石油及石油制品就表现为劳动密集型产品。而在石油稀缺的地区，开采困难，想获取资源就必须投入大量的资本。多方面材料表明，尽管美国地大物博，但随着美国工业化进程的不断发展，它的自然资源正在变得相对稀缺，同时为了有意识地保护本国战略资源，美国对许多使用自然资源的产品的进口依赖性很强，例如石油等矿产品。这些产品在美国是用大量资本生产出来的，在美国属于资本密集型产品。也就是说，美国进口的资本密集型产品实际上是资源密集型的。若按照 H-O 理论，把这类产品归类为资本密集型产品，就是"里昂惕夫之谜"产生的原因之一。但如果扣除自然资源因素，"里昂惕夫之谜"也许就不存在了。据此，里昂惕夫在 1956 年把投入产出表中的 19 种需要使用大量自然资源的产品从进口项目中剔除，重新进行了计算，结果发现美国出口资本密集型产品，进口劳动密集型产品，成功地解开了"谜"。

4. 需求偏好说

需求偏好说试图从国内的需求结构，以需求偏好差异的角度解释"里昂惕夫之谜"产生的原因。这种解释认为，H-O 理论成立的一个前提假设是：贸易国双方的需求偏好完全相同，因此消费结构也是相同的。这就忽略了需求偏好的差异对贸易模式的影响。但在实际中，贸易双方的国内需求偏好是存在差异的，并会对国际贸易产生较强烈的影响。一个资本相对充裕的国家，如果国内需求偏向资本密集型产品，其贸易结构就有可能是出口劳动密集型产品、进口资本密集型产品。

根据该解释，"里昂惕夫之谜"之所以在美国发生，是因为美国国民存在对资本和技术密集型产品的消费偏好，有更多的需求，于是美国根据这种需求来进口更多的资本和技术密集型产品。同时，劳动密集型产品因为需求不足而出现剩余，于是出口。

5. 贸易壁垒说

该解释指出，H-O理论基于不存在贸易壁垒等阻碍因素的假设，但现实中，国际贸易并不完全自由，贸易各国家都或多或少地实行贸易保护，国际贸易存在着大量的关税和非关税壁垒。这些壁垒人为地扭曲了贸易条件，使得产品的相对价格不能反映出真正的比较优势。美国也不例外。因为劳动密集型产业是美国的劣势产业，所以美国会运用各种贸易壁垒限制劳动密集型产品的进口来实行保护。美国劳工代表在国会中有强大的影响力，也会使美国政策倾向于保护与鼓励劳动密集型行业的生产与出口，限制外国同类产品的进口。克拉维斯（Kravis）在1954年的研究发现：美国受贸易保护最严格的产业就是劳动密集型产业，美国劳动密集型产品的进口确实受到更高的进口壁垒的限制。这就影响了美国的贸易模式，从而使美国出口劳动密集型产品、进口资本密集型产品。

综上所述，"里昂惕夫之谜"是西方国际贸易理论发展史上的一个重大转折点，它推动了第二次世界大战后国际贸易理论的迅速发展。上述对"里昂惕夫之谜"的种种解释，实际上都是从不同侧面对要素禀赋理论假定前提的修正。这些修正或是重新审视理论前提的合理性，或是深入思考里昂惕夫统计检验的有效性，一方面努力捍卫H-O理论的崇高学术地位，另一方面也能在特定的条件和环境下对"里昂惕夫之谜"进行解释。这种对生产要素禀赋理论的补充，增强了生产要素禀赋理论的现实性和对第二次世界大战后国际贸易实践的解释能力，并为之后一系列国际贸易新理论的产生奠定了基础。

【本章小结】

1. 古典国际贸易理论简单地认为比较优势源于各自劳动生产率的差异，但并没有深入说明产生这种差异的原因。

2. 新古典贸易理论的基本模型是由瑞典经济学家赫克歇尔和俄林提出的H-O理论。他们认为：在国际贸易中，一国的比较优势是由其要素丰裕度决定的，一国应集中生产并出口要素密集度和要素丰裕度一致的产品，即一国应出口密集使用其丰裕生产要素生产的产品，进口密集使用其稀缺生产要素生产的产品，各国都会因此获取贸易利益。

3. 20世纪50年代，美国学者里昂惕夫运用美国数据对H-O理论进行实证检验，其结果与H-O理论相悖，历史上称为"里昂惕夫之谜"。此后经济学家们从劳动效率、人力资本、自然资源、需求偏好、贸易壁垒角度对"里昂惕夫之谜"进行解释，极大地丰富和发展了国际贸易理论。

【习题与思考】

1. 什么是要素禀赋、要素丰裕度和要素密集度？

2. 简述 H-O 理论的基本内容。

3. 什么是"里昂惕夫之谜"？有哪些对其进行解释的学说？

4. 根据表 3-3 中的数据确定：①本国哪种资源相对丰富？②如果 X 是资本密集型产品，Y 是劳动密集型产品，那么两国的比较优势如何？

表 3-3 相关情况

要素禀赋	本国	外国
劳动/美元	450	200
资本/（人/年）	150	100

5. 假设 A、B 两国生产技术相同且在短期内不变：生产 1 单位衣服需要的资本为 1 单位，需要的劳动为 3 单位；生产 1 单位食品需要的资本为 2 单位，需要的劳动为 2 单位。A 国拥有 160 单位劳动和 100 单位资本；B 国拥有 120 单位劳动和 80 单位资本。则

（1）哪个国家为资本充裕的国家？

（2）哪种产品为劳动密集型产品？

（3）假设所有要素都充分利用，计算各国各自最多能生产多少服装或多少食品？

（4）假设两国偏好相同，两国间进行贸易，哪个国家会出口服装？哪个国家出口食品？

6. 有人说，世界上最贫穷的国家不能出口任何商品，因为它们没有丰富的要素，无论是资本、土地还是人口在该国都很稀少，请对这种说法进行评论。

第四章
新古典国际贸易理论的扩展

在对 H-O 理论研究的基础上，很多经济学家进一步分析了：①国际贸易对本国生产要素收益的影响；②国际贸易对各国收入差距的影响；③经济增长对国际贸易的影响等问题。因此，完整的要素禀赋理论体系除了 H-O 理论以外，还包括要素价格均等化定理（H-O-S 定理）、斯托尔珀-萨缪尔森定理（S-S 定理），以及特定要素模型、经济增长与国际贸易。这些研究既分析了国际贸易对一国不同要素所有者利益的短期影响和长期影响，又分析了国际贸易对国家间收入差距的影响。最后，从经济发展模式的角度动态分析了经济增长对一国国际贸易规模和福利的影响。

第一节　要素价格均等化定理

一、H-O-S 定理的内容

赫克歇尔指出理论上国际贸易将导致生产要素价格的完全均等，俄林则认为国际贸易使生产要素价格呈现均等化只是一种趋势。在 H-O 理论框架下，萨缪尔森严格论证了自由贸易将导致生产要素价格均等化，认为生产要素价格均等化不仅是一种趋势，还是一种必然，国际贸易必然将使不同国家间同质生产要素的相对收益和绝对收益相等，被称为 H-O-S 定理。

因此，要素价格均等化定理研究的是国际贸易对国家间生产要素价格差异的影响，可以表述为：在满足要素禀赋论的全部假设条件下，自由的国际贸易通过使国家间商品相对价格均等化，推动同种生产要素的相对报酬和绝对报酬趋于均等，即：自由贸易不仅会使参与贸易的两个国家的商品价格相等，还会使它们的生产要素价格相等。不管两国的生产要素供给与需求模式如何，最终各国劳动者的工资会相等，资本的利润率也会相等。

二、H-O-S 定理的逻辑

(一) 生产要素相对价格相等

假设：在贸易前，中国劳动丰裕，资本稀缺，日本则相反；苹果和汽车分别是劳动密集型和资本密集型产品。因此，中国苹果的相对价格（P_a/P_v）低于日本，而日本汽车的相对价格（P_v/P_a）低于中国。开展贸易后，中国向日本出口苹果，从日本进口汽车。贸易产生的影响是：中国苹果相对于汽车价格上涨，即中国（P_a/P_v）上涨，因此中国将投入更多的资源生产苹果。当中国的生产由汽车转向苹果时，会释放出较多的资本和较少的劳动。但是，苹果生产扩张后对劳动的总需求增加，对资本的总需求减少。在生产要素供给不变的前提下，劳动的相对价格（w/r）上升，资本的相对价格（r/w）下降，中国两个行业均会有动力使用更多的资本来代替劳动，使得两个行业的人均资本（K/L）都会提高。日本也会发生类似但相反的调整。贸易后，日本国内汽车的相对价格上涨，苹果的相对价格下降，因此日本将增产汽车，减产苹果。苹果产业是劳动密集型产业，减产后将释放大量的劳动和少量的资本。而汽车生产扩张后，对两种生产要素的需求都增加了，但由于该行业是资本密集型行业，对资本总需求远大于对劳动的总需求。由于生产要素总供给没有发生改变，使得劳动出现相对过剩，导致日本劳动的相对价格（w/r）下跌，两个行业有动力使用更多的劳动代替资本，使得两个行业的人均资本（K/L）下降。

从世界角度看，开展贸易前，中国苹果的相对价格（P_a/P_v）$_C$ 低于日本苹果的相对价格（P_a/P_v）$_J$，中国劳动的相对价格（w/r）$_C$ 低于日本劳动的相对价格（w/r）$_J$。开展贸易后，在产品市场，中国苹果的相对价格上涨，日本苹果的相对价格下降，直至两者都等于同一个价格（P_a/P_v）$_G$。在生产要素市场，随着出口产品价格的上涨，两国会对生产结构进行相应的调整，导致中国劳动的相对价格（w/r）$_C$ 上升，日本劳动的相对价格（w/r）$_J$ 下降，直至两者都等于同一个价格（w/r）$_G$。综上所述，国际贸易将提高劳动丰裕国家劳动的相对价格，降低资本丰裕国家劳动的相对价格，同时，提高资本丰裕国家资本的相对价格，降低劳动丰裕国家资本的相对价格，直至两国资本的相对价格相等。

(二) 要素绝对价格相等

如果在世界范围内，生产要素在供需关系的影响下可以完全自由流动（信息充分，无法规约束，无运输成本和各种贸易壁垒），那么生产要素将被充分有效地利用，世界生产要素价格应趋于均等。自由贸易也会产生同样的效果，如果相对生产要素价格相等，产品市场和生产要素市场都是完全竞争的，各国使用相同的生产技术，规模报酬不变，这样贸易就会使同质生产要素的绝对收入相等。

贸易对生产要素收入趋同的影响源于贸易对生产要素的需求和供给产生的影响。随着贸易的展开，两国间的生产要素价格差距逐渐缩小，只要还存在一点生产要素价格差异，两国的产品价格差异就会继续存在，国际贸易就会继续扩大，产品价格就会继续调整，生产要素在部门间会继续流动，生产要素的边际产量就会继续调整。这些调整的结果最终将消除两国间的产品价格差异和生产要素价格差异。具体到本节列举的中日贸易的例子上，中国工资提高的同时日本工资下降，中国资本利润下降的同时日本资本利润上升，最终结果将是中、日两国的工资相等，利润也相等。

三、H-O-S 定理的启示意义

无论是在理论上还是在现实中，生产要素价格均等化定理都具有非常重要的启示意义。H-O-S 定理证明了生产要素流动与商品流动之间存在着替代关系，即：商品在国家间的流动可以替代生产要素的国际流动。证明了在各国生产要素价格存在差异以及生产要素不能在国际上自由流动的情况下，通过国家间的商品交换可以间接实现世界范围内资源的最佳配置，最终实现商品价格和生产要素价格的均等化。即：在商品可以自由流动的条件下，生产要素无须跨国流动也可以达到最优配置。另外，生产要素价格之所以均等是以商品价格的均等为先决条件的。但在现实中，由于交易成本、运输成本和一些贸易壁垒的存在，各国的商品价格难以达到一致，因此国家间生产要素价格均等化在现实中一般难以实现。

第二节 斯托尔珀-萨缪尔森定理

一、斯托尔珀-萨缪尔森定理

斯托尔珀和萨缪尔森分析了国际贸易对一国国内不同部门收入分配变化的影响，并分析了贸易保护对不同利益集团收入分配的影响。1941 年，两人在《保护主义与实际工资》一文中提出关于关税对国内生产要素价格或国内收入分配影响的理论，被称为斯托尔珀-萨缪尔森定理（The Stolper-Samuelson Theorem，简称 S-S 定理）。S-S 定理证明了实行保护主义会提高一国相对稀缺生产要素的实际报酬，同时回答了收入分配的问题，即生产要素报酬问题。指出：短期内出口部门所使用的所有生产要素都获利，进口部门所使用的所有生产要素都遭受损失；长期出口产品生产中密集使用的生产要素获利，进口产品生产中密集使用的生产要素收益受损。

（1）S-S 定理的假设　一国生产两种商品，一种商品是土地密集型的，另一种商品是劳动密集型的；使用两种生产要素（土地和劳动），生产要素的供应量是给定的，两种生产要素都得到充分利用；生产要素可以在国内各部门间自由流动。

（2）S-S 定理的内容　一国从封闭转到自由贸易会使该国在价格上升的行业（即出口行业）中密集使用的生产要素（土地）的报酬提高，而使在价格下跌的行业（即进口竞争行业）中密集使用的生产要素（劳动）的报酬降低。即：一种商品一旦出口就会涨价，会让在它的生产中密集使用的生产要素实际价格和报酬提高，另一种生产要素的实际价格或报酬会下降。因此，国际贸易会提高一个国家丰裕生产要素所有者的实际收入，降低稀缺生产要素所有者的实际收入。

这一结论表明，国际贸易虽然能提高整个国家的福利水平，但是并不对所有人都有利,一部分人在收入增加的同时,另一部分人的收入却减少了。因此国际贸易会对一国要素收入分配格局产生实质性的影响,这也恰恰是为什么有人反对自由贸易的原因之一。

二、S-S 定理的逻辑

贸易对一国生产要素收益的影响不是固定不变的,因为生产要素的收益不仅取决于使用它生产出来的产品的价格,还取决于该生产要素的边际产量。因而国际贸易影响生产要素价格(或收益)的渠道:一是改变产品的价格,二是改变生产要素的边际产量。理论上,一国开放贸易以后,出口商品价格上涨,进口竞争品价格下跌,因此只需要重点关注生产要素的边际产出变化就可以了。这种变化是通过贸易对价格的影响来间接实现的,即国际贸易会影响产品的价格,进而会引导生产要素在部门间的流动,促使厂商对生产结构进行调整和改变要素投入组合,从而使生产要素的边际产出发生变化,最终导致生产要素收益发生变化,而这些调整和变化都是随着时间的推移发生的。

(一)生产要素收益的决定因素

还以本章第一节所提的中、日两国为例,苹果行业的资本归农业资本家(简称为"地主")所有,汽车行业的资本归工业资本家(简称为"资本家")所有。同样,为了便于区分,我们也将劳动分成两种,将苹果行业的农业工人称为"农民",将汽车行业的工业工人称为"工人"。资本的收益用利润(R)表示,劳动的收益用工资(W)表示。在完全竞争的生产要素市场上,生产要素的价格是由生产要素的边际产品价值决定的,所以工资和利润分别由式(4-1)和式(4-2)来表示:

$$W = P \times MP_L \tag{4-1}$$

$$R = P \times MP_K \tag{4-2}$$

(二)生产要素流动与生产要素收益变化

1. 生产要素收益的衡量

下面,我们以中国为例来说明贸易对一国生产要素收益的影响。中国两种生产要素的收益可以用以下方法来表示。

1)苹果行业两种生产要素的收益分别为:

$$W_a = P_a \times MP_{La} \tag{4-3}$$

$$R_a = P_a \times MP_{Ka} \tag{4-4}$$

2)汽车行业两种生产要素的收益分别为:

$$W_v = P_v \times MP_{Lv} \tag{4-5}$$

$$R_v = P_v \times MP_{Kv} \tag{4-6}$$

2. 生产要素收益的变化

为了体现生产调整过程对要素收益的影响,我们按生产要素流动的难易程度将这些影响分为短期影响、中期影响和长期影响。不管是在哪个阶段,由于中国出口苹果,进口汽车,所以苹果价格(P_a)是上涨的,而汽车价格(P_v)是下跌的。

(1)短期影响 短期影响指的是生产要素不能流动的状态,各行业的劳动和资本存量不会发生变动,因此,人均资本(K/L)不变,劳动和资本的边际生产率(即MP_L和MP_K)也不会发生变动。根据式(4-3)和式(4-4),各行业生产要素收益完全取决于其产品的价格变动。因此,短期价格上升的行业(苹果行业)中的所有生产要素都会受益;而价格下降的行业(汽车行业)中的所有生产要素都会受损。因此,短期的生产要素收益非常明确,即"出口受益、进口受损",在本例中为"苹果行业收益,汽车行业受损"。

(2) 中期影响 中期影响指的是劳动流动而资本不流动的状态,由于产品相对价格发生了变化,各行业会对生产进行相应的调整,导致:

1) 各行业对生产要素的需求发生了变化。中国苹果价格上升,生产扩大,对劳动需求增加;汽车价格下降,生产缩减,对劳动需求减少。

2) 各行业面临的生产要素供给状况也会发生相应的变化。由于劳动会向收益变高的出口行业转移,在生产要素总量不变的情况下,资本不流动而劳动流动的结果会使各个行业的资本-劳动比率(即人均资本拥有量K/L)发生变化,即生产要素使用比例会发生变化。

在中国,进口汽车而出口苹果,苹果价格上涨,生产扩张,劳动会从汽车行业转移过来,使得生产中的资本-劳动比率下降,导致苹果行业劳动的边际产出下降($MP_{La}\downarrow$),而资本的边际产出上升($MP_{Ka}\uparrow$)。所以,中期苹果行业的资本所有者(地主)收益进一步增加,但对该行业劳动(农民)收益的影响则不确定。

同时,汽车行业由于产品价格下降,会缩减行业生产规模,是劳动流出部门。该行业出现资本相对过剩,使汽车生产的资本-劳动比率大幅提高。因此,汽车行业劳动的边际产出会上升($MP_{Lv}\uparrow$),而资本的边际产出会下降($MP_{Kv}\downarrow$)。所以,中期汽车行业的资本(家)收益会进一步下降,但劳动(工人)的收入不确定。因此,在中期,价格上升的行业(出口行业)中的不流动生产要素继续受益,而价格下降的行业(进口行业)中的不流动生产要素进一步受损,两个行业的流动生产要素(劳动)收益都不确定。因此,中期影响确定的是"地主受益,资本家受损"。

(3) 长期影响 长期影响指的是所有生产要素都可以在各行业之间自由流动的状态,即不仅劳动而且资本也会从进口行业向出口行业转移。长期内,劳动和资本同时转移的结果是苹果行业的生产扩大,而汽车行业的生产萎缩。苹果是劳动密集型产品,使用劳动的比例高,对劳动的需求偏向增加;汽车是资本密集型产品,生产减少仅能释放出少量的劳动,但是能释放出大量的资本。为了解决苹果生产的扩大对劳动的大量需求和汽车生产萎缩释放出少量的劳动之间产生的劳动供需矛盾以及资本的相对过剩问题,两个行业会用更多的资本来代替劳动。结果是两个行业的资本-劳动比率都比贸易前有所增加(即人均资本$\uparrow$),两个行业的劳动边际生产率都会由于资本投入的增加而提高(即$MP_L\uparrow$),资本边际生产率会下降($MP_K\downarrow$)。苹果行业的劳动(农民)会进一步从贸易中获益,汽车行业的资本家的利益会进一步受到贸易的冲击,但是国际贸易对农业资本(地主)和工业工人收益的影响不确定。因此,长期影响确定的是"农民受益,资本家受损"。

上述各期的影响详见表 4-1。

表 4-1 国际贸易不同时期对不同行业生产要素收益的影响

时期	行业	生产要素的边际产出		生产要素收益		结论
		生产要素	MP	变化	所有者	收益	
短期	苹果	劳动	MP_{La}	不变	农民	↑	出口受益 进口受损
		资本	MP_{Ka}	不变	地主	↑	
	汽车	劳动	MP_{Lv}	不变	工人	↓	
		资本	MP_{Kv}	不变	资本家	↓	
中期	苹果	劳动	MP_{La}	↓	农民	?	地主受益 资本家受损
		资本	MP_{Ka}	↑	地主	↑	
	汽车	劳动	MP_{Lv}	↑	工人	?	
		资本	MP_{Kv}	↓	资本家	↓	
长期	苹果	劳动	MP_{La}	↑	农民	↑	农民受益 资本家受损
		资本	MP_{Ka}	↓	地主	?	
	汽车	劳动	MP_{Lv}	↑	工人	?	
		资本	MP_{Kv}	↓	资本家	↓	

（三）国际贸易对要素收益的最终影响

在表 4-1 中，看似贸易对地主和工人的收入影响是不确定的，但是从长期均衡的角度来讲，长期的这种影响必然是确定的。因为生产要素的同质性要求：无论生产要素投入哪个行业，其报酬必须是相同的，否则生产要素就会在行业间不停流动，直至达到均衡。在贸易前，生产要素市场处于均衡状态，即 $W_a = W_v$ 和 $R_r = R_s$。贸易后，价格的变动会暂时打破这种平衡，但是随着生产的调整和生产要素在行业间的转移，最终会在新的生产要素市场上达到新的均衡，即如果一种生产要素在某个行业报酬上涨（或下降），那么其他行业的该生产要素也要求同步上涨（或下降）。所以，如果开放贸易后农民的收入上涨，工人的收入也会同步上涨（否则，工人会跑去当农民）；资本家的收益下降，地主的收益也会同步下降（否则，资本家有动力改行当地主），即：$W_a \uparrow \Rightarrow W_v \uparrow$，而 $R_v \downarrow \Rightarrow R_a \downarrow$。所以，S-S 定理告诉我们：国际贸易在长期会提高一个国家丰裕生产要素所有者的实际收入，降低稀缺生产要素所有者的实际收入，不管这些生产要素在哪个行业使用。在本例中，贸易对中国的终极影响为"工人和农民受益，地主和资本家受损"。

三、放大效应和实际收益变动

斯托尔珀和萨缪尔森不仅指出了国际贸易对一国各种生产要素收益的可能影响，还分析了这种影响的大小。他们认为：生产要素价格的变动会超过产品价格的变动。美国经济学家罗纳德·琼斯对此进行了进一步研究和论证，提出了"放大效应"并说明了实际收益的变动。

1. "放大效应"

"放大效应"是指生产要素价格的变动幅度会大于产品价格的变动幅度。由于生产要素价格等于产品价格与生产要素边际产出的乘积[见式(4-1)和式(4-2)],因此生产要素价格变动率是产品价格变动率与生产要素边际产出变动率之和。因此,如果产品价格上涨,则生产要素价格会以更大的幅度上涨;反之,如果产品价格下跌,则生产要素价格会以更大的幅度下跌。

2. 实际收益变动

琼斯论证了:只要出口产品的相对价格上升,出口产品中密集使用的生产要素的实际收益就会上升。相反,进口竞争产品的相对价格下跌,其密集使用的生产要素的实际收益就会下降。因为生产要素实际收益是生产要素名义收益除以产品的价格,因此,生产要素实际收益的变动率为生产要素名义收益变动率减去产品价格变动率。

四、理论启示

"S-S"定理告诉我们,国际贸易使一国出口商品价格上升,出口商品生产中密集使用的生产要素即该国的丰裕生产要素的报酬将会提高,而进口商品中密集使用的要素即该国的稀缺生产要素的报酬将会下降,因而表明:

1)国际贸易虽然能提高整个国家的福利水平,但并不是对每一个人都有利。自由贸易在使一部分人收入增加的同时,也会使另一部分人的收入减少。

2)国际贸易会对一国生产要素收入分配格局产生实质性的影响,这也恰恰是为什么有人反对自由贸易的原因之一。例如,在发达国家中,劳动是相对缺乏的生产要素而资本是相对丰裕的生产要素,国际贸易将会降低这些国家劳动的实际收入,提高资本所有者的实际收入。所以发达国家的工会一般都会赞成和主张贸易保护。

3)国际贸易会使某些国家的工人的工资快速增长,促使这些国家加速旨在节约(非熟练)劳动的技术创新,从而降低对非熟练工人的需求和他们的工资。

第三节 特定要素模型、国际贸易与收入分配

一、特定要素模型简介

H-O理论及其扩展都是假设生产中只有两种生产要素和两种产品(即2×2×2模型),产品与生产要素所有者的种类相等的一种长期分析。但是如果生产要素种类多于产品(或行业)的种类,开放贸易对生产和收入分配又会产生什么样的影响呢?这就需要用"特定要素模型"(即2×2×3模型)来加以解释。

"特定要素模型"仍然假设两个国家都只生产两种产品,劳动可以在部门间流动,但是其他生产要素则是特定的,只能被用于生产某种特定产品。特定要素模型是保罗·萨缪尔森和罗纳德·琼斯创建发展的,所得出的结论是:贸易对一国流动生产要素的影响是不明确的,有利于出口行业的非流动生产要素,不利于进口竞争行业的非流动生产要素。

二、特定要素模型框架

还以中日两国为例，现在假设苹果生产使用土地和劳动两种生产要素，而汽车生产仍然使用资本和劳动两种生产要素。那么土地和资本属于特定生产要素，只能在各自行业使用；劳动是公共生产要素，可以在两个行业之间流动。

要研究贸易对生产要素收益的影响，首先要研究生产要素在行业间的分配。

（一）封闭条件下的公共生产要素分配

在完全竞争条件下，厂商的最优生产要素投入应使得边际产品的市场价值等于生产要素名义价格。所以，苹果和汽车两个部门的劳动使用量（即劳动的需求）应满足前述条件：

$$W_a = P_a \times MP_{La}$$
$$W_v = P_v \times MP_{Lv}$$

式中，W_a 和 W_v 分别表示劳动在苹果行业和汽车行业的名义工资或货币工资；P_a 和 P_v 分别表示苹果和汽车的价格；MP_{La} 和 MP_{Lv} 分别表示劳动在两个部门的边际产量，它们都是 L 的减函数。

由于边际产量递减规律，在其他生产要素投入量不变的条件下，劳动的边际产量是递减的。而产品价格是由完全竞争条件下产品市场的供求均衡决定的，不会发生变化。因此，劳动需求曲线是一条往右下方倾斜的曲线。将汽车行业的劳动需求曲线向左反折，与苹果行业的劳动需求曲线交叠，合并到一张图中，则两个行业的公共要素分配及要素收入状况如图 4-1 所示。纵轴代表名义货币工资水平，横轴代表劳动使用量。

由于劳动可以自由流动，流动的最终结果是两个部门中的工资必然相等。在均衡状态，苹果部门的劳动使用量为 L_a，汽车部门的劳

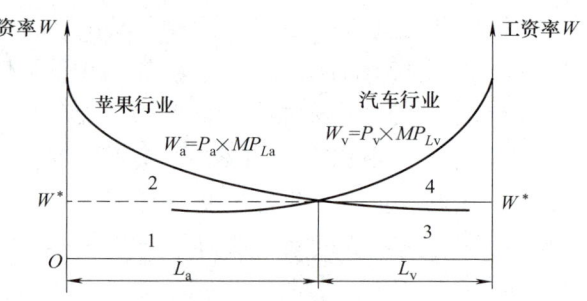

图 4-1 封闭状态下公共要素分配及要素收入状况

动使用量为 L_v，$L = L_a + L_v$。此时所有的劳动要素都得到了充分的利用，两个部门的工资都为 W^*。

（二）特定要素与公共要素之间的利益分配

图 4-1 也反映了各种生产要素的收益，其中，工资水平（$P_a \times MP_{La}$ 和 $P_v \times MP_{Lv}$ 曲线以下的面积）分别代表的是两个部门的总收益。为了便于说明，我们将这部分分成四个区域，对应的含义分别如下：

1）区域 1 和区域 2 之和为苹果部门的总收益，区域 3 和区域 4 之和为汽车部门的总收益。

2）均衡工资水平线以下的区域 1 和区域 3 代表的分别是两个部门公共要素的收益（因为每 1 单位劳动都获得 1 单位报酬 w^*）。

3）均衡工资水平线 w^* 以上、劳动需求曲线以下的部分分别表示两个部门特定要素的收益。区域 2 的面积是苹果行业特定生产要素（土地）的总收益，区域 4 的面积是汽车行业特定生产要素（资本）的总收益。

三、国际贸易与收入分配

上面分析的是单一国家封闭状态下的特定要素模型，如果一国由封闭走向开放，那么两个行业的均衡状态会被打破。首先是两种产品的价格都会发生变化，出口品的价格提高，出口部门对公共生产要素的需求增加，导致劳动需求曲线上升；进口部门相反，产品价格下跌，对公共生产要素的需求下降，导致劳动需求曲线下移。需求的变化使公共生产要素在行业间的配置状况发生变化，出口部门占用的公共生产要素增加，进口部门占用的公共生产要素减少。公共生产要素的名义价格变动不确定，它取决于两个部门生产要素需求曲线的移动幅度。以日本为例，现在中、日两国开展国际贸易，日本进口苹果出口汽车。那么日本的苹果的价格就会下降，苹果部门对劳动生产要素的需求曲线将下降；汽车价格提高，该部门对劳动的需求曲线会上移，如图 4-2 所示。

贸易对公共生产要素的配置和特定生产要素收益的影响分别是：

1）苹果部门占用的劳动减少（从 L_a 减少为 L_a'），导致土地的实际收益（实际地租，也即 MP_T）下降，苹果价格因进口而下降，所以名义地租（苹果价格×实际地租，即 $P_a \times MP_T$）也会下降。

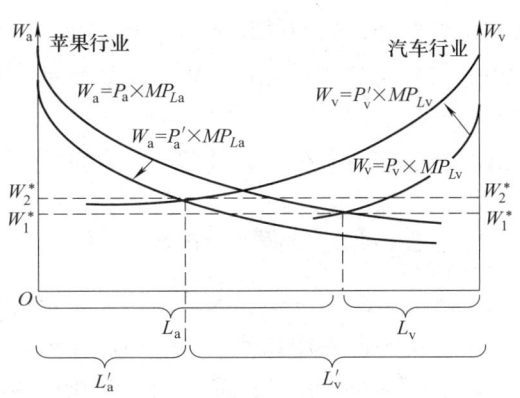

图 4-2 开放贸易对公共生产要素配置和生产要素收益的影响

2）汽车部门占用的劳动增加，导致资本要素的实际收益（利润，即 MP_K）上升，名义利润（汽车价格×实际利润，即 $P_V \times MP_K$）由于汽车价格上升也上升。

3）名义工资的变化不确定，这取决于两条曲线的相对移动幅度。但其变化幅度小于出口品价格的变化（上升）幅度，也小于进口品价格的变化（下降）幅度，所以用出口品衡量的实际收益（W^*/P_V）下降，用进口品衡量的实际收益（W^*/P_a）上升。

总之，开放贸易对各种要素收益的影响可以简单总结为如下几点：

1）出口部门占用的公共生产要素增加，进口部门占用的公共生产要素减少。

2）出口部门的特定生产要素收益上升，进口部门的特定生产要素收益下降。

3）公共生产要素的名义收益变化不确定。

四、理论启示

特定要素模型对生产要素配置、生产要素价格、各部门产量和收益分配的分析，在今天依然具有重要的启示意义。它揭示了不同部门或行业对政府贸易政策所持态度的原因，指出自由贸易将会使处在出口行业的资本家受益，使处在进口行业的资本家受损。因此，不同利益集团的资本家对自由贸易持截然相反的态度。因此，在一国制定贸易政策时，常会有来自不同部门的势力对政府进行游说，他们基于自己的立场支持或反对某些行业或产品的自由贸易。

第四节 经济增长与国际贸易

之前我们讨论的要素禀赋理论都是静态的，即在假定一国要素禀赋、技术条件和偏好固定的情况下，讨论一国的贸易模式和贸易利益。然而，随着时间的推移，一国的要素禀赋状况会发生变化，即一国的资本、人口和土地等生产要素的数量会发生变化。此外，随着生产技术水平的不断提高，一国的要素禀赋状况即使不发生变化，其生产能力也会大幅提升，人们的收入水平也会相应地提升，一国的需求偏好也会随之发生变化。这些变化又会最终影响到一国对外贸易的规模和社会福利的水平。

本节我们对 H-O 模型进行动态化扩展，以体现上述变化。为了集中关心生产能力变化对贸易的影响，仍然假设需求偏好不变。

一、经济增长的原因和类型

经济增长是指一个国家或地区在一定时期内的总产出与前期相比所实现的增长。总产出通常用国内生产总值（Gross Domestic Product，GDP）或人均国内生产总值来衡量。对一国经济增长速度的度量，通常使用经济增长率。

（一）经济增长的原因

经济学家认为，有四个因素影响经济增长，它们分别是自然资源、物质资本、人力资本和技术进步[⊖]。

（1）自然资源 地理环境和自然资源是一国经济发展的先天基础，具有天然重要的地位。富裕的国家多在北温带或者被海洋包围，而被陆地包围没有海岸线的国家一般都比较贫穷。有些国家，如果没有矿产资源，可能连国民的基本生存资料供应都不能满足。

但是，地理环境和自然资源并不是一个国家经济增长的决定因素，有的国家自然资源贫乏，可是照样实现经济增长（如日本）。因此，有比自然条件更重要的因素，那就是资本和技术。

（2）物质资本 物质资本是指长期存在的已被生产出来作为生产要素投入生产的物质资料，包括机器、设备、厂房、劳动工具和交通运输设施等。这些都是生产必备的条件，一国要想促进经济的快速增长就必须拥有较高的资本积累率。

[⊖] 2020 年 4 月，中共中央、国务院发布《关于构建更加完善的要素市场化配置体制机制的意见》，将数据作为与土地、劳动、资本、技术并列的五大生产要素之一。数据作为一种新的生产要素，在经济与社会发展过程中不断释放新动能，是数字经济时代下社会价值创造的重要来源，被视为未来的第一生产力。

（3）人力资本　人力资本也叫人力资源，是附着于人身的、能够增加产量的能力，它与先天因素有关，但主要是通过后天的努力形成的。

在传统的产业经济中，物质资本占据主导地位。但随着知识经济的到来，人力资本不论是在数量上还是收益上都远远超过了物质资本，从而取代了在经济发展中物质资本所一度占据的主导地位。物质资本在应用过程中会表现出较强的边际报酬递减趋势，而人力资本则表现出了较强的边际报酬递增趋势，可以说人力资本的根本价值在于其边际报酬递增的生产力属性。日本人创造的经济增长的奇迹，不但与物质资本的积累有关，也与日本的人力资本比较发达有关。有研究表明日本的科学家在人口中的比例是全球最高的，使日本成功跻身科技发达国家行列，这对日本的经济腾飞发挥了至关重要的作用。

（4）技术进步　技术就是在资本和劳动不变的条件下能使产量增加的劳动方式。生产中存在边际产量递减的现象，可是递减是有前提的，就是技术不变。而技术进步能在投入不变的情况下大幅提升单位产量，延缓劳动和资本的边际产量递减进程，能使一国经济实现突飞猛进的增长。

上述影响经济增长的因素可以分为两类：一是要素禀赋的变化；二是技术水平的变化。它们对生产能力、贸易和福利状况的影响方式在原理上是相同的，本节我们更关注要素禀赋的变化对经济增长的影响。

（二）经济增长的类型

"经济增长方式"通常是指决定经济增长的各种要素组合起来推动经济增长的方式。现代经济学将经济增长的方式分成粗放型增长和集约型增长两类。前一种是指主要依靠增加资金和资源的投入数量来增加产品的数量，从而推动经济增长。后一种则是主要依靠科技进步和劳动者素质的提高来增加产品的数量和提高产品的质量来推动经济的增长。下面我们主要分析生产要素投入变化引起的经济增长方式。

1. 生产要素拉动的经济增长

假设只生产两种产品 A 和 B，A 是劳动密集型产品，B 是资本密集型产品。生产中只使用两种同质生产要素资本（K）和劳动（L）。经济增长是由于资本的积累或劳动数量的增长导致的，表现为一国生产能力的扩大，在几何图形上表现为生产可能性边界的扩展。扩张的形状和幅度取决于资本和劳动两种生产要素的相对增长幅度。经济增长可以分为平衡型增长和非平衡型增长两大类，后者又分为偏向 A 产品的非平衡型增长和偏向 B 产品的非平衡型增长两种类型，如图 4-3 所示。

（1）平衡型增长　如果资本和劳动两种生产要素按照相同的比例增加，那么生产可能性曲线将在两种产品数量上按照生产要素的增长率同比例扩张，如图 4-3a 所示。

（2）偏向 A 产品的非平衡型增长　如果只有劳动增加了或者劳动的增长率高于资本的增长率，则两种产品产量都会增加，但是劳动密集型产品能力的提高幅度将大于资本密集型产品。在几何图形上表现为生产可能性曲线在 A 的产量上扩张的幅度大，在 B 的产量上扩张的幅度小，如图 4-3b 所示。

（3）偏向 B 产品的非平衡型增长　如果只有资本增长了，或者资本的增长率高于劳

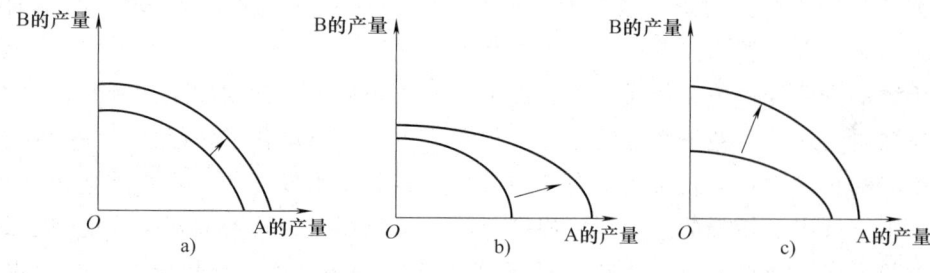

图 4-3 经济增长的三种类型

a）平衡型增长　b）偏向 A 产品的非平衡型增长　c）偏向 B 产品的非平衡型增长

动的增长率，那么两种产品的生产能力也都会提高，但是资本密集型产品生产能力的幅度要更大一些，在图形上表现为生产可能性曲线在 B 的产量上扩张的幅度大，在 A 的产量上扩张的幅度小，如图 4-3c 所示。

2. 经济增长类型与贸易

与贸易问题结合起来，不平衡的增长又分为两种类型：出口扩张型增长和进口替代性型增长。出口扩张型增长是指一国具有比较优势的部门（即出口部门）所密集使用的生产要素（本国丰裕生产要素）增长较快引起的增长，也被称作"亲贸易"的或"顺贸易"的增长；进口替代型增长是指一国进口竞争部门所密集使用的生产要素（本国稀缺生产要素）增长较快，也被称作"反贸易"的或"逆贸易"的增长。

二、经济增长的贸易效应

一国生产要素投入的增加带来的经济增长会导致两种变化：一是可供出口的产品增加了，二是可以减少对进口的需求。但是经济增长导致贸易发生的变化给一国福利带来的影响却受其在国际市场上的地位影响，同时还要看它发生了哪种类型的经济增长。

（一）贸易小国和贸易大国

为了分析经济增长贸易效应的差异性，我们按照参与贸易的国家在国际市场上的地位不同将它们分为"贸易小国"和"贸易大国"。所谓贸易小国，指的是其进出口量的变动不会影响商品的国际相对价格或贸易条件，因其贸易量在国际市场上只占很小的份额，其进出口量的变动不会影响国际市场的供求状况和均衡价格。因此，贸易小国只能按照既定的国际市场价格展开贸易。相反，贸易大国在国际市场上占据了很大的贸易份额，从而其进出口量的变动将会对国际市场上的供求状况产生举足轻重的影响，进而影响产品的国际相对价格和贸易条件，从而产生贸易条件效应。

下面仍以中、日两国为例对经济增长和贸易的关系进行分析，还是假设中国是劳动丰裕而资本稀缺的国家，生产的是劳动密集型产品苹果和资本密集型产品汽车。

（二）罗布津斯基定理

因为经济增长可能会对一国的贸易条件产生影响，所以在分析这种影响之前我们需要介绍一个重要的定理——罗布津斯基定理。该定理认为：在商品相对价格、生产技术和需求偏好不变的前提下，一种生产要素的增加会导致密集使用这种生产要素的产品的产量增加，而同时，另外一种产品的产量会减少。即如果劳动要素增加了，劳动密集型产品的产量将会增加,同时资本密集型产品的产量会减少;反之亦然。这里的产量变化强调的是一般均衡状态下的均衡产量(最优生产点)的变化而不是该国总的生产能力的变化(因为两种产品总量都会增加)。

(三) 贸易小国经济增长的贸易效应

1. 贸易小国经济的出口扩张型增长及其贸易效应

现在假设中国是贸易小国,劳动的数量增长了而资本数量不变,或者劳动的增长幅度大于资本的增长幅度,那么中国在劳动密集型产品苹果上的生产优势会进一步扩大。由于苹果是中国具有比较优势的产品,也就是中国的出口产品,所以,中国的经济增长就是出口扩张型增长。这种增长在图形上的表现就是生产可能性曲线向外移动,但在横轴(代表苹果产量)上扩张的幅度大于在纵轴(代表汽车的数量)上扩张的幅度,如图4-4a所示。

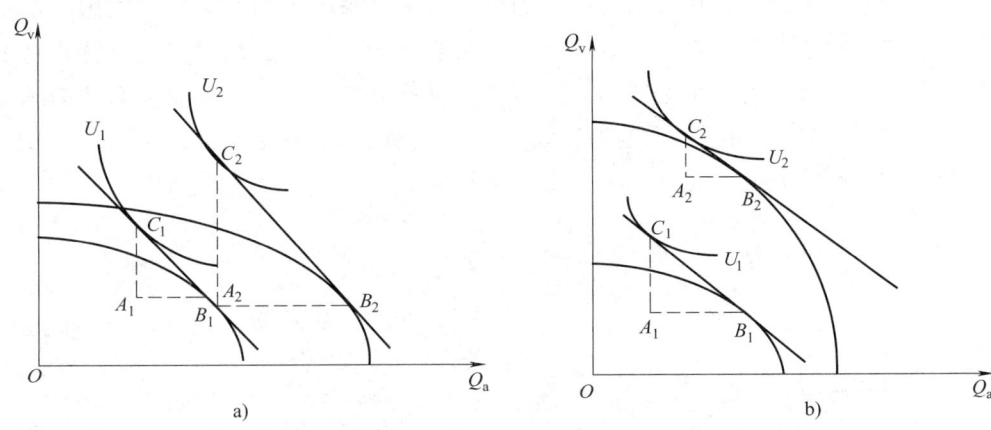

图 4-4 贸易小国经济增长的贸易效应
a) 出口扩张型增长　b) 进口替代型增长

苹果产量的增加会促进中国出口量的增加,但由于中国是国际市场上的小国,所以出口量的变动不会影响世界市场行情,国际市场的价格仍然保持不变,所以贸易条件(P_a/P_v)不变,扩张前后的价格线斜率相等,在图形中表现为两条平行的国际交换线。由于国际相对价格不变,我们可以使用罗布津斯基定理来分析中国均衡产量的变化。因为劳动数量的增长使得中国苹果的产量扩大,汽车的产量减少,最优生产点由 B_1 向右方移动到 B_2,最优消费点从 C_1 平移提高至 C_2,社会福利水平则由 U_1 平移提高到 U_2。

对进出口的影响是:中国本来就具有生产苹果的比较优势,劳动力数量的增长进一步加强了这种优势,使得苹果出口扩大;而汽车行业由于生产受到苹果产业扩张的挤压,减少了国内供给的能力,因此增加了对进口产品汽车的需求,使得汽车进口增加。因此,无论是进口量还是出口量都比以前增加,中国的"贸易三角"扩大了,即从 $\triangle A_1 B_1 C_1$ 扩大为 $\triangle A_2 B_2 C_2$。

2. 贸易小国经济的进口替代型增长及其贸易效应

现在,假设中国资本数量增加了,经济发生了进口替代型增长。从图 4-4b 可以看出,中国的生产可能性曲线会全面向外扩张,但汽车生产能力提高的幅度更大。根据罗布津斯基定理，在均衡的产量点，中国汽车的产量将会增加，苹果的产量将会减少。最优生产点由 B_1 向左上方移动到 B_2，最优消费点由 C_1 平行移动到 C_2。由于汽车生产能力的提高，对国外进口汽车的需求相应减少。同时，苹果生产能力的下降使得苹果出口能力下降，出口减少。进出口同时下降压缩了中国的"贸易三角"，$\triangle A_1B_1C_1$ 缩小为 $\triangle A_2B_2C_2$。虽然贸易的规模减少了，但社会福利水平仍然是提高的，社会无差异曲线由 U_1 平移到 U_2。

（四）贸易大国经济增长的贸易效应

贸易大国与贸易小国的区别在于，贸易大国进出口量的变化将会对国际市场上的供求关系产生举足轻重的影响，从而影响国际市场价格。如果是贸易大国发生了出口扩张型增长，那么该国出口能力的扩大将使国际市场上这种商品的供给明显扩大，在市场需求没有明显上升的情况下会引起该产品国际市场价格的下降，导致该大国贸易条件恶化。如果大国发生了进口替代型增长，该国对进口的需求会大幅下降，其他国家的产品由于没有更好的输出对象而不得不降价销售，引起该产品国际市场价格的下降，从而使大国的贸易条件得到改善。由于产品的国际相对价格发生了改变，所以罗布津斯基定理的前提条件受到了破坏，两个部门的均衡产量的变化就无法确定。贸易大国经济增长的贸易效应如图 4-5 所示。

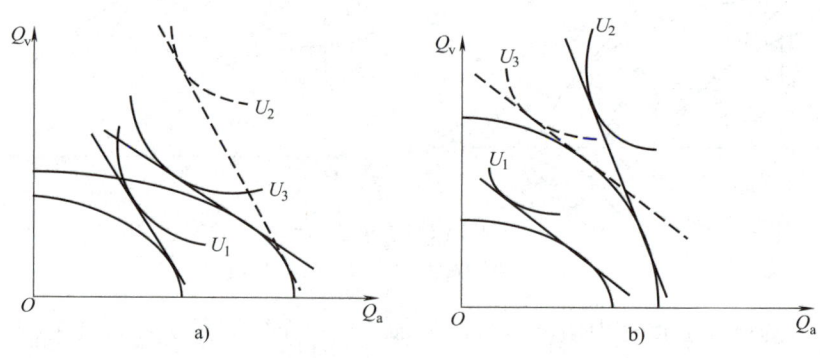

图 4-5 贸易大国经济增长的贸易效应

a) 出口扩张型增长　b) 进口替代型增长

1. 贸易大国经济的出口扩张型增长及其贸易效应

假设中国是国际市场上的贸易大国，现在的劳动数量增加了，发生了出口扩张型增长。中国苹果的出口能力扩大，造成国际市场上苹果的相对价格下降，中国的贸易条件恶化。如图 4-5a 所示，贸易条件恶化使贸易大国面临的国际相对价格线变得更平坦了，社会福利水平由 U_1 提高到 U_3。为了与贸易小国效应进行对比，我们在图中用虚线代表贸易小国发生出口扩张型增长时的国际相对价格线和社会福利水平（U_2）。贸易大国发生出口扩张型增长后社会福利水平提高的幅度小于贸易小国，这是因为贸易大国经济增长的一部分利益被贸易条件的恶化抵销了。

如果国际相对价格没有发生变化或变化极其微小，按照罗布津斯基定理，劳动数量的增加会使得苹果生产扩大和汽车生产萎缩。但在贸易大国条件下，汽车的相对价格上升又会使汽车生产扩大（苹果生产减少）。两种产品产量的具体变化取决于国际相对价格的变化幅度。如果该国的贸易条件只有轻微的恶化，那么汽车生产仍然萎缩，苹果生产仍然扩大。但如果贸易条件恶化的幅度很大，那么汽车生产反而会扩大，苹果生产反而会萎缩。所以，在贸易大国发生经济增长的条件下，两种产品产量的最终变化是不确定的。

2. 贸易大国经济的进口替代型增长及其贸易效应

现在假设中国发生了进口替代型增长。由于其汽车的比较劣势得到了缓解，对汽车的进口需求将会下降，进口量将会减少。因为中国是国际市场上的贸易大国，其进口需求的大幅减少会使汽车在国际市场上的供给相对过剩从而导致价格下降，贸易大国的贸易条件因此得到改善。

在图 4-5b 中，社会福利水平由 U_1 提高到 U_2，大于代表贸易小国的社会福利水平 U_3。作为对比，在图中用虚线代表贸易小国发生进口替代型增长后的国际相对价格和社会福利水平（U_3）。贸易大国发生进口替代型增长后社会福利水平提高的幅度大于贸易小国，因为贸易大国社会福利水平的提高不仅来源于经济增长，还来源于贸易条件的改善。

在贸易大国发生进口替代型增长的情况下，由于国际相对价格发生了变化，所以罗布津斯基定理同样不能成立，两种产品产量的变化仍然取决于国际相对价格的变化幅度。资本要素的增长有利于扩大汽车的生产规模和减少苹果的生产规模，但苹果相对价格的提高又有利于扩大苹果的生产和减少汽车的生产。所以，贸易大国两种产品的产量变化仍然是不确定的，这取决于上述两种力量的对比。

三、经济增长可能的负面影响

大部分的国家都致力于追求经济增长，因为一般情况下经济增长能够增加人均国民收入，提升国民的生活水平，增进人们的福利水平。但是在某些情况下，经济增长未必会增进一国的福利水平，有时还会带来福利恶化的后果。

（一）经济增长中的放大效应

琼斯证明了 S-S 定理指出的贸易中产品价格的变动会引起要素价格更大变动的放大效应。琼斯也证明了在经济增长中存在另一种放大效应，即一种生产要素增长会导致密集使用该生产要素的产品产量更大的增长。根据罗布津斯基定理，在产品相对价格不变的条件下，一种生产要素的增长将导致密集使用该生产要素的产品生产扩大，另一种产品的产量减少。但这种产品产量增加的幅度有多大是由琼斯证明出来的，其结论是：在充分就业的假设下，如果一种生产要素相对于另外一种生产要素数量增多了，那么密集使用这种生产要素的产品产量会以更大比例增加，同时另一种产品的产量则会下降。还以本章中国为例，假设中国的劳动增加了 5%，而资本的数量不变，则中国苹果的产量会扩大，汽车的产量会减少。汽车生产规模的缩减会释放出一部分劳动和资本，这些生产要素最终都会转移到苹果行业，必然使得苹果最终产量的增量高于劳动的增量，也就是高于 5%。

（二）"荷兰病"与"福利恶化型增长"

一般来说，不管是哪种类型的经济增长都会或多或少地提高社会福利水平，但在某些极端情况下，一国发生的不平衡的经济增长会对本国产生不利影响：一种情况是"荷兰病"；另一种情况是"贫困化增长"或"福利恶化型增长"。

1. "荷兰病"

"荷兰病"（Dutch Disease）是指一国特别是指中小国家经济的某一初级产品部门异常繁荣而导致其他部门衰落的现象。20世纪60年代，已是制成品出口主要国家的荷兰发现大量天然气，荷兰政府大力发展天然气业，使得大量资本和劳动流向石油和天然气行业，出口剧增，国际收支出现顺差，经济呈现一派繁荣的景象。可是，天然气产业的蓬勃发展却沉重打击了荷兰的农业和其他工业部门，削弱了出口行业的国际竞争力。这种资源产业在"繁荣"时期的价格膨胀是以牺牲其他行业为代价的。

"荷兰病"的经典模型是由科登（Corden）和尼瑞（Neary）在1982年给出的。假设该国经济起初处于充分就业状态，如果突然发现了某种自然资源或者自然资源的价格意外上涨将导致两方面的后果：一是劳动和资本转向资源出口部门，则可贸易的制造业部门现在不得不花费更大的代价来吸引劳动，而劳动成本的上升首先会打击制造业的竞争力，同时，由于出口自然资源带来外汇收入的增加使得本币升值，再次打击了制造业的出口竞争力；二是自然资源出口带来的收入提升会增加对制造业和不可贸易的部门的产品的需求，但这时对制造业产品的需求的增加却是通过进口国外同类价格相对更便宜的制成品来满足的，这对本国的制造业来说又是一个灾难。其形成机理如图4-6所示。

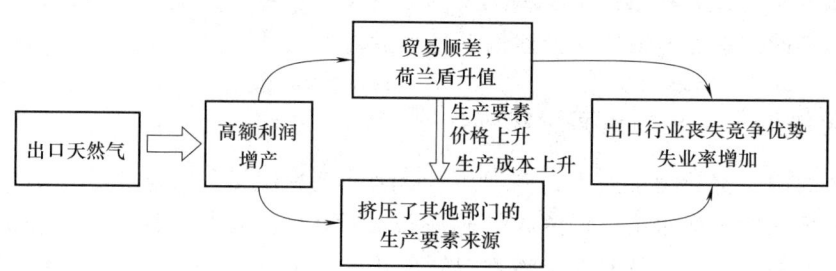

图4-6 "荷兰病"形成机理

20世纪70—80年代初分享了石油价格暴涨带来的横财以及后来新开发了自然资源的国家（如沙特阿拉伯、尼日利亚、墨西哥、挪威、澳大利亚、英国等）都出现了类似的经济症状。鉴于此，经济学家们认识到，"荷兰病"可能是一种普遍的现象，适用于所有"享受"初级产品出口急剧增加的国家。我国多地也出现过或者正在经历这种现象。

2. 福利恶化型增长

这种增长模式的概念由美国经济学家巴格沃蒂（Bhagwati）于1958年提出。这种经济增长不但对一国经济没有好处，还会使其社会福利水平下降。福利恶化型增长的原因是贸易条件的大幅恶化。对大国来说，发生了出口扩张型增长之后，如果贸易条件恶化带来的损失超过了经济增长带来的好处，则该国的社会福利水平就会恶化。

要发生福利恶化型增长必须满足两个条件：一是这个国家必须是大国，发生的是出口扩张型增长；二是在国际市场上，大国提供的这种产品必须是缺乏需求价格弹性的。

在现实中，虽然有不少出口增长造成贸易条件恶化的现象，但真正使整个国家社会福利水平恶化的情况还是很少发生。

最后，我们把经济增长对国际贸易的影响列在表 4-2 中，做一下综合对比。比较确定的结论是：当发生了进口扩张型增长时，无论大国还是小国，其社会福利水平都得到了提高，大国福利提升的程度更大。

表 4-2　经济增长对国际贸易的影响

指标	经济增长对国际贸易的影响			
	进口替代型增长		出口扩张型增长	
	小国	大国	小国	大国
贸易条件	不变	改善	不变	恶化
罗布津斯基定理	成立	不成立	成立	不成立
进口行业产量（能）	扩大	不确定	缩小	不确定
进口量（需求）	下降	不确定	扩大	不确定
出口行业产量（能）	下降	不确定	扩大	不确定
出口量（能力）	下降	不确定	扩大	不确定
贸易三角	变小	不确定	变大	不确定
福利水平	提升	大为提升	提升	常为提升

四、理论启示

持续推动一国经济增长对提高一国福利水平的重要性毋庸置疑，它是人们对美好生活的追求能否实现的重要保证。但是如何实现经济的不断增长？尤其是在人口及劳动力增长较快的国家，如何实现人均收入水平的不断提升？这就要求一国在努力积累劳动之外，还需要重点关注资本积累和技术进步等其他因素在经济发展中的作用。

发展经济不能忽视经济增长对贸易条件的潜在影响。在国际市场上，很多发展中国家是一些初级产品的重要供给者，足以影响世界价格水平。如果这些国家发生了"顺贸易"的增长就可能会引起国际贸易条件的恶化。虽然现实中福利恶化型增长很少出现，但贸易条件恶化显然会减少经济增长和贸易给发展中国家带来的好处。因此，发展中国家应该坚定不移地走"工业化道路"和坚持经济多样化发展。

【本章小结】

1. H-O-S 定理。在满足要素禀赋论的全部假设条件下，自由的国际贸易通过使国家间商品相对价格均等化，推动同种要素的相对报酬和绝对报酬趋于均等。

2. "S-S"定理。一国从封闭转到自由贸易会使该国在价格上升的行业（即出口行业）中密集使用的生产要素（土地）的报酬提高，而使在价格下跌的行业（即进口竞争行业）中密集使用的生产要素（劳动）的报酬降低。国际贸易会提高一个国家丰裕生产要素所有者的实际收入，降低稀缺生产要素所有者的实际收入。

3. 特定要素模型告诉我们国际贸易对不同生产要素所有者的收入影响是不同的，因此，政府在制定贸易政策的时候需要考虑对不同利益集团收入的影响。

4.要素禀赋和技术水平的变化会带来经济增长，经济增长又会对一国的对外贸易产生各种影响。经济增长的类型和一国在国际贸易中的地位都会对一国的贸易利益产生重要的影响。经济增长也可能会给一些国家带来福利的恶化。

【习题与思考】

1. 东北老工业基地地广人稀、土地肥沃、矿产资源丰富，曾经是中国经济发达的地区，一个资源如此丰富的地区为什么衰落了？

2. 我国有几十个资源枯竭型城市，如黑龙江省七台河市、辽宁省阜新市、山东省枣庄市、湖北省黄石市、安徽省淮北市、江西省景德镇市等。这些地方的经济都曾经欣欣向荣过，为什么随着资源的枯竭这些城市的经济也随之衰落了？

3. 新中国是在一穷二白的基础上发展起来的，改革开放以来创造了经济发展的"中国奇迹"，请问：除了因为我国地大物博、人口众多以外，还有哪些因素促进了我国经济的快速增长？

4. 中国人爱说"人多力量大"，我国经济的发展也离不开人口众多的红利，但是为什么我国实行了那么多年的计划生育政策，我国的经济仍然取得了巨大的成就？这是否说明这个政策对我国将来的经济发展也不会产生很大的影响？

5. 既然国际贸易使得劳动缺乏、资本充裕的国家，比如欧美等国的实际工资和劳动者的实际收入下降，这些国家的政府是不是不应该限制贸易呢？

6. 欧美等发达国家指责与中国的贸易使他们的部分工人收入减少，在我国也存在着贸易行业的工人工资收入高于其他行业的工人工资收入的现象，这是否说明国际贸易就是造成国家间和行业间劳动者收入差距的罪魁祸首？

7. 欧美等发达国家指责与中国的贸易使他们的部分工人收入减少，但在事实上，国际贸易对工业国家非熟练工人的需求以及这些工人的工资只有很小的直接影响。请思考：为什么会产生这样的现象？

第五章 当代国际贸易理论

所谓当代国际贸易理论，是相对于古典国际贸易理论和新古典国际贸易理论而言的，是自20世纪70年代以来，伴随着国际贸易的迅速发展而产生的一系列国际贸易理论。当代国际贸易理论修正了传统国际贸易理论中规模收益不变、完全竞争、需求相同、技术水平不变等基本假定，引入了规模经济、差异产品、不完全竞争等因素，构建了新的国际贸易理论框架。

第一节 当代国际贸易的新发展

一、产业内贸易量增加

传统的国际贸易理论认为，各个国家都有自己的相对优势和相对劣势。有些国家的优势表现在技术密集型产业或资本密集型产业上，有些国家的优势则表现在土地密集型产业或劳动密集型产业上。各国在对外贸易中必然是出口其生产中拥有相对优势的产品而进口其生产中处于相对劣势的产品。一国进口和出口的必然是国内不同生产部门所生产的产品，即各国从事的是一种产业间的国际贸易。

但是，20世纪70年代以来，人们在对现代国际贸易状况进行调查和统计时发现，发达国家之间的工业制成品贸易在整个国际贸易中所占的比重越来越大，已占到世界贸易总额的一半以上。在这类贸易中，一国同时出口和进口同一产业部门产品的情况比比皆是。例如，各经济发达国家普遍存在既出口汽车又进口汽车的情况。这些都是传统国际贸易理论如比较优势理论、要素禀赋理论等无法解释的。经济学家们围绕上述现象和问题做了深入的研究，提出了种种解释，从而形成了产业内贸易理论。

产业内贸易（Intra-industry Trade）是指一个国家在一定时期内同时存在进口和出口同类产品的贸易活动。产业内贸易还包括中间产品的贸易，即某项产品的半制成品、零部件在两国间的贸易,是相对于产业间贸易而言的。与产业间贸易(Inter-industry Trade)相比,产业内贸易具有以下特征:

1)产业内贸易是双向流动的贸易。不同于产业间贸易产品基本上是单向流动的特点,产业内贸易产品是双向流动的。例如,美国和日本既是汽车的出口国,也是汽车的进口国。

2)产业内贸易是同类产品之间的贸易。产业间贸易是指不同产业之间产品的贸易,如日本生产的家用电器与中国生产的纺织品之间的交易,而产业内贸易则主要是同类产品中某一类产品间的贸易(同类产品是指按国际贸易标准分类至少前3位数相同的产品,即至少属于同类、同章、同组的产品)。例如,中国向韩国出口某种品牌的衬衣,同时又从韩国进口某种品牌T恤的贸易活动。

3)产业内贸易涉及内外两个市场。产业间贸易一般是通过分别处于不同国家的独立厂商来完成的,而产业内贸易则是通过内部和外部两个市场来完成的。跨国公司的兴起和快速发展使得一部分国际贸易是在跨国公司的子公司和子公司、子公司和母公司之间进行的。跨国公司利用特殊优势所形成的内部化交易机制被称为内部市场。与之相对应的,买卖双方独立进行交易所形成的市场则称为外部市场。

产业内贸易常使用格鲁贝尔与劳埃德提出的产业内贸易指数(G-L指数)来衡量,它是用来测度产业内贸易程度的指标。其计算公式为

$$IIT = 1 - \left| \frac{X-M}{X+M} \right| = \frac{2\min(X,M)}{X+M}$$

式中,X 为某产业内产品的出口量;M 为某产业内产品的进口量。

IIT 的值介于 0~1 之间,其数值的大小反映了产业内贸易程度的高低。当 IIT = 0 时,说明该产业的贸易完全是产业间贸易;当 IIT = 1 时,说明该产业的贸易完全是产业内贸易。

需要说明的是,产业内贸易指数的大小显然受到三个主要因素的影响:

1)取决于某种产业部门的产品特性。因为有些产业部门的产品生产和消费都具有明显的地域性,难以发生大规模的产业内贸易。

2)取决于产业部门的成熟程度。高度发达成熟的产业部门容易发生产业内贸易,幼稚的工业部门则难以发生产业内贸易。

3)取决于产业部门的划分。如果产业部门划分较为细致,产业内贸易的指数就比较小;如果产业部门的划分很粗略,产业内贸易的指数就比较大。

表 5-1 给出了 1988 年—1991 年及 1996 年—2000 年工业化国家在制成品贸易中的产业内贸易比例。该表显示 1996 年—2000 年,法国的产业内贸易比例最高(77.5%),其次是加拿大(76.2%)和奥地利(74.2%)。在其他七国集团的国家中,英国的比例为 73.7%,德国为 72.0%,美国为 68.5%,意大利为 64.7%,日本为 47.6%。比例最高的是欧洲国家(挪威和希腊除外),最低的是太平洋国家和发展中国家(墨西哥除外)。在这两个时期,增长最快的是匈牙利;另一些国家(如比利时/卢森堡、希腊和爱尔兰等)的比例则下降了。

表 5-1　部分国家制成品贸易中的产业内贸易比例

国家	1988年—1991年	1996年—2000年	国家	1988年—1991年	1996年—2000年
法国	75.9%	77.5%	丹麦	61.6%	64.8%
加拿大	73.5%	76.2%	意大利	61.6%	64.7%
奥地利	71.8%	74.2%	波兰	56.4%	62.6%
英国	70.1%	73.7%	葡萄牙	52.4%	61.3%
墨西哥	62.5%	73.4%	韩国	41.4%	57.5%
匈牙利	54.9%	72.1%	爱尔兰	58.6%	54.6%
瑞士	69.8%	72.0%	芬兰	53.8%	53.9%
德国	67.1%	72.0%	日本	37.6%	47.6%
比利时/卢森堡	77.6%	71.4%	新西兰	37.2%	40.6%
西班牙	68.2%	71.2%	土耳其	36.7%	40.0%
荷兰	69.2%	68.9%	挪威	40.0%	37.1%
美国	63.5%	68.5%	希腊	42.8%	36.9%
瑞典	64.2%	66.6%	澳大利亚	28.6%	29.8%

（资料来源：OECD. Intra-industry Trade [J]. Economic outlook, 2002（6）：159-163.）

表 5-2 给出了 2006 年 G20 国家按 SITC（国际贸易标准分类）3 位数与 5 位的产业内贸易指数。对于每个国家，SITC-3 的产业内贸易指数大于 SITC-5 的产业内贸易指数。从表中我们还可以看出，发达国家的产业内贸易指数普遍高于其他 G20 国家。

表 5-2　2006 年 G20 国家按 SITC-3 和 SITC-5 的产业内贸易指数

国家	SITC-3	SITC-5	国家	SITC-3	SITC-5
法国	60.0%	42.4%	巴西	37.3%	13.7%
加拿大	58.9%	42.1%	印度	31.8%	12.7%
德国	57.0%	41.9%	阿根廷	31.3%	15.6%
英国	52.5%	36.2%	中国	30.5%	18.2%
美国	50.3%	31.7%	南非	29.4%	9.2%
意大利	49.7%	34.4%	印度尼西亚	29.1%	11.7%
墨西哥	47.8%	33.4%	土耳其	21.7%	13.0%
泰国	44.9%	25.2%	俄罗斯	14.6%	4.7%
韩国	41.2%	24.0%	沙特阿拉伯	7.0%	1.1%
日本	39.8%	23.8%	未加权平均值	38.7%	2.29%

（资料来源：BRULHART M. Global Intra-industry Trade：1962—2006 [J]. The World Economy, 2009（3）：401-459.）

二、发达国家间贸易规模扩张

传统国际贸易理论认为，国家间资源禀赋的差异是发生国际贸易的重要原因。据此，国际贸易应主要发生在发达国家（资本丰裕国）与发展中国家（劳动丰裕国）之间（即"南北贸易"）。很长一段时间内，世界分工也基本上维持了"世界工厂—世界农村"的格局。发达国家作为"世界工厂",向发展中国家出售工业制成品,并从发展中国家进口原材料等初级产品。20世纪50年代之前的国际贸易的确大部分属于"南北贸易"。但是在20世纪60年代后,发达国家之间的贸易("北北贸易")在国际贸易中所占的比率逐步上升,到20世纪末,这个比例已经接近全球贸易的50%,成为世界贸易的重要部分。表5-3给出了2000年7个主要工业化国家从其他工业化国家进口和向其他工业化国家出口占该国总进出口的比例。从中可以看出,这7个国家与其他工业化国家贸易的比例均在50%以上,意味着工业化国家的国际贸易大部分是与其他工业化国家进行的。把全部工业化国家加在一起考虑,工业化国家之间的出口占工业化国家总出口的70%,而它们之间的进口也占工业化国家总进口的70%,即工业化国家之间的贸易占它们贸易总量的2/3以上。

表5-3 2000年7个主要工业化国家之间的贸易份额

国家	出口到工业化国家的比例	从工业化国家进口的比例
美国	56%	51%
英国	81%	76%
加拿大	95%	82%
日本	51%	39%
德国	75%	72%
意大利	73%	69%
法国	77%	80%
其他工业化国家	70%	70%

(资料来源:海闻,等. 国际贸易 [M]. 上海:上海人民出版社,2003:162.)

三、产业领先地位不断转移

当代国际贸易中,有许多产品曾经只有少数发达国家生产和出口,发达国家在国际市场上占有绝对的领先地位。然而,第二次世界大战后这种产业领先地位不断发生变化,一些原来进口的发展中国家开始生产并出口这类产品,而最初出口的发达国家反而需要进口这类产品。

在钢铁产业,19世纪70年代以前,英国是钢铁工业强国,之后美国和德国钢铁工业迅速发展,尤其是美国,从19世纪90年代到20世纪70年代,钢铁产量一直居世界第一。然而到了20世纪80年代,日本生产了世界上将近20%的钢铁,美国的产量只占全世界10%左右。20世纪80年代末期,韩国迅速崛起,成为新兴的钢铁生产强国。20世纪90年代以来,中国逐渐成为钢铁的生产与出口大国。

在半导体产业,20世纪50年代,美国为半导体产业发源地,是行业传统的领导者。1947年,晶体管诞生于美国;1958年,集成电路诞生,硅谷孵化了众多早期半导体公司。20世纪70年代中期,以英特尔为首的美国厂商是该领域的霸主,在全球半导体市场中的占有率达到近70%。20世纪80年代,日本在半导体领域实现对美国的反超,份额一度达到80%;到了20世纪90年代,美国的市场份额只剩下30%左右,开始从半导体产品的净出口国变为净进口国。

由以上不同产业发生的深刻变革促使人们思考这样的问题：为什么在资源禀赋的模式基本不变的情况下，某些制成品的比较优势会从发达国家向发展中国家转移呢？这也是传统国际贸易理论难以解释的。经济学界对当代国际贸易的这些新现象进行了广泛和深入的探讨，并采用新的框架和方法从不同角度进行研究，极大地扩展了国际贸易理论。

第二节 规模经济、不完全竞争与国际贸易

传统国际贸易理论中规模收益不变的假设越来越受到现实的挑战，很多现代工业的生产技术呈现规模收益递增的情形。此外，完全竞争的市场结构在很大程度上也不符合国际贸易的实际。因此，学者们对规模经济与不完全竞争引起的国际贸易进行了探讨。

一、规模经济的含义

规模经济（Economies of Scale）是指因生产规模扩大而带来的经济效益的提高。在企业扩大生产的过程中，如果产量扩大1倍，而生产成本的增加小于1倍，则称企业的生产存在规模经济。

根据厂商平均成本下降的原因，规模经济可以分为以下两种：

（1）外部规模经济　是指单个厂商的生产成本由于同行业其他厂商生产规模的扩大而下降。

（2）内部规模经济　是指由于厂商自身产量的增加而导致的平均成本的下降。很明显，外部规模经济的实现依赖于产业规模，内部规模经济的实现则依赖于厂商自身规模的扩大和产量的增加。

内外部规模经济都会导致企业的平均成本下降，但不同来源产生的机制和影响是存在显著差异的。

外部规模经济存在于行业层面，与单个企业的生产规模无关，但与行业的生产规模有关，表现为企业平均成本随行业产出的增加而递减，通常出现在地理位置集中或"干中学"（Learning by Doing）效应明显的行业中。同类企业地理位置集中往往导致行业相关设施的发展、服务的健全以及知识的外溢；行业层面的"干中学"效应则导致厂商经验的快速传播与积累，这些外部经济因素会造成企业平均成本随行业产出的增加而递减，如：美国硅谷的计算机产业、好莱坞的电影产业，意大利的瓷砖产业，中国的义乌小商品行业与温州的打火机行业等。

内部规模经济主要依靠企业自身规模的扩大来实现平均生产成本的不断降低，在此过程中企业内部的分工不断深化，设备不断更新，巨额的固定成本或研发费用更易于分担。行业单个企业获得了一定的市场影响力，因此对应的市场不再是完全竞争市场，而不完全竞争的市场结构包括垄断竞争、寡头垄断与完全垄断三种。

在存在规模经济的条件下，即使两个国家要素禀赋完全相同，也依然可能出现国家

间的分工，并通过贸易实现各自福利提升的现象。

（一）外部规模经济与国际贸易

在规模经济存在的情况下，生产可能性曲线会发生改变。其形状通常受到两个因素的影响：一个是行业要素密集度的差异；另一个是规模经济。行业生产要素密集度的差异导致生产要素由一个部门向另一个部门流动时，释放生产要素部门转出的生产要素比例与吸收生产要素部门适合的生产要素比例不相符从而导致了机会成本递增的现象，因此生产可能性边界呈凹向原点的形状。外部规模经济则产生相反的效果，生产要素由不存在规模经济的部门流入存在规模经济的部门时，后者产量增加，平均成本降低，导致机会成本递减，因此生产可能性边界凸向原点。最终生产可能性边界的形状取决于两种力量的对比。假设经济中存在 X、Y 两个产品，X 产品存在外部规模经济，Y 产品规模收益不变，则规模经济影响下的生产可能性边界 TT' 的形状如图 5-1 所示。

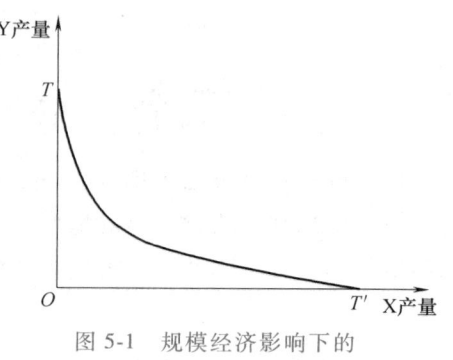

图 5-1　规模经济影响下的生产可能边界 TT' 的形状

具体说明如下：假设 A、B 两国在技术、要素禀赋和偏好等方面完全相同。如图 5-2 所示，在规模经济存在的情况下，生产可能性边界为曲线 TT'。在封闭条件下，一般均衡点在图 5-2a 中的 E 点。在 E 点相对价格线（P_X/P_Y）与生产可能性边界相交，而不是相切，这是因为 X 产品存在外部规模经济，所以 X 产品厂商所面临的相对价格要高于社会机会成本（生产可能性边界的切线斜率的绝对值）。在均衡状态下，社会福利则由通过 E 点与相对价格线相切的社会无差异曲线表示（为 TT' 的斜率 P_X^W/P_Y^W）。

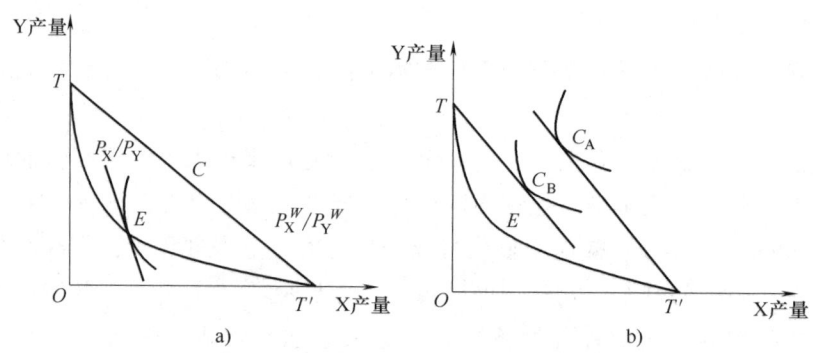

图 5-2　外部规模经济与国际贸易
a) 封闭条件下 A、B 两国的生产与消费　b) 开放条件下 A、B 两国的生产与消费

在开放条件下，均衡点 E 对两国来说都不再是稳定的，两国都会立即发现通过国际分工与贸易可以改善各自的福利。此时，如果 A 国专门生产 X，B 国专门生产 Y，由于 X 产品存在外部规模经济，对整个世界来说，由一国专门生产 X，要比两国都生产可得到更多的 X。在此基础上，如果 A、B 两国都愿意将各自所生产出的产品的一半与对方进行交易，那么两国的消费点都会超过生产可能性边界，位于图 5-2a 中 TT' 的中点 C。

这时，很明显两国都会获益。因此，即使不存在比较优势，外部规模也可导致国际贸易的产生。

在一般情形下，贸易利益在两国间的分配可能是不均等的，即图 5-2a 中两国消费点重合可能只是一种巧合，两国的社会无差异曲线不见得正好都相切于直线 TT' 的中点。例如，如果两国一开始都希望消费更多的 X 产品，那么这意味着 A 国 X 产品的出口供给要小于 B 国的 X 产品的进口需求，于是 X 的价格就要上升，Y 的价格就要下降。随着价格的变化，A 国 X 产品的出口供给就会增加，B 国 X 产品的进口需求则下降，最终两国的贸易达到均衡，那么新的开放经济均衡如图 5-2b 所示。其中，C_A 为 A 国新的消费均衡点，C_B 为 B 国新的消费均衡点，两国的消费仍然都达到了原生产可能性边界之外更高的社会无差异曲线。通过 C_A 点与国际相对价格线相切的社会无差异曲线，位于通过 C_B 点与国际相对价格线相切的社会无差异曲线之上，这说明 A 国从国际分工与贸易中获得好处要多于 B 国。

以上，我们分析了外部规模经济可以成为国际贸易的起因，而两国间的国际分工与贸易格局并不确定。两国无论生产或出口哪种产品，都能从国际贸易中获益。开放条件下，两国均衡解并不是唯一的。例如，对于 A 国来说，其生产均衡点既可以是 T'（完全生产 X），也可以是 T 点（完全生产 Y）。国与国之间的市场差别也会对国际贸易格局产生实质性影响。一般说来，如果两国的国内市场规模存在差异，而其他条件完全相同，那么国内市场规模相对较大的国家将完全专业化生产具有外部规模经济的产品（X），而国内市场规模较小的国家将只能完全生产规模收益不变的产品（Y）。

（二）内部规模经济与国际贸易

内部规模经济是指由于厂商自身产量的增加而导致的平均成本的下降。内部规模经济起源于企业本身生产规模扩大。因为生产规模扩大和产量增加，分摊到每个产品上的固定成本（管理成本、信息成本、设计成本、科研与发展成本等）会越来越少，从而使产品平均成本下降。

假定有 A、B 两国，拥有的生产要素和消费偏好相同，生产某种产品的技术相同，两国的长期平均成本曲线也相同。则根据 H-O 定理，这两个国家没有进行互利贸易的基础。但是，若假定 A 国具有较大的国内市场，从而更易于实现规模经济，而 B 国恰好相反，国内市场狭小，只能小规模地、高成本地生产某种产品。如图 5-3 所示，虽然两国的长期平均成本曲线相同，但 A 国的代表性企业产量为 Q_2，其生产成本为 AC_2；B 国代表性企业产量为 Q_1，生产成本为 AC_1。即由于两国的企业处于同一条成本曲线的不同位置，导致其产品的生产成本不同。因此，由于规模经济的存在，使 A 国企业在该产品上获得了比较优势，可以出口到 B 国。

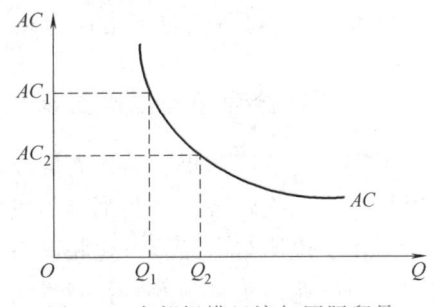

图 5-3　内部规模经济与国际贸易

内部规模经济多见于产品差异性较强的行业。企业规模越大，竞争优势越大，即大企业具有成本优势。这些企业多集中于设计、管理、销售成本较高的制造业和信息产业，如汽车、飞机、钢铁、计算机软件等。这些行业中的企业通常面临的市场是不完全竞争的。

【经典案例】

沃尔玛：规模经济的受益者

沃尔玛是世界上最大的零售公司之一，在全球有10,500多家门店，雇用210万名员工，每周约2亿名顾客光顾其商店，年销售额达到6480亿美元。总部位于美国阿肯色州的本顿维尔，主要涉足零售业，连续7年位居美国《财富》杂志世界500强之首。

造就沃尔玛成功的最重要的一个因素应当首推它的"规模制胜"战略。以大型零售企业形迹罕至的农村和乡镇市场为主要服务区域是沃尔玛辉煌成功的起点，为其日后著名的低价战略和高速增长奠定了良好基础。

这种市场定位战略，在执行初期，是极其容易被对手模仿的，但同时也很容易被对手忽略。然而，一旦这种地点选择战略付诸实施，它就很难再被对手成功模仿。因为那时，沃尔玛在它的初始运作空间已经形成牢固的垄断地位，在每个乡镇市场实现了规模经济，从而对后来潜在进入者形成了障碍和壁垒。

沃尔玛的市场定位战略的实施主要依靠对某一个区域市场的饱和发展，同时向外拓展边界，向内填充补位：在某个区域中间建立仓储和配送中心。以货运车一天行程可以到达的距离为半径，画出该市场区域的圆形边界。这样，边界以内的店铺便可以很容易地落在该区域市场经理的掌控范围之中。然后，它们进一步在边界内的稀疏薄弱地带建立店铺，填补空白，饱和市场。

这种战略有效地放大了规模效应，也使其市场定位战略得到增强和巩固。在它的势力范围内，它的防线可以说是密不透风的。同时，这种饱和状态也有效地向消费者和竞争对手显示了沃尔玛对该市场的承诺和投入。凯玛特（KMart）曾经试图以三家店铺为先锋，攻打密苏里州春田地区市场。沃尔玛在该市场方圆100mile（1mile＝1609.344m）之内拥有40家店铺。凯玛特之举无异于以卵击石，其惨败之状可想而知。

沃尔玛能够成长为一家全球最大的跨国公司之一，与其强大的竞争优势是分不开的，这样的结果正是得益于其正确的市场定位战略、低价优势战略等的综合运用。

（资料来源：1. Walmart Releases Annual Report and Proxy statement 2000—2018.

2. https://stock.walmart.com/financials/annual-reports/default.aspx。）

二、不完全竞争与国际贸易

不完全竞争厂商提供的是差异产品而不是同质产品，厂商也可以运用垄断地位在不同市场实施价格歧视，这些都是引发国际贸易的动因。对垄断竞争与国际贸易关系的分析重点在于说明与产品差异化相联系的内部规模经济和不完全竞争市场结构相结合会导致国家间产业内贸易的发生；对寡头垄断与国际贸易关系的分析重点则在于说明不完全竞争市场结构下的厂商行为本身会导致国家间产业内贸易的发生。

（一）垄断竞争与产业内贸易

假设世界上只有两个国家：A国和B国。两个国家除了市场规模存在差异外，在生产技术条件、要素禀赋及消费者偏好等诸多方面都完全相同。假设 A 国是小国，B 国是大国。根据这些假设，A 国和 B 国的 RC 曲线完全相同（RC 曲线用于描述均衡时厂商数目与厂商产量之间所有可能组合的轨迹）。由于 A 国国内市场相对较小，在封闭条件下，A、B 两国的市场均衡点分别为 A 点与 B 点，如图 5-4 所示。贸易开展后，原来处于封闭状态下的两国市场结合成统一的世界市场，由于市场规模的扩大，整个世界所能容纳的厂商数目和产量均扩大。在图 5-4 中，开放后的世界均衡点为 W，厂商数目为 n_W。无论是 A 国

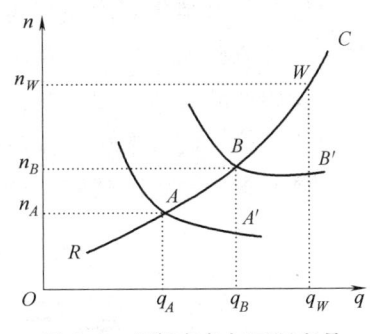

图 5-4 垄断竞争与国际贸易

厂商还是 B 国厂商，所有厂商的均衡产量均为 q_W。自由贸易下，各国市场均衡均发生变化。与封闭情形下相比，厂商的产量扩大了，但由于假设行业要素使用总量是固定的，厂商产量的扩大必然意味着厂商数目的减少，所以两国开放后的市场均衡点应处于原来均衡点的右下方。在图 5-4 中，A'、B' 分别表示 A、B 两国开放后的新均衡点，而 AA'、BB' 两条向下倾斜的曲线分别表示 A、B 两国在要素使用总量不变的条件下，行业内厂商数目与厂商产量所有可能组合的轨迹。对应于新的均衡点，A、B 两国的厂商数目之和等于 n_W，即开放后两国所生产的差异产品的数目之和等于 n_W。很显然，$n_W > n_B > n_A$。所以，开放后两国消费者可选择的产品品种要比在各自封闭状态下可选择的产品品种多。另外，由于厂商间所生产的产品都是有差异的，因而两国在开放后所生产的产品品种不会有重复。也就是说在同一行业里，一国只生产某些种类的产品，而另一国则生产其他类型的产品。这种国际分工格局的形成完全是因为规模经济的存在，与价格差别无关。但是我们不能肯定两个国家究竟各自生产哪些种类的产品，因此国际分工也是不确定的。

对于两国的消费者来说，市场开放后其消费品一部分由本国厂商提供，另一部分则完全来自国外厂商。由于这种贸易是发生在具有差异产品的同一行业内，所以贸易形态是一种产业内贸易。

根据以上分析，在内部规模经济与垄断竞争存在的情况下，国际贸易的作用在于使一国市场扩大从而产生两种积极效应：一是通过厂商产量的提高实现规模经济利益；二是增加产品的品种数量。从整个社会福利提高的来源看，贸易利益体现在两个方面：一是生产成本降低使消费者可以以更低的价格购买消费品；二是产品品种的增加使得消费者可有更多的选择，从而带来更多的满足。

（二）相互倾销理论

相互倾销理论将建立在不完全竞争基础上的国际贸易理论推向了更高的层次，认为即使各国生产的商品之间不存在任何差异，垄断或寡头垄断的企业仍然可以出于对极致利润的追求，开展国际贸易。

詹母斯·布兰德和保罗·克鲁格曼在其著名的论文《国际贸易的相互倾销模型》（1983）中指出，寡头垄断厂商为实现企业利润最大化，将增加的产品产量以低于本国

市场价格的价格销售到国外市场。同理，其他国家的厂商也会采取同样的战略将增加的产品销往对方国家。这种相互倾销行为所形成的贸易不是由于两家分属不同国家的厂商生产了差异产品，而是因为各自对自己最大利润的追求。

由此可以看出，在相互倾销理论里，国际贸易的结构不受产品成本差别的限制，进而不受要素禀赋差别的限制，也不受生产者和消费者对差异产品追求的限制。

第三节 需求决定的国际贸易

传统的贸易理论都从生产能力即供给的角度来分析国际贸易问题，而不考虑需求条件。实际上，某种贸易商品是否具有价格上的相对优势，除了取决于供给条件外，还取决于需求条件。也就是说，即使两国的生产条件完全相同，即不存在任何生产技术、要素禀赋和规模经济的差异时，需求偏好的差异仍能导致国际贸易的开展。接下来我们从需求偏好的角度解释国际贸易产生的原因。

一、需求偏好与国际贸易

在古典贸易理论与新古典贸易理论的分析中，我们假定两个国家的需求偏好完全相同，从而忽视了各国需求偏好的差异。然而在现实中，各国的需求偏好是有差异的，有些甚至差别很大。经济学家约翰·穆勒（John Stuart Mill）和马歇尔（Alfred Marshall）由此提出了相互需求原理。假设有甲和乙两个国家，都同时生产 X 与 Y 两种产品，在这两种产品的生产上，两国之间不存在任何生产技术、要素禀赋或者规模经济方面的差异，但两国的需求偏好不同。假设甲国消费者更喜欢 X，乙国消费者更喜欢 Y。在图 5-5 中表现为甲国的社会无差异曲线会偏向 X，乙国的社会无差异曲线会偏向 Y。由于两国需求偏好的不同，在封闭条件下的一般均衡状态中，甲、乙两国的生产点和消费点分别在 A 与 B 上。由于 X 的相对价格甲国高于乙国，就构成了两国贸易的基础。开放贸易后，甲国向乙国出口 X，乙国向甲国出口 Y。随着贸易的开展，两国的生产也会进行调整，两国最终都会在图 5-5b 中的 M 点进行生产，但分别在 A' 和 B' 处消费。显然，甲、乙两国消费水平和福利水平都得到了提高。

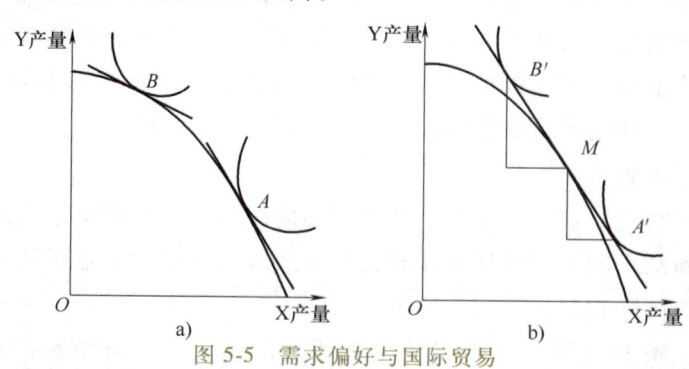

图 5-5 需求偏好与国际贸易

a）封闭条件下甲、乙两国的生产与消费　b）开放贸易后甲、乙两国的生产与消费

二、需求偏好相似理论

在此前学习的国际贸易理论中，我们一直假定进行国际贸易的国家各自分别在两种不同的产业内（如初级产品和工业制成品）进行专业化的分工生产，并通过国际贸易获得利益。但是，这些理论却无法解释贸易发生在同一产业内部的现象。而瑞典经济学家斯戴芬·伯伦斯坦·林德（Staffan B. Linder）的需求偏好相似理论对此进行了较好的解释。

林德认为人均收入水平是决定不同国家间需求结构相似程度的主要因素，两个国家的人均收入水平越接近，其需求结构也越相似，进行制成品贸易的可能性也就越大。人均收入水平较低的国家主要侧重于对生活必需品或低档次消费品的消费，人均收入水平较高的国家不仅需要消费生活必需品，还要消费高质量、高档次的产品。人均收入增加以后，人均低收入水平国家主要将增加对基本生活必需品的需求，人均收入水平较高的国家将更多地增加对高档产品的需求。而基本生活品需求的增加会相对有限，在收入分配不平均的情况下，低收入阶层在收入增长后主要增加对必需品的需求，而高收入阶层主要增加对高质量、高档次的新产品的需求。两个国家间，高收入国低收入阶层的需求与低收入国高收入阶层的需求很大程度上存在重合部分。

需求偏好相似理论的重要观点是：两个国家的需求偏好越相似，相互之间开展贸易的机会便越大。因为任何一国生产的商品都可能在另一国找到市场。需求偏好相似的两国贸易量要大于需求偏好有较大差别的两国贸易量。如果两国需求结构完全一致，则一个国家所有可能进出口的商品同时也是另一个国家可能进出口的商品。因此，两个国家需求相似的程度决定了相互之间开展贸易的可能性和规模的大小。

第四节 技术差距论与产品生命周期理论

一、技术差距论

技术差距论是指将技术作为独立于劳动和资本的第三种生产要素，探讨技术差距或技术变动对国际贸易影响的理论。1961年，美国学者波斯纳（Posner）首次提出国际贸易的技术差距模型。

波斯纳将从新技术产生到技术差距引起的国际贸易终止的时间间隔称为模仿时滞。模仿时滞又包括三个阶段：需求时滞、反应时滞和掌握时滞。需求时滞是指从创新国将新产品出口到其他国家后至消费者对新产品做出购买反应的时间间隔；反应时滞是指一个国家在新产品出现后，进口国（模仿国）国内生产厂商对原有的生产方法进行调整来生产新产品所需要的时间间隔；掌握时滞是指模仿国从开始生产新产品到其技术水平达到先进国水平，从而停止进口该产品的时间间隔。假设创新国为甲国，模仿国为乙国，则甲、乙两国的生产和贸易可用图5-6来表示，其中，横轴以上的纵轴部分表示甲国处于生产和/或出口状态，而乙国则处于进口状态；横轴表示时间的推移。

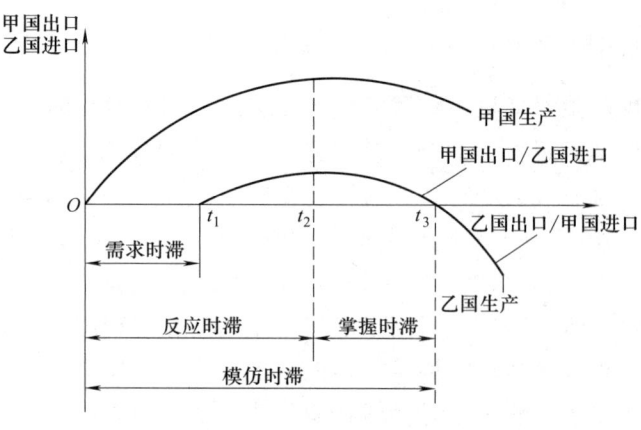

图 5-6 技术差距论图示

技术差距论证明，即使在要素禀赋和需求偏好相似的国家间，技术领先也会形成比较优势，从而产生国际贸易。但它没有说明技术差距的大小，也没有探明技术差距形成的原因，从而也就没有解释技术差距怎样随着时间的推移而得到消除。雷蒙德·弗农（Raymond Vernon）的产品生命周期理论则有助于理解这些现象，它是技术差距论的延伸。

二、产品生命周期理论

雷蒙德·弗农在技术差距论的基础上，将市场营销学中的概念引入国际贸易理论，认为许多新产品的生命周期经历如下 3 个时期：

1. 产品初创时期

产品初创期是指新产品被创新国在国内市场批量生产和销售的时期。在这一时期，创新国几乎没有竞争对手，企业竞争的关键也不是生产成本，同时，国外还没有生产该产品，对该新产品的需求完全靠从创新国进口来满足。

2. 产品成熟时期

新产品获得了稳定的国内市场支持，达到了一定程度的标准化，并被厂商开始出口到国外市场时，便进入了成熟期。随着技术的成熟与扩散，生产企业不断增加，市场竞争日趋激烈，产品的成本和价格变得日益重要。随着国外该产品的市场不断扩大，创新国家的企业生产不仅面临着国内原材料供应紧张的局面，还面临着产品出口运输能力和费用的制约、进口国家的种种限制与进口国家企业仿制品的替代等问题。在这种情况下，企业若想保持和扩大对国外市场的占领，有两种途径：一方面，可继续在本国生产新产品并出口给国外的消费者；另一方面，可选择向国外生产者出售生产许可证或者对外直接投资，在当地生产和销售。一般而言，发达国家是创新国企业对外直接投资的首选地。随着分公司的设立，创新国对发达国家的直接出口下降乃至消失，但对发展中国家仍然保持出口。

3. 产品标准化时期

这一时期技术和产品都已实现标准化，参与此类产品生产的企业日益增多，竞争更加激烈，产品的成本和价格在竞争中的作用十分突出。企业会选择在生产成本尤其是劳动成本最低的地方建立子公司，生产的最佳地点从发达国家转向发展中国家。创新国的技术优势已不复存在，国内对此类产品的需求转向从国外进口。对于创新企业来说，若想继续保持优势，选择只有一个，那就是进行新的发明创新。

从产品的要素密集性上看，不同时期的产品存在不同的特征。在产品初创时期，需要投入大量的科研与开发费用，这一时期的产品生产要素密集性表现为技术密集型；在产品成熟时期，知识技术的投入减少，资本和管理投入增加，高级的熟练劳动投入越来越重要，这一时期的产品生产要素密集性表现为资本密集型；在产品标准化时期，产品的技术趋于稳定，技术投入比例进一步下降，资本投入虽然仍很重要，但非熟练劳动投入大幅度增加，产品生产要素密集性也随之改变。

在产品生命周期的各个时期，由于生产要素密集性、产品所属类型、技术先进程度以及产品价格的不同，不同国家在产品处于不同时期所具有的比较利益也不同，故"比较利益也就从一个拥有大量熟练劳动力的国家转移到一个拥有大量非熟练劳动力的国家"[①]，产品的出口国也随之转移。产品生命周期不同阶段生产和贸易的特征如图 5-7 所示。

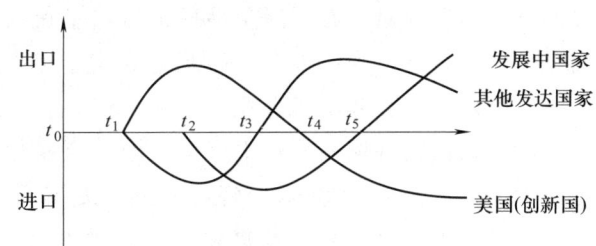

图 5-7 产品生命周期不同阶段生产和贸易的特征

第一阶段：产品初创阶段（$t_0 \to t_1$）。在此阶段，由于新产品刚刚问世，人们对其还没有足够的了解和认识，仅仅在创新国生产和消费，所以既无出口也无进口。

第二阶段：产品成长阶段（$t_1 \to t_3$）。创新国对新产品进行了改进，使产量迅速提高。此时，国外还不能生产这种产品，故创新国在国内外市场都拥有垄断地位，将一定量的新产品出口到国外，主要是发达国家。

第三阶段：产品成熟阶段（$t_3 \to t_4$），新产品在创新国已经标准化，创新厂商开始授权外国厂商生产这种产品。

第四阶段：产品标准化阶段（$t_4 \to t_5$）。其他发达国家（模仿国）参与新产品的出口市场竞争。模仿国不仅为本国消费者生产而且成为该产品的主要出口国。

第五阶段：产品衰退阶段（t_5 以后）。发展中国家在经历了 $t_2 \to t_5$ 的净进口阶段后开始成为净出口国。由于此时产品已经完全标准化、技术日益陈旧，转让费用越来越低，技术逐渐在发展中国家扩散。产品的相对优势已转移到技术和工资水平较低而劳动力资源丰富的发展中国家和地区。这些发展中国家成为主要的生产国和出口国。

对产品生命周期理论最有说服力的例子是电子产品的生产和贸易。如半导体等最初由美国和日本及欧洲一些国家研制、生产和出口，现在，印度、中国等发展中国家和地区都成为此类产品的出口国。

---

① 弗农. 产品周期中的国际投资与国际贸易 [J]. 经济学季刊，1966（5）：190-207.

第五节　异质性企业贸易理论

一、异质性企业贸易理论的起源

新国际贸易理论引入了以产品差异和规模经济为基础的垄断竞争企业来解释相似国家间贸易和产业内贸易大量存在的原因。该理论虽然注意到相同产业内企业产品的水平异质性在满足消费者偏好中的福利效应，但是却没有涉及企业间生产率和规模等方面的异质性，因而无法结合企业多维度异质性来考察贸易与企业行为之间的相互关系，无法具体分析企业参与国际贸易的行为特质。

从20世纪90年代开始，随着微观企业层面经济活动详细数据可获得性的提高，许多实证方面的研究对已有国际贸易理论提出了挑战。许多学者发现，国际贸易其实是一种相对稀少的企业行为，并非一国所有的企业都选择对外贸易。即使在同一产业内部，也存在着出口企业和非出口企业在劳动生产率、资本技术密集度和工资水平上的显著差异。所以，无论在规模还是在生产率方面，企业都是异质的。基于此，赫尔普曼（Helpman）与克鲁格曼（Krugman）将已有国际贸易理论整合在一个均衡框架中，解释了微观企业贸易数据中存在的企业规模、生产效率等异质性特征。而梅里兹（Melitz）建立的异质性企业模型创新性地发展了国际贸易理论，从企业微观上存在的异质性视角来看待企业的国际贸易。

二、异质性企业模型

异质性企业模型的基本假设有：

1) 假定产品连续分布，每个企业生产一种差异化产品，且生产企业的生产率具有异质性，产品之间是可替代的。

2) 假定企业具有连续性，且生产中只使用劳动一种生产要素，企业具有相同的固定生产成本，而可变生产成本则伴随生产率的提高而降低。

在给定上述假设的基础上，梅里兹利用消费者和生产者的最优化选择确定了企业的价格、产出、收入和利润等变量与企业生产率之间的关系，从而用生产率异质性解释了同一产业内企业间价格、规模和利润等维度的异质性表现。由于固定生产成本的存在，产量越高就意味着生产成本越小，因此企业就具有了规模经济。同时，产量越高的企业，生产相同产量所需的劳动就越少，进而成本也就越低，利润越高。

该模型表明，贸易会导致经济资源重新配置，由此解释了贸易在不改变个体企业生产效率的情况下，却促进了产业生产率提高的原因。

作为梅里兹模型核心的贸易分析基本机制为：贸易会影响企业的收入和利润结构，进而加剧企业对唯一的投入生产要素的需求竞争，导致低效企业萎缩或退出，所释放的生产资源向高效企业转移，导致产业总体生产率增长。同时，贸易还导致出口企业利润的增加，非出口企业利润的下降。高效企业规模的扩张会扩大对于投入生产要素——劳动的需求，而贸易所提供的潜在获利机会将诱使更多生产率较高的企业进入该产业，这会进一步增加对劳动的需求，提高劳动的实际价格，导致生产率最低的企业退出市场。因此，贸易导致生产率更高的企业获益，生产率较低的企业受损，而生产率最低的企业将会退出市场。这便是开展贸易后异质企业间的竞争淘汰效应和规模变化效应。

三、异质性企业贸易理论的研究进展

异质性企业贸易理论从企业层面揭示了国际贸易的动因以及贸易和贸易自由化的效应，从微观角度发现了国际贸易利益的新来源，对一些宏观国际经济现象做出了新的阐释。企业的异质性逐渐成为国际贸易理论研究的焦点，异质性企业贸易研究成为当前贸易理论发展中的热点和前沿问题。

【本章小结】

1. 当代国际贸易理论用"不完全竞争"和"规模经济"来解释发达国家之间的贸易和工业制成品的产业内贸易以及异质性企业在国际贸易中的行为差异。规模经济是国际贸易的重要利益来源，是解释产业内贸易和发达国家间贸易上升的支点。

2. 产业内贸易理论则解释了第二次世界大战后大量存在的产业内贸易现象。贸易的基础也可能从需求方面产生。在生产能力相同的条件下，需求偏好的差异同样会造成相对价格的差异，引发国际贸易。林德用收入水平和需求偏好的相似来解释发达国家之间工业制成品双向贸易的原因。

3. 技术差距论证明了即使两国在要素禀赋和需求偏好上都相似，技术领先的国家也会拥有比较优势，从而产生国际贸易；产品生命周期理论说明了比较利益是一个动态的发展过程，它会随着产品生命周期的变化从一种类型国家转移到另一种类型国家。

4. 企业并非同质的，生产率的异质性是决定企业是否参与国际贸易的基础。

【习题与思考】

1. 产业内贸易产生的原因是什么？
2. 简述垄断竞争与差异产品下的产业内贸易的内容。
3. 简述规模经济、要素禀赋与国际贸易的关系。
4. 试述国际贸易产品生命周期学说的主要内容并予以评价。
5. 简述需求偏好相似理论。

第六章 要素流动与国际贸易

在前述章节中我们在分析国际商品贸易时，一般假定不存在生产要素的国际流动。然而事实上，生产要素的国际流动也是常见的现象。20世纪90年代以来，国际生产要素流动的规模和影响越来越大，在国际经济中的地位也越来越重要。本章主要介绍资本、劳动和技术三大生产要素的跨国流动对国际贸易产生的影响。

第一节 资本流动与国际贸易

一、资本的国际流动及其发展

资本的国际流动是指国家（或地区）之间资本的流入与流出，是资本在不同主权国家和法律体系管辖范围之间的输入与输出。其按资本的流动方式可具体分为国际直接投资、国际间接投资（即证券投资）和国际借贷三种类型。其中，国际直接投资（Foreign Direct Investment，FDI）是指投资者对所投入资金的实际运行过程具有足够的影响力和控制权的投资，这是本章分析的重点。

历史上第一次大规模的国际资本流动出现在19世纪后半叶至20世纪初，当时的投资方式以证券投资为主。20世纪20年代证券投资和直接投资相结合成为主要的资本流动方式，资本流动方向是从美国流向欧洲。进入20世纪50年代，直接投资开始兴起。20世纪70年代开始，随着经济全球化进程的不断深入，资本的跨国流动规模稳步增长。20世纪90年代以来，由于生产力的发展和国际分工的不断深化、跨国公司迅速发展，推动国际资本流动实现了前所未有的发展，国际资本流动量迅速增加且流动方向趋于多样化。发达国家不仅保持着资本输出主体的地位，还成为最大的资本输入地。但是2000年以后，全球资本大量涌向发展中国家。近年来，国际资本流入发展中国家的数量占总量的比例逐年上升，2000 年为 18.2%，2005 年上升到 36.5%，2010 年首次超过 50%，在 2020 年达到了 69% 的历史最高值。在对外投资方面，发展中国家 FDI 流出量的比重从 2008 年的 20% 上升到 2018 年的 46%，2020 年达到 53%，首次超过发达国家。总体来看，发展中国家的流出量占比低于流入量占比。

图 6-1 和图 6-2 所示内容分别为 2001 年—2020 年全球 FDI 流入量和流出量。

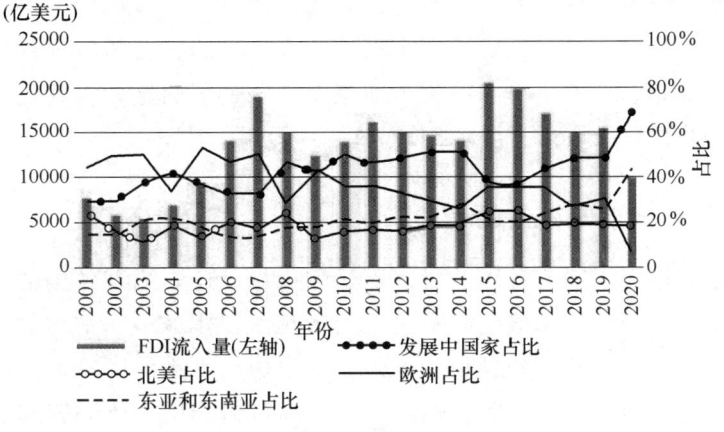

图 6-1　2001 年—2020 年全球 FDI 流入量

（资料来源：联合国贸发会议数据库。）

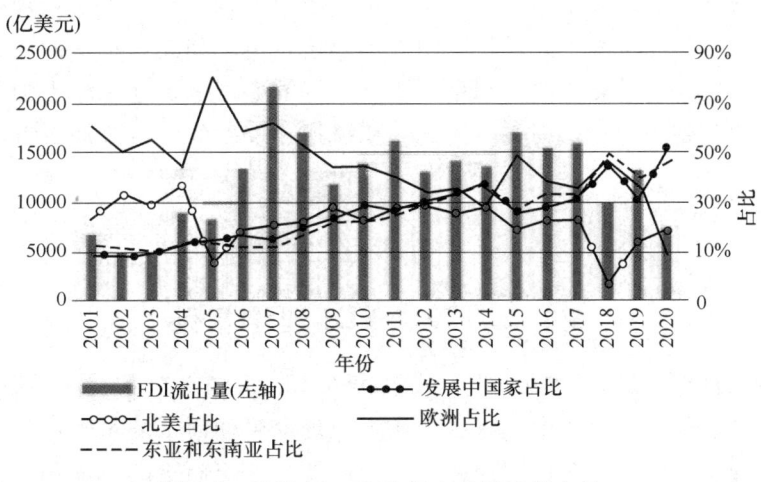

图 6-2　2001 年—2020 年全球 FDI 流出量

（资料来源：联合国贸发会议数据库。）

二、资本国际流动的原因

（一）国家间资本收益率的差异

资本的本质就是追求更高的资本收益率，在自由流动的条件下，哪个国家的资本回报率高，资本就向哪个国家流动。其基本的动因就是在国外可以获得更高的资本回报，能够满足收益最大化的要求。

（二）规避经营风险

在投资和经营中，企业面临着大量的风险，如市场波动、汇率变化、政局不稳等。风险的存在及其变动影响着资本的收益率。在风险既定的条件下，资本将流向收益率高的地方；在收益不变的情况下，资本则流向风险较小的地方。

（三）跨国公司内部化的需要

作为国际直接投资主要推动力量的跨国公司，通过对外直接投资建立分公司和子公司的方式，把技术、产品或其他资源的市场交换变成了跨国公司的内部贸易，大大降低了生产和贸易的成本，获取了更高的资本回报。跨国公司的这种内部化战略正是战后跨国公司大规模进行国际投资的重要原因。

三、资本国际流动对福利的影响

资本的流动，不仅影响着各国的资本存量和价格，还影响着各国的利益及分配。对于资本输出国，一方面，资本输出使本国国内市场的资本减少，平均收益上升，但工人的工作机会减少，平均工资下降；另一方面，资本输出带来的巨额国际收益大大增加了输出国的国民生产总值和国家税收。输出国政府通过恰当的税收和转移支付政策来分配收益，整个社会的福利水平提高，减少了因资本输出带来的社会矛盾。对资本输入国来讲，一方面，资本流入使本国市场资本的收益率下降，利润外流，但工作机会增加，工资水平上升；另一方面，资本的流入不仅调整了产业结构，扩大了产业规模，增加了国民收入和国家税收，还带来了大量积极的外部经济效应，如先进技术的引进、人才的培养、管理水平的提升、过剩资源的利用和国际市场的拓展等。这使输入国资本流入的长期收益远远大于其带来的利益损失。因此，积极推动资本的自由流动对世界各国都是非常有益的。

第二节 FDI 理论基础

国际直接投资理论自 20 世纪 60 年代诞生以来，得到较快发展并形成很多种学派。在众多国际直接投资理论学派中，有从产业组织理论延伸而来的垄断优势理论、从国际贸易理论演变而来的产品生命周期理论、从厂商理论演绎而来的内部化理论，还有在内部化理论的基础之上建立并发展的国际生产折中理论等。在 FDI 理论的新发展中，战略管理理论、战略联盟理论等也占有相当重要的地位，它们都力图对跨国公司的投资动机、投资流向、投资决策等问题做出回答。

一、垄断优势理论

垄断优势理论（Monopolistic Advantage Theory）是最早研究国际直接投资的理论，它产生于 20 世纪 60 年代初，由美国经济学家斯蒂芬·海默（Stephen Hymer）于 1960 年在他的博士论文《国内企业的国际经营与对外直接投资研究》中提出，之后其导师金德尔伯格（Kindleberger）加以发展并形成理论体系，成为研究国际直接投资最早和最有影响的理论。垄断优势理论的主要内容包括：

（一）以市场不完全竞争为理论分析前提

传统的国际直接投资理论都假定市场是完全竞争的。而海默认为，完全竞争是一种纯粹情况，现实中的市场条件具有不完全竞争性。海默认为，任何关于跨国经营和直接投资的讨论都涉及垄断问题，而垄断优势是市场不完全竞争的产物。

（二）企业从事国际直接投资必须具备垄断优势

海默具体研究了美国企业的国际直接投资行为，发现这些企业主要分布在资本相对密集、集约程度高、技术先进、产品特异和规模经济明显的一些部门，而这些部门又都是垄断程度较高的部门。海默因此提出：一个企业或公司之所以开展国际直接投资，是因为它有比当地同类企业或公司有利的垄断优势。

垄断优势是指企业拥有超过东道国企业的各种优势，即独占性生产要素，如技术诀窍、规模经济、管理经验、资金实力等，特别是来自内部规模经济和外部规模经济的优势。具体包括：①原材料优势；②资本优势，包括管理技能和信息等方面的优势；③技术优势，如专利、技术诀窍；④规模经济优势；⑤产品优势，如产品差异化、商标；⑥销售优势，如销售技术和渠道等；⑦来自政府干预的垄断优势。东道国和母国政府可以通过市场准入、关税、利率、税率、外汇及进出口管理等方面的政策法规对跨国公司的直接投资进行干预，跨国公司可以从政府提供的税收减免、补贴、优先贷款等方面的干预措施中获得某种垄断优势。

（三）利率不能解释国际直接投资

海默认为，要研究国际投资必须分直接投资与证券投资，这两种投资的区别主要在于"控制"，即对国外企业的控制权。传统经济理论以利率的差异说明资本的国际流动。金德尔伯格指出，证券资本流动是利率差异作用的结果，而直接投资则是对利润差异的反应，是一种伴随企业长期控制的资本流动。客观上，直接投资与证券投资的流向是相反的。在海外大量资金流入纽约金融市场，购买美国各种有价证券的同时，美国公司也在大量进行对外直接投资。这种交叉流向的存在说明利率本身并不能完全解释国际直接投资活动。

（四）直接投资与垄断的工业部门结构有关

海默研究了美国企业国际直接投资的工业部门构成，发现国际直接投资与垄断的工业部门结构有关。美国从事国际直接投资的企业主要集中在具有独特优势的少数部门，如汽车、石油、电子、化工等制造业，行业分布的集中程度十分明显。

总之，垄断优势理论较好地解释了企业的国际直接投资行为，并能够解释发达国家之间的相互投资现象，以此确定了其在国际直接投资理论中的地位。但它没有解释拥有专利、专有技术等垄断优势的企业为什么不进行产品出口或技术转让而是选择国际直接投资。

二、内部化理论

内部化理论也称市场内部化理论，是由英国里丁大学学者巴克莱（Buckley）及其同事卡森（Casson）在 1976 年合著的《跨国公司的未来》一书中提出的。加拿大学者拉格曼（Rugman）在其基础上进一步发展了内部化理论。

内部化是指在企业内部建立市场的过程，以企业的内部市场代替外部市场，从而解决由于市场不完全而带来的不能保证供需交换正常进行的问题。企业内部的转移价格起着润滑剂的作用，使内部市场能像外部市场一样有效地发挥作用。跨国化是企业内部化超越国界的表现。

内部化理论认为，由于市场存在不完整性和交易成本上升，企业通过外部市场的买卖关系不能保证获利，并导致增加许多附加成本。因此，企业进行国际直接投资，建立企业内部市场，即通过跨国公司内部形成的市场，克服外部市场上的交易障碍，弥补市场机制不完全的缺陷所造成的风险与损失。

三、国际生产折中理论

国际生产折中理论是由英国里丁大学教授约翰·哈里·邓宁（John H. Dunning）在 1976 年提出的，并于 1981 年在其论著的《国际生产与跨国企业》一书中进一步系统化、理论化、动态化地修正了该理论。

邓宁认为，海默的垄断优势理论、巴克利和卡森的内部化理论等推动了国际经济理论的重大发展，但这些理论都只对国际直接投资做了片面的解释，缺乏统一的、有说服力的理论。邓宁吸收了上述理论的主要论点，并引进外部区位理论，将国际直接投资的目的、条件和能力综合在一起加以分析，由此形成国际生产折中理论。

邓宁指出，跨国公司所从事的国际生产方式大致有国际技术转让、产品出口和国际直接投资三种。究竟采用何种方式取决于跨国公司拥有的所有权优势、内部化优势和区位优势的组合情况。

（一）所有权优势

所有权优势主要是指企业所拥有的大于外国企业的优势，它主要包括技术优势、企业规模优势、组织管理能力优势、金融和货币优势以及市场销售优势等。邓宁认为，国际直接投资和海外生产必然会引起成本的提高与风险的增加，在这种情况下，跨国公司之所以还愿意并且能够发展国际直接投资并能够获得利益，是因为跨国公司拥有一种当地竞争者所没有的比较优势，这种比较优势能够克服国外生产所引起的附加成本增加风险和政治风险。他把这种比较优势称为所有权优势，这些优势要在跨国公司生产中发挥作用必须是这个公司所特有的、独占的，在公司内部能够自由移动，并且能够跨越一定的距离。

（二）内部化优势

内部化优势是指企业在通过对外直接投资将其资产或所有权内部化过程中所拥有的优势，是指跨国公司为了克服外部市场的不完全性对资源配置的不利影响，以公司的内部交易取代外部市场的公开交易。通过内部化，跨国公司不仅可以降低资源配置的交易成本，减少获取市场信息的困难，还可以借此克服技术市场的不确定性，将技术优势保持在公司内部，从而维持对技术的垄断，保护自己的竞争优势。

(三) 区位优势

区位优势是指可供投资的地区在某些方面比国内具有优势，包括劳动成本、市场需求、自然资源、运输成本、关税和非关税壁垒、政府对外国投资的政策等方面的优势。区位优势直接影响跨国公司对外直接投资选址和国际生产体系的布局。区位优势不归企业所有，而属东道国所有。决定区位优势的因素不仅有自然资源禀赋、要素的质量及成本（如劳动成本、运输成本）、地理条件等自然因素，还包括经济发展水平、经济结构、市场容量及潜力、基础设施状况等经济因素，以及东道国政府对经济的干预、调节，东道国的历史、文化、习俗、商业惯例等制度性因素。区位优势直接影响到对外投资的成本和收益，跨国公司总是将资金投到有优越的区位优势的国家和地区。

三种优势的组合状况及其发展变化，决定了跨国公司对国际投资的选择方式：若公司只具备所有权优势，应选择技术转让；若公司具备所有权优势和内部化优势，则应选择出口贸易；只有当公司同时具备所有权优势和内部化优势并且有东道国的区位优势可供利用时，才可选择国际直接投资（见表6-1）。

表6-1 跨国公司对国际直接投资的选择方式

国际经济活动方式	所有权优势	内部化优势	区位优势
国际直接投资	√	√	√
出口贸易	√	√	×
技术转让	√	×	×

第三节 FDI与国际贸易关系理论

国际直接投资与国际贸易之间存在着非常紧密的关系。一方面，FDI既可以替代贸易也可以促进贸易；另一方面，贸易政策的改变在一定的条件下又会成为FDI的重要原因。FDI与国际贸易的关系最初是由蒙代尔提出并进行论述的。他认为贸易与投资之间具有替代性，即贸易的障碍会产生资本的流动，而资本流动的障碍会产生贸易。后来马库森、斯文森以及小岛清对生产要素流动和国际贸易之间的相互关系做了进一步的分析。他们认为生产要素流动和国际贸易既存在替代关系，也存在互补关系。

一、FDI与国际贸易相互替代理论

罗伯特·蒙代尔（Robert A. Mundell）在1957年提出了著名的贸易与投资替代模型。蒙代尔沿着赫克歇尔-俄林模型的分析逻辑，从两个国家、两种要素和两种产品的2×2×2模型的框架出发，用标准国际贸易模型，考察了贸易与投资相互替代的两种极端情况，即禁止性投资如何刺激贸易，禁止性贸易如何刺激投资。

假定A国是资本相对丰裕的国家，B国是劳动相对丰裕的国家；A国将集中生产资本密集型产品X，B国将集中生产劳动密集型产品Y；A、B两国具有相同的技术水平或生产函数。在自由贸易条件下，两种产品在两国间可以自由流动。这样A国将出口X产品，进口Y产品；B国则出口Y产品，进口X产品。在贸易平衡状态下，A、B两国的

资本和劳动的要素报酬率是相等的，从而不存在资本跨国流动的必要。

然而在现实中，自由贸易的假设往往被各种限制性措施打破，如存在关税和非关税壁垒等。现在假定 B 国对来自 A 国的 X 产品进口征收高关税，这必然会提高 A 国的 X 产品在 B 国的价格，并刺激了 B 国 X 产品生产部门生产规模的扩大，同时必然使生产 X 产品所需的、原来在 B 国本来就相对稀缺的资本的国内需求量的上升，推动了 B 国资本要素价格的上升，最终提高了 B 国资本的要素报酬率。在 B 国资本的高要素报酬率的吸引下，A 国的资本势必通过直接投资或间接投资等各种方式流入 B 国。这种生产要素的跨国流动进一步扩大了 B 国在 X 产品生产上的规模。而 A 国由于资本的减少会使其减少 X 产品的产量。从两个国家组成的整体上看，资本的流动并没有增加 X 产品的总产量。实际上是 B 国的 X 产品国内产量增加。在 B 国对 X 产品需求不变的情况下，必然会减少从 A 国进口 X 产品的数量，从而使 X 产品的国际贸易数量下降。这种国际贸易的减少是由于国际资本流动造成的。

蒙代尔的结论是：在存在国际贸易壁垒的情况下，如果直接投资厂商始终沿着特定的轨迹（Rybczynski 线[⊖]，即图 6-3 中的 R_B 和 R_A 线）实施国际直接投资，那么这种国际直接投资就能够在相对最佳的效率或最低的生产要素转换成本基础上，实现对国际贸易的完全替代。由于这种国际直接投资的目的是绕过关税壁垒以克服贸易障碍对资本效率的抵消作用，因此一般被称为关税引致的投资。

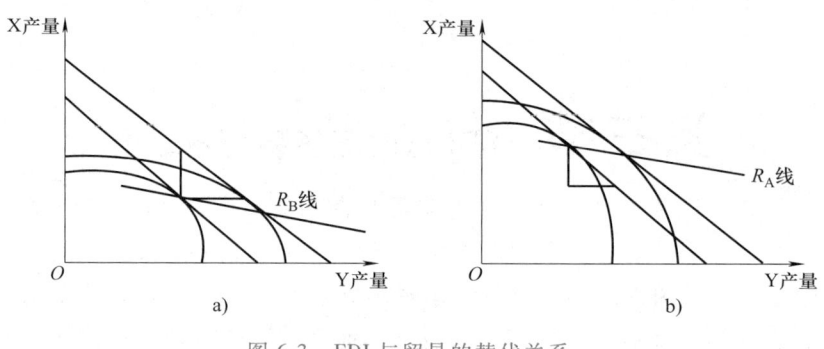

图 6-3 FDI 与贸易的替代关系
a）A 国 b）B 国

从上述结论出发，如果存在贸易壁垒和国际资本自由流动这两个条件，国际资本流动应该可以最终取代国际贸易。然而，在现实中，贸易壁垒在 WTO 的框架下已在不断被削弱，FDI 却未因此而下降，国际贸易总量也未因 FDI 的剧增而出现减少，这表明国际贸易与 FDI 的替代已不再是两者之间的唯一关系。

二、FDI 与国际贸易互补理论

随着国际学者研究的深入，学术界出现了两者间相互促进、互为补充的关系理论。马库森指出，蒙代尔放松第一个假设条件研究并提出国际贸易与国际直接投资之间替代

⊖ Rybczynski 线，是指相对价格线与生产可能性边界线切点的连线。

效应缺少一般性，难以令人信服。马库森在保留 H-O 定理假设的前提下，分别放松生产技术、需求及完全竞争市场这些假设条件，得出两者间存在互补效应的结论，即两个国家之间的生产要素的流动会为两国的商品贸易创造机会。

20 世纪 70 年代，日本学者小岛清提出边际产业扩张理论。他认为一国应该集中发展本国具有比较优势的产业，同时把本国已经处于或即将处于比较劣势的产业（边际产业）进行对外转移，直接投资于其他国家比较优势产业，为两国之间的贸易创造条件。同时，国际贸易可以增加彼此信任度、投资者信心指数，也为两国间资本的流动创造了便利，因而两者为互补关系。

小岛清认为，FDI 的核心并非是单纯的货币资本的转移，而是包括设备等生产资料以及技术、经营管理等生产要素的总体转移。日本模式的 FDI 之所以不同于以往的欧美模式，就在于日本的 FDI 不是从先进产业进行，而是从处于或即将处于比较劣势地位的边际产业依次进行的。这样，FDI 不但可以带动日本机器设备等的出口，而且这些机器设备在与东道国廉价的劳动力优势相结合，进一步降低成本后返销日本国内，将有助于提高消费者剩余，为更大规模的贸易创造条件。这种日本模式的 FDI 不但不会违背既定的比较成本原则，反而鼓励一国在国际贸易中应大力发展和强化比较优势产业的生产和出口，进而将东道国因缺少资本、技术和管理知识而没有发挥的潜在比较优势挖掘出来，使两国间比较成本差距一步步扩大，以便这些国家永远被控制在以日本为核心的"雁行模式"中。

根据小岛清的边际产业扩张理论，FDI 规模的扩大，一方面可以创造和扩大对外贸易；另一方面也可以将国际贸易与 FDI 的理论统一在比较优势的原理之下。

【经典案例】

海尔集团的 FDI 战略

海尔集团创立于 1984 年，经过短短四十年的艰苦创业和卓越创新，从一个亏损 147 万元、濒临倒闭的集体小厂发展壮大成为世界白色家电第一品牌、中国最具价值品牌的大型跨国企业集团之一。

海尔集团从 1996 年开始以创品牌为导向开始了国际直接投资，截至目前总共在欧美、中东和亚太地区等多个国家和地区建立本土化的研发中心 10 个、制造中心 143 个和销售网络 23 万个。海尔进行国际直接投资的程序是：发展出口→建立营销网络→树立品牌→达到盈亏平衡点→投资建厂。在这一程序中，海尔是否在当地投资建厂取决于市场是否已经接纳海尔的品牌，是否有市场。

欧洲是世界家电王国，许多著名家电厂商都在欧洲。2001 年 6 月 19 日，海尔集团并购了意大利迈尼盖蒂冰箱工厂，通过此次并购，为海尔实现在欧洲融资、融智、融文化，创世界名牌奠定了坚实的基础。2005 年 1 月，在英国，海尔冰箱被 *Ethical Consumer* 杂志评为最畅销的产品；在德国科隆和亚琛两个市的政府的一次滚筒洗衣机采购招标中，海尔滚筒洗衣机击败了众多著名洗衣机国际品牌，赢得了两市政府的大批量订单。

日本是世界家电强国，由于文化的原因，非日本家电产品难以被日本市场接受，欧美的家电名牌也难以在日本市场立足。2002年1月8日，海尔与日本三洋公司建立竞争合作关系。同年5月，三洋海尔株式会社经销的海尔品牌家电全面进入日本家电市场，并以与日本名牌家电相当的价格初步树立起海尔品牌的美誉度。海尔通过与三洋合作，迅速进入日本市场并同时获得特有的市场亲和力。2004年，日本权威的商品购物杂志BEST HIT GOODS公布的日本市场最有冲击力的前十大洗衣机产品排名中，海尔成为唯一入围的外国品牌，并有两款洗衣机成功进入前10名。

海尔凭借在欧美日市场创出的美誉，以高屋建瓴之势进入东南亚发展中国家。2001年4月，海尔海外第二个工业园在巴基斯坦奠基。2002年5月6日，第一台海尔洗衣机在巴基斯坦海尔工业园走下生产线。在东南亚其他地区，海尔已分别在马来西亚、印度尼西亚、孟加拉国、越南等国建立工厂，在新加坡建立了贸易公司。

随着一个个本土化的名牌崛起于世界各地，海尔的创世界级名牌目标已成为现实，连续15年获得大型家用电器品牌零售量全球第一。海尔已跻身世界级品牌行列，其影响力正随着全球市场的扩张而快速上升。

（资料来源：http://www.haier.net/cn/about_haier/history/。）

第四节　劳动力流动与国际贸易

同资本一样，劳动也是重要的生产要素，劳动力的跨国流动也会对流出国和流入国的经济产生各种影响。但是相对于FDI而言，劳动力国际流动涉及很多复杂的问题，所以发展比较缓慢。但20世纪70年代以来，受经济全球化的影响，劳动力流动速度有所加快，目前已经达到了一定的规模并形成了较为固定的流动方向。

一、劳动力国际流动及其发展

劳动力国际流动按照其持续时间的长短分为外籍劳工和移民两种形式。其中，外籍劳工只是在别国临时工作，因此是在国外寻求职业所产生的一种短期劳动力流动，主要表现为各国劳动力市场上外籍工人数量的变动；而移民是指到别国定居，最终成为该国居民，主要表现为各国移民数量的变动。

在商品、资本和劳动力的跨国流动中，劳动力的国际流动是最为困难的，各国政府对于劳动力的跨国移动都有严格的政策限制。不过，随着国家间依存度的增加和交通运输条件的改善，国际劳动力的流动出现了加速发展的趋势，尤其是许多发达国家受人口增长率低和劳动成本高的影响，需要外来的低成本劳动，因此各国对劳动力流动的限制开始逐步放松。20世纪70年代以来，跨国移民数量持续大幅上升。据国际移民组织统计，截至2020年，国际移民总数达到2.81亿人，占全球人口的3.6%，相当于每30个人中就有一个国际移民（见表6-2）。在规模扩大的同时，劳动力国际流动也形成几个相对固定的流动方向。劳动力流动主要是从发展中国家向发达国家移动。但在这一总的趋势下，近些年来随着产业国际转移的发展，发达国家的技术管理人员向发展中国家的流动也在不断增加。同时，发展中国家之间由于经济发展程度和劳动力结构的差异，不同质的劳动力对流现象也越来越普遍，因此又出现了劳动力国际流动方向的多样化现象。

表 6-2　1970 年—2020 年国际移民数量统计

年份	国际移民数量（万人）	移民占世界人口比例
1970	8446.0	2.3%
1975	9036.9	2.2%
1980	10,198.3	2.3%
1985	11,320.6	2.3%
1990	15,298.6	2.9%
1995	16,128.9	2.8%
2000	17,323.1	2.8%
2005	19,144.6	2.9%
2010	22,098.3	3.2%
2015	24,795.8	3.4%
2020	28,059.9	3.6%

（资料来源：联合国移民署《2022 年世界移民报告》）

目前，世界上形成了几个主要的劳动力市场，即欧洲、中东、美国劳动力市场。其中，欧洲劳动力市场是 20 世纪五六十年代应欧洲战后经济恢复和发展的需要而产生的；中东劳动力市场是由于 20 世纪 70 年代石油价格上涨，中东国家获得巨额收入并进行大规模建设，从而吸引劳动力流入形成的；美国则是一个持续有移民进入的移民大国，20 世纪 50 年代平均每年移入 25 万人，20 世纪 90 年代达到每年约 100 万人。此外，20 世纪 70 年代以来，韩国、新加坡等新兴工业化国家和地区的经济迅速发展，也吸引了众多劳动力的进入。中国也从 1990 年的全球第七大劳动力输出国，上升为全球第四大劳动力输出国，同时也迎来了越来越多的人才回国。据联合国估算，中国外籍居民已从 2010 年的 59.4 万人增长到 2022 年的 84.6 万人。根据英国汇丰银行对全球近 100 个国家的 7000 名移居者的调查研究，2013 年，中国凭借较高的"经济收入"和"生活体验"排名第一，成为全球最受欢迎的移居地。2019 年，美国盖洛普调查公司一项全球范围的民意调查结果表明，全球约有 900 万人希望移民到中国。中国目前正在开始从移民输出国向移民输入国转型。

二、劳动力国际流动的经济效应与影响

劳动力的国际流动不仅直接影响到相关国家劳动力市场的供给数量和结构，还影响着这些国家的就业水平、工资率、财政收入、智力投资和人才利用、社会稳定及国家安全。这些影响既有积极的一面，也有消极的一面。

（一）对输出国的影响

对于输出国，劳动力的流出减少了劳动力的供给数量，劳动力市场工资率上升，企

业经营成本增加。而且，由于流出的劳动力多为受过良好教育的中青年，特别是那些移居国外的移民往往是输出国的净纳税人，因而输出国的财政税收收入会减少。更为严重的是，输出国那些受过高等教育和专门技能训练的人才大量移居国外，造成了"人才外流"，不仅使原住国家的教育投资效益下降，还极大地削弱了输出国技术进步和经济发展的人力资本基础。当然，劳动力的输出带来的并不都是消极的后果。从长期来看，劳动力流动给输出国带来了两方面的积极后果。一方面是本国外出劳工和侨民汇回的大量侨汇收入为输出国经济社会发展提供了重要的资金来源。据联合国移民署统计，2020年全球移民汇款总额高达7,020亿美元，其中，接收海外汇款最多的国家是印度，总量达到了831.5亿美元；其次是中国，收到了595.1亿美元汇款。另一方面，人才回流给输出国带来了技术、知识和投资。由于种族文化、宗教、语言习俗和血缘等因素的存在，外流人才在一定条件下，会把自己在国外学到的知识、技术和经验带回国内，把资金投于国内产业，从而成为本国经济发展和对外交流与合作的重要推动力量。近年来，我国吸引了大量的出国留学人员回国创业，极大地促进了我国相关技术和产业的发展。因此，对人才外流不能只从短期来看它造成的损失，而应当从长期来分析它可能带来的利益。

（二）对输入国的影响

对于输入国，劳动力流入的影响也是双重的。一方面，劳动力的流入扩大了本国劳动力的供给数量，降低了企业的工资成本，增强了企业的竞争力。优秀人才的输入扩大了人力资本的基础，带来了先进的知识和技术成果，推动了国内相关产业和技术的发展，创造了大量的国民收入和财政收入。另一方面，外来人口（包括外籍劳工、合法移民和非法移民）也带来了城市人口拥挤、环境污染、失业增加、种族歧视、种族冲突、恐怖袭击和形形色色的犯罪等问题，社会矛盾加剧，治理成本增加。

第五节 国际服务贸易概述

一、国际服务贸易的含义

国际服务贸易（International Service Trade）是指不同国家之间所发生的服务买卖与交易活动。服务的提供国称为服务的出口国，服务的消费国称为服务的进口国，各国的服务出口额之和构成国际服务贸易额。由于服务贸易内在本质的复杂性，围绕着国际服务贸易的概念，各国学者进行了认真的研究和激烈的争论，直到关贸总协定"乌拉圭回合"谈判的结束才暂时中止。此轮谈判达成了《服务贸易总协定》（General Agreement on Trade in Services，GATS）。《服务贸易总协定》按服务提供的方式，把服务贸易定义为跨境交付、境外消费、商业存在和自然人流动四种形式。

（一）跨境交付

跨境交付（Cross-border Supply）是指一成员方的服务提供者在其境内向另一成员方境内的消费者提供服务。其中的"跨境"是指"服务"本身的跨境，服务提供者和消费者分处不同国家或地区,一般无须跨境,如国际电信服务、信息咨询服务或卫星电视服务等。这种服务提供方式非常强调买卖双方在地理上的分割。

(二) 境外消费

境外消费(Consumption Abroad)是指一成员方服务提供者在境内向来自另一成员方境内的消费者提供服务。这种服务提供方式的主要特点是:消费者必须到境外另一成员方境内才能享受服务提供者所提供的服务。例如,一成员的消费者到另一成员领土内旅游、求学、接受医疗服务等。

(三) 商业存在

商业存在(Commercial Presence)是指一成员方的服务提供者在另一成员方境内通过设立商业机构或其他专业机构,为后者境内的消费者提供服务。这种方式主要涉及直接投资,一般是其他成员方的服务提供者在另一成员方境内投资设立合资、合作或独资企业、分支机构、代表处提供服务,服务的提供者与消费者在同一成员方境内。

(四) 自然人流动

自然人流动(Movement of Personnel)是指一成员方的服务提供者以自然人身份进入另一成员方境内提供服务。例如,专家到国外讲学、做技术咨询指导,文化艺术从业者到国外提供文化娱乐服务等。

二、国际服务贸易的特点

国际服务贸易自身的复杂性以及与商品贸易的差异,使其表现出以下特征:

(一) 贸易标的的无形性

服务贸易的标的是服务,服务作为一种活动,其本身是无形的。例如,一个人跨国界发表演讲、修理机器、观光旅游、提供咨询服务等。如果不做调查,边境人员是无法知道什么是服务的出口或进口的。同理,储存大量各种各样信息的电子信号,负责监管服务进口、出口的工作人员如果不能破译这些信号或读懂其内容,那么他们也就无法知道是否是服务出口或服务进口。

(二) 服务生产和消费的同时性

服务是不能像有形商品一样储存的,它要求服务的生产和消费同时进行。服务的消费要在生产过程中完成,并要求服务的提供者和使用者存在某种形式的接触。如果没有消费者接受服务,则原则上服务并不发生。在国际服务贸易中,服务贸易如果要跨国界进行,则必须有一定程度的"商业存在"。因此,服务的使用价值不能脱离服务出口者(生产者)和服务进口(消费者)而固定于某一耐久的商品中。

(三) 贸易主体地位的多重性

服务的卖方往往就是服务生产者,并作为服务消费过程中的物质要素直接进入服务的过程;服务的买方则往往就是服务的消费者,并作为服务生产者的劳动对象直接参与服务产品的生产过程。例如,医生在为病人提供医疗服务的过程中,病人不仅作为医疗服务的消费者,同时又作为医生的直接服务对象和劳动对象参与服务生产过程。

(四) 市场具有高度垄断性

由于国际服务贸易在发达国家和发展中国家的发展严重不平衡,加上服务市场的开放涉及跨国银行、通信工程、航空运输、教育、自然人跨越国界流动等，它们直接关系到服务进口国家的主权、安全、伦理道德等极其敏感的领域和问题。因此，国际服务贸易市场具有很强的垄断性，受到各国有关部门的严格控制。

第六节　国际技术贸易概述

一、国际技术贸易的含义及种类

国际技术贸易是指不同国家的企业、经济组织或个人之间，按照一定商业条件转让或许可使用某项技术或者提供技术咨询和服务的交易行为。它由技术出口和技术引进这两方面组成，在内容上主要包括专利技术、商标和专有技术三种。国际技术贸易一般采取许可贸易、技术服务与咨询、特许专营、合作生产，以及含有知识产权和专有技术许可的设备买卖等方式进行。在当今的国际贸易活动中，国际技术贸易受到各种国际知识产权法律法规的规范和调节。

二、国际技术贸易的特点

1）发达国家在国际技术贸易中占据绝对优势。发达国家在技术研发等方面的投资力度大，在技术贸易等方面取得了绝对的领先地位。

2）跨国公司控制了国际技术贸易的较大份额。据有关部门统计，全球 500 家大型跨国公司就垄断了工业发达国家 90% 的生产技术和 75% 的国际技术贸易。

3）以许可贸易形式进行的软件交易占据主导地位。尤其是发达国家间的技术贸易，软件技术的转让已占其技术贸易的 80% 以上。

4）国际技术贸易与资本输出进一步结合，如美国技术出口额 30% 的对象为美国在海外的技术企业。随着国际经济合作方式的增多，技术转让与其他形式融合渗透。技术贸易双方放弃了过去单纯的技术和设备的买卖，而将技术转让与利用外资和硬件的进出口相结合，形成了以技术产品为中心的复合型国际经济合作。

三、国际技术贸易的产生原因及影响

1. 技术国际流动的原因

从经济学的角度看，技术国际流动的根本原因在于：无论是技术输出国还是技术输入国，都能获得由技术转移等带来的巨大利益。从技术输出方面看，输出国一般具有在技术创新、技术转化和推广、产品的国际竞争等方面的领先优势。在长期，技术领先国家为了维持其在技术上的优势地位，获取更多的国际市场利益，在不断推动原创技术创新的同时，将原有技术结合资本输出到国际市场。从技术输入方看，输入国一般不具备技术创新的资源基础，或不拥有某些领域里的技术竞争优势，需要通过引进、消化和吸收国外先进技术降低成本，提高生产效率，提升产业或产品的国际竞争力，以此获得一定的国际分工优势和比较利益。

2. 技术国际流动的影响

（1）对输出国的影响　技术的国际流动对技术输出国的作用比较明了，它使输出国参与输入国的产业发展和企业经营，拓展甚至占领了国际市场，获得了更多的国际竞争利益。

（2）对输入国的影响　对于技术输入国，引进技术可以节约时间、节约资金、弥补特定方面科技人才资源的短缺并加速科学技术的进步。尤其对于发展中国家来说，既可以利用发达国家的科技进步成果，提升技术水平，加快本国经济的发展，又可以利用技术国际转移的机会，积极培养本国技术人才，消化、吸收国外先进技术，并在此基础上进行创新，推动本国科学技术的发展。

技术国际流动的影响主要体现在对技术引进国家的影响上。西方经济学家提出了许多理论对此进行了深入分析，认为技术引进不仅影响到技术输入国的技术进步和经济发展，还使这些国家参与国际分工的要素基础发生变化，从而影响到国际贸易的格局。

【本章小结】

1. 生产要素流动的影响。生产要素的国际流动通过影响生产要素输出国、输入国的国内要素供求结构而影响各种生产要素的市场价格，调整着各种生产要素的机会成本和收益，改变了各国产业发展的模式和国际比较优势，进而影响着产业的国际转移和国际贸易的流向与结构。

2. 国际直接投资理论。相关理论主要包括垄断优势理论、比较优势投资论、内部化理论、国际生产折中理论，以及解释贸易与投资关系的蒙代尔的贸易与投资替代模型和小岛清的边际产业扩张理论。

3. 劳动力跨国流动的原因与效应。劳动力移出国境内的工人工资上升，但其他生产要素境况恶化，劳动力移入国情况相反；劳动力移出国人均产出增加而总产出减少，劳动力移入国人均产出减少而总产出增加，世界总产出增加。

【习题与思考】

1. 试述促进生产要素流动迅速发展的原因及生产要素流动与国际贸易的关系。
2. 什么是国际直接投资？它有哪些主要特征？
3. 简述国际生产折中理论的主要内容。
4. 国际劳动力流动对国际贸易的成本有何影响？

国际贸易理论与实务

第七章
国际贸易政策

国际贸易是一项涉及各国物质利益的重新分割和分配的经济活动，被誉为"世界经济增长的发动机"，国际贸易发达的国家（或地区），经济都得到了蓬勃的发展。例如，16世纪的威尼斯、佛罗伦萨，因广泛的对外贸易成为当时全球最富有的地方；第二次世界大战后日本的迅速崛起和我国改革开放后经济的腾飞，都得益于对外贸易的发展。因此，各国都会采取一系列政策及措施来推进本国的国际贸易发展，以期从中获取更大的经济利益。当然，各国的国际贸易政策因各自的经济体制、经济发展水平及其产品在国际市场上的竞争力不同而有所不同，并随着政治形势和经济实力等情况的变化而不断地进行调整。

第一节 国际贸易政策概述

一、国际贸易政策的含义

国际贸易政策指一个经济体在一定时期内为了实现其特定的政策目标（经济、政治），运用经济、行政或法律手段对贸易活动进行管理和调控而采取的一系列措施，是国际贸易理论在现实中的体现。

通过国际贸易政策的制定，一国可以实现保护本国市场和企业利益，扩大对外出口，积累发展资金，促进国内产业结构改造，以及协调与他国的经济、政治关系，促进国民健康水平的提高等目的。从各国贸易实践来看，其中保护本国市场和发展出口市场往往成为国际贸易政策的主导目的。

作为一项完整的国际贸易政策，其构成要素应该包括五个方面：政策主体、政策客体、政策目标、政策内容和政策工具或手段。其中，政策主体是政策的制定者和实施者，一般来说就是各国政府部门；政策客体，即政策对象，是国际贸易政策所规范、指导和调整的贸易活动,以及从事贸易活动的企业、机构或个人;政策目标是国际贸易政策所要达到的目的,是制定和调整国际贸易政策内容的依据;政策内容是国际贸易政策的具体指向,包括贸易的性质、倾向、结构、种类等;政策工具或手段则是为了实现政策目标而采取的具体管理措施,如各类关税、非关税壁垒,也包括建立某种贸易制度。

从内部构成上看,一国的国际贸易政策通常包括三个层次:

1. 国际贸易总政策

包括进口总政策和出口总政策两个方面,这是各国根据本国国民经济发展需要、本国在世界舞台上所处的经济和政治地位、本国的经济发展战略、本国产品在世界市场上的竞争力,以及本国的资源、产业结构等情况,综合制定的在一个较长时期内实行的国际贸易基本政策。

2. 国际贸易国别(或地区)政策

这是根据国际贸易总政策、世界政治经济形势及与各国(或地区)的政治经济关系,分国别(或地区)而制定的国际贸易政策。具体来说,就是对不同国家的进口商品规定差别关税税率、差别优惠待遇、差别配额水平。

3. 国际贸易进出口商品政策

这是一国在国际贸易总政策的基础上,根据本国不同产业的发展需要,不同商品在国内外的需求和供应情况以及在世界市场上的竞争能力,分别制定的适用于不同产业或不同类别商品的国际贸易政策。

在现实经济生活中,这三个层次的内容并不是截然分开和完全独立的,而是相互交融、相辅相成的,并会随着复杂多变的国际形势和本国国情而不断演变。

二、国际贸易政策的基本类型

以国家对国际贸易的干预与否为标准,可以把国际贸易政策归纳为三种基本类型:自由贸易政策、贸易保护政策和管理贸易政策。其中,自由贸易政策和贸易保护政策是国际贸易政策的基础,其他类型的国际贸易政策均在这两种形式的基础上演化而来,是这两种政策的变形。各国在不同发展时期,其自由贸易程度与保护贸易程度也有所不同。纯粹的自由贸易政策和纯粹的贸易保护政策在任何时期、任何国家都是不存在的。自由贸易政策和贸易保护政策的区别表现在贸易政策中是自由的成分更多还是保护的成分更多。

1. 自由贸易政策

自由贸易政策是指国家取消对进出口贸易的限制和障碍,取消对本国进出口贸易的各种特权和优待,使商品自由进出口。即国家对贸易活动不加或少加干预,任凭商品、服务和相关要素在国内外市场公平自由地竞争。但迄今为止,自由贸易政策都是相对意义上的,还没有纯粹的自由贸易政策。通常,经济贸易竞争力强的国家倾向于采取自由贸易政策。

自由贸易政策产生的历史背景是资本主义自由竞争时期(18—19世纪),主要在英国、荷兰等首先进入资本主义、在经济和竞争上居于优势的国家实行,其主要代表人物是英国的古典经济学家亚当·斯密和大卫·李嘉图。

2. 贸易保护政策

贸易保护政策是指国家广泛利用各种措施对商品进口和服务的经营领域与范围进行限制，保护本国市场免受外国商品、服务和投资的竞争，并对本国商品、服务出口和对外投资给予优待和补贴。在贸易保护政策下，国家对贸易活动进行干预，限制外国商品、服务和有关要素在国内外市场公平自由地竞争。通常，经济贸易竞争力弱的国家更倾向于推行贸易保护政策。

贸易保护政策，在不同的历史阶段，由于其所保护的对象、目的和手段不同，可以分为重商主义、保护幼稚工业论、超贸易保护政策、新贸易保护主义。

3. 管理贸易政策

管理贸易政策又称协调贸易政策，是指国家对内制定一系列的贸易政策、法规，加强对外贸易的管理，实现一国对外贸易的有序、健康发展；对外通过谈判签订双边、区域及多边贸易条约或协定，协调与其他贸易伙伴在经济贸易方面的权利与义务。

管理贸易政策是20世纪80年代以来，在国际经济联系日益加强而新贸易保护主义重新抬头的双重背景下逐步形成的。在这种背景下，为了既保护本国市场，又不伤害国际贸易秩序，保证世界经济的正常发展，各国政府纷纷加强了对外贸易的管理和协调，从而逐步形成了管理贸易政策或协调贸易政策。管理贸易是介于自由贸易和保护贸易之间的一种对外贸易政策，是一种协调和管理兼顾的国际贸易体制，是各国对外贸易政策发展的方向。

三、影响一国国际贸易政策的主要因素

1. 经济发展水平及其在世界市场上的地位和力量对比

一般来说，处于工业经济发展初期阶段的国家，倾向于采取贸易保护政策；而处于工业经济发达阶段的国家，倾向于采取自由贸易政策。处于劣势地位、商品竞争力弱的国家，倾向于采取贸易保护政策；而处于优势地位、商品竞争力强的国家，倾向于采取自由贸易政策。

2. 国内经济状况和经济政策

世界经济发展呈现周期性变化，在不同阶段，一国国内经济状况不同，必然引起国际贸易政策的调整。一般来说，在经济发展的繁荣阶段，倾向于实行自由贸易政策；在经济发展的低迷下滑阶段，贸易保护倾向就会蔓延和加强。近年来，美国经济增长缓慢，在世界经济总量中的比重不断下滑，美国作为世界经济"领头羊"的地位越来越难以为继。为了维护美国自身利益，遏制我国经济发展与国际影响力的提升，自2017年以来，美国对华政策发生了重大变化，开始对我国全面施压。现在美国不仅拉拢欧洲盟友，还集结亚洲盟友和所谓志同道合的伙伴国，全面制约我国经济、贸易、科技和金融业的发展，甚至不惜违反世贸组织原则和全球化、市场化规则。

3. 统治集团内部的矛盾和斗争

一个国家的国际贸易政策代表统治阶级中占上风的利益集团的利益。因此，统治集

团内部的矛盾和斗争、政权的更迭，也会带来国际贸易政策的变化。一般说来，商品市场主要在国外的利益集团主张贸易自由化；相反，商品市场主要在国内，并受到进口商品激烈竞争的利益集团，则主张限制进口，实行贸易保护政策。

4. 一国经济发展战略的选择

通常情况下，如果一国采取外向型经济发展战略，就倾向于施行比较开放和自由的国际贸易政策；如果一国实行内向型经济发展战略，就倾向于施行贸易保护政策。

5. 国际经济环境

在国际贸易自由化成为主流的时期，一国施行贸易保护政策就容易遭到其他国家的指责和报复；而在贸易保护主义盛行的时期，为了保护本国利益，各国一般都会采取一些贸易保护政策措施。

四、国际贸易政策的发展与变化

在对外贸易的长期发展历程中，国际贸易政策大致经历了六个阶段的发展变化。

1. 资本主义生产方式准备时期：主要实行重商主义贸易保护政策

在这个时期，重商主义得到广泛推崇，为促进资本的原始积累，西欧各国在贸易政策上实施强制性的贸易保护主义，通过限制货币（贵重金属）流出和扩大贸易顺差的办法扩大货币的积累，其中，英国实行得最为彻底。

2. 资本主义自由竞争时期：主要实行自由贸易政策

产业革命后，机械化大生产迅猛发展，英国因最先完成产业革命而成为世界头号经济强国，开始转向自由贸易政策，以寻求广阔的海外市场和殖民地；但由于各国经济发展水平不同，美国、德国等经济发展起步较晚的国家则采取了贸易保护政策，虽其没有推行自由贸易政策，但也不同程度地降低了保护关税，从而使自由贸易政策在19世纪中后期占主导地位。

3. 第二次世界大战前的垄断资本主义时期：主要实行超贸易保护政策

从19世纪末到第二次世界大战前是资本主义自由竞争向垄断过渡的时期。1929年—1933年世界经济危机的爆发使得失业加剧、市场矛盾日益激化，世界各国纷纷采取了提高关税、鼓励出口、扶持本国垄断组织夺取国外市场等手段，贸易政策发展成为超贸易保护政策。就连英国也未能例外，英国于1932年宣布彻底放弃自由贸易政策，转而全面实行贸易保护政策。

4. 第二次世界大战后至20世纪70年代中期：出现世界范围的贸易自由化

随着第二次世界大战后美国对外经济扩张的加剧，以及日本和西欧各国恢复和发展经济的需要，继而因为生产、资本国际化和国际分工在广度和深度上的迅猛发展，出现了世界范围的贸易自由化倾向。

5. 20世纪70年代中期以后：出现了新贸易保护主义

随着两次经济危机的爆发，经济增速减缓，结构性失业凸显，西方国家普遍出现了较为严重的经济"滞胀"局面。在此情形下，为了增加国内需求，刺激经济增长，以美国为首的发达国家转向新的贸易保护主义，并开始推行战略贸易政策。

6. 20 世纪 80 年代中后期以来：出现管理贸易政策

由于世界经济政治关系的深刻变化，各国经济相互依赖加强，同时国家间的贸易摩擦也频繁发生，部分行业的国际竞争加剧，在世界范围内，特别是发达国家开始推行管理贸易的做法。它们对内制定各种对外贸易的法规和条例，加强管理以保证本国进出口有序发展；对外通过协商、签订各种对外经济贸易协定，以协调和发展与他国之间的经济贸易关系。在这期间，贸易自由化仍为主导，但伴随各国经济发展的不平衡和产业竞争力的变化，贸易保护主义的声音和做法不时出现。

第二节　自由贸易政策的演变及理论依据

在国际贸易发展过程中，自由贸易政策主要盛行在两个阶段：第一个阶段是 19 世纪中叶至第一次世界大战前的资本主义自由竞争时期；第二个阶段是 20 世纪 50 年代至 70 年代初出现的全球范围的贸易自由化。

一、资本主义自由竞争时期的自由贸易政策

18 世纪中叶至 19 世纪末，重商主义成为英国经济发展的一大障碍，英国新兴的工业资产阶级迫切要求废除重商主义时代所制定的一些保护贸易措施，要求实行自由贸易。自 19 世纪 20 年代开始，英国工业资产阶级以伦敦和曼彻斯特为中心开展了大规模的自由贸易运动。直到 19 世纪 60 年代，自由贸易取代重商主义的贸易保护政策获得全面胜利，确立了其在对外贸易政策方面的主导地位。这一时期英国实行自由政策的实践主要表现为：

1. 废除《谷物法》

1839 年，英国棉纺织业资产阶级组成"反《谷物法》同盟"，开展大规模的"反《谷物法》运动"，迫使英国国会于 1846 年通过了废除《谷物法》的议案。《谷物法》的废除为英国农产品及原料的自由进口或低关税进口扫清了法律障碍。

2. 废除《航海法案》

1849 年，英国废除了对外国船只运输商品到英国的限制。之后，英国的沿海贸易和殖民地全部向其他国家开放。

3. 简化税法，降低关税

在重商主义时期，英国有关关税的法令达 1,000 件以上。1825 年，英国开始简化税法，废止旧税率，建立新税率。进口纳税商品项目由 1841 年的 1,163 种减少到 1853 年的 466 种、1862 年的 44 种以及 1882 年的 22 种，在关税税率大幅度降低的同时，禁止出口的法令也被完全废除。

4. 取消特权公司

英国于 1813 年和 1833 年间，分别废止了东印度公司对印度和中国的贸易垄断权，从此对印度和中国的贸易向所有英国人开放。

5. 与外国签订自由贸易条约

1860 年英、法两国签订了第一部体现自由贸易精神的条约《科布顿—谢瓦利埃条约》(Cobden-Chevalier Treaty)，在该条约中规定了最惠国待遇条款。在 19 世纪 60 年代，英国就缔结了 8 个类似的条约。

自由贸易政策在历史上起到了积极的推动作用，英国是最大的受益者。经过长达 60 年自由贸易政策的实践，英国的经济总量跃居世界前列。在英国带动下，其他欧洲主要资本主义国家也纷纷施行自由贸易政策，并从中获益。在自由贸易政策的影响下，国际贸易迅速增长。

二、20 世纪 50 年代至 70 年代初期：全球贸易自由化

第二次世界大战后美国取代英国成为世界最大的经济强国，使其既有需要又有能力冲破当时流行的高关税政策。与此同时，受到战争重创的日本和西欧各国为了实现经济的快速重建和恢复，也愿意彼此减少贸易壁垒，扩大出口。发展中国家为了发展民族经济，增加外汇，积累资金或偿还外债，也迫切要求发达国家减免关税和取消进口限制。在此基础上，发达资本主义国家的贸易政策先后出现了贸易自由化倾向，到 20 世纪 70 年代初达到高峰。这一时期贸易自由化主要体现为：

1. 大幅度消减关税

1）在关贸总协定成员方范围内大幅度地降低关税。从 1947 年到 20 世纪 70 年代，在 GATT（关税及贸易总协定）的主持下，各缔约国陆续举行过七次多边贸易谈判，各缔约国的平均最惠国待遇税率从 50% 左右下降到 5% 以下。

2）欧洲经济共同体实行关税同盟政策。在内部成员国之间互免关税，对外则通过谈判达成关税减让协议，实现关税的大幅下降。

3）普遍优惠制的实施。发达国家对来自发展中国家和地区的制成品和半制成品进口给予普遍的、非歧视的和非互惠的关税优惠。

4）《洛美协定》的签订。欧洲共同体（简称欧共体）对来自签约发展中国家的一切工业品和 94% 的农产品的进口免征关税，且欧共体不享受反向关税优惠，这曾经是世界上最优惠的一种关税之一。

2. 降低或撤销非关税壁垒

第二次世界大战后，随着经济的恢复和发展，发达国家纷纷在不同程度上放宽进口数量限制，扩大进口，增加自由进口的商品，放宽或解除了外汇管制，实行货币自由兑换等，促进了贸易自由化的发展。

值得注意的是，这一时期的贸易自由化既反映了垄断资本的利益，也反映了生产力和世界经济发展的内在要求，在一定程度上是与贸易保护政策相结合的有差别的、有选择的贸易自由化。

三、自由贸易政策的理论依据

随着西欧特别是英国经济的发展，一些资产阶级思想家开始探索研究国际贸易与经

济发展的内在联系，试图从理论上说明自由贸易对经济发展的好处，由此产生了自由贸易理论。

自由贸易理论是在批判重商主义理论的过程中建立起来的。18世纪下半叶的法国重农学派首先提出了自由贸易的论点，他们要求国家放弃对经济生活的干预，反对贸易保护政策，支持自由贸易政策，成为英国古典学派自由贸易理论的先驱。其后，自由贸易理论得到英国古典学派的进一步发展。亚当·斯密首先提出了绝对成本理论，表达了自由贸易的理论主张，成为自由贸易理论的创立者。大卫·李嘉图批判继承了绝对优势理论，提出比较优势理论。后来一些经济学家，如穆勒、马歇尔等人提出相互需求原理等，进一步对古典学派的论点进行演绎和发展。

这些自由贸易理论的主要观点有：

1. 自由贸易政策有利于形成相互有利的国际分工

在自由贸易条件下，各国可以按照自然条件、比较利益等状况，专门生产其最有利和有利较大或不利较小的产品，增强各国产业的生产技能，从而使生产要素得到最优的结合，提高各国资源配置效率。

2. 自由贸易有利于增加国民财富

由于各国都根据自己最有利的条件发展最擅长生产的部门，因此生产要素得到最有效的配置，再通过对外贸易以生产耗费较少劳动的优势产品换回本国生产需耗费较多劳动的产品，节约劳动消耗，增加国民财富。

3. 自由贸易有利于提高利润率，促进资本积累

大卫·李嘉图认为，随着社会的发展，工人的名义工资会不断提高，从而引起利润率的下降，要避免这种情况，并维持资本积累和工业扩张的办法就是自由贸易。

4. 自由贸易可以阻止垄断，加强竞争，提高经济效益

独占或垄断对国民经济发展不利，自由贸易会使独占或垄断无法实现。企业必须通过开发和改进技术、提高劳动生产率、降低成本的办法加强自身竞争力，从而扩大经济效益。

这些自由贸易理论为西方国家制定自由贸易政策提供了广泛而有力的理论依据。

第三节　贸易保护政策的演变

从历史上看，贸易保护政策盛行的时期主要有四个阶段，其中前三个阶段为传统贸易保护政策阶段，第四个阶段为新贸易保护政策阶段。

一、传统贸易保护政策阶段

（一）重商主义的贸易保护政策

重商主义是15—17世纪西欧资本主义生产方式准备时期，代表商业资本家的经济思想和政策体系，是贸易保护的起点。有关重商主义的政策主张的详细内容见第二章。

(二) 自由竞争时期的贸易保护政策

在资本主义自由竞争时期，国际贸易政策的主流是自由贸易，以当时的英国为代表。但一些经济发展起步较晚的国家，如美国与德国，那时先后实行了贸易保护政策。美国彼时刚刚取得了独立和统一，德国也刚结束其封建割据的局面，开始了工业化历程。因此，那时尚处于起步阶段的美国和德国工业基础薄弱，经济实力和商品竞争能力都无法与英国抗衡，需要采取强有力的政策措施以保护本国的幼稚工业免受英国商品的冲击。

(三) 垄断时期的超贸易保护政策

19世纪末到第二次世界大战期间，资本主义进入了垄断时期。在这一时期，主要资本主义国家都已完成产业革命，科技水平的发展普遍提高了各国的生产力水平。同时资本主义国家纷纷实现了资本的高度集中，国内市场变得狭小。各国垄断资本为了促进对外扩张和在世界市场争夺中占据有利地位，不断扩大商品销售市场、原料产地和投资场所，竞争空前激烈。1929年—1933年爆发了世界性经济危机，市场和原料产地的矛盾更加剧烈，市场问题日益尖锐，各国垄断资产阶级为了垄断国内市场和争夺国外市场，竞相推行超贸易保护政策。曾是自由贸易旗手的英国也因贸易优势地位的逐步丧失，于1932年宣布彻底放弃自由贸易政策，改而推行全面的贸易保护政策。

与自由竞争时期的贸易保护政策相比，这时期的超贸易保护政策已具有明显的侵略性和扩张性，具体特点如下：

1) 保护的对象不仅是幼稚工业，还保护已高度发展或出现衰落的垄断工业。
2) 保护的目的不再是培养自由竞争的能力，而是巩固和加强对国内外市场的垄断。
3) 保护措施不仅限于关税和贸易条约，还广泛采用各种非关税壁垒和"奖出限入"的措施。
4) 保护的性质不是防御性地限制进口，而是在垄断国内市场的基础上对国外市场进行攻击性的扩张。
5) 保护的利益群体从一般的工业资产阶级转向大垄断资产阶级。

超贸易保护政策盛行于两次世界大战期间，由于各国贸易保护政策的歧视性，致使世界经济秩序混乱，世界贸易规模不断缩小，各国经济蒙受严重损失。

二、新贸易保护政策阶段

20世纪70年代中期以后，发达国家经济在经历了20多年的快速发展进入低速发展阶段，各种社会问题不断出现，如失业增加、经济增长缓慢等。特别是20世纪70年代发生的两次石油危机，造成美国国内出现了经济停滞、通货膨胀和高失业率并存的"滞胀"期。而美国的危机也影响到全球，爆发了1974年—1975年和1980年—1982年两次世界性经济危机。各国为解决国内的经济、社会问题，再次将贸易保护主义推上历史舞台，致使贸易保护在世界自由贸易进程中再度兴起，美国也因此成为这轮贸易保护主义的发源国。此外，各国之间贸易政策的相互影响，对外贸易及产业发展的不平衡，发展中国家在制成品出口中与发达国家间的竞争加剧，汇率的波动，以及各国政党赢得国内政治竞选的需要等，都成为贸易保护主义再度兴起的诱因。这一时期也被称为新贸易保护政策时期，是相对于自由竞争时期的贸易保护政策而言的。

新贸易保护政策的主要特点可以归纳为：

1. 限制进口的措施重点从关税壁垒转向隐蔽性和歧视性更强的非关税壁垒

由于 GATT、WTO 等的相关政策对于贸易保护主义的限制，各国关税水平大幅度下降，通过提高关税水平来实行贸易保护已不可行，所以各国更多地采用非关税壁垒来限制进口。非关税壁垒名目繁多，貌似正当、公平，实际上具有较大的隐蔽性和歧视性。据统计，20 世纪 60 年代末，经济发达国家实行的非关税壁垒共计上百项，到 20 世纪 90 年代已达上千项。除了数量限制、反倾销、反补贴等传统的非关税壁垒外，技术壁垒、绿色壁垒、知识产权保护、劳工标准、甚至动物福利等已经成为新的贸易保护工具。

2. 被保护的商品范围不断扩大

传统贸易保护政策保护的大多是竞争力比较弱的幼稚产业或者夕阳产业，而新贸易保护政策保护的范围不断扩大。被保护商品的范围从传统工业品（如钢铁、纺织品等）、农产品转向高级工业产品（如汽车、飞机、数控机床、计算机等）和服务部门。

3. 贸易保护的重心从限制进口转向鼓励出口

第二次世界大战后，各国对国外市场的依赖性日益增强，争夺日益激烈，由于限制进口往往会加剧国家间的摩擦，容易遭到对方的谴责和报复，所以各国把"奖出限入"的重点从限制进口转向鼓励出口，纷纷从经济、法律、组织等方面采取措施促进出口。如在经济上实行出口补贴、出口信贷、建立出口加工区等；在法律上通过立法为扩大出口提供支持，以法律为武器强迫外国开放市场；在组织上建立商业情报网络，设立综合协调机构，为扩大出口服务。

4. 保护措施日益法制化

这主要表现在加强贸易立法，为实行贸易保护设立法律屏障，以增强本国在外贸活动的单边行动主动权。例如美国为保护本国钢铁工业，限制钢铁进口，先后通过制定一系列法规，如"301 条款""超级 301 条款""特别 301 条款"，以及加强反倾销、反补贴措施的运用，实现了贸易保护的制度化、法律化。

5. 贸易保护从国家贸易壁垒转向区域贸易壁垒

随着区域经济集团化的发展，贸易保护主义也由一国的贸易保护演变为区域性的贸易保护，具有排他性特征。区域范围内的国家之间实行商品自由流动，而对区域范围外的国家则实行共同的关税壁垒以排挤区域外的商品输入。通过"内外有别"的政策和集体谈判的方式，区域一体化协定为成员方创造的有利贸易条件，对非成员方构成了歧视，实际上起到了贸易保护作用。

三、当代国际贸易政策发展的趋势

（一）20 世纪 90 年代以来发达国家国际贸易政策的发展趋势

随着技术的进步、世界产业结构的升级以及国际资本的快速流动，发达国家的国际贸易政策也不断发展和演变，主要表现为管理贸易政策和战略性贸易政策。

1. 管理贸易政策日益成为贸易政策的主导内容

管理贸易政策又称协调贸易政策，是20世纪80年代以来，在国际经济联系日益加强且新贸易保护主义重新抬头的双重背景下逐步形成的，目前已成为西方发达国家的基本对外贸易制度。

管理贸易政策是以协调国家经济利益为中心，以政府干预贸易环境为主导，以磋商谈判为轴心，对本国贸易和全球贸易关系进行全面干预、协调和管理的一种贸易制度。这一政策不同于自由贸易政策，因为它限制了自由贸易，使国家间的贸易活动夹杂了许多人为因素。它也不同于贸易保护政策，因为它是在寻求满足自身经济利益的同时，兼顾贸易伙伴的经济利益。因此，管理贸易政策属于有组织的自由贸易政策，介于自由贸易政策和贸易保护政策之间。通过实施管理贸易政策，各国政府积极主动干预外贸活动，加强对外贸易的管理和协调，其目的在于既争取本国对外贸易的有效发展，又在一定程度上兼顾他国利益，达成双方或多方都能接受的折中贸易方案，以限制贸易战及其破坏程度，共同担负起维护国际经贸关系的相对稳定和发展的责任。

管理贸易政策具有以下几个方面的特点：

1) 发达国家加强贸易立法，使贸易保护主义合法化和常态化。例如，美国《1974年贸易法》中的"301条款"授予美国总统对那些在美国出口时给予不公平待遇的国家进行报复的权力；美国《1988年综合贸易与竞争力法案》中的"超级301条款"授权美国政府对在实行自由公平贸易方面做得不好的国家进行谈判或报复。其"特别301条款"要求美国政府对保护美国知识产权不力的国家进行谈判或报复。

2) 双边、区域、多边贸易协调日益加强并与多边贸易协调体制相交织。

3) 管理措施以非关税壁垒、协商和立法为主。

4) 跨国公司日益成为管理贸易的主体。

5) 服务贸易、知识产权贸易和农产品贸易是管理贸易的重要对象。

【知识拓展】

美国"超级301条款"

20世纪70年代以前，美国一直倾向于自由贸易，直到20世纪70年代贸易出现重大赤字后，美国朝野才发现自己产品的竞争力下降，因而归咎于各国的贸易不公平措施。美国国会通过了《1974年贸易法》，该法第三篇"不公平贸易之纠正"第一条法律的标题为"回应外国'301条款'"，目前称为"普通301条款"或"一般301条款"。

"普通301条款"极富弹性，它规定：当认定贸易对手采取"不正当的""不合理的"或"歧视性的"贸易措施，使美国产品在拓展海外市场时受到限制，美国贸易代表团在采取强制措施时，要受到美国总统的约束，而且要在总统的权限内采取其他适当的实际可行的行动，消除外国政府这一法律、政策或做法，以进行报复。

在20世纪80年代，美国外贸出现了双赤字的爆发性增加，美国国会强制政府在一定期限内将所有贸易障碍予以解决。经过多次磋商，1988年，对于"普通301条款"的修正出笼了，这就是令国际贸易界谈虎色变的"超级301条款"。

"超级 301 条款"是指经《1988 年综合贸易与竞争力法案》修改补充后，对"301 条款"新增加的第 1302 节。该条款的名称为"贸易自由化重点的确定"。该条款要求美国政府"一揽子"调查解决某国对美出口产品方面的贸易壁垒问题。所以，该条款的规定比"普通 301 条款"更强硬、适用范围更广泛，具有更浓厚的政治色彩。

"超级 301 条款"将原先的贸易报复权由总统转到贸易代表署，从而使贸易的谈判者与报复的执法者合二为一。一方面增加了对贸易谈判对手的压力，另一方面减少了政府其他部门对贸易代表署采取报复措施的干扰。该条款强行规定，贸易代表署于每年 3 月 31 日至 9 月 30 日提出美国认为"市场最封闭""最不公平"的贸易伙伴和贸易领域。在接下来的 18 个月时间内，美国政府将同这些贸易对手进行谈判。如果贸易纠纷无法解决，美国就可以对这些贸易对手实施单方面贸易制裁，主要是对其进口的某些产品实行高关税，关税最高可达 100%。

（资料来源：虞先泽，《美国"超级 301 条款"》，2001 年载于《国际金融报》。）

2. 各国纷纷实行战略贸易政策

20 世纪 80 年代以后，经济全球化的趋势在世界范围内日益增强，各国经济发展受到外部经济环境的推动和制约。一些发达国家在国际市场竞争加剧的背景下，加强了对本国战略性产业的支持，产生了战略性贸易政策。

所谓战略贸易政策，是指一国政府在不完全竞争和规模经济条件下，可以凭借生产补贴、信贷优惠、出口补贴或国内税收优惠等保护政策手段，扶持本国战略性工业的成长，增强其在国际市场上的竞争能力，从而谋取规模经济之类的额外收益，并借机劫掠他国的市场份额和工业利润。例如，美国曾多次采用单方面的贸易制裁等手段扶持其战略性产业。

战略贸易政策强调了国际贸易中的国家利益，政府在战略贸易政策的实施上起着关键性的作用。政府通过确立战略性产业（主要是高技术产业），并对这些产业实行适当的保护和促进，使其在较短时间内形成国际竞争力。随着国际竞争的加剧，特别是发达国家在高技术领域的较量不断升级，战略贸易政策被越来越多的发达国家和新兴工业化国家的政府接受，成为新贸易保护主义的核心政策。

战略贸易政策有以下几个基本特点：

第一，政策的出发点是增进本国福利。这点与传统贸易政策并无二致。

第二，政策只针对寡头垄断、不完全竞争和存在规模经济的产业结构，不适用于自由竞争市场，因此主要集中于对高端、战略性行业的应用。

第三，各国政府实行的战略贸易政策都是相互依赖、互相影响的，政策具有动态性和随机性。

第四，政策强调突出和培育行业、企业的竞争优势而不是比较优势。比较优势有一定的先天性，但竞争优势可以通过政府的介入实现后天获得，进而实现竞争优势的增强和对高端行业、高额利润的控制权。

第五，强调政府补贴对创造竞争优势的重要性。

3. 多种多样的非关税壁垒成为新的贸易保护工具

除了数量限制、反倾销、反补贴、保障措施、卫生检验等传统的非关税壁垒外，技术壁垒、绿色壁垒、知识产权保护、劳工标准、环境保护等贸易壁垒已经成为发达国家对付发展中国家的重要工具。

4. 国际贸易政策与对外关系相结合的趋势加强

各国把国际贸易看成处理国家关系越来越重要的手段，如美国利用人权、民主、军事控制等问题干扰贸易的举措时有发生，这些做法都把国际贸易政策与其政治目标相结合。西方国家未来的国际贸易政策势必与其他经济政策和非经济领域的政策更大程度地融合，向着综合性方向发展。

5. 强调"公平贸易""互惠主义"

第二次世界大战后，关贸总协定一直主宰着世界贸易体制，因此尽管各国摩擦不断，但还是以自由贸易为主要原则。近年来，西方发达国家一方面反对贸易保护主义，另一方面又强调贸易的公平性。这种公平贸易是指在支持开放的同时，以寻求"公平"的贸易机会为主旨，主张贸易互惠的"对等"与"公平"原则。

6. 以 WTO 为核心的多边贸易体制得到增强

在 WTO 主持下，贸易自由化和开放贸易体制成为全球贸易的主流，经济一体化迅猛发展，成为全球浪潮，推动了经济一体化组织内部贸易及投资的自由化。

（二）第二次世界大战后发展中国家的国际贸易政策

第二次世界大战后，广大发展中国家纷纷走上了独立自主发展民族经济的道路，但受到旧的国际分工和贸易体系的影响，发展中国家的产品仍以初级产品、农产品为主，工业化水平很低，本国生产生活所需的工业品大部分需要进口，同时也无法摆脱发达国家原料产地和产品销售市场的地位。为改变这一局面，发展中国家开始实施各类贸易保护政策，以保护本国工业部门的快速发展。

全世界众多发展中国家的经济发展水平相差悬殊，在不同时期内推行的政策措施要根据本国和世界经济的发展不断调整和变化，因此并无整齐划一的国际贸易政策可言。但纵观第二次世界大战后多数发展中国家所实施的国际贸易政策，总体上可以归结为两大类：进口替代政策和出口替代政策。

1. 进口替代政策

进口替代政策就是一国采取关税、进口数量限制和外汇管制等严格措施，限制某些重要工业品进口，扶植和保护本国有关工业部门的发展，逐渐在国内市场上以本国生产的工业品替代进口品，减少本国对国外市场的依赖，促进本国民族工业的发展。关税和配额是进口替代政策中最重要的保护措施。

第二次世界大战后初期，进口替代被认为是低收入的发展中国家实现工业化不可避免的发展阶段。因此在实践中，大多数的发展中国家在 20 世纪五六十年代先后实行了进口替代的战略和政策。从各国实践来看，拉丁美洲国家实行进口替代战略的时间最长，从 20 世纪 50 年代持续到 20 世纪 70 年代中期。而东亚国家在 20 世纪五六十年代、东南亚国家在 20 世纪 50 年代中期到 70 年代初也曾实施过这一战略，来重点发展加工工业和日用工业品的生产。

进口替代战略的实施，帮助拉丁美洲、东亚、东南亚的多数发展中国家摆脱了对国外工业产品的进口依赖,形成了符合自身发展需要的工业体系,实现了经济结构的升级和转型,也为这些国家经济实力的进一步增强和经济腾飞奠定了坚实的物质基础。

2. 出口替代政策

出口替代政策又称为出口导向政策、外向型的经济发展政策,是指一国采取各种措施扩大出口,发展出口工业,逐步用轻工业产品出口替代初级产品出口,用重工业、化工业产品出口替代轻工业产品出口,以促进出口产品的多样性,增加外汇收入,带动经济发展,实现工业化的政策。

由于进口替代政策是建立在高关税和非关税壁垒的基础之上,造成不可避免的竞争能力低、效率低、不能利用规模经济等缺陷,无法维持经济持续稳定的发展。20 世纪 60 年代中期前后,东亚和东南亚一些国家和地区最先转向出口替代政策。在它们的示范影响下,其他国家和地区也相继效仿。

出口替代政策的实施,对广大发展中国家特别是对新兴工业化国家的出口扩大和经济增长提供了契机。20 世纪 70 年代前后,印度尼西亚、马来西亚和泰国的制造业产值年均增长分别达到 12.8%、11.8% 和 10.6%,不仅高于其国内生产总值的增速,还大大高于同期其他各类国家制造业的增长速度。亚洲新型工业化更是异军突起,在开展出口导向战略拉动本国经济增长方面做出了骄人成绩。以新加坡为例。从 1967 年—2012 年,新加坡的 GDP 已经从 12 亿美元一跃升至 2950 亿美元,人均收入从 626 美元增加至 52,000 美元。而且在此期间,新加坡形成了全面的对外开放格局,实现了产业结构的升级和优化,并带动了其金融业的迅猛发展和促进了世界金融中心地位的形成。

总体上,出口替代政策比进口替代政策更有利于发展中国家的经济发展。当然,出口替代政策也因其局限性使得各国在实施过程中产生了不少问题。

第四节 贸易保护政策的理论依据

早在汉密尔顿的保护关税说及李斯特的保护幼稚工业理论之前,重商主义者已经为贸易保护提出了理论依据。有关重商主义的详细内容见第二章,这里从重商主义之后出现的保护幼稚工业理论开始介绍。

一、保护幼稚工业理论

19 世纪,当产业革命在英、法两国深入发展时,欧洲和北美一些国家(如德国与美国)的经济还不发达,其资本主义工业还处于萌芽状态或正在成长时期。这些国家的资产阶级为了保护幼稚工业,客观上需要与自由贸易理论相抗衡的理论,于是贸易保护理论应运而生。

就贸易保护理论的影响而言,德国经济学家弗里德里希·李斯特(Friedrich List,1789—1846)的保护幼稚工业理论最具代表性。这一理论基础最早由 18 世纪美国经济学家亚历山大·汉密尔顿(Alexander Hamilton)提出,后来由李斯特发展和完善,成为完整的理论体系。

汉密尔顿是美国首任财政部长,他在 1791 年向国会递交的"关于制造业的报告"中指出,一个国家如果没有工业的发展,就很难保持其独立地位。美国工业起步晚,技术落后,生产成本高,其幼稚工业根本经不起同英、法等国家的外来竞争,应采用提高关税的办法来保护本国幼稚工业的发展,征税对象仅为本国能生产但竞争力弱的进口商品。

李斯特是德国历史学派的先驱者,早年在德国提倡自由主义。自 1825 年移居美国后,他深受汉密尔顿贸易保护思想的影响,目睹了美国实施贸易保护政策的成效,他从当时德国的实际情况出发,转向强烈呼吁实行贸易保护政策。李斯特代表德国工业资产阶级的利益,在其 1841 年出版的著作《政治经济学的国民体系》中,系统地提出了保护幼稚产业理论,被后人称为"贸易保护理论的鼻祖"。

(一)保护幼稚工业理论的主要内容

李斯特建立了以生产力理论为基础,以经济发展阶段论为依据,以保护关税制度为核心的幼稚工业保护理论。他主张以贸易保护为过渡,扶持有前途的幼稚工业,促进社会生产力的发展,最终加入自由贸易。该理论的主要内容包括:

1. 对古典学派自由贸易理论提出批评

1)指出比较优势理论的不足。认为比较优势理论忽视了国家、民族的长远利益,只注重交换价值,不注重生产能力的形成,因而不利于德国生产力的发展,不利于国家竞争力的培育,在德国不适用。

李斯特认为依照比较优势理论,德国应该进口本国相对缺乏竞争力的产品,特别是幼稚产业的产品。从短期来看,这种选择是合理的,但从长远来看,德国将永远无法建立自己的生产能力,对于某些产品的需求将始终依赖于他国,倘若战争爆发,这种经济上的依赖性将直接对德国的政治独立产生负面影响。相反,如果采取贸易保护政策,停止进口比较劣势的产品,短期内会因工业品价格提高使消费者有所损失,但经过一段时期,当幼稚工业培育发展起来并具备竞争力以后,其产品价格甚至可能低于进口产品的价格。这样不但可以使消费者获得消费利益,而且可以使国家获得了财富的生产力。正如李斯特所说:"财富的生产力比财富本身,不晓得要重要多少倍,它不但可以使已有的和已经增加的财富获得保障,而且可以使已经消失的财富获得补偿。"

2)认为各国国际贸易政策的选择应考虑经济发展水平。李斯特根据不同的生产力发展水平,把国家的经济发展划分为五个阶段,即原始未开化时期、畜牧时期、农业时期、农工业时期、农工商业时期。他认为,处于不同经济发展阶段的国家应实行不同的国际贸易政策,自由贸易并不适用于每个经济发展阶段:从经济发展初期到农业时期,应实行自由贸易政策,以促进本国农业的发展,并培育工业化的基础。处于农工业时期的国家,工业已有所发展,但并未发展到能与外国商品相竞争的程度,应实行贸易保护政策加以扶植。而处于农工商业时期的国家,本国工业已有了相当稳固的基础,具备了对外自由竞争的能力,国外产品的竞争威胁已不存在,这时应该恢复自由贸易政策,以享受自由贸易的最大利益,刺激国内产业进一步发展。

按照李斯特的观点，当时英国处于农工商业时期，法国处于农工业与农工商业时期；而德国、美国当时正处于农工业时期，要想发展生产力过渡到农工商业时期，必须依靠国家实行高关税等贸易保护政策，建立强大的工商业基础。

3）反对自由放任，主张国家对经济进行干预。李斯特批判了古典学派的"自由放任"论，他认为：要想发展生产力，必须借助国家的力量。政府应对国民经济活动的一部分加以限制，以保证国家整体经济利益，而国家利益的保证是持久的个人利益实现的前提。

2. 提出保护幼稚工业论的政策主张

1）保护对象。李斯特提出作为保护对象的应当是新兴的（即幼稚的）、面临国外强有力竞争的并具有发展前途的工业，并具体指出：农业一般不需要保护，因为工业发展以后，农业自然跟着发展；无强有力的外国竞争者的幼稚工业不需要保护；有强有力的外国竞争者的幼稚工业需要保护。

李斯特还十分强调，受保护工业要有发展前途，即应具有潜在发展优势，通过一段时间的保护之后能够成长起来，并能带动整个经济的发展。

2）保护目标。李斯特贸易保护的根本目标就是通过国家干预，促进国家综合生产力的发展，以实现工业化。

3）保护手段。李斯特认为关税是作为保护国内工业的主要手段，但关税的征收应因时间、产业而异，并主张逐步提高关税税率。

4）保护期限。李斯特认为对幼稚产业的保护不能永无止境，应该有一个期限。有发展前途的产业在经过一段时间的保护后发展起来，能够与外国竞争时，就不应给予保护了，或者经过一段时间被保护工业仍然不能自立，不具备与外国产品竞争的能力，也应放弃保护，时间应以 30 年为限。

（二）对保护幼稚工业理论的评价

1. 保护幼稚工业理论的进步性

1）是贸易保护理论体系形成的标志。它确立了贸易保护理论在国际贸易理论体系中的牢固地位，对当前国际贸易决策和理论研究仍具有重要的指导和借鉴意义。

2）在德国工业资本主义的发展进程中起过积极的作用。贸易保护政策对于当时的德国是必要的，它使德国的工业获得了巨大的发展，从而加强了资产阶级的力量，提高了资产阶级在反对封建专制制度中的地位与作用；同时，李斯特的贸易保护理论对经济不发达国家制定国际贸易政策有重大参考价值。

3）把对生产力的研究放在首位。以生产力理论同古典学派的绝对优势理论和比较优势理论分庭抗礼，用贸易保护理论来抨击自由贸易理论，用经济发展阶段论和民族主义来反对英国古典学派的世界主义；强调保护的过渡性和有选择性，且最终目的是实行自由贸易。

2. 保护幼稚工业理论的局限性

当然，该理论也存在一定的缺陷，如：对生产力的理解较为含糊；幼稚工业的选择缺乏客观具体的标准，有较大的主观性；一旦给予某些产业保护就很难取消；以经济部门作为划分经济发展阶段的做法歪曲了社会经济发展的真实进程。

二、新重商主义

20世纪30年代是资本主义经济陷入危机和萧条的时代，自由放任经济的信条受到批判，国家干预经济的思潮盛行起来。各种理论中，最具影响力的当属英国经济学家凯恩斯及其追随者的超贸易保护理论。

凯恩斯在他1936年出版的主要代表作《就业、利息和货币通论》中，批判了传统国际贸易理论，重新评价了重商主义，以有效需求不足为基础，以边际消费倾向、边际资本效率和灵活偏好三个基本规律为核心，以国家干预经济生活为政策基点，把国际贸易和国内就业结合起来，创立了保护就业理论。后来，其追随者又充实和发展了凯恩斯的观点，从宏观角度论证了对外贸易差额对国内经济的影响，主张国家干预，实行"奖出限入"的政策，最终形成了凯恩斯主义的贸易保护理论。由于凯恩斯及其追随者极力推崇重商主义的追求贸易顺差的理论观点，他们的贸易保护理论也因此被称为"新重商主义"。

（一）新重商主义的主要论点

新重商主义主要包括保护就业论以及在投资乘数论基础上提出的对外贸易乘数论。

1. 凯恩斯的保护就业论

在1929年—1933年的西方"大萧条"中，凯恩斯看到了古典经济学完全依赖市场机制和只重视供给方面的不足。他认为一国的生产和就业主要取决于对本国产品的有效需求。如果有效需求增加，就会带动生产和就业的增加；反之，就会出现生产过剩、经济衰退，造成失业增加。因此，要达到充分就业，就要提升有效需求。有效需求包括消费需求和投资需求。增加消费需求的办法是要人们多花钱、少储蓄、鼓励高消费，以刺激生产的发展。投资需求对有效需求的影响很大，主要包括国内投资需求和国外投资需求。贸易顺差就相当于是对国民经济的"注入"，导致国外投资增加，国内货币供给增加，利率下降，这又会刺激国内投资增加，进而增加有效需求；相反，如果贸易逆差，则减少有效需求。因此，贸易对整个社会就业水平的影响过程可以表述为：

增加出口减少进口→增加有效需求→增加国民生产和就业水平

因此，保持贸易顺差，就可以不断扩大国外投资，增加投资需求和有效需求，解决就业问题，促进经济繁荣。而实现贸易顺差的途径，就是通过加强国家干预，实施带有进攻性的贸易保护政策。

2. 对外贸易乘数论

凯恩斯的追随者将凯恩斯的一般投资乘数理论引入对外贸易领域，建立了对外贸易乘数论。他们认为，一国的出口和进口波动会对国民收入的变动产生倍数影响。国民收入的变动量将数倍于出口与进口的变动量。一国的出口和国内投资一样，有增加国民收入的作用，而进口则和国内储蓄一样，有减少国民收入的作用。

当商品劳务输出时，从国外收入外汇，出口部门的人们收入增加，消费随之增加，进而引起国内其他产业生产部门生产增加，就业增多，收入增加。如此反复，国民收入的增加量将是出口增加量的若干倍。当商品劳务输入时，向国外支付货币，收入减少，随之消费下降，国内生产缩减，收入减少。因此，只有当对外贸易为顺差时，对外贸易才会增加一国的就业机会，提高国民收入。此时，国民收入的增加将是投资增加和贸易顺差的若干倍。

用 ΔY 表示国民收入增加量，ΔX 表示出口增加量，ΔM 表示进口增加量，ΔI 表示投资增加量，$c=\Delta C/\Delta Y$ 表示边际消费倾向，$s=\Delta S/\Delta Y$ 表示边际储蓄倾向，$m=\Delta M/\Delta Y$ 表示边际进口倾向，k 表示对外贸易乘数，则

$$\Delta Y=[\Delta I+(\Delta X-\Delta M)]\cdot k \tag{7-1}$$

其中，

$$k=1/(1-c+m)=1/(s+m) \tag{7-2}$$

从式（7-2）可以看出，在边际消费倾向不变的情况下，对外贸易乘数与边际进口倾向成反比，即在增加的国民收入中，增加的进口越少，顺差越大，对外贸易乘数越大，国民收入增加也就越多，解决失业和危机问题的作用也就越大。因此，一个国家通过对外贸易所获得的收益与贸易顺差成正比，一个国家越是扩大出口，限制进口，本国的收益就越大。由此出发，凯恩斯主义大力鼓吹"奖出限入"的顺差贸易政策，为超贸易保护政策提供了理论依据。

（二）对贸易保护理论的评价

1. 贸易保护理论的进步性

1）凯恩斯主义的贸易保护理论，从贸易、投资、就业和国民收入的内在关系角度，阐释了实施贸易保护政策的必要性，认为通过保护贸易实现贸易顺差是缓解经济危机的良方，为当时的超贸易保护政策提供了重要的理论依据，在当时对发达资本主义国家的对外贸易和经济发展起到了十分重要的促进作用。

2）该理论把国际贸易作为整个经济运行的一个重要因素，主张通过对外贸易促进国内经济发展的良性循环，扩大就业。对外贸易乘数论揭示了贸易量与一国宏观经济主要变量之间的相互关系，在一定程度上指出了对外贸易与国民经济发展之间的某些内在规律性，具有重要的现实意义。

2. 贸易保护理论的局限性

1）该理论是在资本主义"大萧条"的特定环境下产生的，强调刺激需求问题，忽略了供给问题的重要性。

2）该理论没有考虑到国家之间贸易政策的连锁反应。一个国家的"奖出限入"势必会招致其他贸易伙伴的报复，从长期来看，会对国民经济与贸易产生严重的负面效果。

三、普雷维什的"中心—外围"论

第二次世界大战以后，许多发展中国家纷纷取得了政治上的独立，随之而来的最紧迫的任务就是发展本国经济，实现经济上的自主。然而，民族经济的发展在当时却受到旧的国际经济秩序尤其是旧的国际分工和贸易体系的严重阻碍。为改变这种局面，求得

经济的自主发展和政治独立的稳定性，这些新独立的发展中国家迫切需要贸易保护。发展中国家贸易保护政策的理论依据，主要是阿根廷经济学家劳尔·普雷维什（Raúl Prebish，1901—1986）提出的"中心—外围"论。

1950年，普雷维什用发达国家与发展中国家之间贸易关系的历史数据，批驳了传统贸易理论贸易互利性的基本结论，首次提出了"中心—外围"论，并集中论述了贸易条件恶化论。

"中心—外围"论的核心理论是关于发展中国家发展的战略、道路等的理论。

（一）"中心—外围"论的核心思想

普雷维什把世界看成由中心国家和外围国家构成的结合体系，提出了以建立国际经济新秩序为目标的更富内涵的贸易保护新论。普雷维什认为，世界由两大类国家组成：一类是由发达工业国家构成的中心国家；另一类是由发展中国家组成的外围国家。中心国家和外围国家在经济发展过程中处于不平等地位。中心国家是技术的创新者和传播者，外围国家是技术的模仿者和接受者；中心国家主要生产和出口制成品，外围国家主要生产和出口初级产品；中心国家处于世界体系的中心，在整个国际经济体系中居主导地位，外围国家则处于依附地位，受中心控制和剥削，这就形成了国际贸易的"中心—外围"格局。这种格局使得中心国家和外围国家的交换不平等，让中心国家长期、大量地侵吞外围国家的利益，造成外围国家的贸易条件越来越恶化，中心国家与外围国家的经济发展水平差距也越来越大。

要想打破"中心—外围"的既定格局，普雷维什提出了外围发展中国家必须实行工业化、独立自主地发展民族经济的主张。为了实现工业化，普雷维什主张外围国家实行贸易保护政策。他认为，在一个相当长的时期内，贸易保护政策是外围发展中国家发展工业所必需的。既要采用传统的关税手段，也要采用外汇管制、进口配额等非关税手段。在工业化发展的出口替代阶段，还应有选择的实行出口补贴等措施，以增强发展中国家制成品的出口竞争力。

普雷维什同时强调，外围国家与中心国家的贸易保护政策具有不同性质。外围国家的保护政策是有节制和选择的，目的是发展本国工业进而带动世界经济的全面发展。而中心国家的保护是对外围国家的歧视和遏制，对外围国家和整个世界经济的发展都不利。

（二）对"中心—外围"论的评价

1. "中心—外围"论的进步性

1）把发展中国家作为主要研究对象，从发展中国家的利益出发，在国际贸易领域进行了开拓性研究，第一次从理论和实践上揭示了发达国家和发展中国家之间贸易关系不平等的本质。

2）倡导发展中国家实行贸易保护政策，走发展本国工业化的道路，打破传统国际分工体系，建立国际经济新秩序的一系列理论政策主张，对经济落后的广大发展中国家具有积极的指导意义。

2. "中心—外围"论的局限性

1）没有揭示出传统贸易理论如何造成利益分配的不平等，从而导致不发达国家经济贸易状况不断恶化。

2）其用以解释的各种理由存在着一些不科学的成分，如对不发达国家贸易条件长期恶化的分析，应区别不同国家和产品，结合其他影响因素做具体分析。

【本章小结】

1. 国际贸易政策是一个国家经济政策的重要组成部分。在国际经济活动中，国际贸易政策反映出在特定时期内大多数国家政府对国际贸易活动的态度和干预程度。自由贸易政策和贸易保护政策是国际贸易政策的基础，其他类型的国际贸易政策，如管理贸易政策，都是在这两种形式的基础上演化而来的，是这两种政策的变形。

2. 在不同的经济发展状态和历史时期，各个国家国际贸易政策目标选择的侧重点是不同的。国际贸易政策按照其发展阶段，大致可以分重商主义的贸易保护政策、自由竞争时期的贸易保护政策、垄断时期的超贸易保护政策和新贸易保护政策。

3. 国际贸易政策是国际贸易理论在现实中的体现，在不同的历史发展阶段，都有典型的贸易理论作为贸易政策实施的理论依据，如资本主义自由竞争时期的李斯特的保护幼稚工业理论、资本主义垄断时期的凯恩斯主义的超贸易保护理论等。

【习题与思考】

1. 李斯特保护幼稚工业理论的核心内容是什么？
2. 对外贸易乘数论的基本观点是什么？
3. 超贸易保护政策的特点是什么？
4. "中心—外围"论的主要内容是什么？
5. 比较各种贸易保护理论的出发点、思想渊源和政策主张。
6. 芯片产业是一个国家的"工业粮食"，请从保护幼稚产业的角度分析如何实现我国"芯片强国"这一目标。

国际贸易理论与实务

第八章
关税措施

关税是一国政府实现其政策目标的重要手段,尽管20世纪50—70年代随着世界经济的复苏以及在GATT的不懈努力下,各国关税有了大幅度下降,但关税措施作为最简单和最古老的国际贸易措施仍然在今天的国际贸易活动中占据很重要的地位。

第一节 关税

一、关税的概念

关税(Customs Duty 或 Tariff)是指进出口货物经过一国关境时,由政府设置的海关向进出口商课征的一种税收。关境是海关执行海关法令规章、行使管辖权、征收关税的领域。货物只有在进出关境时才被视为进出口货物而征收关税。一般情况下,一国关境与其国境是相同的,但也有一些特殊的情况。例如,一些国家在国境内设有自由港或自由贸易区等,这些地区不属于关境范围,此时关境就小于国境;当几个国家结成关税同盟时,关境大于国境,如当今的欧盟各国。

二、关税的作用

征收关税的作用主要有两个:一是保护本国的产业和国内市场;二是增加本国财政收入。一般情况下,一国更关注进口关税的征收,因为进口税是关税保护的主要手段,通常所说的关税壁垒就是对进口商品征收高关税,以提高其成本、削弱其竞争力,起到限制进口的作用,这也是一国征收进口关税的主要目的。但不管是哪种目的,最终都会增加一国的财政收入,对于一些收入不高或征税困难的国家来说,关税收入是一笔重要的收入来源。17世纪末,很多欧洲国家的关税收入占其财政收入的80%以上。美国建国之初，关税也是其最主要的财源。1902 年，美国关税收入达到了政府税收总额的 47.4%。

第二节 关税的主要分类

关税种类繁多，分类的标准也很多，常见的分类标准有：①按征收对象或商品流向，可分为进口税、出口税和过境税；②按差别待遇和特定实施情况，可分为普通税、优惠税、进口附加税和差价税等；③按征收方法或标准，可以分为从量税、从价税、混合税。关税的主要分类如图 8-1 所示。

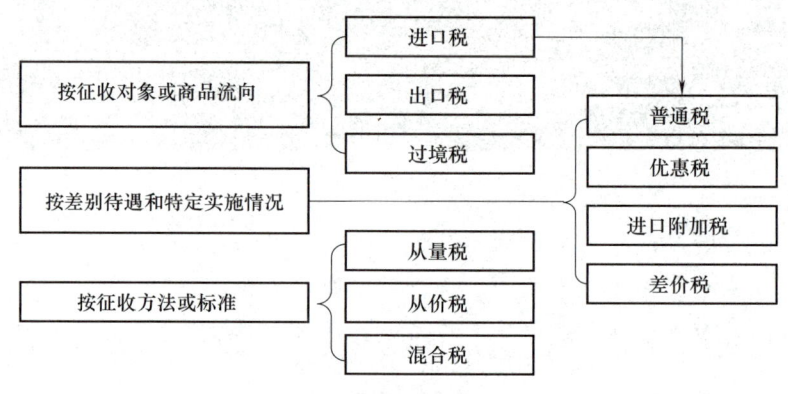

图 8-1 关税的主要分类

一、按照征收对象或商品流向分类

（一）进口税

进口税（Import Duty）是指外国商品进入一国关境或从自由港、出口加工区、保税仓库进入国内市场时，由该国海关根据海关税则对本国进口商所征收的一种关税。进口税通常称为正常关税或进口关税。

（二）出口税

出口税（Export Duty）是指出口国家的海关在本国产品输往国外时，对出口商所征收的关税。目前大多数国家对绝大部分出口商品不征收出口税，因为会提高出口商品的成本，削弱其国际竞争力，不利于扩大出口。

除了一些经济困难的国家为了增加财政收入使用出口关税手段以外，在特殊的情况下一国才会征收出口税。一国征收出口税的目的主要有：

1）对国内稀缺资源、原材料、生活必需品和关系国计民生的重要商品的出口征税，以保证供应、稳定市场价格，保障国内正常的生产和生活。

2）为了控制出口流量，以保持在国外的有利价格，避免国际市场上本国产品供给量过大造成自杀式压低价格销售的行为。

3）出于对环境保护和实施绿色发展的需要。为促进经济可持续发展，推动资源节约型、环境友好型社会建设，2012年我国以暂定税率的形式对煤炭、原油、化肥、铁合金等"两高一资"（高污染、高耗能、资源性）产品征收出口关税。

（三）过境税

过境税（Transit Duty）又称通过税或转口税，是一国海关对通过其关境再转运到第三国的外国货物所征收的关税。由于过境货物对本国生产和国内市场没有影响，故大多数国家都采取"自由过境"原则，只对过境货物征收少量的准许费、印花费、登记费、统计费等。

二、按差别待遇和特定实施情况分类

一国会根据贸易对象国与自己的关系亲疏远近，在对来自不同的国家商品征收进口关税时给予差别待遇，即按照较高的税率征收普通关税或按照较低的税率给予优惠的关税待遇。另外，在一国想实施歧视、报复或本国市场需要保护的时候也会对他国征收临时性的高关税。这些关税主要有普通税、优惠税、进口附加税和差价税等，如图8-2所示。

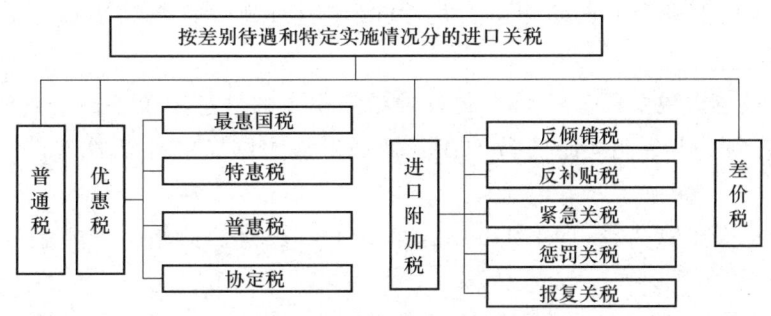

图8-2 按差别待遇和特定实施情况分的关税关系图

（一）普通税

普通税即普通进口关税（Common Duty），又称一般关税，它是一国政府对与本国未签有关税互惠协议的国家或地区的进口商品，按普通税率征收的关税。普通关税税率一般都比较高，比优惠税高1倍以上。

（二）优惠税

优惠税即优惠进口关税（Preferential Import Tariff），是指一国政府对与本国签有关税互惠协议的国家或地区的进口产品，按优惠税率征收的关税。优惠关税税率一般都比较低，分为最惠国税、特惠税、普惠税和协定税四种。

1. 最惠国税

最惠国待遇关税简称最惠国税（MFN Tariff），是对从与进口国签有最惠国待遇条款的贸易协定国家或地区进口的商品实行的关税，适用于WTO成员方之间（"互不适用"者除外）。所谓最惠国待遇是指成员方各方实行互惠，凡是成员方一方现在和将来给予任何第三方的一切特权、优惠和豁免，也同样给予对方。

最惠国待遇的主要内容是关税待遇，一般是互惠的，有的有例外条款。最惠国税率比普通税率低，有时甚至低很多（但并非最低关税）。例如，根据1979年中美签署的《中美贸易关系协定》，双方于1980年2月起相互给予最惠国待遇。

2. 特惠税

特定优惠关税简称特惠税（Preferential Duty），是对来自特定国家或地区的进口商品给予特别优惠的低关税或免税待遇，其目的是增进与受惠国之间的友好贸易往来。特惠税有的是互惠的，有的是非互惠的。现在最有影响的是《洛美协定》国家之间的特惠税，它是欧洲经济共同体向参加该协定的非洲、加勒比和太平洋地区的发展中国家单方面提供的特惠关税，是非互惠的。按照《洛美协定》，欧洲经济共同体在免税、不限量的条件下，接受受惠国的全部工业品和96%的农产品，而不要求受惠国给予反向优惠，并放宽原产地限制。

3. 普惠税

普遍优惠制税简称普惠税（Generalized System of Preferences，GSP），是发达国家给予发展中国家出口的制成品与半制成品普遍的、非歧视的、非互惠的关税优惠待遇。这是发展中国家在联合国贸易和发展会议（United Nations Conference on Trade and Development，UNCTAD）上进行了长期斗争，在1968年通过建立普惠制决议之后取得的，于1971年正式实施。

普惠税比最惠国税要低。例如，欧盟对花卉税率的最惠国税率高到15%~20%，普惠税仅为5%左右。普惠制实施的目的在于增加发展中国家的外汇收入，促进发展中国家的工业化。

给惠国为了保护其生产和国内市场，采取了一些保护措施，主要表现在以下三个方面：

（1）例外条款　是指各给惠国认为从受惠国优惠进口的某项产品的数量增加到对其本国同类产品或有竞争关系的商品的生产者造成或将造成损害时，给惠国保留对该产品完全取消或部分取消关税优惠待遇的权利。

（2）预定限额　是指给惠国根据本国和受惠国的经济发展水平及贸易状况，预先规定一定时期内（通常为一年）某项产品的关税优惠进口限额，达到这个额度后就停止或取消给予的关税优惠待遇，而按最惠国税率征税。

（3）毕业机制　是指给惠国以某些发展中国家或地区由于经济发展，其产品已能适应国际竞争而不再需要给予优惠待遇和帮助为由，单方面取消这些国家或产品的普惠制待遇。毕业标准可分为国家毕业和产品毕业两种，由给惠国自行具体确定。例如，美国规定一国人均收入超过8500美元或某项产品出口占美国进口的50%即为毕业。美国自1981年4月1日开始启用毕业条款，已经取消了很多发展中国家和地区数千种商品的普惠制待遇。

4. 协定税

协定进口关税简称协定税，由两个或两个以上的国家或地区用缔结协约或贸易协定的方式，相互给予对方产品进口某种优惠待遇的关税制度。享受最惠国待遇的国家或地区中非协定的协约方，不能要求享受这样的待遇；不同协定的缔约方也不能享受其他缔约方享受的优惠待遇。1860年,英法商约相互减让关税,出现了协定关税,其后,在世界各国签订友好贸易条约时经常使用。

目前,与我国相关的给予优惠税率待遇的协定主要有:《内地与香港关于建立更紧密经贸关系的安排》(CEPA)、《内地与澳门关于建立更紧密经贸关系的安排》(CEPA),以及《中韩自由贸易协定》《中国-新加坡自由贸易协定》《中国-东盟自由贸易协定》《中国-巴基斯坦自由贸易协定》和《中国-智利自由贸易协定》等。

(三)进口附加税

进口附加税(Import Surtax)是指进口国海关对进口的外国商品在征收进口关税之外,出于某种特定的目的而额外征收的关税。进口附加税是一种临时性的措施,在一国的海关税则中不能找到,也不像普通的进口税那样受到GATT的严格约束(只能降不能升),是一种临时性的措施,其税率的高低往往视征收的具体目的而定。进口附加税一般是针对个别国家和个别商品征收的,主要有以下几种:

(1)反倾销税 指对倾销的进口货物征收的一种临时性进口附加税,其目的是抵制商品倾销,保护本国市场。因此,反倾销税税额一般按倾销差额征收。2023年11月28日,欧盟委员会发布公告,对原产于中国的聚对苯二甲酸乙二醇酯(Polyethylene Terephthalate,PET)做出反倾销初裁,初步裁定对涉案产品征收6.6%~24.2%的临时反倾销税。

【经典案例】

印度对中国甲硝唑反倾销案

2023年9月29日,印度商工部发布公告,对原产于或进口自中国的甲硝唑(Metronidazole)反倾销做出反倾销终裁,裁定涉案产品存在倾销行为,国内行业受到损害,但进口产品的倾销行为和国内行业受到损害不存在因果关系,国内行业受到损害不是进口产品倾销造成的,而是由于原材料价格上涨,因此决定终止对中国涉案产品的反倾销调查。本案涉及印度海关编码29332920项下的产品。

(资料来源:中国贸易救济信息网。)

(2)反补贴税 又称反津贴税、抵消税或补偿税,是对在生产、制造、加工、买卖及运输过程中,直接或间接地接受出口国政府、同业公会或垄断组织的任何奖金或补贴的进口商品所征收的一种进口附加税。反补贴税的目的是抵消补贴给进口产品带来的优势,削弱其在进口国市场上的竞争力。

(3)紧急关税 指为消除外国商品在短期内大量进口,对国内同类产品生产造成重大损害或产生重大威胁而征收的一种进口附加税。短期内,外国商品大量涌入时,一般正常关税已难以起到有效保护作用,因此需借助税率较高的特别关税来限制进口,保护国内产品。

(4)惩罚关税 指出口国某商品违反了与进口国之间的协议,或者未按进口国海关规定办理进口手续时,由进口国海关向该进口商品征收的一种临时性的进口附加税。这种特别关税具有惩罚或罚款性质。例如,1988年日本半导体元件出口商因违反了与美国达成的自动出口限制协定，被美国征收了100%的惩罚关税。

（5）报复关税　指一国为报复他国对本国商品、船舶、企业、投资或知识产权等方面的不公正待遇，对从该国进口的商品所课征的进口附加税。报复关税也同惩罚关税一样容易引起他国的反报复，最终导致关税战。

征收进口附加税主要是为了弥补正税的保护作用不够充分的缺点，而且由于进口附加税所受约束较少，使用灵活，因而常常会被用作限制进口与争取贸易利益的武器，有的还演变成为新的贸易壁垒。

（四）差价税

差价税又称差额税，是当某种进口商品的价格低于进口国生产的同类产品的国内价格时，为了削弱进口商品的竞争力，保护国内生产和市场，按国内价格与进口价格之间的差额进行征收的关税。如果在征收一般关税以外另行征收，则这种差价税实际上属于进口附加税的一种。

差价税的典型代表是欧盟对进口农畜产品的做法。为了保护其农畜产品免受非成员国低价产品的竞争，欧盟对进口的农产品征收差价税。由于采用的是共同市场内部最高的市场价格作为征收的差价税的"门槛价格"（又称"闸门价格"），因此外国农产品抵达欧盟后，价格被抬至欧盟内部的最高价格，从而丧失了价格竞争优势。欧盟则借此有力地限制了竞争，保护了其内部的农业生产。

三、按征收方法或标准分类

关税的征收方法又称征税标准，一般来说，主要有从量税、从价税、混合税。

（一）从量税

从量税是指以进口货物的重量、数量、长度、容量、面积和体积等计量单位为标准计征的关税。在国际贸易中，商品的数量大多是以重量来衡量的，所以，从量税一般是指以重量为基础计征的关税，而按重量征税又分为按毛重或净重计征。从量税的计算公式为

$$从量税额 = 商品数量 \times 单位从量税 \tag{8-1}$$

从量税的优点是计税手续简便，对防止外国商品低价倾销或低报进口价格有积极作用。但其缺点是对同一税目的货物不管质量好坏、价格高低都按同一关税征收，会造成税负不合理。因而其对质劣价廉进口物品的抑制作用比较大，而对于质优价高的商品税负相对较轻，关税的保护作用相对减弱。从量税的另一个缺点是相对固定，不能随着商品的价格波动而做出相应的调整。像粮食、棉花等大宗货物和标准化产品适合使用从量税征税，但是对于某些艺术品及贵重物品如古玩、字画等则不适用。第二次世界大战后，随着严重通货膨胀的出现和工业制成品贸易比重的加大，各国纷纷放弃了完全按从量税计征关税的做法。

（二）从价税

从价税是指以进口商品的完税价格为标准计征的关税。其计算公式为

$$从价税额 = 商品的完税价格 \times 从价税率 \tag{8-2}$$

从价税的优点是税负合理、明确、公平，物价上涨时会提高一国的财政收入。从价税的缺点是估价困难、通关麻烦，价格下跌时，调节作用差，保护性不强。

完税价格是经海关审定作为计征关税的货物价格，从价税税率为完税价格的一个百分比。完税价格有正常价格和海关估价两种。前者是指贸易双方在自由竞争的条件下成交的价格，当发票金额与正常价格一致时，即以发票价格作为完税价格。若发票价格低于正常价格，则根据海关估定的价格作为完税价格。有些国家用到岸价（Cost Insurance and Freight，CIF）作为完税价格，也有些国家用离岸价（Free on Board，FOB）作为完税价格，我国采用的是前一种价格。

完税价格是海关征收从价税的主要依据，但进口商申报的价格并不当然成为进口货物的完税价格。因为即使是完全相同的商品，由于种种主客观的原因也可能会有好几种不同的交易价格。而且由于世界各国或地区海关估价的原则、标准、方法和程序等不尽相同，倘若海关高估进口货物的价格，会对货物进口构成不合理的非关税壁垒限制。

基于以上基本事实，GATT在"乌拉圭回合"谈判中达成了《海关估价协议》，其宗旨是：通过规范各成员方对进口产品的估价方法，防止成员方使用任意或虚构的价格作为完税价格，确保海关估价制度的公平、统一和中立，不对国际贸易构成障碍，并易于操作和监督。

（三）混合税

混合税是指在税则的同一税目中订有从量税和从价税两种税率，征税时混合使用两种税率计征。其又可分为复合税和选择税两种。

（1）复合税　是指征税时同时使用从量、从价两种税率计征。其计算公式为

$$复合税额 = 从价税额 + 从量税额 \tag{8-3}$$

（2）选择税　是指对某种商品订有从价税和从量税两种税率，征税时一般取其税额高者征收，但有时为了鼓励某种商品进口，也会选择税额低者征收。其计算公式为

$$选择税额 = 从价税或从量税 \tag{8-4}$$

混合税结合使用了从量税和从价税，扬长避短，哪种方法有利就使用哪种方法，因此无论进口商品价格高低，都可起到一定的保护作用。目前世界上大多数国家都使用这种征税方法，如美国、加拿大、欧盟各国、日本等。我国进口征税以从价税为主，1999年起开始对部分商品征收复合税。

表8-1所示内容为我国2003年部分产品进口关税征税标准。

表8-1　我国2003年部分产品进口关税征税标准

征税标准	商品	最惠国税率	普通税率
从价税	非转基因黄大豆	3%	180%
	其他鲜或冷藏的去骨牛肉	12%	70%
	包装标注含量以体积计的香水及花露水	3%	150%
	聚乙烯或聚丙烯制其他货物包装袋	6%	100%
	山羊毛	20%	90%

(续)

征税标准	商品	最惠国税率	普通税率
从量税	石油原油	0元/kg	0.085元/kg
	麦芽酿造的啤酒	0元/L	7.5元/L
	未曝光无齿孔宽长彩色胶卷	7.1元/m²	202元/m²
	冻的带骨鸡块	0.6元/kg	4.2元/kg
混合税	非特种用途的广播级电视摄像机	0	①完税价格低于或等于5000美元/台：执行单一从价税，税率为130% ②完税价格高于5,000美元/台：每台征收从量税，税额为51,500元，加上6%的从价税

（资料来源：1. 中华人民共和国海关总署官方网站 http://www.customs.gov.cn。
2.《中华人民共和国进出口税则（2023）》https://www.gov.cn/zhengce/zhengceku/2023-01/02/content_5734605.htm。）

第三节 关税的征收

一、关税税则

关税税则又称海关税则，是一国海关对进出口商品计征关税的规章和进出口征税商品、免税商品及禁止进出口商品的系统分类表，是征收关税的依据。关税税则一般包括两个部分：一部分是海关征收关税的规章条例及说明；另一部分是关税税率表，包括税则号列、商品分类目录和税率三部分。各国海关利用关税税则对贸易方式的调节主要是通过税目细分和实行复式税则来实现的。

（一）税目及其编制标准

各国都曾分别编制各自的海关税则，根据自身的需要对商品进行具体分类，利用关税有针对性地对不同商品进行管理和调节。但是由于各国海关税则分类方法不尽相同，给国际贸易活动和经济分析带来了许多困难。

为了减少各国在商品分类上的矛盾，统一税则目录，国际社会形成了两个标准：一个是联合国经济理事会编制的《国际贸易标准分类》（Standard International Trade Classification，SITC），另一个是海关合作理事会制定的《海关合作理事会税则目录》（Customs Cooperation Council Nomenclature，CCCN）。为了统一和协调两种商品分类目录，海关合作理事会在1983年制定出了《商品名称及编码协调制度》，简称《协调制度》（Harmonized System，H.S.）。目前，世界上有200多个国家和地区以H.S.为基础制定本国的海关税则。

（二）税则

根据税目对应的税率数量分类，海关税则可分为单式税则和复式税则两类。

1. 单式税则

单式税则又称一栏税则，即一个税目对应一个税率，对来自任何国家的商品一律适用，没有差别对待与歧视待遇。现在只有少数发展中国家使用单式税则，如委内瑞拉、巴拿马、乌干达和肯尼亚等国家。

2. 复式税则

复式税则又称多栏税则，即一个税目对应两个或两个以上的税率，对来自不同国家的进口商品适用不同的税率，以体现差别待遇和实施贸易歧视。同一税目所设置的税率栏目越多，税则的灵活性越强，越能区别对待来自不同国家的商品，歧视性也越强，因此，现在绝大多数国家都采用复式税则。复式税则有两栏、三栏和四栏税则。美国、加拿大等国实行三栏税则，欧盟等国实行四栏税则。我国目前使用两栏税则，即普遍税率和优惠税率两栏。优惠税率即协定税率或最惠国待遇税率，对与我国签有优惠税率协定的国家使用。

二、关税结构

关税结构又称为关税税率结构，是指一国关税税则中各类商品关税税率之间高低的相互关系。一般而言，关税结构及税率的高低会影响一国产业发展的方向。一国为了加强对国内某些特定产业的保护和支持，就会对其进口关税税率进行调整，调整后的关税结构普遍存在关税升级的现象。所谓的关税升级是指制成品的关税税率高于中间产品的关税税率，中间产品的关税税率又高于初级产品的关税税率的关税结构，这种现象也称为升级关税结构或阶梯关税结构。具体表现为：

1）资本品税率较低，消费品税率较高。

2）生活必需品税率较低，奢侈品税率较高。

3）本国不能生产的商品税率较低，本国能够生产的商品税率较高。

关税升级一个突出的特征是关税税率随产品加工程度的逐渐深化而不断提高，只有这样的安排才能确保一国关税的有效保护率高于名义保护率，也才能真正保护进口国的相关产业。

三、关税的有效保护率

关税结构的安排体现了一国对不同行业的保护程度不同，一个行业所受到的保护程度不仅与该行业的产品关税税率有关，还与其他行业的产品关税税率有关。常用有效保护率来说明某个行业受到的保护程度。

1. 有效保护率

关税的有效保护率是一个与关税的名义保护率相对的概念。名义保护率是指某种进口商品进入一国关境时该国海关根据海关税则所征收的关税税率，也就是名义关税率。在其他条件不变的条件下，名义关税税率越高，对本国同类产品的保护程度也越高。如果征收的是从量税，则相应的名义保护税率计算公式为

$$\text{名义保护税率} = \text{税额}/(\text{含税价} - \text{税额}) \tag{8-5}$$

如果征收的是从价税,则相应的名义保护税率即为税则中公布的税率,在海关税则中直接体现。

2. 有效保护率的测算

有效保护率是指受保护行业的单位产品附加值增加的百分比,代表关税对一国同类产品的真正的有效的保护程度。其计算公式是

$$E = \frac{V'-V}{V} = \frac{N(1+T) - NP(1+t) - (N-NP)}{N-NP} = \frac{T-Pt}{1-P} \tag{8-6}$$

式中,E 表示有效保护率;V' 表示征收关税后单位产品的附加值;V 表示不征收关税时单位产品的附加值;N 表示制成品的国外价格(无进口关税的价格);T 表示进口最终产品的名义关税税率;P 表示原材料在最终产品中所占的比重;t 表示进口原材料的名义关税税率。

下面举例说明有效保护率的计算方法。

假如我国生产的某种进口竞争产品的价格为 2,000 元,其中包含 500 元的原材料费用。如果对同类产品的进口征收 10% 的关税,对原材料的进口征收 5% 的关税,那么该产品的有效保护率计算方法如下:

$$V = 2,000 - 500 = 1500 \text{(元)}$$

$$V' = 2,000 \times (1+10\%) - 500 \times (1+5\%) = 2,200 - 525 = 1,675 \text{(元)}$$

则有效保护率为

$$E = (1,675 - 1,500)/1,500 = 11.67\%$$

由这个例子可知,关税的有效保护率与其名义保护率并不一致。从公式还可以看出,提高对特定产业的保护程度有两个途径:一是提高该行业最终产品的名义关税率;二是降低其使用的原材料(或中间产品)的进口关税。而前一做法容易导致贸易伙伴的不满。因此,如果一国的政策目标是保护最终产品部门,则在关税结构安排上,可以从第二种做法入手,即应当对中间产品或原材料少征或免征关税。

四、关税结构安排的原则

根据关税有效保护率公式,考察制成品的名义关税税率(T)和它所使用的投入品的名义关税税率(t)的关系,我们可得到以下结论:

1)当 $T=t$ 时,$E=T$。该产业的有效保护率等于名义关税税率。
2)当 $T>t$ 时,$E>T$。该产业的有效保护率大于名义关税税率。
3)当 $T<t$ 时,$E<T$。该产业的有效保护率小于名义关税税率。

另外,从式(8-6)还可以看出,当投入品的名义关税税率(t)比制成品的名义关税税率(T)高出较多时,有效保护率就会出现负数,表示整个关税结构对该产业起到损害作用,即出现负保护的现象。

第四节 关税的经济效应

虽说一国征收进口关税主要目的是限制进口,保护国内的相关产业,但征收关税以后一国并不只是收获益处,也会受到关税带来的负面效应的影响,因为征收关税会产生一系列的连锁反应。一国对进出口商品征收关税往往会使国内价格甚至国际市场价格发生不同程度的变动,从而影响到进口国在生产和消费等方面的调整,进而会影响到不同利益集团的利益。关税对进口国经济的多方面影响称为关税的经济效应,主要体现在价格效应、生产及消费效应、贸易效应和财政收入效应,以及这些效应对一国总福利效应的影响等方面。同样,在分析关税的经济效应时要区分贸易小国和贸易大国的情形。另外,随着世界经贸往来越来越密切,国家间相互减免关税也是常见现象,这种减免同样也会产生各种效应。

一、贸易小国的关税效应

贸易小国对进口产品征收关税首先会引起进出口商品国内相对价格的改变,导致国内需求与供给发生变化,改变国内资源配置状况和效率,不同经济部门和整体福利也会相应发生改变。

(一) 关税的贸易条件效应

贸易小国征收关税与否都不会影响世界市场行情,世界市场的价格不会因为小国征收进口关税而减少进口受到的影响,因此,贸易小国的关税贸易条件效应并不存在。

(二) 关税的价格效应

虽然一个贸易小国征收关税不会影响世界市场行情,但却会导致其国内市场价格发生变化。如图 8-3 所示,假设某一贸易小国国内某种商品的国内供给线为 S,国内需求线为 D,两者的交点 E 为封闭时的供求均衡点,E 点所对应的价格水平高于世界市场价格 P_W。如果该国开放贸易且为自由贸易,假设不存在任何贸易成本且产品是完全同质的,则产品的国内市场价格与世界市场价格相同,都为 P_W。

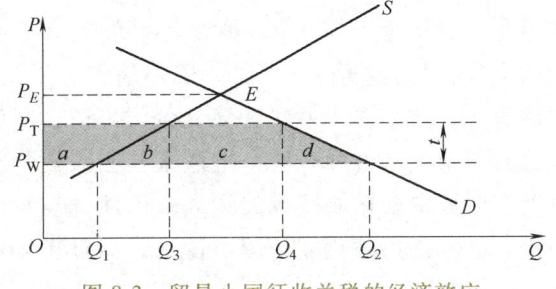

图 8-3 贸易小国征收关税的经济效应

现在该贸易小国对进口产品征收从量税 t。因为是贸易小国,该国在征税后依然按照不变的价格水平 P_W 从世界市场购买商品,但国内生产的产品价格会上升到 P_T,价格上涨的部分就等于所征收的关税,即关税全部由国内的消费者来承担。此时国内市场价格等于征收关税前的世界市场价格加上关税(即 $P_T = P_W + t$)。

(三) 关税的生产效应和消费效应

征收关税之后,由于产品价格发生了变动,会影响到该国国内的生产和消费活动,影响资源的配置状况和效率。

1. 生产效应

由于征收关税使该商品的国内市场价格上升，由 P_W 上升到 P_T。面对更高的价格水平，国内生产厂商将愿意而且能够生产更多数量产品，国内厂商的产量将由 Q_1 增加到 Q_3，生产者福利水平明显提升，生产者剩余增加了 a。

2. 消费效应

价格上涨，消费者的理性反应是减少对该商品的消费。在 P_T 的价格水平，本国对应的需求总量为 Q_4-Q_3，P_W 的价格水平本国的需求总量为 Q_2-Q_1。可以看出消费者会因为政府对进口商品征收关税要付出更大的代价，消费更少的同类产品，消费者的福利水平下降，消费者剩余减少的部分为（$a+b+c+d$）。

（四）关税的贸易效应

开放贸易后，由于贸易小国国内均衡时的价格 P_E 高于世界市场价格 P_W，所以该国将成为该种商品的净进口国。自由贸易时，消费者面临的国内外市场的价格会一致为 P_W。在这一价格水平下，供需的缺口 Q_2-Q_1 为该种商品进口的数量。在该国政府对此种商品征收关税后，其国内市场价格即由 P_W 上升到 P_T，国内的消费总量缩减至 Q_4，其中 Q_3 为国内生产的数量，Q_4-Q_3 为进口的数量，比自由贸易的时候减少了 Q_3-Q_1 和 Q_2-Q_4 两部分，这是关税所导致的贸易规模的变动效应。

（五）关税的财政效应

由于对进口商品征收关税，政府的税收增加了。因为进口量为 Q_4-Q_3，国内外市场差价为 P_T-P_W，所以该国的关税收入为 c。

（六）关税的净福利效应

在消费和生产变动的基础上，我们可以进一步具体分析贸易小国征收关税后各经济主体福利变动的情况，以及国家整体福利的变化。根据前面的分析，结合图8-3，我们知道生产者剩余增加了 a，消费者剩余减少了 $a+b+c+d$，政府的关税收入为 c。这样，社会的净收益为 $-(b+d)$。可见，国内消费者是关税的承担者，生产者收益的获得和政府关税的收入，均来源于消费者多支付的价格，即消费者收益的减少。消费者的损失并没有完全转移给生产者和政府，造成了社会收益的净损失（保护成本），其中，b 和 d 分别为生产扭曲和消费扭曲造成的损失。因此，与自由贸易相比，关税不仅会减少贸易量，提高进口品和国内替代品的国内价格，而且还将造成进口国资源配置效率的整体下降。

二、贸易大国的关税效应

贸易大国对进口产品征收关税所产生的一系列经济效应与贸易小国较为相似，但是由于贸易大国的地位，贸易大国征收关税导致了进口数量的下降，会改变世界市场均衡价格水平，从而影响贸易大国的贸易条件，因而可能获得额外的福利补偿。

（一）关税的贸易条件效应

如果一个贸易大国对进口产品征收关税，一方面，跟贸易小国一样将导致该商品价格上涨，消费者对该种商品的需求会减少。另一方面，该贸易大国国内的厂商将会在高价格的刺激下生产更多的同类产品,从而对进口产品形成更大的替代。在需求总量减少的同时,本国供应的上升使该国消费者对进口产品需求明显减少,必将引起该产品世界市场上的均衡价格水平下降,从 P_W 下降至 P'_W,如图 8-4 所示,该贸易大国贸易条件得到了改善。

(二)关税的价格效应

一方面,跟贸易小国一样,贸易大国征税也会引起其国内商品的价格上升;另一方面,在世界市场总供给不变的条件下,贸易大国进口需求的下降会使世界市场均衡价格水平下降。因此,贸易大国征收进口税后,可以按照更低的价格进口该产品,使外国出口商分担了部分关税成本,即外国出口商承担的部分为 $P_W-P'_W$,进口国承担的部分为剩余的 P_T-P_W,如图 8-4 所示。与贸易小国相比,贸易大国国内产品价格上涨的幅度会小于小国征税后价格上涨的幅度,进口国征税后的价格为在新的国际市场价格基础上上涨了 t,即从 P'_W 而不是 P_W 上升至 P_T。当然,征税后贸易大国国内和国际市场价格差距依然等于所征关税的额度 t。

(三)关税的财政效应

与贸易小国不同,进口贸易大国是在新的世界市场价格的基础 P'_W 上征收关税 t,所以贸易大国的财政收入是在贸易小国的基础上增加了一块,为 $(c+e)$。

(四)关税的净福利效应

结合图 8-4,与贸易小国一样,进口国生产者剩余增加了 a,消费者剩余减少了 $a+b+c+d$,但政府的关税收入为 $c+e$,这样,社会的净收益为 $e-(b+d)$,比贸易小国多了一个 e。同样,b、d 分别为生产扭曲和消费扭曲造成的损失。若 $e>(b+d)$,则社会福利水平提高;反之则降低。

(五)其他经济效应

贸易大国的生产效应、消费效应和贸易效应与小国相同,这里不再赘述。

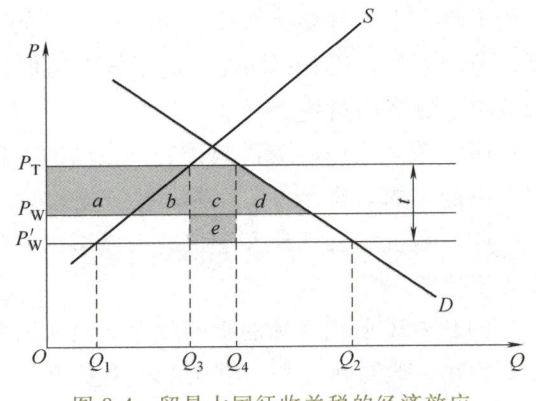

图 8-4 贸易大国征收关税的经济效应

三、最优关税

从上面的分析我们可以看出,一国征收关税是一柄"双刃剑"。一方面,关税可使一国某些产业得到保护,有利于未来产业国际竞争力的提升,还可以使贸易大国的贸易条件得到改善,增加其福利水平;另一方面,关税又会带来进口国国内市场价格的上升,导致贸易量减少,消费者受损。那么征税后究竟是利大还是弊大,这在很大程度上与税率的选择有关。

最优关税是指能使一国福利水平达到最大的关税水平,也是使一国因贸易条件改善带来的收益减去因贸易量减少带来的损失的净收益达到最大化的关税。由于小国征收关税不能改变其贸易条件,只会使贸易规模缩减,福利水平下降。因此贸易小国的最优关税为零，即实行自由贸易政策对小国而言是最有利的。只有贸易大国存在最优关税，因为贸易大国征收关税能够改善贸易条件，以弥补关税导致的国内资源配置扭曲所引起的效率损失。如果贸易条件改善得足够大，就能够超过要素配置产生的效率损失，达到福利水平最大化。当然，贸易大国的最优关税应当在零和禁止性关税之间。

四、关税的减让效应

关税的减让会降低一国的关税水平，也会产生各种经济效应。这些效应因减税方式的不同而各异。

（一）单方面减税

单方面减税是指一国对于从其贸易伙伴国进口的商品在某些商品或整体关税水平上的单方面减免。对于单方面减税带来的经济效应，也分为大国和小国两种情况。

1. 单方面减税的小国效应

理论上贸易小国的最优关税为零，但是对生产效率较低、开放程度不高的小国来说，如果单方面削减关税，其贸易对象国的低价格产品会大量涌入该国，就会产生以下关税效应：

（1）生产效应和消费效应　一方面，关税减让后该国国内价格下降，国内生产者的产量下降，生产者剩余减少；另一方面，原来因高关税保护而存在的高成本生产减少了，节约了生产资源；同时，由于伙伴国低价格产品的涌入，该国国内价格下降，消费者获得了更多的消费者剩余。

（2）收入效应　关税减让后，该国的关税收入由关税下降的幅度和进口数量增加的幅度决定，如果前者高于后者，政府收入减少；反之则政府收入会增加。

（3）收支平衡效应　进口的大量增加意味着外汇支出的增加，可能会引起该国国际收支不平衡。

（4）对工业化目标的影响效应　涌入大量低成本的进口产品后，减税国的幼稚产业和不成熟产业受到冲击，出现工人失业现象，贸易条件也会有所恶化。

2. 单方面减税的贸易大国效应

从理论上来说，贸易小国征收关税会造成对自身福利的净损失，其最佳关税应当为零，所以随着其经济的发展和产业的成长，贸易小国应逐步降低关税，最终实现零关税。而生产效率高、开放程度高的贸易大国关税减让后，其进口商品的价格降低，消费者剩余增加，也使得国内的生产资源向高效率部门转移而得以合理配置，减少资源的浪费。减税后可以减轻生产扭曲和消费扭曲所带来的效率损失。但是贸易大国减税带来的变化却难以确定，它取决于贸易大国进口商品的需求对国际市场价格的影响力及其对该商品的需求弹性，而这两个因素都是不确定的。

（二）相互减税

相互减税是指贸易伙伴国之间在某些商品或整体关税水平上相互给予减免。这种减免可以扩大贸易双方之间的贸易往来，提高各自的福利水平。但是在关税减让的过程中，各国福利变动的水平可能具有不平衡性，一些国家可能会遭受福利损失。如果不能实现最终互惠的目的，那么相互减让的目标就无法实现。

(三) 普惠制的贸易效果

普惠制对于发展中国家的贸易发展产生了重要的推进作用，同时，它对给惠国和其他利益相关的国家也产生了相应的影响。主要体现在以下几个方面：

1. 对受惠国的影响

1）扩大了受惠发展中国家的出口。由于普惠制的税率远低于普通税率和最惠国税率，发展中国家出口到给惠国的商品的价格在给惠国市场上具有较大的竞争力，对于给惠国的进口商和消费者具有很强的吸引力，这有利于扩大发展中国家的出口。由于具有价格优势，某些滞销商品甚至可以变为畅销商品。

2）增加了受惠发展中国家的外汇收入。发展中国家出口的增加，大大增加了其外汇收入，缓解了发展中国家外汇紧张的局面。再者，对于受惠的发展中国家来说，由于关税降低，某些畅销商品即使在提高出口价格的条件下在发达国家市场依然具有竞争力，对缓解这些国家的外汇压力发挥了重要的作用。

3）优化了受惠发展中国家的出口商品结构。一方面，受惠发展中国家出口的增加、外汇收入的增多会扩大其对于先进设备、技术的进口，从而有利于改善其产业结构，促进出口商品结构升级。另一方面，只要满足原产地规则，即使是在发展中国家进行投资的外商企业也可以申请普惠制签证，享受普惠制待遇，这就大大地增强了对外资的吸引力。FDI 的增加，不仅可以增加受惠国的出口，还会对其出口商品结构产生积极影响，甚至会带动受惠国国内相关产业的发展。

2. 对给惠国的影响

对给惠国来说，普惠制相当于前面介绍的单方面减税，所以对发展中国家减税会产生单方面减税效应。但是有些效应，像减税带来的工人失业，会让政府承受较大的压力。一旦这种情况出现，发达国家政府往往会采取一定措施来限制这些商品的进口。

3. 对第三国的影响

普惠制的实行不仅会降低受惠国出口商品的价格，还会使非受惠第三国同类商品对给惠国出口价格发生同等幅度的下降，否则非受惠国商品将会失去竞争力。但出口价格的下降会降低第三国出口盈利能力，减少第三国对给惠国的出口，其减少的份额将会被受惠国替代，这对于第三国来说是不利的。

【本章小结】

1. 关税是指进出口货物经过一国关境时，由政府设置的海关向进出口商品课征的一种税收。征收关税的作用主要有两个：一是保护本国的产业和国内市场；二是增加本国财政收入。

2. 关税种类繁多，分类的标准也很多，常见的分类标准有：①按征收对象或商品流向，可分为进口税、出口税和过境税；②按差别待遇和特定实施情况，可分为普通税、优惠税、进口附加税和差价税等；③按征收方法或标准，可以分为从量税、从价税、混合税。

3. 关税税则是一国海关对进出口商品计征关税的规章和进出口征税商品、免税商品及禁止进出口商品的系统分类表，是征收关税的依据。关税结构及税率的高低会影响一国产业发展的方向。一国为了提升有效保护率，应该采用关税升级的方式来安排关税结构。

4. 关税的经济效应，主要体现在价格效应、生产及消费效应、贸易效应和财政收入效应，以及这些效应对一国总福利效应的影响等方面。在分析关税的经济效应时要区分"贸易小国"和"贸易大国"的情形。国家间单方面或相互减免关税同样也会产生各种效应。

【习题与思考】

1. 关税的分类标准有哪些？优惠的进口关税有哪几种？
2. 为了有效保护国内的产业，应当怎样安排关税结构？
3. 贸易大国和贸易小国征收关税的经济效应有哪些异同之处？
4. 贸易大国征收关税才有贸易条件效应，像中国这样的大国是否应该对所有进口商品征税？是否不应该对进口商品减税？
5. 贸易小国的最优关税是零，像日本和韩国这样的国家是否应该取消关税？
6. 单方面减税的效应有哪些？普惠制的贸易效果有哪些？

国际贸易理论与实务

第九章 非关税壁垒

关税措施早已被世界广泛使用,尽管关税能非常有效地进行进口调节,但并不是实施保护以避免外国竞争的唯一手段。随着国际贸易的不断发展,经济全球化进程的加快以及多边贸易体制的推进,全球关税税率呈现普遍下降趋势,关税的保护作用也越来越小。因此,各国实行贸易保护的手段逐步由关税措施转向了形式多样、层出不穷的非关税壁垒。

第一节 非关税壁垒概述

一、非关税壁垒的含义与发展

非关税壁垒(Non-tariff Barrier,NTB)又称非关税措施,泛指一国政府为了调节、管理和控制本国的对外贸易活动,从而影响贸易格局和利益分配而采取的除关税以外的各种限制进口的一切措施。这种措施可以通过国家法律、法令以及各种行政措施来实现,其目的就是试图在一定程度上限制进口,以保护国内市场和产业的发展。

早在重商主义时期,限制和禁止进口的非关税壁垒就开始盛行。1929年—1933年"大萧条"时期,西方各国在提高进口关税的同时,曾一度高筑以限制进口数量为主要形式的非关税壁垒,推行贸易保护主义。真正把非关税壁垒作为贸易保护政策的主要手段开始于20世纪70年代,其中的主要原因是各国经济发展的不平衡、经济危机的爆发以及GATT推动的关税减让谈判。为抵消关税大幅度减让所造成的不利影响,各国竞相采取非关税壁垒,形成了以非关税壁垒为主、以关税壁垒为辅的新贸易保护倾向。

二、非关税壁垒的特点

与关税措施相比,非关税壁垒具有如下明显特征:

1. 更大的灵活性和针对性

关税的制定往往要通过一定的立法程序，如果调整或更改税率，需要经过烦琐的法律程序和手续。而制定与实施非关税壁垒，通常可根据需要采用行政程序，手续简便迅速，并能随时针对某国、某种商品采取相应的限制措施，较快地达到限制进口的目的。

2. 保护作用更为直接和有效

关税措施是通过征收高额关税来提高产品的成本和价格，削弱其竞争能力，间接地达到限制进口的目的。但若出口国采用出口补贴、商品倾销等方法降低出口商品的价格和成本，关税的作用就会显得乏力。而一些非关税壁垒，如进口配额、预先限定进口数量和金额、超过限额即禁止进口等，直接限制了超额的进口商品，能比关税更直接、有效、严厉地保护本国生产与市场。

3. 更具有隐蔽性和歧视性

关税是透明度最高的贸易调节工具，关税结构与税率一经确定，往往以法律的形式公布于众，并依法执行，出口商比较容易获得有关资料信息。另外，关税措施的歧视性也较低，它往往要受到双边关系和国际多边贸易协定的制约。但非关税壁垒既能以正常的海关检疫要求或与进口有关的行政规定、法令条例的名义出现，又可以巧妙地隐蔽在具体执行过程中而无须做出公开规定，而且经常变化，出口商往往难以清楚地辨识，从而无法适应。同时，一些国家还针对个别国家采取相应的限制性非关税壁垒，大大加强了非关税壁垒的差别性和歧视性。

三、非关税壁垒的类型

非关税壁垒名目繁多、形式各异、内容复杂，为便于对某种或一组非关税贸易壁垒的作用方式进行分析，可将其分为以下几类：

1）从制定主体角度，可分为内生性非关税壁垒和外生性非关税壁垒。其区别在于是本国自主决定还是由外界压力或通过谈判达成协议决定。例如，1981年美国单方面规定从中国进口的羊毛衫配额为18.73万打，即为自主配额，属于内生性非关税壁垒。目前，大多数"自限协定"或"有秩序销售协定"均是通过谈判达成的，属于外生性非关税壁垒。

2）从实施手段的特性角度，可分为制度性非关税壁垒与技巧性非关税壁垒。前者是利用如进口配额、许可证、反补贴、反倾销、海关估价、原产地规则、政府采购等制度形成的；后者是利用如技术标准、质量标准、环境标准、劳工标准、商品检验、包装、标签等形成的。技巧性非关税壁垒的隐蔽性极高，看上去似乎并不违背国际贸易的公共规则，但内容却变幻莫测，使人防不胜防。

3）从影响方式与程度角度，可分为直接影响性非关税壁垒、间接影响性非关税壁垒和溢出或旁及影响性非关税壁垒三类。直接影响性非关税壁垒是指进口国直接规定进口商品的数量或金额，或通过施加压力迫使出口国自觉限制其产品出口的非关税壁垒，如许可证、配额等。间接影响性非关税壁垒是指进口国通过制定各种严格的规章、条例及措施，间接影响商品进口的非关税壁垒，如贸易性投资措施、技术标准和水平等。溢出或旁及影响性非关税壁垒是指进口国的政策一般来说并不是出于贸易政策上的动机，然而由于溢出效应对商品或服务的贸易产生了"副作用"，如工业政策、外汇措施等。其中，第一种壁垒对进口贸易的限制非常明显，也比较直截了当；第二种壁垒比较含蓄，不易被发现，影响比较隐蔽，间接限制了进口贸易；第三种壁垒一般并不是出于要限制进口贸易的政策，但事实上起到了限制进口的作用。

4）从实施的时代特征，可分为传统型非关税壁垒和新型非关税壁垒。前者侧重商品数量和价格限制，更多地体现在商品和商业利益上。后者是以技术壁垒为核心的包括绿色壁垒和社会壁垒以及滥用贸易救济措施在内的阻碍商品自由流动的措施。

第二节 进口配额与"自愿"出口限额

一、进口配额

（一）进口配额的定义

进口配额（Import Quota）又称进口限额，是指一国政府在一定时期内（如一季度、半年或一年内），对某些商品的进口数量或金额规定一个数额加以直接限制，在规定时间内，配额以内的货物可以进口，超过配额的货物则不准进口，或者征收较高的关税、附加税或罚款后才能进口。它是很多国家实施数量限制、直接限制进口的主要手段之一。

需要澄清的是，配额的规定并不意味着该国的进口数量或金额必须等于配额。配额只是市场准入的上限，并不是一个国家承诺一定进口的数量，如果进口国国内对进口商品没有需求，那也可以完全不进口。

（二）进口配额的类别

根据对超过配额部分的做法不同，进口配额可分为绝对配额和关税配额两种类型。

1. 绝对配额

绝对配额是指在一定时期内，对某些商品的进口数量或金额规定一个最高数额，达到这个数额后，便不准进口。这种方式在实施中，主要有全球配额与国别配额两种形式。

（1）全球配额　全球配额是于世界范围分配的绝对配额，对来自任何国家或地区的商品一律适用。主管当局通常按进口商的申请先后或过去某一时期的实际进口额批给一定的额度，至总配额发放完为止，超过总配额便不准进口。全球配额并不限定进口的国别或地区，故配额公布后，进口商往往相互争夺配额。

（2）国别配额　国别配额是在总配额内按国别和地区分配给固定的额度，超过规定的配额便不准进口。为了区分来自不同国家或地区的商品，在进口商品时进口商必须提交原产地证明。实行国别配额可使进口国家根据它与有关国家或地区的政治经济关系分配给予不同的配额。国别配额又可分为自主配额与协议配额。

1）自主配额。自主配额又称单边配额，是由进口国单方面完全自主地强制规定在一定时期内从某个国家或地区进口某种商品的配额，不需要征求输出国家的同意。往往由于分配额度的差异,容易引起某些出口国家或地区的不满或报复。因此,有些国家便采用协议配额,以缓和彼此之间的矛盾。

2)协议配额。协议配额又称双边配额,是由进口国与出口国的国家政府或民间团体之间经过谈判达成双边协议而共同确定的配额。如果协议配额是通过双方政府达成的,一般需要在进口商或出口商中进行分配;如果配额是双边的民间团体达成的,应事先获得政府许可,方可执行。协议配额是由双方协调制定的,通常不会引起出口方的反感与报复,较容易执行,这种形式应用相对广泛。

2. 关税配额

关税配额(Tariff Quota)是指对商品进口的绝对数额不加限制,而对在一定时期内,在规定配额以内的进口商品,给予低税、减税或免税待遇,对超过配额的进口商品征收较高关税或附加税甚至罚款。关税配额与绝对配额最大的区别在于:关税配额对超过配额部分是允许进口的,而绝对配额是不允许进口的,因此绝对配额限制得更严。

关税配额按进口商品的来源划分,可分为全球性关税配额和国别关税配额。按征收关税的目的划分,可分为优惠性关税配额和非优惠性关税配额。优惠性关税配额是对关税配额内进口的商品给予较大幅度的关税减让,甚至免税,而对超过配额的进口商品征收原来的最惠国税率。欧盟在普惠制实施中所采用的关税配额就属此类。非优惠性关税配额是对关税配额内进口的商品仍征收原来正常的进口税,一般按最惠国税率征收,但对超过配额的部分则征收较高的进口附加税或罚款。

近几年,关税配额的使用比较普遍,中国产品屡遭关税配额的限制。如之前日本对中国大葱、鲜香菇、灯芯草的进口,限量以内征收 3%~6% 的进口关税,超出限量的征收 106%~266% 的进口关税。

自 20 世纪 80 年代以来,以配额形式出现的数量限制已经逐步被反倾销、反补贴措施取代,"乌拉圭回合"也要求成员实现配额关税化,因此,配额作为限制进口的非关税壁垒的作用大大降低。

(三)进口配额的经济效应

进口配额的经济效应如图 9-1 所示。假定实行进口配额的是个贸易小国,则当该国采取这一措施时,不会改变国际价格。图 9-1 中横轴表示商品数量(Q),纵轴表示商品价格(P),S_d、D_d 分别为该国某进口商品的国内供给曲线和需求曲线,S_f 为出口国对该产品的供给曲线(因为市场为完全竞争,所以出口国的供给曲线为平行于横轴的直线)。在自由贸易状态下,价格为 P_1 时,进口国国内产量为 Q_1,消费者需求为 Q_2,进口量为 Q_2-Q_1。

现在假设进口国对该商品实行进口配额制,规定最高进口限额为 ED(即 Q_4-Q_3),则该国国内

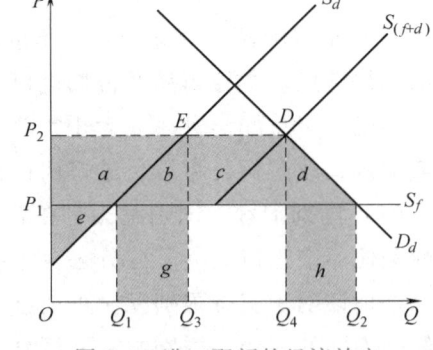

图 9-1 进口配额的经济效应

购买者面临的供给曲线不再是 S_f 水平线(可无限供给),而是国内供给曲线 S_d 与配额量

ED 的叠加，即 $S_{(f+d)}$。实行进口配额后的供求平衡点为 D，进口国国内价格开始与国际价格分离，上升为 P_2。把实施进口配额后的情形同自由贸易时相比，可以看出这一措施具有以下效应：

1）生产（保护）效应：由于价格提高，国内供应量从 Q_1 增至 Q_3；生产者剩余从 e 增加至 $e+a$。

2）消费效应：消费从 Q_2 减少至 Q_4，消费者剩余减少了 $a+b+c+d$。

3）国际收支效应：由于进口减少，进口价格不变，所以进口国减少了贸易支出 $g+h$，使进口国收支得到改善。

4）配额利润效应：获得配额的进口者，可以以 P_1 的价格进口，进口量为配额限量 ED（即 Q_4-Q_3），但国内却可以较高的价格 P_2 售出，所以可以从中获得相当于 c 的配额利润。

5）再分配效应：消费者剩余的减少中，a 和 c 分别转化为生产者剩余和进口商的配额利润。

进口配额的综合效应等于生产者剩余的增加量、进口商配额利润与消费者剩余减少量的差额，为 $-(b+d)$，净效应为负，形成国民经济净损失。其中 b 为生产损失，d 为消费损失。

二、"自愿"出口限额

（一）"自愿"出口限额的含义

"自愿"出口限额（Voluntary Export Quota）又称"自动"出口限制，是指出口国在进口国的要求或压力下，单方面或双方协商规定在某一时期内（一般为 3~5 年）某些商品对该国出口的最高数量限额，在限定的配额内出口国自行控制出口，达到限额立即自行停止出口。

"自愿"出口限额最早出现在 20 世纪 80 年代的日美汽车贸易大战中。美国政府在美国汽车制造企业和汽车工人联合工会的压力下，提出议案对来自日本的汽车实施进口数量限制。日本政府在得知这一消息后，主动宣布自行对输出到美国的汽车数量进行限制。

"自愿"出口限额实际上是进口配额的变种，从本质上来说都是通过数量限制来限制商品的进口，但是两者仍有许多不同之处。

1）从配额的表现形式来看，"自愿"出口限额表面好像是出口国自愿采取措施控制出口，但实际往往是在进口国的强大压力之下才采取的措施，"自愿"更多的是迫于无奈，带有明显的被强制性。

2）从配额的控制主体来看，"自愿"出口限额是由出口国直接控制这些商品对指定进口国的出口；而进口配额是由进口国直接控制进口配额来限制商品的进口。

3）从配额的影响范围来看，"自愿"出口限额仅应用于几个甚至一个特定出口商，具有明显的选择性，而进口配额则有影响到该产品的绝大多数供应商。

4）从配额的实施期限来看，"自愿"出口限额实施期限一般为 3~5 年，而进口配额的期限则较短，往往为 1 年。

（二）"自愿"出口限额的形式

1. 单方面"自愿"出口限额

单方面"自愿"出口限额即出口国不受国际协定的约束，而是迫于进口国方面的压力，自行单方面规定出口限额。这种限额有的由政府有关机构规定数额并予以公布，出口商须向有关机构申请，领取出口授权书或出口许可证后才能输出，也有的由本国出口厂商协会"自愿"控制出口。

2. 协定"自愿"出口限额

协定"自愿"出口限额是进出口双方通过谈判签订"自限协定"（即自动出口限制协定），规定在协定有效期内某些商品的出口配额。出口国据此配额实行出口许可证制，自动限制有关产品出口，进口国通过海关统计对此进行核查。目前，"自愿"出口限额大多属于这一类。

第三节 相机保护措施

所谓相机保护（Contingent Protection）措施，指的是在特定情况下使用的某些紧急保护措施或停止履行现有协议中的正常义务，以保护本国某些更加重要的利益。本节主要介绍的反倾销、反补贴和保障措施属于 WTO 允许使用的贸易救济措施。

一、倾销与反倾销

贸易的全球化趋势越强，各国对本国产业的保护倾向也随之越强，反倾销（Antidumping）就成为大多数国家主要采取的贸易保障制度。理论上，倾销（Dumping）属于不公平竞争行为，进口国有权对倾销行为进行报复，即进行反倾销。但实际上，并不是所有的倾销行为都对进口国造成很大的损失。对于有些倾销行为，进口国完全没有必要大张旗鼓地采取反倾销报复措施。但实践中，反倾销往往被滥用，尤其是被发达国家滥用，成为一种比较重要的非关税壁垒。

（一）倾销

1. 倾销的含义与界定

根据 WTO《反倾销协定》，所谓倾销，是指一项产品自一国出口至另一国的出口价格低于在正常贸易过程中出口国国内消费的同类产品的可比价格，即以低于正常价值的价格进入另一国的商业领域。简单地说，倾销是指产品在正常贸易过程中以低于正常价值销售的行为。

从以上定义可知，并不是所有的低价销售都会构成倾销，倾销的构成必须满足三个条件：①产品以低于正常价格或公平价值的价格销售；②这种低价销售的行为给进口国同类产业造成损害，包括实质性损害、实质性威胁和实质性阻碍；③损害是由低价造成的，二者之间存在因果关系。认定进口产品存在倾销是反倾销当局实施反倾销措施，为国内产业提供救济的前提条件之一。

2. 倾销的类型

由于倾销的具体目的和时间的不同,倾销可分为如下几种:

(1) 偶然性倾销 它也称临时性倾销,通常是指某种商品的销售旺季将过或已过,尚有库存积压或商品要进行更新换代,或公司要改营其他业务,需要降价向国外抛售。此类倾销持续时间短、数量小,影响不大,甚至进口国消费者还会低价购买获益,因此进口国一般不会采取反倾销措施。

(2) 间歇性或掠夺性倾销 它是指生产商为了在某一外国市场上取得垄断地位而以低价向该国市场抛售商品,以期挤垮竞争对手后再实行垄断高价,获取高额利润。这种倾销行为违背公平竞争的原则,破坏国际贸易的正常秩序,冲击进口国的市场,受到各国反倾销法的严厉抵制。

(3) 持续性或长期性倾销 它是指生产商为了在实现其规模经济效益的同时,维持其国内价格的平衡,而将其中一部分商品持续以低于正常价值的价格向海外市场销售。长期倾销尽管不具有占领或掠夺外国市场的目的,但由于它持续时间长,在客观上发生了不公正的国际贸易行为,损害了进口国生产商的利益,因此通常会受到进口国的追究。

(二) 反倾销

1. 反倾销的内涵与目的

当一国产品的倾销造成了对进口国相同或相似产业的损害时,世界贸易组织允许其成员按照相关规定,通过立案调查,最终以征收反倾销税或采取其他贸易制裁措施等形式限制该产品的进口,以补救进口国国内产业所受到的伤害,以及维护进口国企业合法权益的行为,通常被称为反倾销。

反倾销的初衷是抵消倾销带来的不公平竞争,维护正常的竞争秩序。为了制止倾销而采取反倾销措施是合理的,是 WTO 允许的三大贸易补救措施之一。但是,如果反倾销措施的实施超过了合理的范围与程度而被滥用,便会成为进行贸易歧视的保护工具。一些国家特别是某些发达国家往往借反倾销之名,行贸易保护之实,致使国际上反倾销案件频繁发生,中国是受损害最大的国家,特别是在中国加入 WTO 后,该情况出现了扩大和蔓延之势。

2. 实施反倾销的条件

根据 WTO 的《反倾销协定》,只有具备以下三个条件,成员方才能采取反倾销措施。

(1) 存在倾销 在确定一个产品是否存在倾销时,必须比较该产品的出口价格与出口方的国内消费价格。如果前者低于后者,即被认为是倾销。但是,如果出口方国内市场销售行为不正常或者国内市场销售量较小,则应该把出口价格与以下两者之一进行比较:①同类产品出口到第三国的可比价格;②在进口产品生产成本加上一般费用、销售与管理费用和利润的基础上计算出来的推定价值。

(2) 存在实质损害 实质损害是构成法律上的倾销与采取反倾销措施的必要条件。实质损害有三种表现:①对进口国产业的实质损害;②对进口国产业产生实质威胁;

③对进口国新建产业产生实质阻碍。

以下内容构成对国内产业的损害或受到损害的威胁：一是倾销产品的进口大量增加，相对于进口国的生产或消费而言，或是绝对增加或是相对增加；二是进口产品的价格降低了国内同类产品的价格，或阻碍其价格的提高。

（3）倾销与损害之间存在因果关系　进口方如果要采取反倾销措施，除了要证明出口方存在倾销行为和对国内产业存在损害之外，还必须证明倾销和损害之间存在因果关系，即证明进口国国内相同或相似产业的损害是由进口产品的倾销造成的。

如果符合反倾销的条件，进口国可以针对倾销产品采取报复措施。报复措施包括关税和非关税两大类。WTO允许和鼓励进口国采取关税的措施，即根据倾销的幅度，征收相应的反倾销税，也就是在原有关税的基础上，征收报复性的惩罚关税（税额可以等于或低于倾销幅度），但规定出口国倾销行为不存在时，反倾销税就必须取消。所以，反倾销税是一种临时性的附加关税。

3. 反倾销手段的滥用

在过去的反倾销实践中，由于多边贸易规则的不完善，更多的是基于单边规则的公平贸易政策，而不是基于国际规则的公平贸易政策，一些国家出于贸易保护的目的，纷纷制定本国的反倾销规则并强加于他国，出现了大量滥用反倾销政策的现象。具有讽刺意味的是，反倾销等公平贸易政策的滥用现在已经被公认为一种主要的不公平贸易行为，成为一种新型的非关税壁垒。

反倾销政策在现实中容易被滥用的原因包括：

1）反倾销的定义较为灵活。所谓公平价值和对进口国国内工业造成的损害或损害威胁的计算都难以有统一和明确的标准，因而为反倾销的实施提供了便利。

2）实行反倾销措施必然会产生限制进口、保护国内工业的效果。

3）其他优点。与其他贸易保护政策相比，反倾销具有如下两个优点：一是有可能带来进口国社会福利的净增加；二是进口国以受害者的姿态出现，不易招致贸易保护主义者的指责。

基于上述种种原因，反倾销政策受到各国政府尤其是发达工业国政府的广泛青睐。

4. 反倾销的主要程序

如果一国遭受他国产品的倾销，一般都会对倾销产品征收反倾销税，但在征收反倾销税之前，该国必须对倾销行为进行调查。作为WTO"一揽子"文件之一的《反倾销协定》，对反倾销调查程序做出了详细的规定。根据WTO的有关原则，凡成员方制定反倾销法律或者采取反倾销调查行动，都必须与该文件保持一致。

反倾销调查程序包括申诉、立案、调查、初裁与终裁、行政复审等阶段。

（1）申诉　反倾销调查的启动一般应由进口方受到损害的行业或其代表向有关当局提交书面申请，这是反倾销调查的必要条件。

（2）立案　进口方当局在确认申诉材料真实可靠、决定立案后，就要通知其产品遭到调查的成员方和调查当局所知道的有利害关系的各方，并予以公告。

（3）调查　进口方当局在一定的期限内，对被告方的产品倾销幅度、对国内行业的损害以及两者之间的因果关系进行调查核实。在一般情况下,反倾销调查应在 1 年内结束,无论何种情况均不得超过从调查开始之后的 18 个月。在调查期间,各利害关系方有权举行听证会为其利益辩护。

(4) 初裁与终裁　初裁是指在完全结束调查之前,如果调查当局初步肯定或否定有关倾销或损害的事实,可以对相关产品采取临时措施。终裁是指调查当局最终确认进口产品倾销并造成损害,从而对其征收反倾销税。如果征收反倾销税,数额不得超过倾销幅度。可以征收反倾销税直至抵消倾销损害,但最长不超过 5 年。

(5) 行政复审　在反倾销税实行一段合理的时间后,对于是否继续征税,进口方当局可以主动或应当事人的要求进行行政复审,以确定是否继续或中止征收反倾销税或价格承诺。在进口方当局初步确认存在倾销、损害及其因果关系后,如果出口商主动承诺提高有关产品的出口价格或者停止以倾销价格出口,并且得到进口方当局的同意,那么反倾销调查程序可以暂时中止或终止。

【经典案例】

中国连续 23 年成为全球遭遇反倾销调查最多的国家

中国是贸易救济措施的首要目标国。2012 年—2016 年,中国共遭遇 35 个国家和地区发起的 473 起贸易救济调查,平均每 4 天就有一起调查针对中国,累计直接涉案金额约 644 亿美元。2017 年,中国继续成为全球遭遇反倾销和反补贴调查最多的国家,共遭遇 21 个国家和地区发起贸易救济调查 75 起,涉案金额 110 亿美元。至 2018 年 1 月,中国已连续 23 年成为全球遭遇反倾销调查最多的国家,连续 12 年成为全球遭遇反补贴调查最多的国家。这影响了中国钢铁、铝、光伏、轮胎、家电、化肥等诸多产品的出口。

与此对应的是,中国应对贸易摩擦的机制越来越成熟,手段和经验也越来越丰富。2017 年,中国通过政府交涉、法律抗辩、产业对话等多种手段,积极探索化解摩擦的方法。中华人民共和国商务部(以下简称商务部)表示,此举在 23 起案件中取得良好的效果。美国钢铁 232 调查和铝 232 调查被迫多次推迟发布调查报告和措施建议。平衡车 337 调查应对中方取得完胜。欧盟光伏双反措施取消数量限制,缩短期限,降低最低限价。

作为货物贸易大国,中国正面临着双重的产业重合,以及由此而来的双重摩擦:一方面,在低端的轻工、纺织等领域,中国的比较优势正在消减,并未培育出高端品牌,无法实现差异化竞争,因而遭遇到来自东南亚等发展中国家的贸易摩擦;另一方面,随着产业结构的调整升级,在光伏、机电等产业领域,中国和发达国家的产业结构正从互补变为交叉,甚至重叠,因而在产能过剩和高端产业领域将遭遇到更多的贸易壁垒。

(资料来源:http://chinawto.mofcom.gov.cn/article/dh/janghua/201801/20180102703150.shtml。)

二、反补贴

(一) 补贴及其类型

为了维护世界贸易中非歧视、自由、透明和公平竞争的秩序,WTO 专门制定了

《补贴与反补贴措施协定》（简称《SCM协定》），旨在规范和统一各国的财政补贴政策及其行为。

1. 补贴的概念

根据《SCM协定》的规定，补贴（Subsidy）是指一成员方政府或者任何公共机构提供的并为接受者带来利益的财政资助以及任何形式的收入或者价格支持，以直接或间接增加从其领土输出某种产品或减少向其领土内输入某种产品，或者对其他成员方利益形成损害的政府性措施。

根据这一定义，补贴只有在同时满足下列三个条件时才成立：①提供了财政资助；②资助是由WTO成员方领土内的政府或公共机构提供的；③资助授予了某项利益。

2. 补贴的类型

补贴主要分为三种类型。

（1）禁止性补贴　又称红灯补贴，即WTO成员不得给予或维持的补贴，包括出口补贴和进口替代补贴。出口补贴是指法律上或事实上以出口实绩为条件而给予的补贴；进口替代补贴是指以使用国产货物为条件而给予的补贴。

（2）可诉补贴　又称黄灯补贴，是指那些不是一律被禁止，但又不能自动免于质疑的补贴。这种补贴潜在地容易被起诉，或被征收反补贴税。

（3）不可诉补贴　又称绿灯补贴，包括两种类型：一类是不具有专向性的补贴，即那些具有普遍性的补贴，不会基于WTO的相关规定而引起任何反补贴措施；另一类是政府对科研、落后地区以及环保的补贴，只要具备《SCM协定》规定的条件，即使具有专向性，也属于不可诉范畴。

（二）反补贴及实施措施

反补贴（Anti-subsidy）是指一国政府或国际社会为了保护本国经济健康发展，维护公平竞争的秩序，或者为了国际贸易的自由发展，针对补贴行为而采取必要的限制性措施，包括临时措施、承诺及征收反补贴税。

（三）反补贴的特点

与反倾销和保障措施相比，反补贴作为新型贸易壁垒对一国外贸出口和经济发展具有更大的危害性，其特点如下：

1）反补贴的应诉主体为政府。补贴是政府行为，反补贴的调查对象是政府的政策措施。反倾销和保障措施的威胁主要针对企业和特定行业，而反补贴则会影响被调查国的贸易和产业政策、宏观经济政策甚至总体经济战略。

2）反补贴的调查范围更广泛。反倾销和保障措施仅涉及特定企业或产品，而反补贴的涉及面更加广泛，调查范围可能是接受政府补贴对象的下游企业甚至整个产业链，其危害更大。

3）反补贴的影响时间较长。相对于反倾销和保障措施，反补贴对一国经济的影响更加广泛和持久。为应对反补贴调查，一国政府必须逐步调整相应的贸易和产业政策，这种调整将在长时间内对一国经济、政治、社会发展产生巨大影响。

4）反补贴具有更强的连锁效应。在一成员方反补贴调查中被认定的补贴措施，可以直接被其他成员在反补贴调查中援引。在当前 WTO 的其他成员方对反补贴是否适用非市场经济体这一原则模糊不清时，美国的判例可能会产生很强的连锁效应。欧盟等其他 WTO 成员方可能会效仿美国，重新修订反补贴法，使之适用于非市场经济体出口的产品。

三、保障措施

（一）保障措施的概念

保障措施（Safeguard Measure）是指成员方在进口激增并对生产同类或者直接竞争产品的国内产业造成严重损害或严重损害威胁时，依据《1994 年关税与贸易总协定》所采取的进口限制措施。

（二）实施保障措施的条件

保障措施应是在本国市场受到外国产品的冲击而产生市场紊乱的情况下采取的救济措施。但近年来其有被滥用的趋势，形成了一种新型的非关税壁垒。因此，世界贸易组织的《保障措施协定》对实施保障措施规定了严格的条件，规定进口国实施保障措施应符合以下条件：

1）已经确定一种产品正在以较大的数量进入其领土。

2）进口国国内产业存在严重损害或严重损害威胁。

3）进口大量增加与进口国国内产业损害之间存在因果关系。如果增加的进口之外的因素正在同时对国内产业造成损害，则此类损害不得归因于增加的进口。

4）保障措施的实施应不分来源地适用于某项进口产品，不能对不同来源的产品有歧视性待遇。

（三）对发展中国家的规定

《保障措施协定》第 9 条对发展中国家成员做了如下规定：对于来自发展中国家成员的产品，只要其有关产品的进口份额在进口成员中不超过 3%，即不得对该产品实施保障措施，但是进口份额不超过 3% 的发展中国家成员份额总计不得超过有关产品总进口的 9%。

（四）保障措施的种类

实施保障措施主要有三种：①提高进口关税；②进口数量限制；③实施进口配额。

【经典案例】

中美轮胎特保案

案值 17 亿美元的中美轮胎特保案是奥巴马政府对中国发起的首例特保调查，也被视为"奥巴马时代中美贸易摩擦第一案"。

轮胎特保案始于 2009 年 4 月 20 日。当时，美国钢铁工人协会向美国国际贸易委员会（International Trade Commission，ITC）提出申请，以中国对美国轮胎出口扰乱美国市场为由，要求对从中国进口的轮胎实行配额限制的特保措施。同年 6 月 18 日，ITC 对中国乘用车及轻型卡车轮胎特保案做出肯定性损害裁决，并在同年 6 月 29 日公布了"轮胎特保案"的救济措施建议。在现行进口关税（3.4%～4.0%）的基础上，对中国输美乘用车与轻型卡车轮胎加征3年的特别关税，分别为55%、45%和35%。

2009年8月3日，中国橡胶工业协会组成产业代表团赴美进行游说工作，向美国政府施压。中方认为中国输美轮胎主要在美国的低端零售市场销售，而美国国产轮胎主要为美国高端汽车制造商配套，彼此并不构成直接竞争。同时，多家美国行业协会纷纷上书反对轮胎特保调查，指出一旦限制中国轮胎进口，将严重损害美国轮胎分销、零售从业者和消费者的利益。另外，在中国输美轮胎中，有相当一部分是美国制造商在华工厂生产或在华贴牌生产，"特保案"也会损害这部分美国制造商的利益。

最终，奥巴马政府在2009年9月11日对"特保案"做出裁决：对从中国进口的轻型卡车、小轿车轮胎实施3年的惩罚性关税，税率分别为35%、30%和25%。

2009年9月14日，中方就美轮胎特保措施正式启动WTO争端解决程序。2010年12月，WTO裁定美国此举符合世贸规则。其后中方在2011年6月再次上诉。2011年9月5日，世贸组织发布裁决结果，判定美国维持轮胎特保措施。至此，"轮胎特保案"以中方的败诉告终。

该案对中国轮胎相关行业的发展造成明显的负面影响，使中国直接经济损失达到10亿美元左右，约10万工人失业，且将失去北美轮胎市场。此外，它还造成许多负面的间接影响。美国的贸易保护会给其他国家的效仿创造契机，严重影响中国的轮胎出口。例如，2009年5月18日印度就效仿美国做法，对我国采取轮胎特保调查；到了同年6月18日，巴西开始对中国的客运、货运子午线轮胎进行反倾销调查。

注："特保"是"特定产品过渡性保障机制"和"特殊保障措施"的简称。

（资料来源：余淼杰. 国际贸易学：理论、政策与实证 [M]. 北京：北京大学出版社，2014：144-145.）

第四节 技术性贸易壁垒与绿色壁垒

一、技术性贸易壁垒

（一）技术性贸易壁垒的定义

所谓"技术性贸易壁垒"（Technical Barriers to Trade，TBT）是指一些国家或地区打着进一步实现世界贸易组织的各项目标，加速国际标准化进程，推进认证评审制度的全球化和维护生态环境及消费者利益等旗帜，利用其所拥有的技术和资金优势，通过制定各种严格、复杂、苛刻而且多变的技术标准、技术规范和认证制度，来达到阻止外国商品进入、保护本国市场的目的。它实际上是一些发达工业国家，利用其科技上的优势，通过商品法规、技术标准的制定与实施、商品检验及认证工作，对商品进口实行限制的一种措施。

TBT是新型非关税壁垒中一种间接限制进口的措施。进口国的这些规定和措施，并不一定是有意设置贸易障碍，但是，如果标准多变、过严、检验程序过于烦琐等，则会起到贸易壁垒的作用。

20世纪70年代,在国际贸易的非关税壁垒中,TBT占10%~30%。到20世纪90年代末,这一比例已经上升到45%。目前,TBT已经成为非关税壁垒中最隐蔽、最难对付的一种。

(二) 技术性贸易壁垒的特征

与传统关税壁垒相比,技术性贸易壁垒具有如下特性:

1. 广泛性

从产品角度看,不仅涉及与资源环境和人类健康有关的初级产品,还涉及所有的中间产品和工业制品。产品的加工程度和技术水平越高,所受的制约和影响越明显。从领域来看,已从有形产品扩展到金融、信息等服务贸易、投资、知识产权及环境保护等各个领域。从国别来看,各国均不同程度地设置了TBT。

2. 系统性

TBT是一个系统性贸易壁垒体系,不但包括世界贸易组织《技术性贸易壁垒协定》所规定的内容,还包括《实施卫生与植物卫生措施协定》《服务贸易总协定》等规定的措施。其他国际公约和组织等规定的对贸易产生影响的技术性措施也属于TBT的体系范畴。

3. 合法性

世界贸易组织设立技术法规、标准及检验程序,主要是为了保护国家安全及消费者的利益,因而有其合法的一面。世界贸易组织有关技术性贸易壁垒的协议并不否认各国技术性贸易壁垒存在的合法性和必要性,只是要求技术性贸易壁垒不应妨碍正常的国际贸易,不得具有歧视性。

4. 隐蔽性

为了实现合法目标,合理保护人类健康和安全及生态环境,可以采取适合的TBT措施。这种方式表面上对所有国家一视同仁,不直接体现歧视性。但是,TBT措施以高科技标准为基础,一些发达国家凭借自身的技术和经济优势,所设置的准入标准高于世界平均水平,并以高科技手段进行检验,致使科技水平相对落后的发展中国家难以做出判断和适应。这些发达国家是在借技术标准之名,行贸易保护之实,以达到限制别国产品进口的目的。此外,这类措施可以巧妙地隐藏在具体的执行过程中而无须公开声明。

5. 复杂性

技术性贸易壁垒因其涉及的技术和适用范围的广泛性,使其比配额、许可证管理等其他非关税壁垒更为复杂,而世界贸易组织允许各国根据自身特点,如地理及消费习惯等制定与别国不同的技术标准。因此,要证明技术标准是否妨碍正常的国际贸易并不容易。

6. 可操作性

由于TBT措施的制定主动权掌握在各国政府手里,不需要通过国际组织的批准,世界贸易组织对它的限制也很少。因此,与实施程序复杂、实施过程较长的反倾销相比,它的可操作性和见效快的特点为各国所关注。越来越多的发达国家通过采用此手段,短期内即可达到限制进口、保护本国产业和市场的目的。

（三）技术性贸易壁垒的主要措施

1. 严格繁杂的技术法规与技术标准

（1）技术法规 技术法规主要由国家立法机构制定的法律法规，行政部门颁布的命令、决定、条例、规范、指南等构成。涉及的内容范围包括劳动安全、环境保护、卫生健康、交通、节约能源与材料等。技术法规对商品和服务的生产（提供）、材料的使用、工艺流程、污染的控制、质量控制、包装等均产生强制性约束。

WTO要求成员方的技术法规应符合《技术性贸易壁垒协定》的规定，应尽可能地采用国际标准。

（2）技术标准 技术标准是指经公认机构批准的、非强制执行的、供通用或重复使用的产品或其相关工艺和生产方法的规则、指南或特性的文件。目前大量存在的技术标准主要包括生产标准、实验与检验方法标准、安全卫生标准等。

随着竞争的加剧，工业发达国家对于许多产品规定了极为严格、烦琐的技术标准，有意识地利用标准作为竞争的手段，把标准中的技术差异作为贸易保护主义的措施。进口商品必须符合这些标准才能进口，其中有些规定往往是针对某些或某个国家的。例如，日本对滑雪板有严格的技术标准，它强调本国雪质特殊，一般国外的滑雪板都达不到日本技术标准的要求。如果使用不合格的滑雪板，日本保险公司不给予保险，出现事故自行负责。再如，瑞士厨房各种用具的尺寸都比欧洲其他国家的小5cm，出口国为了出口到瑞士，只能调整生产设备，这在无形中增加了自己的生产成本，也为瑞士的产品赢得了竞争的空间。

2. 复杂的合格评定程序

合格评定程序是指按照国际标准化组织（International Organization for Standardization，ISO）的规定，依据技术规则和标准，对生产、产品、质量、安全、环境等环节以及对整个保障体系进行全面监督、审查和检验，合格后由国家或国外权威机构授予合格证书或合格标志，以证明某项产品或服务是符合规定的标准和技术规范。合格评定程序包括产品认证和体系认证两个方面。产品认证是指确认产品是否符合技术或标准的规定；体系认证是指确认生产或管理体系是否符合相应规定。当代最流行的国际体系认证有ISO 9000质量管理体系认证和ISO 14000环境管理体系认证。

质量认证和合格评定是"双刃剑"，一方面能促进国际贸易的发展，另一方面能充当阻碍国际贸易发展的工具。当一种质量认证体系能被各国接受，检验结果能够相互承认时，就将促进国际贸易的发展。然而事实上，各国实行的质量认证体系是多种多样的，即使各国所采用的产品标准和检验方法相同，但由于各国认证体系之间的差异，如依据标准水平不同、质量认证体系的内容不同、认证机构的资格确认不同、检验机构的水平不同等，质量认证和合格评定仍会成为贸易中的技术壁垒。

3. 严格的商品包装和标签规定

为防止包装及其废弃物可能对生态环境、人类及动植物的安全构成威胁，许多国家对商品包装和标签规定了苛刻的标准和烦琐的内容，要求在国内市场上销售的商品必须符合各种包装和标签条例,否则不准进口或禁止在其市场上销售。

各国颁布的有关商品包装的法律、法令的主要内容包括:①海关依法禁止进口商品采用可能对本国生态环境造成破坏的包装材料;②采取立法形式禁止使用某些包装材料;③强制执行再循环或再利用法律;④向生产包装材料的企业征收原材料税;⑤向商品生产企业征收商品包装税(费);⑥若在商品包装中全部使用可再循环的包装材料可以免税,如部分使用可再循环的材料,则征收较低的税,若全部使用不可再利用或再循环的材料,则征收较高的税;⑦征收废物处理税费;⑧建立绿色标志制度。

4. 卫生检疫规定

基于保护环境和生态资源、确保人类和动植物健康的目的,许多国家特别是发达国家,在卫生检疫方面都制定有严格的产品检验和检疫制度,尤其是对农药残留、放射性物质残留及重金属含量的要求日趋严格。随着越来越激烈的贸易竞争,发达国家实施更为苛刻的卫生检验、检疫标准,以限制或禁止他国商品的进口。例如,美国要求其他国家或地区输往美国的食品、饮料、药品及化妆品必须符合美国的《联邦食品、药品和化妆品法案》(*Federal Food, Drug and Cosmetic Act*),否则不准进口。美国利用其卫生检疫规定对进口商品进行严格检查:对进口食品的管理,除市场抽样外,主要在口岸检疫,不符合要求的将被扣留,然后以改进、退回或销毁等方式处理。

5. 信息技术壁垒

随着信息网络技术的快速发展,近几年电子商务在全球商业贸易活动中的应用日益增多。但从世界范围来看,相较于发展中国家,发达国家在电子商务技术的水平和应用程度上具有很大的竞争优势。它们凭借其先进的信息技术、良好的计算机软硬件设备与通信设施及健全的法律法规制度等制定了电子商务标准,这些标准对其他相对落后的国家形成了新的技术性贸易壁垒。

二、绿色贸易壁垒

绿色贸易壁垒也称环境贸易壁垒,是指进口国或地区以保护生态环境、自然资源以及人类和动植物的健康为由,以保护本国市场和贸易为根本目的,通过制定一系列复杂苛刻的环保制度和标准,来限制国外产品或服务进口的贸易保护措施。

现代社会人们对生存环境和生活质量的要求越来越高,对于那些可能对环境和健康带来危害的商品和服务表现出了较高的敏感性。所以,环保制度和标准从总体上来说是合理的,但在具体实施中很容易被贸易保护主义利用,形成市场准入的壁垒。

绿色贸易壁垒是属于技术性贸易壁垒中的一项,产生于20世纪80年代后期,20世纪90年代开始兴起于各国。实践中,绿色贸易壁垒有多种表现形式,主要的措施包括以下几个方面:

1. 绿色关税制度

绿色关税制度是指进口国以保护环境为由,对一些污染环境、影响生态环境的进口产品除征收一般正常关税外,再加征额外的关税,又称为环境进口附加税。

2. 环保技术标准

环保技术标准是指发达国家以保护环境为名,通过立法手段制定严格的强制性环保技术标准，限制国外商品的进口，有些国家甚至执行内外有别的环保标准，其保护主义本质昭然若揭。这些标准对发展中国家来说很多在短期内难以达到，因而势必形成贸易壁垒。

3. 绿色环境标志

绿色环境标志也称绿色标志或生态标志，由政府管理部门或民间团体按照严格程序和环境标准颁发给厂商，附印于产品及包装上。绿色环境标志产生的时间不长，但发展十分迅速。发展中国家产品要进入发达国家市场，必须花费很多额外的费用取得这种"绿色通行证"。

自德国于 1978 年率先提出"蓝色天使"计划，推出"生态环境标准"标志以来，许多发达国家纷纷效仿，制定了各自的绿色标志，如北欧四国的"白天鹅制度"、欧洲联盟的"EU 制度"、加拿大的"环境选择制度"、日本的"生态标志制度"等，使发展中国家产品进入发达国家市场步履维艰，甚至受到巨大冲击。

4. 绿色包装制度

所谓绿色包装是节约资源、减少废弃物、用后易于回收再用或再生、易于自然分解又不污染环境的包装。设置的国家利用这种措施能够有效地防止出口国的病虫害传入，但过分苛刻的要求会大大增加出口商品的成本，成为一种绿色贸易壁垒。

英国在 2000 年开始实行包装废弃物 50%~75% 重新使用的标准。日本强制推行《回收条例》和《废弃物清除条件修正案》。丹麦要求所有进口的啤酒、矿泉水、软性饮料一律使用可再生的容器，否则不许进口。

5. 绿色卫生检疫制度

为了保护环境和生态资源，确保人类和动植物免受污染物、毒素、微生物和添加剂的影响，许多国家特别是发达国家制定了严格的环境与技术标准。随着环境污染物的变化，各国制定的相关检疫标准以及检疫对象也在发生变化。各国环境与技术标准的指标水平和检测方法不同，以及对检验指标设计的任意性，使环境和技术标准可能成为绿色贸易壁垒。

6. 绿色补贴制度

为了保护环境和资源，企业必须付出各种成本。但由于污染治理费用通常十分高昂，很多发展中国家的企业无力投资新环保技术、环保设备和开发清洁技术产品。一些国家政府有时只能为此给予一定的环境补贴。而发达国家要求将环境和资源成本内在化，也就是执行"污染者付费"原则。因此，进口国家往往以环境补贴为由对接受补贴的进口商品提出反补贴起诉。

第五节　社会壁垒与动物福利壁垒

一、社会壁垒

（一）社会壁垒的概念

社会壁垒是指以劳动者的劳动环境和生存权利为借口而采取的贸易保护措施。社会壁垒由各种国际公约的社会条款构成,是对国际公约中有关社会保障、劳动者待遇、劳工权利、劳动标准等方面规定的总称。

社会条款提出的本意是为了保护劳动者的权益,规范企业的道德标准和社会责任。这反映了人类社会对企业发展的社会期待,强调生产过程中对人的价值的关注,强调企业的社会责任与人文关怀,具有积极的意义。

但现实中社会条款非常容易被贸易保护主义者利用而演变为一种新型的贸易壁垒,成为发达国家削弱或限制发展中国家劳动密集型产品出口的有力工具。

(二)社会壁垒产生的主要原因

1. 发达国家劳动成本优势低

发展中国家技术比较落后,而且生产条件差,在国际市场竞争中整体处于劣势。为了降低产品的成本,提高产品在国际市场上的竞争力,发展中国家必须在劳动成本上创造一些优势。各国劳工工资水平、工作时间、劳动环境和安全卫生状况等条件存在差异,使劳工标准低的国家生产成本较低,在国际贸易中有相对比较优势。发达国家认为,发展中国家劳工标准低的成本优势必定造成向劳工标准高的国家的"社会倾销",因此,发达国家提出,在国际贸易自由化的同时应在贸易协议中制定出统一的国际劳工标准,并对达不到国际标准的国家的产品进行限制。

2. 跨国公司面临提升劳工权益的压力

一些发达国家公司选择在劳动力成本低的发展中国家开办企业,让当地劳工在低工资水平和恶劣的生产环境下长时间工作。当这些情况被曝光,加上受到劳工组织抗议后,跨国公司不得不制定社会责任守则。由于跨国公司间的社会责任守则存在差异,为了平衡和统一这些差异,由社会责任国际组织(Social Accountability International,SAI)制定了社会责任标准SA 8000。目前全球大采购集团非常看重有SA 8000认证的企业的产品,这迫使很多企业投入巨大人力、物力、财力去申请与维护认证体系。

3. 国际人权保护意识的提升

国际上对人权保护和劳工的权益问题的关注由来已久,相关的国际公约有很多个,如《男女工人同工同酬公约》《儿童权利公约》《经济、社会与文化权利国际公约》等,国际劳工组织也详尽地规定了劳动者权利和劳动标准问题。1993年,在新德里召开的第13届世界职工安全大会上,欧盟国家代表提出把人权、环境保护和劳动条件纳入国际贸易范畴,对违反者予以贸易制裁,促使其改善工人的经济和社会权利。

(三)社会壁垒的典型代表

目前,在社会壁垒方面的代表是SA 8000标准(社会责任标准),该标准是从ISO 9000(质量体系标准)系统演绎而来的,用以规范企业员工职业健康管理。

SA 8000是全球首个道德规范国际标准,其宗旨是确保供应商所供应的产品皆符合社会责任标准的要求,适用于世界各地、任何行业、不同规模的公司,同ISO 9000质量管理体系及ISO 14000环境管理体系一样,为一套可被第三方认证机构审核的国际标准。

SA 8000是当前将劳工标准与贸易挂钩的一种认证制度,它主要关注的是人,而非产品和环境。SA 8000标准在童工、强迫性劳动、组织工会的自由与集体谈判的权利、歧视、惩戒性措施、工作时间、工资、健康与安全、管理系统等领域制定了最低要求。若出口企业未严格遵守这些要求，进口国可采取限制性进口措施。例如，SA 8000 对工作时间有最低要求：企业在任何情况下都不能经常要求员工一周工作超过 48h，并且每 7 天至少应有一天休假；每周加班时间不超过 12h，除非在特殊情况下及短期业务需要时，否则不得要求加班，且应保证加班能获得额外津贴。仅仅这一条规定，就足以使一些劳动密集型企业陷入危机。

为限制发展中国家劳动密集型产品的进口，从 2004 年 5 月 1 日开始，美国、欧盟的一些国家开始强制推行 SA 8000 认证标准。

【知识拓展】

SA 8000 的主要内容

SA 8000 就是社会责任标准，是 Social Accountability 8000 的英文简称，于 1997 年 10 月公布。SA 8000 对企业的要求主要包括：

（1）童工。不应使用或者支持使用童工，应与其他人员或利益团体采取必要的措施确保儿童和应受当地义务教育的青少年的教育，不得将其置于不安全或不健康的工作环境或条件下。

（2）强迫性劳动。不得使用或支持使用强迫性劳动，也不得要求员工在受雇起始时交纳"押金"或寄存身份证件。

（3）健康与安全。应为员工提供健康、安全的工作环境，采取足够的措施，最大限度地降低工作中的危害隐患，尽量防止意外或伤害的发生；为所有员工提供安全卫生的生活环境，包括：干净的浴室、厕所，可饮用的水，洁净安全的宿舍，卫生的食品存储设备等。

（4）结社自由和集体谈判权。应尊重所有员工自由组建和参加工会以及集体谈判的权利。

（5）歧视。不得因种族、社会等级、国籍、宗教、身体、性别、性取向、工会会员、政治归属或年龄等而对员工在聘用、报酬、培训机会、升迁、解职或退休等方面有歧视行为。

（6）惩戒性措施。不得从事或支持体罚、精神或肉体胁迫以及言语侮辱。

（7）工作时间。标准工作周不得经常超过 48h，员工每 7 天至少有一天休息时间。所有加班应支付额外津贴；任何情况下员工每周加班时间不得超过 12 小时且所有加班必须是自愿的。

（8）工资报酬。支付给员工的工资不应低于法律或行业的最低标准，并且必须足以满足员工的基本需求，以及提供一些可随意支配的收入，并以员工方便的形式如现金和支票支付；对工资的扣除不能是惩罚性的，并应保证定期向员工清楚详细地列明工资、待遇构成；应保证不采取纯劳务性质的合约安排或虚假的学徒工制度以规避有关法律所规定的对员工应尽的义务。

（9）管理系统。高层管理层应根据本标准制定公开透明、各个层面都能了解并实施的符合社会责任与劳工条件的公司政策，要对此进行定期审核；委派专职的资深管理代表具体负责，同时让非管理阶层自选出代表与其沟通；建立并维持适当的程序，证明所选择的供应商与分包商符合本标准的规定。

（资料来源：https://wenku.baidu.com/view/9deb280d52ea551810a687fd.html。）

二、动物福利壁垒

（一）动物福利的概念与主要内容

动物福利是指农场饲养中的动物与其环境协调一致的精神和生理完全健康的状态。动物福利强调的不是人类不能利用动物，而是应该怎样合理、人道地利用动物，要尽量保证那些为人类做出贡献和牺牲的动物享有最基本的权利。

早在1974年，欧盟就制定了宰杀动物的法规。欧盟对猪的福利规定如下：小猪出生要吃母乳；要睡在干燥的稻草上；拥有拱食泥土的权利；运输车须清洁并在途中按时喂食和供水；运输中要按时休息，运输超过8h就要休息24h；杀猪要快，须用电击且不被其他猪看到，要等猪完全昏迷后才能放血分割等。到2013年，欧盟各成员方必须停止圈养式养猪，而采取放养式养猪。在欧洲，动物所享有的福利还不限于此，欧盟委员会食品安全署还专门为动物设立了福利部门。

在2004年3月的世界卫生组织巴黎会议上，学者们进一步将动物福利这一概念归纳为五个方面：

1）生理福利。为动物提供充足清洁的饮水和保持健康所需的饲料，让动物无饥渴的忧虑。

2）环境福利。为动物提供适当的居所，使其能够舒适地休息和睡眠。

3）卫生福利。为动物做好防疫和诊治，减少动物的伤病之苦。

4）行为福利。为动物提供足够的空间、适当的设施，保证动物表达天性的自由。

5）心理福利。减少动物免遭各种恐惧和焦虑的心情（包括宰杀过程）。

（二）动物福利壁垒及应用

动物福利壁垒是指在国际贸易活动中，进口国将动物福利与国际贸易紧密挂钩，以保护动物或维护动物福利为由，制定一系列措施以限制甚至拒绝外国货物进口，从而达到保护本国产品和市场的目的。例如，2002年，在我国各地水产管理部门下令围剿食人鲳的时候，国际动物保护组织对处理食人鲳的方式进行了干预，要求中国必须对食人鲳实施安乐死，否则将呼吁世界各国抵制进口中国的水产品。

现在，越来越多的发达国家已经开始将动物福利与国际贸易紧密挂钩，将动物福利作为进口活体动物的一个重要标准。比如2003年，欧洲议会与欧盟理事会通过了一项法令，要求在2009年之后，在欧盟范围内禁止用动物进行化妆品毒性和过敏实验，也不允许其成员方从外国进口和销售违反上述禁令的化妆品；美国政府早已制定了非常全面的动物福利法案，该法案对人应该给动物一个什么样的正常生存环境做了非常具体的规定。自2010年4月以来，美国加大对该法案的执法力度。

动物福利有合理、合法的一面，但如果用发达国家的动物福利标准来要求发展中国家，则发展中国家很难在短时间内达标。所以，这对发展中国家来说是不公平的，是一种变相的歧视，是以"动物福利"名义而设置的非关税壁垒。滥用动物福利壁垒增加了企业的出口成本，削弱了产品的国际竞争力，导致贸易摩擦的产生，严重扭曲国际贸易的正常发展。

第六节　知识产权壁垒

知识产权是指人们就其智力劳动成果所依法享有的专有权利，通常是国家赋予创造者对其智力成果在一定时期内享有的专有权或独占权。其范围包括专利、商标、著作权及相关权、集成电路布图设计、地理标志、植物新品种、商业秘密、传统知识、遗传资源以及民间文艺等。知识产权本质上是一种无形财产权，客体是智力成果或是知识产品，受到国家法律的保护，也具有价值和使用价值。当知识产权的排他性应用到跨国生产经营当中时，一国的知识产权保护政策就与进出口贸易联系起来，于是成为各国重要的贸易政策之一，由此产生了知识产权壁垒。

所谓知识产权壁垒，是指在保护知识产权的名义下，对含有知识产权的商品（如专利产品、贴有合法商标的商品，以及享有著作权的书籍、唱片、计算机软件等）实行进口限制，或者凭借拥有知识产权优势，实行不公平贸易。知识产权壁垒是非关税壁垒的一种，一方面，在知识产权保护的旗帜下，知识产权壁垒具有符合《与贸易有关的知识产权协定》（TRIPS）国际规则的合法性；另一方面，在目前有关知识产权的国际规则的框架内，还缺乏统一的技术标准和有效的监管和平衡机制。因此，世界范围内一些不确定性的知识产权壁垒还将广泛存在。

据商务部的一项调查显示，我国每年约有70%的外贸出口企业遭遇到国外技术型贸易壁垒的限制。这些技术壁垒大多与知识产权有关。国内知识产权研究专家蔡建敏认为："知识产权已经与出口顺差、人民币币值等问题共同成为中美贸易的三大焦点，而知识产权更是其中的头号议题。"此外，近年来国外一些大型跨国公司也动辄就对中国企业发起知识产权诉讼。国际大型跨国公司针对中国企业发起的知识产权诉讼，主要针对以下三种企业：产品在国内外市场有一定份额的企业；本身缺乏核心技术和专利技术的企业；有进军国际市场大动作的企业。

【经典案例】

温州打火机事件

2002年5月的"温州打火机事件"是我国加入WTO后发生的第一起知识产权壁垒案件。当时，温州每年生产打火机8.5亿只，出口达5亿只，在欧洲市场占有率达到80%，出口额达到3000万美元（当时1美元=8.263元人民币）。然而温州打火机出口价格多在1欧元（当时1欧元=7.384元人民币）左右，且绝大多数没有安装安全锁。根据2002年5月欧盟标准化委员会公布的关于打火机的安全标准（CR标准），出厂价或海关价低于2欧元的打火机必须安装防止儿童开启的安全锁装置。然而，这些童锁专利基本多被欧美企业掌握，中国企业要想符合这一标准，只有两个选择：一是向外国企业购买专利，支付巨额的专利费，但生产成本会大大提高，失去价格优势进而可能失去市场；二是温州企业自行研制，而研制需要很长的时间和巨大的开发费用，也可能失去欧盟市场。

早在1994年美国也有类似于CR的法规出台，同样使温州打火机产业损失惨重，在美国市场节节败退。

（资料来源：根据相关资料整理得来。）

第七节 对外贸易国家垄断与歧视性的政府采购

一、对外贸易国家垄断

对外贸易国家垄断又称进出口国家垄断，是指国家对某些商品的进出口，规定由国家直接经营，或者是把某些商品的进口或出口的垄断权给予某个垄断组织。

一般而言，国家垄断经营的主要是关系国计民生或国家安全的重要商品，同时也是极容易产生垄断利润的产品，一般是需求价格弹性极小的产品，或是战略性产品。世界各国对进出口产品垄断的情况不尽相同，但归纳起来，主要集中在以下三类产品上。

第一类是烟和酒。烟、酒不是生活必需品，但它们是消费者众多、消费量很大的商品，国家对其实行垄断，既可以取得巨额的财政收入，又可以将其进口控制在一定的数量之内。

第二类是农产品。农产品是敏感性产品，关系到国计民生，因此许多国家对其进出口实行垄断。美国的农产品信贷公司，就是资本主义世界最大的农产品贸易垄断企业。它低价收购国内的"剩余"农产品，然后以高价向国外销售，或按照所谓"外援"计划向缺粮国家，主要是发展中国家大量出口。

第三类是武器。武器直接关系到国防和社会的安定，几乎世界上所有的国家都由国家直接垄断武器的进出口，或委托一些大型跨国公司、国有公司来负责，以有效控制武器的进出口。

一些发展中国家为了打破外商在对外贸易上的垄断，成立国有贸易机构，直接控制进出口业务和主要进出口商品的品种和数量。有些发展中国家对其他国家国有贸易机构的贸易往来，采取了由国有贸易机构直接经营的办法。

二、歧视性政府采购政策

歧视性政府采购政策是指国家通过法令，规定政府机构在采购时要优先购买本国产品，从而对国外产品构成歧视。有的国家虽无明文规定，但优先采购本国商品已成为惯例。这种政策起到了限制外国商品进口的作用，实际上是一种歧视性政策。

关贸总协定"东京回合"谈判达成了政府采购自由化的协议。协议规定除国防开支、通信设备和部分能源设备外，各国政府采购应实行公开竞争的国际投标，但各国对政府采购仍然限制很大。

美国从 1933 年开始实行，并于 1954 年和 1962 年两次修改《购买美国货法案》(The Buy American Act，BAA)。该法案规定，凡是美国联邦政府所要采购的货物，应该是美国制造的，或是用美国原料制造的。开始时，凡商品的成本有 50% 以上是在国外生产的，就称作外国货。后来又对法案做了修改，即在美国自己生产的数量不够，或者国内价格太高，或者不买外国货就会伤害美国利益的情况下，可以购买外国货。优先采购美国商品的价格高出国际市场价格的 6%~12%。然而，美国国防部和财政部常常采购比外国产品价格高 50% 的美国产品。

由于政府采购的商品与服务比较集中且购买量巨大，政府的歧视性做法势必导致原产于国外的这些商品和服务难以进入政府采购市场，从而对进口商品和服务形成限制。2015 年，欧盟 28 国政府采购占当年 GDP 的 13%，政府支出 20,153 亿欧元，但仅公开招标采购 4,502 亿欧元。美国政府每年的采购额都在万亿美元以上，占 GDP 的 20% 左右。2017 财年，美国联邦支出 4.9 万亿美元，其中公开协议采购部分仅 5,079 亿美元。

虽然"东京回合"就签署了《政府采购协定》，但鉴于关贸总协定和世界贸易组织关于政府采购的协议具有"诸边"协议的特点，无法消除各国或地区当局在采购过程中对进口商品和服务形成的歧视。因而，歧视性政府采购仍然是一种被广泛采用的限制商品和服务进口的措施。

第八节 其他非关税壁垒

一、进口许可证制

进口许可证制是指进口国家规定某些商品进口必须事先向国家有关机构提出申请，经过审查并发给进口许可证后，才可进口。一国通过是否发放进口许可证和发放数量来限制进口。进口许可证的内容包括进口国别、商品名称、数量、金额和有效期限等。

进口许可证的使用已经成为各国管理进口贸易的一种重要手段。一方面，它便于进口国政府直接控制进口，通过对进口商品实行许可管理，可以调节国家进口商品结构，稳定国内市场。另一方面，它也可以被用作非关税壁垒，方便地实施贸易歧视。如进口国故意制定烦琐复杂的申领手续和程序，使得进口许可证制度成为一种拖延或限制进口的贸易保护的工具。

二、海关壁垒

海关壁垒是指海关利用征收关税之外的其他监管手段，对外国产品的进口设置障碍。海关壁垒的主要手段有：

1. 专断的海关估价

海关估价制度是指当一国征收的关税为从价税时，由海关根据国家的规定，确定进口商品完税价格，并以海关估定的完税价格作为计征关税的基础的一种制度。由于海关估价的方法较多，如果海关估价被滥用，人为地高估进口商品的价格，无疑就增加了进口商的税收负担，对商品进口形成了障碍，就成为专断的海关估价。用专断的海关估价来限制商品进口的现象，以美国最为突出。

不过在关贸总协定"东京回合"制定了《海关估价守则》（后修订为《海关估价协议》）后，各国的海关估价方法趋于规范和统一，但仍可变通。例如，海关在进口商品的分类上做文章，把出口商品尽可能地归入税率较高的一栏，也可提高商品的实际关税。

2. 烦琐的海关程序

海关程序就是进口货物通过海关时必须经历的程序，一般包括申报、征税、查验和放行。

进出口贸易的重要环节之一就是需要在海关办理各种手续。海关办理手续自然有一定的程序，并要求提供各类文件和信息，这其中有些是必不可少的，有些则可有可无。如果需要限制进口，海关则会规定复杂的程序，要求提供繁多的文件与无关紧要的信息，拖延进口的速度。

烦琐的海关手续，从表面上看并不直接限制进口，但可以拖延时间、降低产品通关效率。货物延迟卸载、占用码头和仓库的费用非常高昂，会大大提高进口产品的成本。另外，对于许多鲜活产品来说，延误时间会导致致命的打击。所以，对进口国来说，这也是一种非常重要的非关税壁垒。对于这一非关税壁垒，世贸组织目前并无良好的对策来加以限制。许多国家都主张把提供贸易便利条件作为世界贸易组织下一轮谈判的重要议题。

【经典案例】

普瓦提埃海关效应

日本的录像机由于质量好，而且价格又比较便宜，因而大量流入法国，严重冲击了法国的国内市场。1981 年前 10 个月，进入法国的录像机每月清关 64,000 台。为了阻拦日本录像机进口，1982 年 10 月，法国政府下令所有进口的录像机必须经过普瓦提埃海关办理清关手续，并且所有的报关文件和录像机说明书都要用法文。普瓦提埃是法国北部港外的一个偏僻的内陆小镇，原来只有 4 名海关人员，后来增加到 8 人。日本录像机到达法国北部港口后，还要转用卡车运到普瓦提埃，并要办理繁杂的海关手续，所有的文件应为法文，使原来的说明书要临时请人翻译，而且每一个集装箱必须开箱检查，每台录像机的原产地和序号要经过校对。这一措施出台后，每月清关的进口录像机不足 1,000 台。日本被迫实行对法国录像机出口的"自愿"出口限制。

（资料来源：https://wenku.baidu.com/view/b902700f178884868762caaedd3383c4bb4cb4c3.html。）

3. 制定独特的商品分类

有些国家不依关税合作理事会制定的税则和"协调制度"（H.S.）来制定本国海关税则和商品分类，自己单独有一套商品分类，使外国出口商难以应付。

三、原产地规则

原产地规则是指一国根据国家法令或国际协定确定的原则制定并实施的，以确定生产或制造货物的国家或地区的具体规定。为了实施关税的优惠或差别待遇、数量限制或与贸易有关的其他措施，海关必须根据原产地规则的标准来确定进口货物的原产地，给予相应的海关待遇。

原产地规则的主要内容包括原产地标准、直接运输原则和证明文件等，其中最重要的是原产地标准。原产地标准多由各国自行规定，大多不统一。海关合作理事会具体规定了原产地标准，供签订《京都公约》的各国采用。

原产地规则的产生起源于对国别贸易统计的需要，方便实施正常的贸易管理。然而伴随着国际贸易的发展，原产地规则的应用范围也随之扩展，涉及关税计征、国别配额、反倾销、政府采购甚至濒危动植物的保护等诸多范畴，成为西方各国实施其贸易政策的有力工具。

原产地规则在国际贸易中通常用于以下几个方面：

1）作为原产地标记告诉消费者商品的产地，满足消费者选择的需要。

2）确定出口国享受不同关税待遇的重要依据。例如，发达国家给予发展中国家的普惠制待遇，要求发展中国家在出口时必须出具真实有效的原产地证明。

3）海关统计确定贸易伙伴产品归属的主要标准之一。

4）进口国分析进口商品结构、调整产业政策。

5）实施国别配额管理和实施特定卫生检疫。例如，英国发生疯牛病时，各国都对来自英国的牛肉实施特别的卫生检疫，更具针对性。

原产地判定标准往往带有浓厚的保护主义色彩。一个国家往往从本国利益出发利用该规则对贸易伙伴实施贸易限制、报复和制裁，使本意为增强国际贸易的可预见性和确定性的规则变成"灰色"措施和潜在壁垒。

四、外汇管制

外汇管制是指一国政府通过法令，对国际结算和外汇买卖实行限制，以平衡国际收支和维持本国货币汇价的一种制度，主要在经济实力较弱、外汇资金短缺的国家中实行。

在外汇管制下，出口商必须将其出口所得的外汇收入按照官定汇率卖给外汇管制机构；进口商必须在外汇管制机构按官定汇价申请购买外汇。这样，一国就可以通过确定官定汇价、集中外汇收入和控制外汇支出的办法，达到限制进口商品的品种、数量和进口国别的目的。

外汇管制的方式较为复杂，而且随着经济发展不断调整，一般可分为以下几种：

1. 数量性外汇管制

数量性外汇管制是指国家外汇管理机构对外汇买卖的数量直接进行限制和分配，以达到限制进口的目的。一些国家实行数量性外汇管制时，往往规定进口商必须获得进口许可证后，方可得到所需的外汇。

2. 成本性外汇管制

成本性外汇管制是指国家外汇管理机构对外汇买卖实行复汇率制度，利用外汇买卖成本的差异，间接影响不同商品的进出口。

3. 混合性外汇管制

混合性外汇管制是指同时运用上述两种管制方式，使国家能更有效地控制外汇和商品进出口。

五、国内税

国内税是指在一国的国境内，对生产、销售、使用或消费的商品所应支付的捐税。一些国家往往采取国内税制度直接或间接地限制某些商品进口。通常的做法是对国内产品和进口产品征收较大差幅的消费税，通过对进口产品征收高于国内产品的消费税来削弱进口商的竞争力，从而抑制进口。

这是一种比关税更灵活、更易于伪装的贸易政策手段。因国内税的制定和执行权力属于本国政府机构，有时甚至由地方政府制定和执行，国内税通常不受贸易条约或多边协定的限制和约束，其他国家很难通过贸易协定对其进行谈判。另外，国内税可以巧立名目，在商品进入关境后的任一环节征收。对同一种商品，因其由不同国家生产，所征的国内税可以差别很大。

六、进口最低限价制与禁止进口

1. 进口最低限价制

最低限价就是一国政府规定某种进口商品的最低价格，凡进口货价低于规定的最低价格，则征收进口附加税或禁止进口以达到限制低价商品进口的目的。

规定进口最低限价是为了抵消进口商品与本国商品竞争的价格优势。进口最低限价与差价税类似，都是为了使进口商品的价格达到某一水平，因而最低限价有些像门槛价格，但最低限价在限制进口方面要比差价税作用更强。

美国曾实行过一种叫作"启动价格制"的最低限价措施。这种措施主要是为了抑制西欧和日本的低价钢材和钢材制品的进口。这种价格的限制标准，是以当时世界上效率最高的钢材生产者的生产成本为基点计算出的最低价格为最低限价。如果进口的该类商品价格低于这个价格（启动价格），则要求出口商必须调高价格，否则将征收反倾销税。

2. 禁止进口

一些国家往往颁布法令，公布禁止进口货单，禁止这些商品的进口。例如，2003年5月，加拿大发现了本国的第一例疯牛病，美国即宣布禁止从加拿大进口活牛和牛肉制品。由于美国是加拿大最大的活牛和牛肉制品出口国，所以美国及其他国家的禁令对加拿大养牛业造成了很大打击。

【本章小结】

1. 随着关税措施对进口限制的作用下降，非关税壁垒不断涌现。非关税壁垒是当今最主要、最有效的限制进口措施，而且依然在不断发展演变之中。

2. 非关税壁垒形成的根本原因是各国经济发展水平不平衡。与关税措施相比，非关税壁垒具有灵活性和针对性、有效性和直接性、隐蔽性和歧视性。

3. 常见的非关税壁垒有进口配额、"自愿"出口限额、相机保护措施、海关程序、技术性贸易壁垒等。近年，各种以保护国民健康和环境为由的技术性贸易壁垒和绿色贸易壁垒得到迅速发展，并日益成为非关税壁垒的主体形式。

【习题与思考】

1. 什么是非关税壁垒？试述其主要特点。
2. 试用图形简要分析进口配额的经济效应。
3. 你认为中国屡遭国外反倾销调查和制裁的深层次原因是什么？中国企业应如何应对？
4. 技术性贸易壁垒的主要措施有哪些？

国际贸易理论与实务

第十章
鼓励出口的措施

国际贸易是拉动一国经济增长的"三驾马车"之一,其中出口的作用更为重要。出口扩大能增加收入,扩大就业,推动国内经济增长,所以各国都有动力出台出口鼓励政策并配套各种鼓励出口的措施。鼓励出口的措施是指一国政府通过经济、行政和组织等方面的措施,促进本国商品的出口,以开拓和扩大国外市场。各国鼓励出口的措施多种多样,涉及经济、政治、法律等多方面,运用了财政、金融、汇率等经济手段和政策工具。常见的鼓励出口的措施主要有出口补贴、商品倾销、外汇倾销、出口信贷与国家担保以及建立经济特区等。

第一节 出口补贴

一、出口补贴

(一) 出口补贴的概述

出口补贴(Export Subsidy)又称出口津贴,是指一国政府(或同业公会)为了刺激本国产品出口,给予出口商的现金资助或财政上的优惠待遇,以降低出口商品的出口成本和价格,提高其在国际市场上的竞争力。

(二) 出口补贴的形式

出口补贴有两种基本形式:直接补贴和间接补贴。

直接补贴是政府在商品出口时直接付给出口商的现金补贴,包括价格补贴和收入补贴。主要来自财政拨款,其目的在于弥补因出口商品国际价格低于国内价格而导致的亏损,或者为了补偿出口商品的利润率低于国内利润率而造成的损失。

间接补贴是政府对出口商品给予财政上的优惠,间接推动本国商品的出口,包括对出口商品提供税收减免、对出口企业提供低息贷款、免费或低费为出口商品提供运输服务等。其具体包括：退还或减免出口商品所缴纳的国内税，如销售税、消费税和增值税等；对进口原料或半制成品加工再出口给予暂时免税或退还已缴纳的进口税，免征出口税，对企业开拓出口市场提供补贴等。

二、出口补贴的经济效应

与对进口商品征税一样，出口补贴也会产生各种连锁反应，同样，出口补贴对生产、消费、价格和贸易量等的影响也会因其市场地位是贸易大国还是贸易小国而各不相同。

（一）贸易小国出口补贴的经济效应

如图 10-1 所示，D 是国内需求曲线，S 是国内供给曲线。没有出口补贴时，该国出口商品的初始国际价格为 P_0，国内需求量为 Q_1，国内生产量为 Q_2，供大于求的部分（Q_2-Q_1）为该国的出口量。现在，该小国对其每单位商品的出口补贴 s，则补贴对贸易小国的经济效应有以下几点：

1. 贸易条件效应

由于该国为贸易小国，补贴后的国际市场价格仍然为 P_0，因此不存在贸易条件效应。

图 10-1 贸易小国出口补贴的经济效应

2. 生产和消费效应

实施出口补贴后，出口商的实际所得提高了，为 $P_1=P_0+s$。由于补贴针对的是总产量中的出口部分，所以出口比在国内市场上销售更加有利可图，因此厂商会扩大出口，减少国内销售的数量。在需求不变的情况下，国内供给的减少必然会推动国内市场价格的上升，最终的结果是国内市场价格也会上升到 P_1。厂商在价格上涨的刺激下会扩大生产，从补贴前的 Q_2 扩大至补贴后的 Q_4，产量增加了 Q_4-Q_2。由于国内价格上涨，消费者会减少消费，消费量（需求量）从 Q_1 减少至 Q_3，减少了 Q_1-Q_3。

3. 出口扩大效应

实施补贴后，由于该国生产能力扩大了但消费水平下降了，产品供大于求的部分只能输出到国外，因此该国的出口规模会扩大，从 Q_2-Q_1 增加至 Q_4-Q_3，实现了政府出口补贴的初衷。

4. 财政效应

政府因出口补贴产生巨大财政支出，由于是按照出口总数量进行补贴的，所以政府的财政支出为 $b+c+d$，如图 10-1 所示。

5. 社会福利效应

从前面的分析可知：补贴后小国生产的扩大使生产者剩余增加了 $a+b+c$，消费量的减少使消费者剩余减少了 a 和 b，政府因补贴产生财政支出 $b+c+d$，因此，出口补贴使该贸易小国的净福利水平下降，社会发生净损失 $b+d$。其中 b 和 d 仍然分别是消费扭曲和生产扭曲造成的损失。

（二）贸易大国出口补贴的经济效应

同贸易小国一样，贸易大国补贴同样会带来国内价格的上涨，由此产生的生产效应和消费效应与贸易小国的情形相似，此处不再赘述，我们只分析贸易大国出口补贴的贸易条件效应、财政效应和社会福利效应。贸易大国出口补贴的效应如图10-2所示。

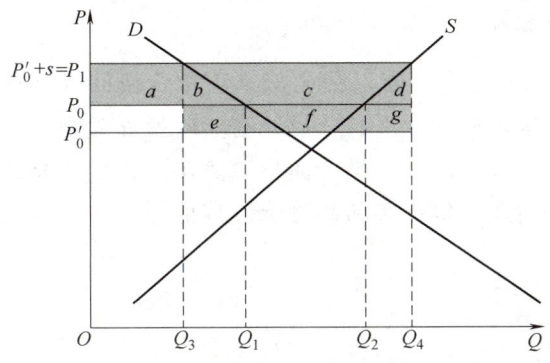

图 10-2　贸易大国出口补贴的经济效应

1. 贸易条件效应

由于该国是国际市场上的贸易大国，其出口的增加将会引起国际市场上这种商品供给量的明显增加，从而使得该商品的国际市场价格下降，由原来的 P_0 下降到补贴后的 P_0'，出口国贸易条件恶化，产生了贸易条件效应。

2. 财政效应

贸易大国出口补贴同样产生了巨大财政支出，因为是在新的国际市场价格基础上进行出口补贴，所以贸易大国出口补贴额除了按原来市场价格 P_0 进行补贴（$b+c+d$）以外，还要按照下降后的市场价格 P_0' 追加补贴（$e+f+g$）。

3. 社会福利效应

同贸易小国一样，大国补贴后，生产者剩余增加 $a+b+c$，消费者剩余减少 $a+b$，政府的财政支出为 $b+c+d+e+f+g$，因此，出口补贴使该贸易大国的净福利水平下降，社会发生净损失，除了损失跟贸易小国一样的 $b+d$，还有损失额外的 $e+f+g$。

其中，b 和 d 仍然分别是消费扭曲和生产扭曲造成的损失，$e+f+g$ 则是出口商品贸易条件恶化带来的损失。这部分补贴支出并没有转化为本国的生产者剩余，实际上是补贴了那些购买本国商品的外国消费者，即转化成了进口国的利益。

【本节启示】

无论是贸易大国还是贸易小国，实行出口补贴都会使本国净福利水平下降。而且，由于补贴后的国内价格高于国际价格，容易引起进口国的反补贴调查。如果进口国征收反补贴税，本国出口补贴的作用就会被抵消，政府对出口商的补贴会以反补贴税的形式转移给进口国政府。此外，国内价格的上升也对消费者不利。但是，出口补贴仍是经济落后的发展中国家改善其国际收支逆差、扩大出口的重要措施。有鉴于此，世界贸易组织虽然原则上反对出口补贴不公平行为，但允许某些发展中国家在特殊情况下适度运用此措施。

第二节　商品倾销

一、商品倾销的概念

商品倾销（Dumping）是指一国以明显低于正常价格的价格在国际市场上销售商品的不公平贸易行为。正常价格的含义有三层，在实际操作过程中依次选用：①同类产品在出口国国内市场的销售价格；②同类产品出口到第三国的价格；③估算价格，在生产成本加上销售、管理费用及一般利润的基础上进行推算。

二、商品倾销的目的

商品倾销在不同情况下有不同的目的，包括：

1）迅速在其他国家打开销路以开拓新的销售市场。
2）打击竞争对手以扩大和垄断国外市场。
3）阻碍当地同种产品或类似产品的生产和发展，以继续维持其在当地市场上的销售垄断地位。
4）推销过剩产品，转嫁经济危机。
5）打击其他国家的经济发展，以达到某种经济或政治目的。

三、商品倾销的种类

按照倾销的具体目的、倾销时长和频率来分，商品倾销可以分为三类：

1）偶然性倾销。这种倾销通常是因为销售旺季已过或因公司改营其他业务，在国内市场上不能售出"剩余货物"而以倾销方式在国外市场抛售。这种倾销时间较短，对进口国的同类产品的不利影响有限，故较少引发进口国采取反倾销措施。

2）间歇性（或掠夺性）倾销。这种倾销是以低于国内价格甚至低于生产成本的价格在国外市场上销售商品，搞垮竞争对手并垄断该市场之后，再凭借垄断力量提高价格，以获取高额利润。这种倾销严重损害了进口国的利益，因此常常遭到进口国反倾销措施的抵制。

3）长期性（或持续性）倾销。这种倾销是长时间地、持续性地以低于国内市场的价格在国外市场销售商品。为弥补长期性倾销可能带来的亏损，倾销者往往利用规模经济扩大生产以降低成本。

四、商品倾销的条件

一般来说，商品倾销必须具备三个条件：

1）出口商品的生产企业在其本国市场上拥有一定的垄断力量，在很大程度上可以左右市场价格的高低。

2）出口国与进口国的市场是隔离的，这样就不存在将商品从进口国倒卖回出口国的可能性。

3）被倾销的商品在进口国和出口国的需求价格弹性不同，在出口国国内市场的需求价格弹性要低于在进口国市场的需求价格弹性。

当满足这些条件时，企业就有可能在国内市场上采取高价位，在国外市场上低价倾销，使国内外两个市场的总销售利润达到最大。

如图10-3所示，生产商在其本国市场上拥有垄断地位，面临的是一条向右下方倾斜的需求曲线 D_n。在封闭状态下，根据利润最大化原则（$MR=MC$），企业只生产和销售 Q_n 数量的商品，单位产品的价格为 P_n。现在，如果外国消费者对该国的这种产品也有需求，并且存在着高于边际成本的边际收益，即使出口的价格低于国内的售价（即倾销的价格），企业也仍然会根据利润最大化原则生产并出口 Q_W 数量的产品到国外市场。从图10-3中可以看出，出口商品在出口国和进口国的需求弹性不同，企业在外国市场上的需求曲线 D_W 的价格弹性较大，需求曲线比出口国国内的更为平坦。

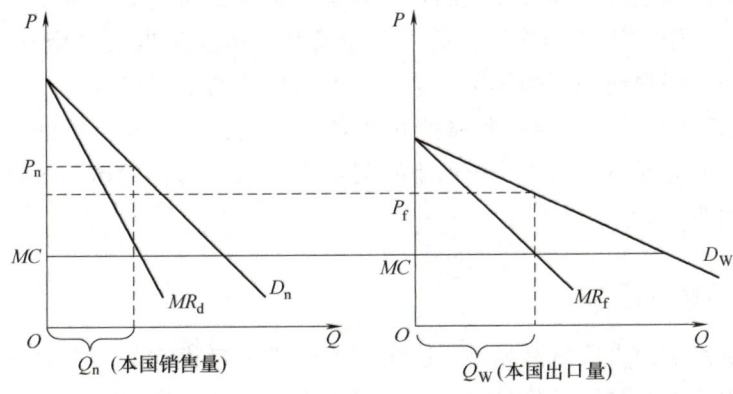

图 10-3　商品倾销与国际贸易

五、商品倾销的影响

从整体上看，商品倾销给世界经济和国际贸易带来了不利影响。对商品倾销国来说，出口企业往往用提高国内销售价格的方法来弥补在国外降价的损失，将低价倾销的损失转嫁给了国内消费者，从而损害了国内消费者的利益。对商品倾销对象国来说，其同类产品生产受到了损害和冲击，从而使这些产业的正常发展受到不利影响。尽管消费者会暂时得到物美价廉的倾销商品，但从长远看，随着进口国同类产业被破坏和国外商品对其国内市场的垄断，消费者逐渐被迫接受垄断高价，使自身利益受到损害。

第三节　外汇倾销

一、外汇倾销的概念

外汇倾销（Exchange Dumping）是指一国通过本国货币对外币主动贬值来扩大出口、

限制进口的措施。因为一国货币对外贬值,用外币表示的本国出口商品的价格下降,外国消费者会扩大对该商品的消费,但用本币表示的进口商品的价格会上升,本国消费者对进口商品的消费需求会下降,从而起到鼓励出口和限制进口的双重作用。

二、实施外汇倾销的条件

外汇倾销必须具备一定条件才能起到"奖出限入"的作用。具体如下:

1)本币对外贬值的幅度应大于国内物价上涨的幅度。本币贬值必然引起进口原料和进口商品的价格上涨,由此带动国内物价普遍上涨,使出口商品的国内生产价格上升。当出口商品的国内价格上涨幅度与本币对外贬值幅度相抵时,因本币贬值而降低的出口商品外币标价会被国内价格上涨所抵销。因此,只有当国内价格尚未上涨或上涨幅度小于本币贬值幅度时,外汇倾销才能发挥其双重作用。

2)其他国家不同时实行同等程度的货币贬值或其他报复性措施。如果其他国家尤其是主要贸易伙伴国也实行同等程度的货币贬值,那么汇价仍处于贬值前的水平,无法发挥其鼓励出口、限制进口的作用。此外,如果其他国家采取报复措施,如提高关税、实行数量限制等,同样使外汇倾销国无法获得本币贬值的全部利益。

3)外汇倾销不宜在国内通货膨胀严重的背景下使用。一国货币的对外价值与对内价值相互影响、彼此联系,对外价值的下跌迟早会推动其对内价值的下跌,从而使已有的通货膨胀局面恶化。

三、外汇倾销的原理

根据货币条件下的古典贸易模型,决定国家间进出口模式的不再是商品的相对价格差异,而是以货币表示的绝对价格差异。一国的出口条件也即出口商品必须具备的成本条件变成了:如果产品的绝对价格低于其他国家此产品的绝对价格,则出口,否则进口。假设只有两个国家,则国家1的出口条件为:

$$a_{1j}W_1e < a_{2j}W_2$$

式中,a_{1j} 和 a_{2j} 分别是国家1和国家2生产1单位商品 j 的劳动投入量;W_1 是以国家1的货币表示的国家1的工资水平;W_2 是以国家2的货币表示的国家2的工资水平;e 为用国家2的货币表示的国家1的汇率,即1单位的国家1的货币兑换到的国家2的货币的数量,则在其他条件不变的条件下,e 下跌会导致国家1的价格优势越来越明显。

需要注意的是,外汇倾销是通过降低出口商品的外币标价来增加出口数量的,但这并不意味着出口总值必然随之增加,因此也未必能增加外汇收入,其具体结果还取决于出口品在国际市场上的需求价格弹性。

【经典案例】

《广场协议》与日本衰退

第二次世界大战后,根据1949年的"道奇计划",将日元与美元挂钩,汇率为360日元=1美元。在此汇率助推下,日本经济维持了20年(1949年—1970年)的高速增长,年均增长速度从来没有低于6%,最高达到12%,多数年份为9%,GDP超过美国GDP的一半,一跃从战败国迅速崛起为世界第二大经济强国。1985年9月22日《广场协议》签署,美元对几种主要货币贬值,其中就包括对日元贬值。1985年—1995年,美元由原来的1美元合264日元,跌至1美元合100.43日元,一度还曾跌破80日元兑1美元。该事件对日美贸易的影响是:一件100美元的美国商品1985年在日本的售价为26400日元,而到了1995年售价仅为10043日元,便宜了一多半。而一件26400日元的日本商品1985年在美国的售价为100美元,十年后却猛涨至263美元,贵了一倍多。日本GDP直线下降,与美国的差距迅速扩大,2006年日本GDP跌至美国的1/3。

(资料来源:https://baike.baidu.com/item/%E5%B9%BF%E5%9C%BA%E5%8D%8F%E8%AE%AE?fromModule=lemma_search-box。)

第四节 出口信贷和出口信贷国家担保制

一、出口信贷

出口信贷(Export Credit)是指一国为了扩大商品出口,增强商品的竞争力,鼓励本国银行对本国出口厂商或外国进口厂商提供的优惠贷款。出口信贷利率一般低于同等条件资金贷放的市场利率,利差由国家补贴并与国家信贷担保结合使用,从而能够吸引资金不足的外国进口商进口其商品。出口信贷是一种"约束性"贷款,所贷款项只限于购买提供信贷国家的货物、技术或劳务,特别是金额较大、期限较长的大型成套设备和船舶等商品。

二、出口信贷国家担保制

出口信贷国家担保制(Export Credit Guarantee System)是指一国为了扩大出口,设立专门机构对本国出口商或商业银行向外国进口商或银行提供的出口信贷进行担保。当进口商或进口方银行因政治原因(如进口国发生政变、暴乱、战争以及政府实行禁运或限制对外支付等)或经济原因(如进口商或进口方银行因破产倒闭、无力偿付、货币贬值和通货膨胀等)而拒绝付款时,该国家机构就要按照担保的数额给予出口商补偿。出口信贷国家担保制的实质是国家替出口商承担风险,是银行扩大出口信贷业务和一国促进出口的重要举措。

按照出口信贷对象的不同,出口信贷国家担保的对象有两种。一种是对出口商的担保。出口商输出商品时所需要的短期或中长期信贷均可向国家担保机构申请担保。另一种是对银行的担保。通常银行所提供的出口信贷均可申请担保,这是担保机构直接对贷款银行承担的一种责任。

【知识拓展】

中国进出口银行

中国进出口银行(简称"进出口银行")是由国家出资设立、直属国务院领导、支持中国对外经济贸易投资发展与国际经济合作、具有独立法人地位的国有政策性银行。其英文全称为 The Export-Import Bank of China，英文简称为 China Eximbank，英文缩写为 CEXIM。经营范围：办理配合国家对外贸易和"走出去"领域的短期、中期和长期贷款，含出口信贷、进口信贷、中国政府优惠出口买方信贷；办理与对外贸易相关的担保业务，包括对外担保和境内担保。其中，对外担保是指中国进出口银行作为担保人，以保函（含备用信用证）形式，向境外机构（担保受益人）承诺，当债务人（可为境内机构或境外机构）未按照合同约定履行义务时，由中国进出口银行履行担保责任的行为。被担保人为境外机构而担保受益人为境内机构的，视同对外担保业务处理。

（资料来源：中国进出口银行官网。）

第五节　鼓励出口的组织和服务措施

鼓励出口的组织和服务措施（Organization and Service for Export Promotion）是指为了促进出口，各国政府在制定一系列的出口鼓励政策的同时，还逐渐强化各种组织及服务措施。

一、设立专门组织

各国通常会设立专门组织，研究并制定扩大出口的发展战略。例如，美国 1960 年成立"扩大出口全国委员会"，1973 年成立"总统出口理事会"，1978 年成立"跨部门的出口扩张委员会"，1992 年成立国会的"贸易促进协调委员会"，1994 年成立第一批"美国出口援助中心"；日本 1954 年成立"出口会议和海外商品贸易会议"，1958 年成立"日本贸易振兴会"等。这些组织都为其商品走出国门提供了便利。

二、建立商业情报网

由国家建立商业情报网，及时向出口商提供商业信息和资料。例如，英国的海外贸易委员会在 1970 年成立的"出口信息服务部"，向有关出口商提供商业信息，以促进出口贸易。

三、设立贸易中心

通过设立各种贸易中心，组织各种贸易博览会，使外国进口商更好地了解本国商品，起到宣传和促进出口的作用。例如，中国进出口商品交易会是中国目前历史最长、规模最大、商品种类最全、到会采购商最多且分布国别地区最广、成交效果最好、信誉最佳的综合性国际贸易盛会。

四、组织贸易代表团出访

各国会组织贸易代表团出访外国并接待来访的外国贸易团队，加强国家间的经贸合作。2017年11月9日，国家主席习近平在北京人民大会堂同率团来华进行国事访问的美国总统特朗普共同出席了中美企业家对话会，在特朗普总统访华期间，两国签署的商业合同和双向投资协议涉及总金额超过2,500亿美元。

五、对企业出口绩效进行评定

有些国家会对企业出口绩效进行评定，给予出口成绩优秀的企业以精神奖励，以促进对外贸易的发展。

【知识拓展】

中国进出口商品交易会

中国进出口商品交易会（"广交会"）创办于1957年春，每年春秋两季在广州举办，由商务部和广东省人民政府联合主办，中国对外贸易中心承办。广交会自创办以来，加强了中国与世界的贸易往来，是中国企业开拓国际市场的优质平台。经过多年发展，广交会已成为中国外贸第一促进平台。截至第126届，广交会累计出口成交约14,126亿美元，境内外参展企业近2.6万家，210多个国家和地区的约20万名境外采购商与会。

（资料来源：中国进出口商品交易会官网。）

第六节 区域开放

区域开放（Regional Opening）是指一国为了引进外资及先进技术，促进当地经济的发展，通常将其关境外的某些区域划定为经济特区，在该区域内实施各种优惠政策，如降低地价、减免关税、提供优质服务等，以发展该区域经济并带动出口贸易及外汇收入的增加。常见的经济特区的主要形式有自由贸易区和自由港、出口加工区和保税区等，随着世界经济的深度融合，出现了一些新型的区域开放类型。

一、自由贸易区和自由港

自由贸易区（Free Trade Zone）或自由港（Free Port）主要发展转口贸易，以及发展为转口贸易服务的各种商品存储、展览和简单再加工业务。对进出口商品全部或大部分免征关税，基本没有贸易限制，实施贸易与投资自由化的政策与法规，要素流动自由，信息公开透明，政府部门办事效率高，通关便利快捷和外汇自由兑换。种种优惠政策及区内完善的交通设施和便利的地理位置带动了自由贸易区或港内的对外贸易，是国外商品的重要集散地。例如，德国的汉堡港、丹麦的哥本哈根、我国的香港以及2014年成立的中国（上海）自由贸易试验区（简称上海自贸区）等都是著名的自由贸易区（港），在国际贸易的发展中占有重要地位。尽管自由贸易区本身是对进出口的双向鼓励，但多数国家开设自由贸易区的初衷是促进出口。

二、出口加工区

(一) 出口加工区

出口加工区（Export Processing Zone）是指一个国家或地区在其港口或邻近港口和国际机场的地方，划出一定的范围，新建和扩建码头、车站和仓库等基础设施，在区域内实行一系列优惠政策，鼓励外国企业在区内投资设厂，生产以出口为主的制成品的加工区域。

出口加工区于20世纪60年代末70年代初在发展中国家出现，目的是吸引外资，引进先进技术与设备，促进本地区的生产技术和经济的发展，扩大加工工业和加工出口的发展，增加外汇收入。

(二) 出口加工区与自由贸易区（港）的区别和联系

1）出口加工区脱胎于自由贸易区。
2）自由贸易区以发展转口贸易，取得商业方面的利益为主，是面向商业的。
3）出口加工区以发展出口加工工业，取得工业方面的收益为主，是面向工业的。

中国自2000年起建成了多个出口加工区，包括大连、天津、烟台、昆山、杭州、深圳、广州、武汉、成都、西安和乌鲁木齐等。这些加工区区内设置出口加工企业及相关仓储、运输企业，对出口产品免征增值税和消费税，区内海关24h提供更快捷的通关便利，实现出口加工货物在主管海关"一次申报、一次审单、一次查验"的通关要求，有力地促进了我国产品的出口。

三、保税区

保税区（Bonded Area）又称保税仓库区（Bonded Warehouse），这是一国海关设置的或经海关批准注册、受海关监督和管理的可以较长时间存储商品的区域。外国商品存入保税区内可以暂时不缴纳进口税，如再出口，不缴纳出口税。保税区能方便转口贸易，增加相关费用的收入。因为我国的保税区是借鉴国外的自由贸易区和出口加工区的成功经验，并结合中国国情而创办的特殊的经济区域，所以，其主要的功能和作用与自由贸易区和出口加工区非常相似。

1990年6月，经国务院批准，在上海创办了中国第一保税区——上海外高桥保税区。1992国务院又陆续批准设立了天津港、大连、张家港、福州、海口、广州、青岛、珠海等14个保税区。其中，上海外高桥是当时我国开放度最高的保税区，天津港保税区是中国北方最大的保税区，张家港保税区是我国唯一的内河港保税区。这些保税区都极大地促进了当地和我国贸易的发展。

四、自由边境区

自由边境区是一国为了开发某些边境地区的经济，一般设在该国的某个或几个省的边境地区，对区内使用的机器设备、原材料和消费品实行减税或免税进口，如从区内转运到国内其他地区出售，则须照章纳税，其目的和功能与自由贸易区相似。在自由边境区内加工的进口商品大多是在区内使用,只有少部分用于出口。一般建立自由边境区是为了发展边区经济,因此有些国家对优惠待遇规定了期限,当该地区的生产能力提高后,政府就逐渐取消某些商品的优惠待遇,直至废除自由边境区。这种经济特区形式主要集中在美洲的少数国家,墨西哥是设置自由边境区最多的国家,已发展到十几个边境地区,其中较为闻名的是墨西哥、美国边境的蒂华纳、墨西卡利等。

五、科学工业园区

科学工业园区是一种在第二次世界大战后科技革命背景下出现的新兴工业开发基地,又称科研工业区、高新技术开发区等,如美国的硅谷和我国台湾的新竹科学工业园等。科学工业园区有充足的科技和教育设施及高校、研究机构,以一系列企业组成的专业性企业群为依托,区内企业设施先进、资本雄厚、技术密集程度高、信息渠道畅通、交通发达、政策优惠,鼓励外商在区内进行高科技产业的开发,吸引和培养高级技术人才,研究和发展尖端技术和产品。与出口加工区侧重于扩大制成品加工出口不同,科学工业园区旨在扩大科技产品的出口和扶持本国高新技术产业的发展。

1988年5月,国务院批准成立北京市高新技术产业开发试验区(1999年8月更名为中关村科技园区),是中国第一个国家级高新技术产业开发区。1991年又选定武汉东湖新技术开发区作为国家高新技术产业开发区。目前,我国已有100多个此类园区。国务院自1997年开始批准部分高新区向APEC成员特别开放的科技工业园区,以促进APEC成员与中国在高新技术产业领域的合作与交流。2000年以来,科学技术部和外经贸部(现商务部)联合认定数十个国家高新区为"国家高新技术产品出口基地"。

【知识拓展】

上海自贸试验区——开放前沿

自贸试验区,广义上说是通过各种方式对贸易和投资有一定便利的区域。以前的保税区、保税物流园区,都可以看成自贸试验区的雏形或者不同发展阶段。上海自贸试验区则是更高层次的、开放力度更大的、政策优惠更大的自由贸易区。

上海自贸试验区是中国第一个与此前的经济特区、开发区、产业园区,在指导思想、战略定位、总体目标、任务措施等方面有新内涵的改革开放载体。上海自贸试验区是在新形势下推进改革开放的重大举措,对促进贸易和投资便利化,为全面深化改革和扩大开放探索新途径、积累新经验。

2013年8月17日,国务院正式批准设立中国(上海)自由贸易试验区,9月18日,国务院下达了《关于印发中国(上海)自由贸易试验区总体方案的通知》,9月29日,中国(上海)自由贸易试验区在外高桥正式挂牌成立。

截至2019年底,上海自贸试验区累计新设立企业6.4万户,6年来新设企业数是前20年同一区域新设企业数的1.8倍。新设外资企业1.2万户,占比从自贸试验区挂牌初期的5%上升到20%左右。对外投资管理方面,改核准为备案管理,办结时间从10个工作日缩减到3个工作日。截至2019年年底,累计办结境外投资项目超过2,800个,洋山港和外高桥港区合计完成集装箱吞吐量3,907.3万标箱，同比增长3%，推动上海港连续9年位居全球第一大集装箱港。

2023年12月，国务院印发《全面对接国际高标准经贸规则推进中国（上海）自由贸易试验区高水平制度型开放总体方案》，目的是全面实施自由贸易试验区提升战略，更好发挥上海自贸试验区先行先试作用，打造国家制度型开放示范区。该方案从加快服务贸易扩大开放、提升货物贸易自由化便利化水平、率先实施高标准数字贸易规则、加强知识产权保护、推进政府采购领域改革、推动相关"边境后"管理制度改革、加强风险防控体系建设等多方面进行了规范。

（资料来源：根据相关资料整理得来。）

【本章小结】

1. 鼓励出口的措施是指一国政府通过经济、行政和组织等方面的措施，促进本国商品的出口，以开拓和扩大国外市场。各国鼓励出口的措施多种多样，常见的措施主要有出口补贴、商品倾销、外汇倾销、出口信贷与国家担保以及建立经济特区等。

2. 出口补贴指一国政府（或同业公会）为了刺激本国产品出口，给予出口商的现金资助或财政上的优惠待遇，以降低出口商品的出口成本和价格，提高其在国际市场上的竞争力。出口补贴的经济效应因一国在国际市场的地位不同而有所不同。

3. 商品倾销是指一国以明显低于正常价格的价格在国际市场上销售商品的不公平贸易行为。实施商品倾销必须满足一定的条件。

【习题与思考】

1. 为什么出口商品在外国的价格会低于其国内的销售价格？

2. 高价出售更有利，但是出口商为什么要以低价在其他国家倾销而不是将出口到国外的这部分产品以同样低的价格在其国内出售？

3. 欧美国家经常指责我国对它们倾销商品，因此我国成为欧美主要的反倾销对象国，欧美的这种行为对它们是否真的有利？

4. 经济落后的发展中国家为了改善其国际收支逆差、扩大出口常常进行补贴，但是像欧美这样的发达国家和地区也经常互相指责对方对农产品进行巨额补贴，为什么发达国家和地区也对其出口进行补贴？

国际贸易理论与实务

第十一章
限制出口的措施

虽然一国的贸易措施主要是为了扩大本国商品的出口，但在一些情况下也会对本国的出口进行限制。另外，一国出于市场垄断的目的会联合其他国家组成国际卡特尔。在一些特殊情况下，一国会单独或联合其他国家对别的国家进行贸易制裁。

第一节 出口管制

一、出口管制

出口管制（Export Control）也称出口限制，是指一国从本国的政治、经济、军事利益出发，通过法令、法规和行政措施，对本国出口贸易进行管理和控制，尤其是限制和禁止某些战略性商品和物资的出口。

二、出口管制的情形和对象

出口管制的情形和对象主要有以下几种：

1. 对本国的战略物资及高端技术进行出口管制

一些国家尤其是发达国家从国家安全和军事防备等政治利益出发，对武器、军事设备、先进技术和重要战略物资的出口实行严格控制，限制或禁止其流向本国重点防备的国家。另外，有些国家为了保持本国在科技领域的优先地位和经济优势，也倾向于对一些尖端技术及机器设备的出口进行控制。

2. 为了稳定供给对国内紧缺的物资进行出口限制

对国内生产所需的短缺原材料、半成品和国内市场供不应求的商品，如果允许自由输出国外，势必会加剧国内市场的供需矛盾，影响国内正常的生产和生活，阻碍国内经济发展，影响社会的安定，因此必须限制其出口。

【经典案例】

欧盟对防疫产品的出口限制案

受新冠疫情的影响和疫苗供应不足的制约，欧盟 2021 年 3 月 24 日宣布，进一步加强对新冠疫苗出口至欧盟以外国家的管控，限制将欧盟境内工厂生产的疫苗出口到其他国家。之前欧盟为了防控疫情的需要，出口管制的产品范围还包括护目镜、面罩、防护服、手套和口鼻罩等。上述产品经各欧盟国家批准后才能出口到非欧盟国家，于 2020 年 3 月 15 日至 4 月 25 日实施。

（资料来源：商务部网站。）

3. 根据自限协议"自愿"限制出口的商品

为了缓和与进口国的贸易摩擦，出于进口国的要求或迫于对方的压力，出口方不得不对某些具有国际竞争力的商品实行出口管制。我国就遭遇过类似的"自愿出口限制"。例如：2005 年 6 月 10 日，中欧就纺织品争端达成协议，规定中国将在 2007 年年底之前，保证出口到欧洲的纺织品增长平稳过渡。从 2005 年 6 月 11 日到 2007 年年底，对 10 类纺织品合理确定基数，并按照每年 8%～12.5% 的增长率确定中方对欧的出口数量。中国和美国于 2005 年 11 月 8 日也达成过类似的协议，双方同意在未来 3 年内对 21 类中国输美纺织品进行数量限制。根据双方达成的谅解备忘录，数量限制将以相关产品 2005 年的输美数量为基数，逐年增长，2006 年的增长率为 10%～15%，2007 年的增长率为 12.5%～16%，2008 年的增长率为 15%～17%。

4. 为防止恶性竞争对在国际市场上份额大的商品进行出口限制

大多数发展中国家出口商品单一，出口市场比较集中，当国际市场价格下跌时，发展中国家应该控制该商品的过度出口以维持该商品的国际价格，避免国际市场供求失衡使本国经济遭受大的损失。

5. 为了保护历史文物和艺术珍品

各国为了保护其文化艺术遗产、弘扬民族精神，一般禁止古董、艺术品、黄金等珍贵物品的出口；另外，对于一国珍贵的动植物及其制品往往也禁止出口。

6. 执行经国际组织表决决定的对某些国家实施经济制裁

为维护国际秩序或其他目的，一国需要配合某个（些）国际组织，对某（些）国家进行出口管制。例如，1990 年伊拉克入侵科威特后，联合国安全理事会通过了对伊拉克实行全面禁运的 661 号决议，要求所有国家应阻止向伊拉克或科威特境内运送任何商品或产品（医疗和人道主义物资除外）。

三、出口管制的形式

出口管制的形式主要有单边出口管制和多边出口管制两种。

（一）单边出口管制

单边出口管制指一国根据本国的需要，制定出口管制法案，设立专门机构对本国某些商品出口进行审批和颁发出口许可证,实行出口管制。单边出口管制往往是一国实施歧视性贸易政策的手段,具有政治和经济的双重意义。

(二) 多边出口管制

多边出口管制是指几个国家政府通过一定的方式建立国际性的多边出口管制机构,商讨和编制多边出口管制货单和出口管制国别,规定出口管制的办法等,以协调彼此的出口管制政策和措施,达到共同的政治、军事和经济的目的。例如,1949 年 11 月成立的巴黎统筹委员会(简称"巴统")就是一个国际性的多边出口管制机构,主要对社会主义国家实行出口管制。

四、出口管制的措施

出口管制的措施包括直接的数量管制和间接的税率调节,既可以通过发放出口许可证控制出口商品的品种和数量,又可以通过征收出口关税或对出口工业企业增加生产税以减少其出口。不同的管制措施对出口商品生产商、消费者和社会经济福利有不同的影响。由于生产税不是贸易政策而是产业政策,所以下面只重点分析出口关税和出口配额的管制效果及其影响。为简化分析,下面仅以贸易小国为例进行分析。

(一) 出口关税

如图 11-1 所示,S 和 D 分别是某贸易小国某商品的国内供给曲线和需求曲线,P_1 是初始的国际市场价格,在此价格下,该商品的国内产量为 S_1,需求量为 D_1,出口量为 D_1S_1。现假设政府对每单位该商品的出口征收关税 t,出

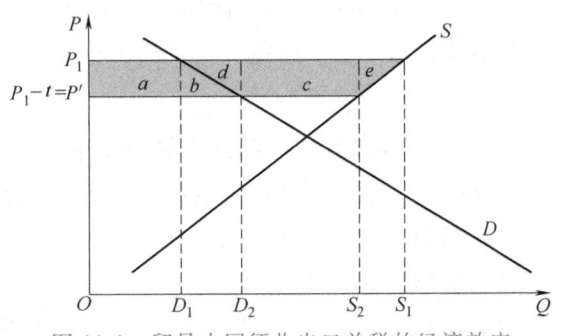

图 11-1 贸易小国征收出口关税的经济效应

口商缴纳出口关税后每单位产品的实际销售收入变为 $P'=P_1-t$,这是生产者实际得到的价格,则该贸易小国征收出口关税的经济效应如下:

(1) 价格效应 由于该国是贸易小国,征收出口关税后,不产生贸易条件效应,世界市场价格仍为 P_1。由于出口关税针对的只是出口部分的产品,在国内市场上销售的产品是不需要缴纳出口关税的。所以,厂商会减少出口数量并将之转移到国内市场上销售,从而使得国内的市场价格最终下降到 P'。

(2) 生产效应和消费效应 市场价格下降,生产者产量缩减为 S_2,比征税前减少了 S_1-S_2。同时,消费量增加至 D_2,比征税前增加了 D_2-D_1。

(3) 贸易效应 由于厂商将一部分产品转移至国内销售,使得出口额下降,从征税前的 S_1-S_2 减少为征税后的 S_2-D_2,比征税前减少了 D_2-D_1 和 S_1-S_2 两部分。

(4) 财政效应 政府因征收出口关税而获得财政收入 c。

(5) 社会福利效应 国内市场价格下跌,消费者剩余增加了 $a+b$,生产者剩余减少了 $a+b+c+d+e$,政府财政收入增加了 c。因此,社会净损失为 $d+e$。生产者剩余的损失中有一部分转化成了消费者剩余和政府收入。

（二）出口配额

与进口限制一样，政府也可以通过配额控制出口商品数量。有些出口配额是本国政府主动设立的，有的则是在进口国的压力下设立的，即"自愿"出口限制。

如图 11-2 所示，D 和 S 意义同上，P_1 是初始的国际市场价格，在此价格下，该商品的国内产量为 S_1，需求量为 D_1。现假设该贸易小国政府将出口配额限定为 S_2-D_2，则该贸易小国实施出口配额后的经济效应如下：

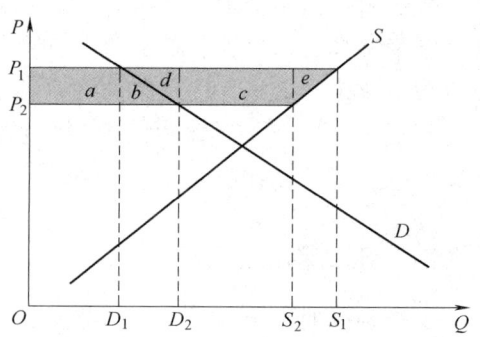

图 11-2 贸易小国实施出口配额后的经济效应

（1）价格效应　同样，由于该国为贸易小国，不存在贸易条件效应，其实施出口配额后世界价格仍为 P_1。在此价格水平下，国内需求量 D_1 与出口配额 S_2-D_2 之和小于其生产量 S_1，国内市场供大于求，引起市场价格下降，从实行配额前的 P_1 下降为 P_2。

（2）生产和消费效应　国内市场价格下降为 P_2，生产者产量减少为 S_2，比实施配额之前减少了 S_1-S_2。同样，由于国内市场价格下降，消费量增加至 D_2，比征税前增加了 D_2-D_1。

（3）社会福利效应　国内市场价格下降使消费者剩余增加了 $a+b$，生产者剩余减少了 $a+b+c+d+e$，社会净损失 $c+d+e$，此处 e 称作配额租金。

由此可见，出口配额与出口关税产生的经济影响是相似的，都会使得国内价格下降，供给量减少，消费量增加。但两者之间也有一个重大区别，那就是实行出口配额时，没有出口关税收入 c，但会产生一个相应的配额租金 e。出口配额租金的归属取决于出口配额的发放方式：

1）如果配额免费发放给本国的出口商，则出口商将得到配额租金 c，仍然是本国利益的一部分，本国的净福利损失将是 $d+e$。

2）如果政府将出口配额拍卖，则在一个竞争性的拍卖市场上，购买者之间的竞价将使得这些出口配额的价格等于（或无限趋近于）租金 e，则政府会以拍卖收入的形式得到配额租金 e，本国的净福利损失同样是 $d+e$，此时的净福利效应就与出口关税相同。

3）如果出口商需要向政府申请才能得到出口配额，则在申请过程中会产生一些申请、游说的成本，出口商拿到配额后得到的净利益小于 e，社会净福利损失也将超过 $d+e$，但仍小于 $c+d+e$。

4）如果政府将出口配额免费发放给外国的进口商，则配额租金 c 就会被外国进口商得到，成为外国的利益，本国的净福利损失就是 $c+d+e$。

由以上分析可以看出，贸易小国无论采用什么政策来限制出口，都可能会使消费者和政府获利，但会损害生产者利益，社会净福利下降。

如果是贸易大国，出口限制使出口减少，进而引起该产品的国际价格上涨，该国贸易条件改善并因此获得额外收益，整个社会的经济利益得失则取决于贸易条件改善的收益和生产、消费扭曲的损失大小。也就是说，贸易大国出口限制产生的净福利损失将会小于贸易小国，甚至可能会使社会福利净增加。

第二节　国际卡特尔

卡特尔（Cartel）通常是指竞争者之间限制竞争的协议、共谋做法或者安排，包括固定价格、操纵投标、建立出口限制或配额、分享或分割市场等行为。由来自两个以上国家的企业参与的卡特尔称为国际卡特尔，是一种国际贸易垄断组织。

在经济全球化背景下，卡特尔发展的国际化趋势日益明显，数目众多、形态各异的国际卡特尔成为不可忽视的国际经济现象，对国际贸易存在不容忽视的影响。

一、国际卡特尔的组建需要具备的条件

1）卡特尔产品没有理想的替代产品，其需求弹性较低，弹性越小越容易成功。

2）卡特尔产品的生产者较少，生产者越少，共同提价行动越容易成功。

3）卡特尔组织没有潜在的生产者威胁，即主要生产者都愿意加入卡特尔。否则，非卡特尔成员可能降价销售以争夺市场，获取利润。

4）卡特尔成员在提价后必须遵守协议，不会私自违背提价承诺。

5）进口国难以组成有力的对抗组织。

二、国际卡特尔的危害

1）卡特尔通过共谋或协议减少产出，并将价格提高到竞争水平以上，使消费者必须支付更高的价格，或者只能购买更少的卡特尔产品。

2）卡特尔还可能造成生产的产品（或服务）质量下降，无法承受的垄断高价使消费者被迫以更不合意的产品代替相同数量的本来想要的优质产品。

3）卡特尔通过不合理的方式获得市场支配权，制定垄断高价获取高额利润，阻碍了卡特尔参与者自身的进取心和创造力，从而既损害了竞争机制，又抑制了经济活力，降低了世界福利水平。

三、国际卡特尔的价格效应

在图 11-3 中，曲线 D 和 MC 分别是某商品的世界需求曲线和供给曲线，MC 也是各国生产商的边际成本的总和。在自由贸易条件下，该产品的国际供求均衡点是 A，国际价格是 P_W，出口量是 Q_1。在点 E，此产品的边际成本大于边际收益，即 $MC>MR$，生产者

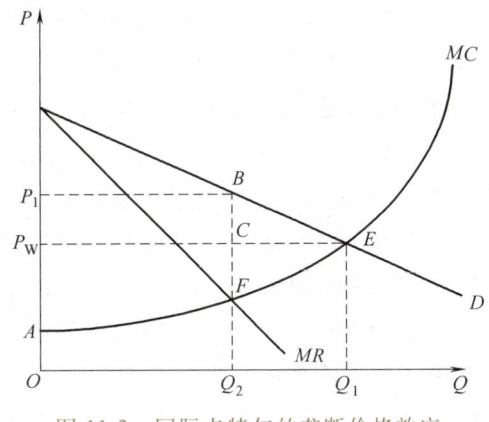

图 11-3　国际卡特尔的垄断价格效应

在此处不能获得最大化利润。这时，如果各国生产商组成国际卡特尔，可以通过其垄断地位将产量控制在 $MR=MC$ 的利润最大化水平上，即点 F。此时该产品的出口量是 Q_2，价格相应地上升至 P_1，国际卡特尔使垄断利润达到最大化，为类梯形 $AFBP_1$ 的面积，其中矩形 P_WP_1BC 的面积是消费者因价格提高而多支付的金额。组成国际卡特尔后，产品出口量减少了 Q_1-Q_2，但是对于减少的这部分出口量，消费者愿意支付的价格高于生产者的生产成本，如果增加出口 Q_1-Q_2 部分的产量，则可提高整个世界的福利。也就是说，国际卡特尔的垄断高价使世界福利损失了类 $\triangle BEF$ 面积的大小。

四、国际卡特尔的长期收益

国际卡特尔的长期利润率会下降，这是由以下原因造成的：

1）长期内，进口国可以寻求替代产品，调整消费和生产结构，以减少对该产品的需求。

2）垄断价格也扩大了非卡特尔生产国的出口，使卡特尔提价余地相应缩小，垄断利润相应降低。

3）某些卡特尔成员方为了扩大自己的出口量，违反协定，破坏垄断价格以增加出口收入。

【经典案例】

OPEC：一个超级卡特尔的变迁

OPEC 是世界上最著名的卡特尔。1960 年 9 月，由伊朗、伊拉克、科威特、沙特阿拉伯和委内瑞拉五国宣告成立石油输出国组织（Organization of the Petroleum Exporting Countries，OPEC），简称"欧佩克"。随着成员数量的增加，欧佩克发展成为国际性石油组织。其宗旨是协调和统一各成员方的石油政策，通过消除有害的、不必要的价格波动，确保国际石油市场上石油价格的稳定，保证各成员方在任何情况下都能获得稳定的石油收入。

在整个 20 世纪 70 年代，OPEC 把沙特阿拉伯（市场领导者）原油价设定为市场价，然后其他各成员方依据这个价格设定它们自己的石油价格。只要需求一直保持上升态势，那么这项政策就会导致价格大幅度提高，收入大量增加。1973 年，第四次中东战争爆发，OPEC 把石油价格从每桶 3 美元左右提高到每桶 12 美元以上。这个价格一直延续到 1979 年，而石油的销售量并没有明显下降。1979 年之后，石油价格进一步由每桶 15 美元左右提高到每桶 40 美元，然后需求开始下降。这主要是因为 20 世纪 80 年代初期发生了经济衰退。OPEC 在 1982 年之后同意限定产量并分配产量定额。

20 世纪 80 年代末期，石油价格下降的趋势有所逆转。随着世界经济开始复苏并繁荣起来，石油的需求也开始上升，它的价格也开始上涨。1990 年伊拉克入侵科威特，海湾战争爆发。由于两国停止了石油供应，石油价格急剧上涨。随着这场战争的结束，再加上 20 世纪 90 年代初的经济不景气，石油价格又开始快速下跌。到 1999 年年初，石油价格已经下降到每桶 10 美元左右。可是，随着亚洲经济的复苏以及世界经济的快速增长，石油价格迅速上升，很快就超过了每桶 20 美元，到 2000 年年初，每桶达到 30 美元。

价格持续上升会鼓励根本性的行为转变，伴随油价的不断上涨，全球经济这一"看不见的手"开始迅速做出回应。猛涨的油价使得大家开始注重更小的车型、更小的引擎、更有效率的电厂、更节能的建筑等，这些变化大大削弱了市场对石油的需求，进而也压低了价格。同时，挪威等地发现了新的原油储量，加上页岩开采技术的完善，使得美国走上了石油净出口国的道路，OPEC 石油出口比例大为降低。

供应者有意遏制竞争，造成短缺，而其结果却是引来了新的竞争者，形成了供应过剩。现在，OPEC 的市场份额严重缩水，已经丧失了让市场听从自己命令的能力，卡特尔开始被瓦解。

（资料来源：根据相关资料整理得来。）

第三节 贸易制裁

贸易制裁（Trade Sanction）是经济制裁的一种基本形式，主要是指通过限制进出口贸易迫使被制裁国或地区改变其不利于制裁国利益的某些行为，满足制裁国政府或国内利益集团的政治、经济等要求。但是随着国家间经贸关系越来越紧密，贸易制裁对国际关系中的相关国家都可能产生直接或间接的重要影响。

一、贸易制裁的经济效应

贸易制裁的涉及方有制裁国、被制裁国及非制裁国（即不参与贸易制裁但与对被制裁国有贸易往来的第三国）。贸易制裁通过限制目标国的对外贸易，使被制裁国失去出口市场，被迫压低出口商品的价格，或是无法进口其需要的关键商品。因此，贸易制裁主要分为出口禁运和进口抵制两种形式。

（一）出口禁运

国际禁运是指一国或数国禁止对某国输出或从某国输入全部或部分商品，禁止一切运输工具的相互往来。所以，出口禁运就是制裁国不对被制裁国运送和出口任何商品。

如图 11-4 所示，假设 A、B、C 三国分别是制裁国、被制裁国和第三国。在图 11-4 中，S 和 D 分别表示 A、C 两国市场某产品 X 的供给和需求曲线。在 B 国，曲线 D_B 表示 B 国对 X 的进口需求曲线，S_A 和 S_C 分别表示 A 国和 C 国对 B 国 X 产品的出口供给曲线。在出口禁运前，A、C 两国都向 B 国出口 X 产品，则 B 国市场上的总供给曲线是 S_A+S_C，供求均衡时的价格是 P_0。在此价格下，A、C 两国分别向 B 国出口 Q_1、Q_2 单位 X 产品，合计为 Q_3。A、C 两国对 B 国出口分别获得 a 和 b 的贸易利益。

现假设 A 国对 B 国实行贸易制裁，即不再向 B 国出口 X，外国对 B 国 X 的总供给减少了一个 S_A，在图形上表现为 B 国的外国产品的供给曲线从 S_A+S_C 左移至 S_C。供给的减少使 B 国的进口品价格上升至 P_1，消费量减少至 Q_4。在新的价格水平下，C 国的出

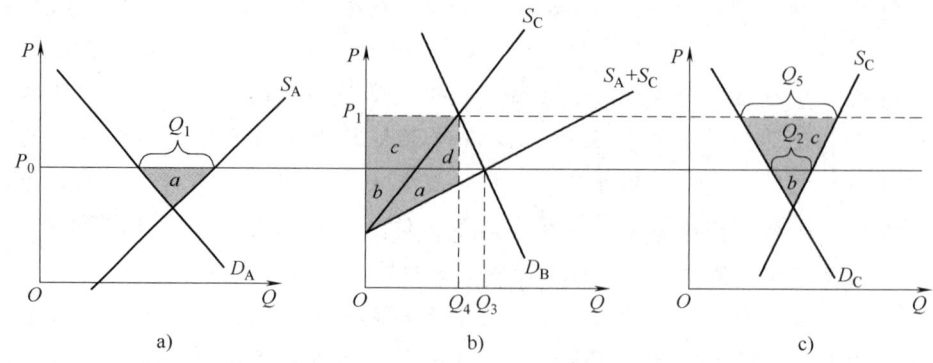

图 11-4 出口禁运的经济效应
a) A 国　b) B 国　c) C 国

口增加,由原来的 Q_2 增至 Q_5。尽管 A 国对 B 国的出口禁运使 B 国失去一个进口来源,但却刺激了 C 国对 B 国的出口。出口禁运后,被制裁国 B 受到一定打击,其消费者剩余减少了 $c+d$;制裁国 A 国也付出了一定的代价,失去了 B 国的出口市场,其损失为 a;非制裁国 C 国却从中获益,扩大了对 B 国的出口量,出口价格也提高了,因此收益增加了 c。从整个世界福利看,出口禁运使净福利损失了 $a+d$,其中既有制裁国的损失,也有被制裁国的损失。除了这些直接损失,出口禁运还会造成一些潜在的负面影响。例如,即使制裁国解除对被制裁国的出口禁运,也很难恢复其在被制裁国原来的市场份额。被制裁国也会降低对制裁国的产品依赖程度,以防止其再次发起贸易制裁。

(二)进口抵制

进口抵制是制裁国不从被制裁国进口商品的行为。需要说明的是,进口抵制并不是一国限制出口的措施,而是一国用来限制进口商品的措施,但因其是贸易制裁的主要形式之一,所以放在本节介绍。

现假设 A 国对 B 国进行贸易制裁,这次采取的是进口抵制的方式,即 A 国不再从 B 国进口 X 商品。在图 11-5 中,对于 B 国来说,S_B 是其国内 X 商品的供给曲线,生产的产品分别出口到 A 国和 C 国,D_A+D_C 是 A 国和 C 国对 B 国的总进口需求曲线。进口抵制前,A、C 两国都从 B 国进口商品,价格为 P_0,进口量分别为 Q_1 和 Q_2,$Q_3=Q_1+Q_2$。A 国抵制 B 国产品进口后,A 国停止从 B 国进口,B 国 X 商品面临的国际需求下降。但由于 C 国仍然从 B 国进口,使得 B 国产品的外部需求曲线由抵制前的 D_A+D_C 左移至

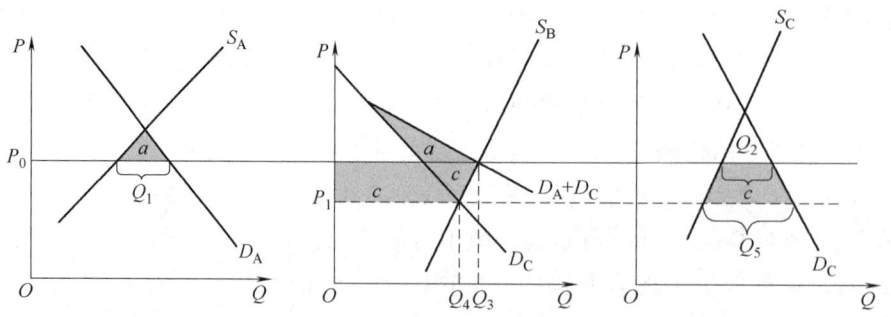

图 11-5 进口抵制的经济效应

D_C，压低了 B 国的出口价格，从 P_0 下降为 P_1，出口量也随之减少，从 Q_3 减少为 Q_4。B 国出口价格的降低引发 C 国进口量的增加，从 Q_2 增至 Q_5。因此，进口抵制对各国的经济利益的影响是：受制裁国 B 出口商品价格下跌，出口量减少，生产者剩余减少 $c+d$；A 国停止从 B 国进口，使其遭受 a 的损失；非制裁国 C 国从制裁中受益，以低价进口了更多的产品，多得了 c 的利益。因此，整个世界的福利净损失为 $a+d$。

综合来看，无论是出口禁运还是进口抵制，制裁国和被制裁国都因贸易制裁蒙受损失，但是没有参与贸易制裁的国家却可以坐收渔翁之利。

二、影响贸易制裁成败的因素

虽然被制裁国在经济上会蒙受不同程度的损失，但是由于贸易制裁是人为地限制自由贸易和资本的自由流动来实现其政治和经济等目标。但这一途径是间接的，制裁目的能否真正实现取决于许多现实因素：

1）被制裁国对涉及的产品贸易的依赖程度。该产品的贸易在被制裁国经济中的重要性越强，制裁越有可能成功。有些自然资源、生活必需品对某些国家来说特别重要，而且其需求价格弹性较小，需求带有"刚性"特征，出口禁运影响就较大。

2）被制裁国的贸易依存度越高，经济自给能力越低，对外贸易的供求弹性越低，对其制裁的成功率越高；反之，对于一些产业体系较完备的大国来说，由于自给自足能力强，对它们进行贸易制裁就不太可能成功。

3）制裁国的组织性越强，发动制裁的国家越多，制裁的成效就越大。因为一旦被一些国家集体制裁，被制裁国很难找到新的贸易伙伴来扩展其贸易。

4）制裁时间的长短。一般来说，商品供求的短期弹性较低，时间越短，目标国越没有时间调整其产业结构，越难找到替代品，制裁越容易取得成功。

【经典案例】

制裁不是"万灵药"

过去两年，七国集团对俄罗斯实施了一系列令人印象深刻的制裁，切断了俄罗斯的能源、必需品和技术市场。它们封锁了莫斯科进入国际金融体系的大部分通道，冻结了其央行储备，扣押了数以百计的个人和实体的资产。

但它们远没有造成冲突开始时预言的"巨大而严重的后果"，既没有阻止俄罗斯的行动，也没有导致其经济崩溃。原因之一是因为该国有能力规避限制措施，或者减轻其影响。

随着时间的推移，俄罗斯将越来越难以维系这些做法。它不得不将大量资源用于军事开支，并且被排除在关键出口市场之外。它的进口成本已经上升。在这一背景下，七国集团国家正在集中精力扼杀该国逃避特定制裁的企图，比如通过第三国获得用于武器的技术和电子设备。

这场冲突暴露了国内供应链的极端重要性。当乌克兰需要更多军用物资时，它通常不得不与盟友谈判；当俄罗斯需要这些物资时，它往往能够在自己控制的行业提高产量，从头到尾用卢布支付费用。

尽管俄罗斯面临一些短缺境况，而且其产品往往不如对手，但它更快地调整到了战时状态。它还建立了通过第三国获取违禁零部件的供应路线。

相比之下，欧洲国家在提高军事产量和打击逃避制裁的行为方面进展缓慢。它们生产和获得火炮的能力落后于俄罗斯，使得基辅在冲突进入第三年的时候只能实行弹药配给。俄罗斯继续在战场上占据优势的同时，盟国却无法向乌克兰提供充足的武器。

（资料来源：参考消息网 2024 年 2 月 28 日报道彭博新闻社网站 2 月 23 日刊发的文章《两年的乌克兰战争改变了军队的思维方式》，参考消息 2024-02-28，https：//baijiahao.baidu.com/s？id=1792099866881982595&wfr=spider&for=pc。）

【本章小结】

1. 出口管制是指一国根据需要对本国出口贸易进行管理和控制，尤其是限制和禁止某些战略性商品和物资的出口。

2. 出口管制分为单边出口管制和多边出口管制；出口管制的形式主要有出口关税和出口配额两种。

3. 卡特尔是指竞争者之间限制竞争的协议、共谋做法或者安排。由来自两个以上国家的企业参与的卡特尔称为国际卡特尔，是一种国际贸易垄断组织。国际卡特尔的组建需要满足一定的条件，其长期收益并不稳定，会受到各种因素的影响。

4. 贸易制裁是经济制裁的一种基本形式，对国际关系中的相关国家都可能产生直接或间接的重要影响。贸易制裁分为出口禁运和进口抵制两种方式，分别会对涉及的各方的生产、消费和贸易条件产生影响。决定贸易制裁成效的因素很多，而且有时候贸易制裁也是一柄"双刃剑"。

【习题与思考】

1. 什么叫出口管制？出口管制的情形和对象主要有几种？
2. 两种形式的出口管制的经济效应有哪些？
3. 什么是国际卡特尔？国际卡特尔的组建需要具备的条件有哪些？
4. 什么是贸易制裁？贸易制裁的经济效应有哪些？影响贸易制裁成效的因素有哪些？
5. 以美国为代表的某些国家动辄就会对他国发起贸易制裁，被制裁对象的贸易往往会受到一定的影响，但制裁国是否就一定是最后的赢家？

国际贸易理论与实务

第十二章 区域经济一体化

区域经济一体化是指两个或两个以上的具有独立主权的国家通过一定的协议或承诺,实行或多或少的经济领域的融合的状态或过程,以追求资源的最优化配置为根本出发点,以各国不断协调统一的制度政策为保障,以各成员方福利水平的不断提高为最终目标。区域经济一体化是在制度安排下的经济合作与融合,包括贸易、投资、金融等多种形式的区域经济合作,是当今世界经济合作发展的主流模式。

第一节 区域经济一体化的组织形式

区域经济一体化的组织形式依市场开放程度、制度融合深度,由低级到高级依次可分为优先贸易安排、自由贸易区、关税同盟、共同市场、经济同盟以及完全经济一体化六种基本形式。

一、优先贸易安排

优先贸易安排(Preferential Trade Arrangement)是一种较为松散的低级一体化形式,是指不同国家间通过协议,相互给予部分商品的关税削减和(或)减少非关税壁垒。成员方相互之间只课征远低于第三国的关税,小部分商品可能完全免税,是最初级的一体化组织形式。例如,1932年的英联邦特惠制,是指英国和英联邦其他成员方,如加拿大、澳大利亚等国之间在贸易上相互提供的优惠待遇制度,目的在于阻止其他国家侵占英联邦市场。

二、自由贸易区

自由贸易区(Free Trade Area)是区内的成员方之间不存在贸易限额,约定相互间取消或分阶段取消绝大部分商品的关税和非关税壁垒，从而实现商品在区内的自由流动，但是对区外非成员方，各成员方保持它们各自独立的对外政策。于1994年正式启动的由美国、加拿大和墨西哥三个国家组成的北美自由贸易区是最典型的一个自由贸易区。

由于各成员方对区外国家实行的关税政策各不相同，一些出口商就会选择先将产品出口到税率较低的成员方，然后再进入税率较高的成员方，从而达到避税的目的，这会造成高关税成员方的关税损失。因此，为了规避外国出口商曲线逃税行为，成员方之间广泛使用原产地原则。它规定一成员方出口到其他成员方的商品，在出口方的增值部分需达到商品价值的一定百分比，否则不能享受优惠关税待遇。

三、关税同盟

关税同盟（Customs Union）是在自由贸易区开放和优惠的基础上，内部成员之间取消了所有的贸易限制和贸易壁垒，对外实行统一的关税税率，成员方之间不仅实现了产品和服务的自由流动，还建立起了统一的对外关税政策制度，具有超国家调节的特征。

关税同盟与前两种一体化形式相比有着质的飞跃，它需要成员方之间协调统一有关经济政策，一体化组织的整体性在增强，而各成员方作为一个独立国家的主权在削弱。德国统一以前，以普鲁士为首的各邦国于1834年建立的德意志关税同盟，废除了各邦内部关税，统一对外税则，提高进口税率，关税收入按比例分配给盟内各邦。欧盟经济一体化进程是以关税同盟为起点，通过实施共同市场、统一大市场，最终向全面的经济货币联盟迈进。1992年以前的欧共体是关税同盟的典型例子。1967年起，欧共体对外实行统一的关税率，1968年7月1日，成员方之间取消商品的关税和限额，实现了关税同盟，1973年，欧共体实现了统一的外贸政策。

四、共同市场

共同市场（Common Market）是在关税同盟的基础上进一步推动劳动、服务、资本等生产要素的自由流动，是关税同盟协议下各成员方经济整体性的进一步增强。共同市场要求各成员方在对外实行共同关税的基础上实现多种政策的进一步协调统一，如金融市场进一步自由化、统一资本流动的规章制度、实现区内公民居住自由等以推动和实现生产要素的自由流动。欧盟堪称是共同市场最成功的例子，它早在1992年年底（当时为"欧共体"）就如期实现了成员方之间生产要素的自由流通，1993年1月1日，欧洲统一大市场正式启动，商品、资金、服务和人员开始在各成员方内部自由流通。

五、经济同盟

经济同盟（Economic Union）又称经济与货币同盟，是指各成员方进一步让渡了制定宏观经济政策和对国内经济进行干预的权利，建立起统一的经济政策，并使用统一的货币以便于这些统一政策的实行。区域性经济组织的权力得到进一步集中和增强，区域一体化组织的整体性也得到进一步巩固。1991年12月，欧共体马斯特里赫特首脑会议通过《欧洲联盟条约》（又称《马斯特里赫特条约》，简称《马约》），确立了实现经济和货币同盟的目标。1993 年 11 月 1 日，《马约》正式生效，欧盟正式诞生，也使得欧盟从共同市场迈向了经济同盟。

六、完全经济一体化

完全经济一体化（Perfectly Economic Integration）是在经济同盟的基础上，各成员方进一步协调统一政治、法律制度等，形成一个超国家的管理机构，它是政治同盟的基础，也是区域经济一体化的最高级形式，它的出现也是由生产力发展与资源最优化配置的要求决定的。目前，欧盟这个世界上最成功的区域经济一体化组织正向着这个方向艰难努力着。经济一体化的基本形式和特征见表 12-1。

表 12-1 经济一体化的基本形式和特征

一体化程度	一体化形式					
	优先贸易安排	自由贸易区	关税同盟	共同市场	经济同盟	完全经济一体化
贸易优惠	是	是	是	是	是	是
自由贸易		是	是	是	是	是
共同的对外关税			是	是	是	是
要素自由流动				是	是	是
经济政策的协调					是	是
经济政策的统一						是

第二节 区域经济一体化理论

区域经济一体化的理论有很多，具有代表性的理论包括关税同盟理论、大市场理论和协议性国际分工理论等。

一、关税同盟理论

关税同盟是经济一体化组织的基本形式，相关理论主要研究对内取消关税和对外统一关税所引起的贸易变化。关税同盟理论一直在国际区域经济一体化理论中居于主导地位，也是最为完善的部分。该理论首先由雅各布·范纳提出，他将关税同盟定义为各成员方间完全取消关税（假设它是唯一的贸易壁垒）、实行统一的对外关税政策且协调分配关税收入的组织。之后，林德、科登、琼斯等经济学家相继提出有关关税同盟动态效应的理论。他们认为关税同盟可以使区域内各成员方之间贸易的增长带来的收益高于它们同区域外国家贸易的减少所损失的收益，从而使它们的净收益增加。大体来说，关税同盟的这种贸易效应分为两类。一是静态效应，指的是由于区域内的关税减免给成员方和非成员方带来的贸易利得方面的影响；二是动态效应，指的是区域经济一体化组织生效后给区域内外各国带来的经济增长方面的间接影响，如规模经济效应、投资效应和竞争效应等。

（一）关税同盟的静态收益

关税同盟的静态收益理论中，比较有代表性的是范纳提出的贸易创造效应和贸易转移效应。组成关税同盟的总福利效应要看两大效应对比之后的净福利。

假定有三个国家：本国、A 国和 B 国。如图 12-1 和图 12-2 所示，S 和 D 分别表示本国国内市场商品 X 的供给曲线和需求曲线。三个国家 X 的生产价格分别为 P_H、P_A 和 P_B。本国会和 A 国结成关税同盟。

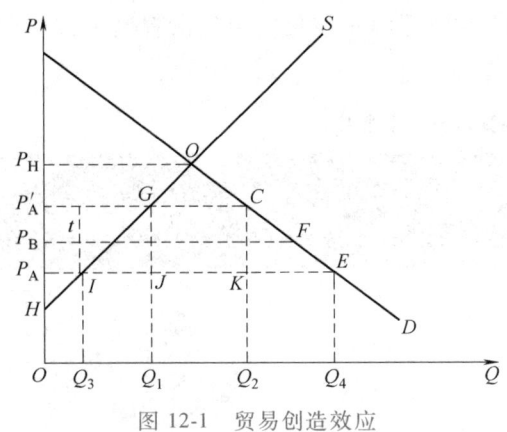
图 12-1　贸易创造效应

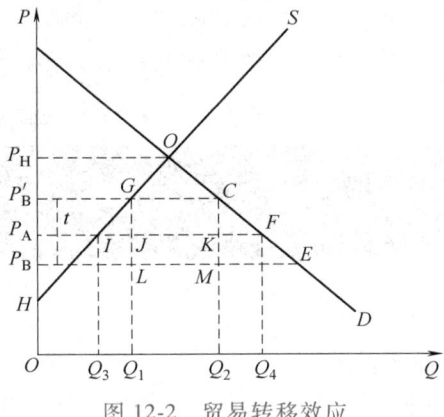
图 12-2　贸易转移效应

1. 贸易创造效应

贸易创造是指在关税同盟内部取消成员方之间的关税后，国内生产成本高的商品被其他成员方中生产成本低的商品取代，来自其他成员方的低价进口商品替代了昂贵的国内生产的商品，成员方之间的贸易被创造出来。这种效应如图 12-1 所示。

当 A 为世界上生产商品 X 最有效率的国家时，贸易的创造效应是指关税同盟的成立带来了成员方（本国与 A 国）之间贸易量的增加，它使得进口成员方（本国）的福利水平提高。P_H 表示封闭条件下本国 X 商品的均衡价格，P_A 和 P_B 分别表示 A 国和 B 国 X 商品的价格，本国在与 A 国结盟前对 A 国和 B 国均征收关税 t，$P'_A = P_A + t$ 为 A 国 X 商品在本国国内的完税价格。由于 $P_A < P_B < P_H$，A 国是世界上生产 X 商品最有效率的国家，又因为 $P'_A < P_H$，所以关税同盟成立前，本国仅从 A 国进口 X，数量为 $Q_2 - Q_1$，并征收关税 t，由于贸易竞争效应，本国国内 X 商品的价格也下降为 P'_A。

关税同盟成立后，本国和 A 国间的关税被取消，此时，本国将以更低的价格（P_A）从 A 国进口更多的 X，数量扩大到 $Q_4 - Q_3$，产生了贸易创造效应，$(Q_4 - Q_3) - (Q_2 - Q_1)$ 为两国新增加的贸易量。

关税同盟的贸易创造效应使得本国的福利水平得以提高。图 12-1 中，成立关税同盟前，本国的消费者剩余为 $\triangle P'_A PC$ 的面积，同盟成立后，由于价格下降，增加为 $\triangle P_A PE$ 的面积，增加了梯形 $P'_A P_A EC$ 的面积；生产者剩余则由同盟成立前的 $\triangle P'_A GH$ 的面积缩减为 $\triangle P_A IH$ 的面积，减少了梯形 $P'_A P_A IG$ 的面积。此外，由于同盟内部关税的免除，本国政府减少了矩形 $GCKJ$ 面积的关税收入。抵消之后，贸易创造效应使得本国增加了 $\triangle GIJ$ 和 $\triangle CEK$ 面积的净福利。

2. 贸易转移效应

贸易转移是指在关税同盟内部贸易自由化实现后，对外实行统一的贸易壁垒，如制定共同对外关税等，从而对非成员方造成贸易歧视，使非成员方的产品失去价格优势，导致进口从非成员方转向成员方，对非成员方来说产生了贸易转移，但生产者和消费者因为生产成本的增加和消费支出的额外增加导致了福利的减少与损失，造成了资源配置效率的降低，整个世界的福利减少。

当 B 国为世界上生产商品 X 最有效率的国家时，关税同盟会将 B 国与本国间的贸易转移到 A 国与本国之间。但是由于 A 国并非世界上生产 X 商品最有效率的国家，因此会给本国带来福利损失，这就是贸易的转移效应。

在关税同盟成立前，本国对 A 和 B 两国 X 商品都征收关税 t，由于 B 国是最有效率的生产商，即 $P_B<P_A<P_H$，征收关税以后 B 国的价格仍然低于 A 国。本国仅从 B 国以 $P'_B=P_B+t$ 的价格进口数量为 Q_2-Q_1 的 X 商品。虽然 A 国的商品价格也低于本国，但由于征税后价格高于从 B 国进口的商品的价格，即 $(P_A+t)>(P_B+t)$，所以本国不会从 A 国进口该商品。

现在，本国和 A 国结成了关税同盟，对 A 国的进口品征收零关税，但仍对 B 国的进口品征收关税 t。如果对 A 国取消关税后会使 $P_A<(P_B+t)$，则本国将不会再从 B 国进口该商品，转而以 P_A 的价格从 A 国进口数量为 Q_4-Q_3 的该商品。本国在结成关税同盟前从较低生产成本的 B 国进口的 Q_2-Q_1 的该商品被具有较高生产成本的关税同盟成员 A 国取代了，即发生了贸易转移。如图 12-2 所示，由于 $P_A<(P_B+t)$，所以关税同盟的形成将使本国的消费者剩余增加，从原来的 $\triangle P'_B PC$ 面积增大为 $\triangle P_A PF$ 面积，增加了梯形 $P_A P'_B CF$ 面积。但是，本国的生产者剩余却损失了，从 $\triangle P'_B GH$ 面积缩减为 $\triangle P_A IH$ 面积，减少了梯形 $P'_B P_A IG$ 面积。另外，关税同盟由于减税产生的贸易转移效应，本国不再从 B 国进口产品还会使本国损失一定的关税收入，为矩形 $GCKJ$ 面积。因此，形成关税同盟后本国的净收益是 $\triangle GIJ$ 面积+$\triangle CFK$ 面积−矩形 $JKML$ 面积。

这里需要注意的是：本国和 A 国之间的贸易量 Q_1-Q_3 和 Q_4-Q_2，在关税同盟成立之前是不存在的，因此，它们也属于关税同盟的创造效应，正好对应于代表正福利的两个小三角形：$\triangle GIJ$ 和 $\triangle CFK$。其中 $\triangle GIJ$ 表示同盟内，部分生产由低成本国家（A 国）代替了高成本的本国的生产；$\triangle CFK$ 表示本国消费者由于消费到了更多更便宜的 X 商品导致的福利的增加。这两个三角形代表本国从贸易创造中获得的收益。

Q_2-Q_1 数量的贸易原本发生在 B 国和本国之间，现在由于关税同盟的成立转移到 A 国和本国之间，生产由世界上最有效率的国家转移到区内最有效率的国家，导致了资源配置的扭曲，产生了贸易转移效应，对应需要从总福利中减去的长方形 $JKML$ 面积，说明贸易转移给 A 国带来了负效应。

一国参加关税同盟能否受益就取决于贸易创造效应和贸易转移效应之间的比较。

3. 关税同盟效应大小的决定因素

关税同盟究竟使模型中进口国的净福利增加还是减少，与以下几个因素有关：

1）进口国的供需弹性。进口国的供需弹性越大，其贸易量的变化对价格就越敏感，关税同盟能产生的贸易创造效益越大，净福利也会越大。

2）进口国初始的关税水平。进口国初始关税税率越高，即保护程度越高，成立关税同盟后，贸易创造效应会越大，净福利提高得越多。

3）关税同盟的规模。关税同盟的规模越大（囊括的成员方越多），贸易转移发生的可能性越小，同盟可能给进口国带来的福利增加越多。

4）同盟内外出口国的价格差别。与同盟内出口国相比，同盟外出口国的成本越小、价格越低，结盟后贸易转移效应越大，进口国的福利损失越大。

5）同盟成立前与区外国家的贸易规模。关税同盟成立前，与区外出口国贸易量越大，同盟成立后贸易转移效应就越大。

（二）关税同盟的动态收益和风险

除了能够给成员方带来福利增加等静态效应，区域性经济集团的建立还具有推动该区域经济持续发展的动态效应，如促进竞争、激励技术创新和规模经济等。

1. 促进竞争效应

当关税被取消后，各国国内市场对外打开，国内企业竞争对手增多，完全垄断或寡头市场结构将直接面对外来竞争的冲击。那些效率低下的企业要么提高效率，要么被淘汰。这种环境将有助于资源的优化配置和技术创新的发展，促进成员方经济的增长。专家们认为，竞争的加强是促进欧盟经济不断发展最主要的因素之一。

2. 规模经济效应

关税同盟建立以后，成员方之间取消了贸易壁垒，使得各国面临的市场扩大，一国可以选择自己更具优势、更少种类的商品进行生产，扩大产量，降低成本，产生规模经济效应。规模经济的实现会促进出口的不断扩大，从而能够进一步扩大产量，实现新一轮的规模经济，形成良性循环。

3. 资本聚集效应

区域性经济集团成立以后，各国将面临更大的市场和更激烈的竞争，前者能助力一国吸引更多的投资，后者则使厂商扩大投资成为必要。一方面，增强竞争力需要降低成本，因此企业必须扩大投资、提高产量，通过实现规模经济来实现这个目标；另一方面，企业必须增加技术投资，大力创新，改进生产方式和技术，从而能够在更激烈的市场竞争中立于不败之地。同时，较大的市场和企业规模也有利于分散技术投资的风险，使企业有动力进行研发投资。此外，区域外的国家为了享受成员方的优惠待遇，使自己的产品能够在区内国家与当地企业公平竞争，往往选择在区域内的国家直接投资设厂。区域内已存在的外资企业，为了充分利用新扩大的市场，也会扩大投资或进行重组。欧盟成立以后，美国向欧盟不断增加的投资就很好地说明了这一点。

4. 优化资源配置效应

经济学家们认为完全竞争市场能实现资源的最优化配置，当整个全球大市场实现完全竞争时，经济运行是最高效的。因为更大的市场能将更多产品生产最有效率的国家市场包括在内，更利于高效率资源配置的实现。一部分国家间先建立大市场，以竞争推动地区内资源的优化配置，能够推动整个世界以渐进的方式向全球化迈进。

二、其他理论

(一) 大市场理论

大市场理论是从动态角度来分析区域经济一体化所取得的经济效应，是针对共同市场提出的，其代表人物为西托夫斯基（T. Scitovsky）和德纽（J. F. Deniau）。共同市场在一体化程度上比关税同盟又进了一步，区内不仅实现了贸易自由化，其要素还可以在区内自由流动，从而形成了一种超越国界的大市场。一方面使生产在共同市场的范围内沿着生产可能线重新组合，从而提高了资源的配置效应；另一方面区内生产量和贸易量的扩大使生产可能线向外扩张，促进了区内生产的增长和发展。

1. 大市场理论的内容

大市场理论认为：以前各国之间推行狭隘的只顾本国利益的贸易保护政策，把市场分割得狭小而又缺乏适度的弹性，只能为本国生产厂商提供狭窄的市场，无法实现规模经济和获得大批量生产的利益。而形成大市场的好处是可以通过扩大市场，获得规模经济，从而实现经济利益。具体来说如下：

1）通过建立共同市场，使国内市场向统一的大市场延伸。市场的扩大使得市场上的竞争更加激烈，而市场的优胜劣汰必将促进企业的分化，一些经营不善的小企业被淘汰，一些具有技术优势的企业则最终在竞争中获胜并且扩大经营的规模，实现规模经济和专业化生产。

2）企业生产规模的扩大以及激烈的市场竞争将降低商品生产的成本和销售价格，而价格的下降会导致市场购买力的扩大和居民实际生活水平的提高。

3）市场购买力的扩大和居民实际生活水平的提高反过来又会进一步促进投资的增加和规模的扩大，最终会使经济开始滚雪球式地扩张。

因而得出结论：大市场的形成会促进和刺激经济的良性循环，带动经济蓬勃发展。

2. 大市场理论的缺陷

1）大市场理论无法解释国内市场存量相当大的国家（如美国）也在同其他国家实行国际经济区域一体化的现象。

2）根据大市场理论，建立共同市场是为了克服企业家的保守态度，但从国内经济政策入手，克服国内的行业垄断弊端，不一定需要建立共同市场，一样可使市场更具竞争力。

3）将竞争激发的规模经济作为共同市场产生的依据有些勉强。

(二) 协议性国际分工理论

1. 协议性国际分工理论的内容

协议性国际分工理论是由日本著名教授小岛清提出的。他认为：经济一体化组织内部如果仅仅依靠比较优势原理进行分工，不可能完全获得规模经济的好处，反而可能会导致各国企业的集中和垄断，从而影响经济一体化组织内部分工的发展和贸易的稳定。因此，必须实行协议性国际分工，使竞争性贸易尽可能地保持稳定。因此，所谓协议性国际分工，是指一国放弃某种商品国内市场提供给另一国，而另一国则放弃另外一种商品的生产并把其国内市场让渡给对方,即两国达成相互放弃和提供市场的协议,实行协议性国际分工。协议性国际分工不能指望通过价格机制自动地实现,而必须通过当事国的某种协议加以实现,也就是通过经济分工组织化。如拉美中部共同市场统一产业政策,由国家间的计划决定的分工就是典型的协议性国际分工。国家间之所以需要协议分工是因为在实行分工之前两国都分别生产两种产品,但由于市场狭小,导致产量很小,成本很高,而经过协议性国际分工以后,各自分别只生产一种不同的产品,这样可以扩大市场规模,增加产量,降低成本,协议各国都能享受到规模经济带来的好处。

2. 实行协议性国际分工的条件

1)必须是两个(或多个)国家的资本,劳动禀赋比率没有大的差别,工业化水平和经济发展阶段大致相同,协议性分工的产品在哪个国家都能进行生产。

在这种状态之下,在互相竞争的各国之间扩大分工和贸易,既是关税同盟理论所说的贸易创造效应的目标,也是协议性国际分工理论的目标。而在要素禀赋比率和发展阶段差距较大的国家之间,由于某个国家只能陷入单方面的完全专业化或比较成本差距很大,所以还是听任价格竞争原理(比较优势原理)为宜,并不需要建立协议性国际分工。

2)作为协议性国际分工对象的商品,必须是能够获得规模经济的商品。规模经济的获得概率,在重工业中较大,在轻工业中较小,而在第一产业几乎难以获得。

3)生产协议性国际分工的商品的利益没有很大差别。也就是说,自己实行专业化的产业和让给对方的产业之间没有优劣之分,否则就不容易达成协议。这种利益或产业优劣主要取决于规模扩大后的成本降低率及伴随着分工而增加的需求量及其增长率。因此,协议性国际分工应该是同一范畴商品内更细的分工。

第三节 主要区域经济一体化组织简介

一、欧盟

(一)欧盟的前身

第二次世界大战后,欧洲各国意识到欧洲需要联合起来,以便实现共同繁荣。1951年4月,意大利、法国、德国、荷兰、比利时和卢森堡六国签订了《欧洲煤钢共同体条约》,拉开了欧洲经济一体化的序幕。1957年3月,六国签订了《罗马条约》,次年正式建立起了欧洲原子能共同体和欧洲经济共同体,欧洲经济一体化继续扩大。以上三大共同体于1967年统一为欧洲共同体,简称为欧共体。《罗马条约》提出到1969年建成共同市场,但是到了1969年,只是实现了商品的自由流动和包含外贸政策在内的部分共同政策。这个目标最终在1992年年底变成了现实,成员方内部基本实现了生产要素的自由流通,建立了商品、人员、劳务和资本可以自由流动的内部市场。

(二)欧盟的成立

1991年12月签订的《欧洲联盟公约》(简称《马约》),是欧洲统一史上另一个具有划时代意义的条约，它包括了《欧洲经济与货币联盟条约》和《政治联盟条约》，标志着欧共体开始由共同市场走向经济同盟，由单纯的经济联盟走向政治同盟，并为欧共体发展成为欧盟奠定了基础。1993年11月，《马约》正式生效，欧盟（European Union）正式成立。

1999年1月1日，按照《马约》中的原计划，欧元正式启动，使用共同货币的欧元区国家包括意大利、法国、德国、荷兰和奥地利等11个国家。自此，欧洲正式建立起了经济与货币同盟。

（三）欧盟的扩张

欧盟雏形自1951年出现以来，就处于不断扩张进程中。英国、丹麦、爱尔兰于1973年1月正式加入其中，这是第一次扩张。紧接着，希腊于1981年加入，西班牙和葡萄牙于1986年加入，这是欧盟正式成立前欧共体的第二次扩张。1993年欧盟正式成立后，瑞典、奥地利与芬兰于1995年一起加入欧盟。2004年爱沙尼亚、拉脱维亚、立陶宛、波兰、捷克、斯洛伐克、匈牙利、斯洛文尼亚、马耳他和塞浦路斯10国正式加入欧盟。2007年，保加利亚、罗马尼亚加入。2013年克罗地亚加入，成为加入欧盟的第28个国家。

（四）欧盟的挫折

随着欧盟成员的增加以及经济危机的冲击，欧盟开始饱受各种问题的困扰，欧洲一体化进程也遭遇了一个重大事件，那就是英国脱欧。2013年1月23日，英国首相卡梅伦首次提及脱欧公投。当地时间2016年6月，英国脱欧公投最终结果出炉，脱欧派获得最终胜利。首相特雷莎·梅于2017年3月29日宣布启动《里斯本条约》第50条，正式启动"脱欧"程序。2018年6月26日，英国女王伊丽莎白二世批准了该脱欧法案。2020年1月31日，英国正式脱离欧盟。

英国脱欧是欧洲一体化进程遭遇的重大挫折，除英国经济将接受"脱欧"带来的全面挑战，欧洲经济一体化能否继续深入下去也将会对世界经贸的发展产生重大而深远的影响。

二、北美自由贸易区

（一）北美自由贸易区的形成

北美自由贸易区（North America Free Trade Area，NAFTA）也是逐步形成的，先是美国与加拿大为了推进密切的双边贸易关系，在1988年签署了《美加自由贸易协定》，后于1992年8月12日由美国、加拿大和墨西哥三国就《北美自由贸易协定》达成一致意见，并于同年12月由三国领导人分别在各自国家正式签署。1994年1月1日，《北美自由贸易协定》正式生效，北美自由贸易区正式宣告成立。由此，一个大型区域经济集团正式建立起来，其无论在人口规模还是经济实力上都足以与欧盟相媲美。北美自由贸易区打破了传统的仅在经济发展水平阶段相似的国家间实行经济一体化的模式，开创了发达国家与发展中国家经济一体化合作的先河。

（二）北美自由贸易区的经贸成效

三个会员国彼此必须遵守协定规定的原则和规则，如国民待遇、最惠国待遇及程序上的透明化等来实现其宗旨,借以消除贸易障碍。自由贸易区内的各国货物可以互相流通并减免关税,而对区域外的国家则仍然维持原关税及壁垒。北美自由贸易区取得的成果主要有:促进了国家间贸易和国际直接投资(FDI)的增长,发达国家保持经济强势地位,发展中国家受益明显,合作范围不断扩大等。

1. 促进了地区贸易的迅猛增长

《北美自由贸易协定》自生效以来,关税的减免有力地促进了地区贸易的增长。根据国际货币基金组织的数据,仅在成立后的10年间,NAFTA成员方之间的货物贸易额增长迅速,三边贸易额翻了一番,从1993年的3,060亿美元增长到2002年的6,210亿美元。

2. 促进了地区国际直接投资的快速增长

由于NAFTA提供了一个强大、确定且透明的投资框架,确保了长期投资所需要的信心与稳定性,因而吸引了创纪录的国际直接投资额。2000年,NAFTA三国之间的FDI达到了2,992亿美元,是1993年1,369亿美元的两倍多。同时,从NAFTA区域外国家吸引的国际直接投资也在增长。NAFTA建成10年后,北美地区占全球向内FDI的23.9%和全球向外FDI的25%。

三、东盟

(一)东盟的形成

东盟是东南亚国家联盟(Association of Southeast Asian Nations,ASEAN)的简称。成员方有马来西亚、印度尼西亚、泰国、菲律宾、新加坡、文莱、越南、老挝、缅甸和柬埔寨10国。其前身是马来西亚、菲律宾和泰国于1961年7月31日在曼谷成立的东南亚联盟。1967年8月,印度尼西亚、泰国、新加坡、菲律宾四国外长和马来西亚副总理在泰国首都曼谷举行会议,发表了《东南亚国家联盟成立宣言》,即《曼谷宣言》,正式宣告东南亚国家联盟成立。

东盟的目标是:①通过加强政治、安全、经济和社会文化合作,提升地区活力;②建立一个稳定、繁荣、极具竞争力和一体化的共同市场和制造基地,实现货物、服务、投资、人员资金的自由流动。

该经济组织在不断加快自身一体化进程的同时,积极开展同东亚地区非东盟国家的多边经济合作,有力地推动了亚太地区的一体化发展。

(二)东盟与东亚区域经济一体化

随着东盟影响力的扩大,东亚各国也积极与之开展各种合作,为推动东亚区域经济一体化的发展发挥了极其重要的作用。

1. 中国-东盟自由贸易区

1991年,中国与东盟开始正式对话。同年7月,时任中国国务委员兼外交部长的钱其琛出席了第24届东盟外长会议开幕式,标志着中国开始成为东盟的磋商伙伴。

随着政治交往的不断加深,中国在1996年3月明确提出希望成为东盟全面对话国,这个倡议得到东盟各国的积极响应。同年7月,东盟外长一致同意中国为东盟的全面对话伙伴国。中国首次出席了当月举行的东盟与对话伙伴国会议。

2002年11月，在第六次中国-东盟领导人会议上，双方签署了《中国与东盟全面经济合作框架协议》，确定了2010年建成中国-东盟自由贸易区的目标。中国和东盟原六国拟在2010年实现绝大多数产品零关税，和其他四国则在2015年实现绝大多数产品零关税。2004年，温家宝总理出席第八次中国-东盟领导人会议，提出了加强双方合作的十点新倡议。会议期间，双方签署了《中国与东盟全面经济合作框架协议货物贸易协议》和《中国与东盟争端解决机制协议》，中国-东盟自由贸易区进入了实质性建设阶段。

随着互利合作的不断深化和中国-东盟自由贸易区建设的稳步推进，2005年7月，中国-东盟自由贸易区《货物贸易协议》开始实施，双方7,000余种商品开始全面降税，贸易额持续增长。2007年1月14日，中国与东盟在菲律宾宿务签署了中国-东盟自由贸易区《服务贸易协议》。协议的签署为中国-东盟如期全面建成自贸区奠定了坚实基础。2009年8月15日，中国与东盟共同签署中国-东盟自由贸易区《投资协议》。协议的签署标志着双方成功地完成了中国-东盟自贸区协议的主要谈判。

2010年1月1日，中国-东盟自由贸易区正式建成，建成后是一个拥有19亿人口、1400万 km^2 土地，国内生产总值接近6万亿美元、贸易总额达4.5万亿美元、由发展中国家组成的自由贸易区。这是中国与其他国家建立的第一个自由贸易区，是中国发起的第一个多边自由贸易区，也是世界上最大的发展中国家自贸区。

自贸区启动后，中国对东盟的平均关税从之前的9.8%降至0.1%，东盟的六个老成员方（文莱、印度尼西亚、马来西亚、菲律宾、新加坡、泰国）对中国的平均关税从12.8%降至0.6%，四个新成员方（越南、老挝、柬埔寨和缅甸）也逐步降低关税，并于2015年实现90%商品零关税的目标。

2. 东亚合作"10+3"模式

1997年，东盟邀请中日韩三国参加东盟非正式领导人会议，正式启动涵盖了东南亚和东北亚国家的"10+3"经济合作（时为"9+3"，因柬埔寨尚未加入东盟），是第一次真正意义上的东亚区域合作。1999年，相关国家发表了第一份《东亚合作联合声明》，承诺在贸易、投资、技术转让、信息技术和电子商务等方面的合作。2004年，各方一致同意，将"10+3"作为建立东亚共同体这一长期目标的主渠道。2007年在第11届"10+3"首脑会议上，又发表了《第二份东亚合作联合声明》，并制定了《2007—2017年东盟与中日韩合作工作计划》，规划了政治安全、经济金融、能源环境、社会文化这些领域的合作路径。

领导人会议是东盟与中日韩（"10+3"）合作最高层级机制，每年举行一次，主要对"10+3"发展做出战略规划和指导。"10+3"最核心的两个合作领域是金融领域和经济贸易领域。经贸领域"10+3"并未取得实质性进展，但3个"10+1"合作机制却发展迅速，其中最为迅速的是中国-东盟自由贸易区。

3. 东盟主导的RCEP

《区域全面经济伙伴关系协定》（Regional Comprehensive Economic Partnership, RCEP），是亚太地区规模最大、最重要的自由贸易协定，于2012年由东盟发起，历时8

年，由中国、日本、韩国、澳大利亚、新西兰和东盟10国共15方成员共同制定。2020年11月15日，第四次区域全面经济伙伴关系协定领导人会议通过视频方式举行，会后上述15个亚太国家正式签署了《区域全面经济伙伴关系协定》，意味着世界上最大的自贸区诞生。2022年1月1日，RCEP正式生效，标志着全球人口最多、经贸规模最大、最具发展潜力与活力的自由贸易区正式落地。

《区域全面经济伙伴关系协定》是一个全面、现代、高质量、互利互惠的自贸协定，代表了东亚区域经济一体化的一种模式，在成员方之间相互开放市场，将进一步促进东亚地区产业和价值链的融合，为区域经济一体化注入强劲动力。RCEP达成后将覆盖世界近一半人口和近三分之一的贸易量，涵盖人口超过35亿，占全球47.4%，国内生产总值占全球32.2%，外贸总额占全球29.1%。根据2018年数据，整体上已经结束谈判的RCEP的15个成员方人口达到了22亿，GDP达到29万亿美元，出口额达到5.6万亿美元，吸引的外商投资流量3,700亿美元，基本都占全球总量的30%左右。RCEP建成之后，将会是世界上最大的自由贸易区，如果印度在解决有关问题加入后，规模会进一步扩大。因此，RCEP的建成不仅会使东亚迎来一轮新的发展浪潮，还会加速东亚一体化的进程，使东亚成为世界政治经济格局中日益重要的一极。

【本章小结】

1. 区域经济一体化的组织形式从市场开放程度、制度融合的深度由低级到高级依次可分为优先贸易安排、自由贸易区、关税同盟、共同市场、经济同盟以及完全经济一体化六种基本形式。

2. 区域经济一体化的理论有很多，具有代表性的理论包括关税同盟理论、大市场理论和协议性国际分工理论等。

3. 世界上主要的区域一体化组织有欧盟、东盟和北美自由贸易区等组织，以东盟为主导的RCEP是一个全面、现代、高质量、互利互惠的自贸协定，代表了东亚区域经济一体化的一种模式。

【习题与思考】

1. 区域经济一体化的组织形式有哪几种？分别具有哪些特点？
2. 关税同盟理论的内容主要包括哪些？
3. 我国参与的经济一体化组织有哪些？
4. 中日韩与美加墨的构成非常相似，为什么北美自由贸易区能建成，而中日韩自贸区却一直未能建成？

国际贸易理论与实务

第十三章 多边贸易体制与 WTO

第二次世界大战后,多边贸易体制的形成与发展对全球的经济贸易产生了重大影响。1948 年 1 月 1 日,关税与贸易总协定(General Agreement on Tariffs and Trade,GATT,简称"关贸总协定")的生效标志着全球多边贸易体制的诞生。1995 年 1 月 1 日,世界贸易组织(World Trade Organization,WTO,简称"世贸组织")的成立是自第二次世界大战以来国际贸易体制最大的改革。从 GATT 到 WTO 的变迁,标志着第二次世界大战后建立的多边贸易体制迈进了一个新纪元。半个多世纪以来,国际贸易的发展远远超过世界生产的速度,这与多边贸易体制的作用是密不可分的。

第一节 GATT 的发展历程

GATT 是第二次世界大战后美国从其自身经济利益出发,联合世界 23 个国家于 1947 年 10 月 30 日在瑞士日内瓦签订的,并于 1948 年 1 月 1 日起临时适用的,旨在协调、处理和规范缔约国之间关税水平和贸易规则方面的相互权利和义务的多边国际协定,是第二次世界大战以后直至世界贸易组织产生以前调整国际经济贸易关系的重要支柱之一。

一、GATT 产生背景

20 世纪三四十年代,世界经济陷入危机,国际贸易秩序混乱,贸易保护主义盛行。当时,在国际经济关系中有三个主要问题亟待解决,其中之一就是重建国际贸易新秩序。第二次世界大战结束前夕,以美国为首的同盟国于 1944 年 7 月在美国新罕布什尔州的布雷顿森林召开了一个国际会议(即"布雷顿森林会议"),达成共识建立了国际货币基金组织(International Monetary Fund,IMF)和国际复兴开发银行(International Bank for Reconstruction and Development,IBRD)即世界银行,解决了前两个问题。

之后，国际贸易秩序的重建就提上了议事日程。当时在国际贸易方面，主要是计划组建国际贸易组织，以扭转日益盛行的高关税贸易保护和歧视性贸易政策，以促进贸易自由化和各国经济的恢复与发展。在美国的提议下，联合国经济与社会理事会于1946年2月举行第一次会议，通过了美国提出的召开"世界贸易和就业会议"的决议草案，并成立了由19国（包括中国）组成的筹备委员会，着手筹建国际贸易组织。同年10月，在伦敦召开了第一次筹备会议，讨论美国提出的《国际贸易组织宪章》草案，并决定成立起草委员会对草案进行修改。1947年10月，在古巴哈瓦那举行的联合国贸易与就业会议上，审议并通过了《国际贸易组织宪章》(《哈瓦那宪章》)。在这次会议上，23个国家进行了关税减让谈判，并达成了123项双边关税减让协议。为了使关税减让谈判达成的结果尽快付诸实施，他们将《国际贸易组织宪章》中有关贸易政策的条款与达成的123项双边关税减让协议加以合并和修改，汇总成为"关税与贸易总协定"，并经过谈判达成《关税与贸易总协定临时适用议定书》，作为总协定的组成部分，宣布在《国际贸易组织宪章》生效前，各缔约方之间贸易关系临时适用关贸总协定（GATT），GATT于1948年1月1日起生效。

但由于各参加国对《国际贸易组织宪章》提出了许多修正案，不符合美国的利益，加之拟增加的一些条款也与美国的国内立法产生冲突，因而《国际贸易组织宪章》首先在美国遭受国会的否决，这一做法对一些国家产生了重大的影响，最后《国际贸易组织宪章》没有得到法定数量国家的批准，由此成立国际贸易组织的努力宣告失败。

此后，GATT的有效期一再延长并为适应情况的不断变化，多次加以修订，成为当时各缔约国共同遵守的贸易准则，也是协调国际贸易与各国经济政策的唯一的多边国际协定。直到1995年1月1日WTO正式运行，GATT共存在和延续了47年，已经成为事实上的国际贸易组织。

二、GATT主持下的多边贸易谈判

在GATT主持下，从1947年迄今已举行了八轮多边贸易谈判，且每一轮谈判都取得了巨大的成果。同时，伴随着国际经济形势的不断变化，各国寄希望于多边贸易谈判所要解决的现实问题也大不相同。GATT的八轮谈判大致可划分为3个阶段：前6个回合的谈判主要集中于解决关税减让问题，取得了令人瞩目的成效；第7个回合的谈判则主要针对非关税壁垒问题，签署了一系列极有价值的协议；最后的第8轮谈判即"乌拉圭回合"则将多边贸易体制问题作为谈判的重点内容，从更广泛的角度取得了一揽子解决贸易问题的成果。

下面简要介绍GATT主导下的八轮多边贸易谈判的相关内容。

1. 第一轮谈判

1947年4—10月，GATT第一轮多边贸易谈判在瑞士日内瓦举行。参加成员总数为23个（包括中国），下调关税的承诺是此次谈判的主要成果。缔约方就123项双边关税减让达成协议，关税水平平均降低35%。在双边基础上达成的关税减让，无条件地、自动地适用于全体缔约方。

2. 第二轮谈判

1949年4—10月，GATT第二轮多边贸易谈判在法国安纳西举行，参加成员总数为

33个。召集本轮谈判的目的是：给处于创始阶段的欧洲经济合作组织成员提供进入多边贸易体制的机会，促使这些国家为承担各成员之间的关税减让做出努力。这轮谈判除在原23个缔约方之间进行外，又让丹麦、多米尼加、芬兰、希腊、海地、意大利、利比里亚、尼加拉瓜、瑞典和乌拉圭10个国家加入和进行了谈判。这轮谈判总计达成147项关税减让协议，关税总水平降至35%。

3. 第三轮谈判

1950年9月—1951年4月，GATT第三轮谈判在英国托奎举行，参加成员总数为39个。这轮谈判的一个重要议题是讨论奥地利、原联邦德国、韩国、秘鲁、菲律宾和土耳其的加入问题。由于缔约方增加，关贸总协定缔约方之间的贸易额已超过当时世界贸易总额的80%。在关税减让方面，美国与英联邦国家（主要指英国、澳大利亚和新西兰）谈判进展缓慢。英联邦国家不愿在美国未做出对等减让条件下放弃彼此间的贸易优惠，使美国与英国、澳大利亚和新西兰未能达成关税减让协议。这轮谈判共达成150项关税减让协议，关税总水平降至26%。

4. 第四轮谈判

1956年1—5月，GATT第四轮谈判在瑞士日内瓦举行，参加成员总数为28个。美国认为前几轮谈判美国的关税减让幅度明显大于其他缔约方，因此对美国代表团的谈判权限进行了限制。在这轮谈判中，美国对进口只给予了9亿美元的关税减让，而其所享受的关税减让约4亿美元。英国的关税减让幅度较大。这轮谈判使关税水平平均降低15%。

5. 第五轮谈判

1960年9月—1962年7月，GATT第五轮多边贸易谈判在日内瓦举行，参加成员总数为45个。这轮谈判由美国副国务卿道格拉斯·狄龙倡议，后称为"狄龙回合"。谈判分两个阶段：前一阶段从1960年9月至12月，着重就欧洲共同体建立所引出的关税同盟等问题，与有关缔约方进行谈判；后一阶段于1961年1月开始至1962年7月，就缔约方进一步减让关税进行谈判。这轮谈判使关税水平平均降低20%，但农产品和一些敏感性商品被排除在协议之外。欧洲共同体六国统一对外关税也达成减让，关税水平平均降低6.5%。

6. 第六轮谈判

1964年5月—1967年6月，GATT第六轮多边贸易谈判在日内瓦举行，参加成员总数为54个。由于是由时任美国总统肯尼迪根据1962年美国《贸易拓展法》提议举行的，故又称"肯尼迪回合"。美国提出了缔约方各自减让关税50%的建议，而欧洲共同体则提出"削平"方案，即高关税缔约方多减，低关税缔约方少减，以缩小关税水平差距。这轮谈判使发达国家平均降税35%。在此次回合中，农产品首次成为一个重要的谈判议题。同时，还首次进行了非关税壁垒削减的谈判，通过了第一个"反倾销协议"。

7. 第七轮谈判

1973年9月—1979年4月，GATT第七轮多边贸易谈判在日内瓦举行。因发动此轮谈判的贸易部长会议在日本东京举行，故称"东京回合"。这次多边贸易谈判的参加成员达到99个，其中包括一些非正式成员，是GATT覆盖面最广的一次谈判。在该轮谈判中，各缔约方一致同意采用"肯尼迪回合"创立的全面关税削减形式，最终9个主要工业国的制造业产品平均关税税率从7%削减到4.7%，降低了40%。极低的关税使工业国之间不再存在显著的贸易障碍。"东京回合"的第二个成就是达成了非关税壁垒的削减，达成 9 项协议并对如下 6 个领域内的行为做出了规定：海关估价、进口许可证程序、政府采购、贸易的技术壁垒（如产品标准）、反倾销程序和反补贴税。

8. 第八轮谈判

1986 年 9 月 15 日，GATT 第八轮谈判于乌拉圭埃斯特角城举行，被称为"乌拉圭回合"，这次谈判至 1993 年 12 月 15 日在日内瓦完成。1994 年 4 月 15 日，在摩洛哥马拉喀什城举行会议，由参加"乌拉圭回合"的谈判方草签了"乌拉圭回合"最后文件和《建立世界贸易组织协定》，宣告谈判正式结束。1995 年 1 月 1 日，世界贸易组织正式成立，1996 年关贸总协定失效，由《建立世界贸易组织协定》及其附件取代。

三、"乌拉圭回合"与 WTO 的产生

（一）"乌拉圭回合"谈判发起的背景

尽管 GATT 前七轮谈判大大降低了各缔约方的关税，促进了国际贸易的发展，但从 20 世纪 70 年代开始，特别是进入 20 世纪 80 年代以后，以政府补贴、双边数量限制和各种非关税壁垒为特征的贸易保护主义重新抬头。为了遏制贸易保护主义，避免全面的贸易战发生，美国、欧共体、日本等共同倡导发起了此次多边贸易谈判，决心制止和扭转保护主义，消除贸易扭曲现象，建立一个更加开放的、具有生命力的和持久的多边贸易体制。

（二）"乌拉圭回合"谈判的主要成果

"乌拉圭回合"谈判历时八年，参加谈判的国家和地区从最初的 103 个，增加到 1993 年年底的 117 个和 1994 年 4 月谈判结束时的 128 个，是 GATT 历史上议题最多、范围最广、规模最大的一次多边贸易谈判。达成的主要成果包括以下几个方面：

1. 继续推动削减贸易壁垒

货物贸易方面，通过减少和消除关税、数量限制和其他非关税壁垒来改善市场进入的条件，进一步扩大世界贸易。

2. 将服务贸易纳入谈判并取得成效

服务贸易方面，"乌拉圭回合"之前的谈判都只涉及货物贸易领域，服务不属于关贸总协定多边体制的管辖范围。为了推动服务贸易的自由化，在"乌拉圭回合"谈判中，发达国家提出将服务业市场准入问题作为谈判的重点，最后达成了《服务贸易总协定》（GATS）。

3. 将知识产权纳入谈判并取得成效

随着国际贸易的不断发展和技术开发的突飞猛进，越来越多的贸易现象涉及知识产权问题，相应的监督、保护、管理制度和争端解决机制却已不适应新的需要。因此，关贸总协定便将与其有关的知识产权纳入"乌拉圭回合"多边谈判之中，并达成了《与贸易有关的知识产权协定》（TRIPs）。

4. 推动了世界贸易组织的建立

"乌拉圭回合"启动之初，并没有将建立 WTO 问题列入其谈判议题。但随着谈判的进行，很多缔约国发现，服务贸易和与贸易有关的知识产权等非货物贸易新议题的谈判成果很难在 GATT 的框架内付诸行动，只有建立一个正式的国际贸易组织，才能有效地协调、监督和执行乌拉圭回合的成果。于是，1994 年 4 月 15 日各参加方在马拉喀什部长级会议上一致通过并签署了《建立世界贸易组织的马拉喀什协定》（简称《建立世界

贸易组织协定》）。根据协定，WTO 于 1995 年 1 月 1 日正式运行。通过建立 WTO 取代 GATT，完善和加强了多边贸易体制，为执行"乌拉圭回合"谈判成果奠定了良好的基础，这是"乌拉圭回合"谈判取得的最突出的成果。

第二节　WTO 简介

WTO 总部位于瑞士日内瓦，是一个独立于联合国的永久性国际组织，与世界银行、国际货币基金组织并列为世界经济的三大支柱。WTO 成员之间的贸易额占世界贸易额的绝大多数，因此也被称为"经济联合国"。截至 2023 年，世界贸易组织有 164 个成员，25 个观察员。1995 年 1 月 1 日，世界贸易组织正式开始运作，1996 年 1 月 1 日，WTO 正式取代 GATT 临时机构。

一、WTO 与 GATT 的关系

（一）WTO 和 GATT 的联系

WTO 和 GATT 有着内在的历史继承性。WTO 继承了 GATT 的合理内核，包括其宗旨、职能、基本原则及规则等。WTO 成立以后，GATT 作为独立的组织机构已不存在，但这个实体并没有解散，而是转变成 WTO 的下属机构——货物贸易理事会。

（二）WTO 和 GATT 的主要区别

1）机构性质。GATT 仅是"临时适用"的政府多边贸易协定，是由一个临时委员会管理的多边条约，不是一个正式的组织，不具有法人地位；WTO 是常设的永久性国际组织，在国际上具有独立的法人资格，享受联合国机构的权利和义务。WTO 与国际货币基金组织、世界银行具有同等地位，都是国际法主体，其组织机构和有关人员均享有外交特权和豁免权。

2）管辖范围。GATT 只处理货物贸易问题；WTO 不仅要处理货物贸易问题，还要处理服务贸易和与贸易有关的知识产权问题，其协调与监督的范围远大于 GATT。

3）争端解决。WTO 争端裁决的实施更容易得到保证，争端解决机制的效率更高。

4）《1947 年关贸总协定》转化为《1994 年关贸总协定》。《1947 年关贸总协定》从"准国际贸易组织"转化为《1994 年关贸总协定》，成为 WTO 负责实施管理的多边货物贸易协定，不再具有"准国际贸易组织"的职能，不再是多边贸易体制的组织和法律基础。

二、WTO 的宗旨与目标

1）WTO 的宗旨。提高生活水平、确保充分就业、大幅度和稳定地增加实际收入和有效需求、拓展货物和服务的生产及贸易、持久地开发世界资源并加以充分利用、努力保护和维持环境，并以不同经济发展水平下各自需要的方式，加强采取各种相应的措施；积极努力，确保发展中国家，尤其是最不发达国家在国际贸易增长中获得与其经济发展需要相称的份额。

2）WTO 的目标。建立一个完整的、更具活力和永久性的多边贸易体制，以巩固原

来的关贸总协定为贸易自由化所做的努力和"乌拉圭回合"多边贸易谈判的所有成果。

三、WTO 的职能

为实现上述目标，WTO 实施以下职能：
1）实施、管理和运作 WTO 协定以及多边贸易协定。
2）组织实施各项多边贸易协定，为各成员方的多边贸易谈判和贸易部长级会议提供场所。
3）依据《关于争端解决的规则与程序的谅解》，解决各成员之间的贸易纠纷。
4）根据《建立世界贸易组织协定》附件3所列的安排，定期审议各成员的贸易政策。
5）与 IMF、世界银行、UNCTAD 以及其他国际机构进行合作，以保障全球经济决策的一致性。
6）向发展中国家和转型经济国家提供必要的技术援助。

四、WTO 的组织机构

为了执行其职能，WTO 在瑞士日内瓦设立了相应的组织机构，包括：

（一）部长级会议

部长级会议是 WTO 的最高决策机构，由所有成员方的代表参加，至少每2年召开一次，有权对该组织管辖的所有重大问题进行讨论与做出决定。

（二）总理事会

总理事会（General Council）是部长级会议的下设机构，负责 WTO 的日常决策，由 WTO 全体成员的代表组成，定期召开会议，并在部长级会议休会期间，行使部长级会议的各项职权，包括履行争端解决机构和贸易政策审议机构的职责。总理事会的工作得到三个理事会和五个专门委员会的协助。

（三）理事会

理事会（Council）为总理事会的附属机构，共有货物贸易理事会、服务贸易理事会、与贸易有关的知识产权理事会三个专门理事会，各自负责处理各自领域内的事务。这些理事会可视情况自行拟订议事规则，经总理事会批准后执行。所有成员均可参加各理事会。

（四）专门委员会

部长级会议下设五个专门委员会（Committee），以处理特定的贸易及其他有关事宜，分别是贸易与环境委员会、贸易与发展委员会、区域贸易协议委员会、国际收支限制委员会，以及预算、财务和行政委员会。

（五）秘书处及总干事

秘书处（Secretariat）是 WTO 的日常办事机构，设总干事（Director General）一名，另有三位副总干事协助总干事工作。秘书处由部长级会议任命的总干事领导，总干事的权力、职责、任职条件及任期由部长级会议通过规则确定。

（六）争端解决机构和贸易政策审议机构

这两个机构都直接隶属于部长级会议或总理事会。

争端解决机构是部长级会议的一个常设机构，下设专家小组和上诉机构，负责处理成员方之间基于各有关协定、协议所产生的贸易争端。

贸易政策审议机构是部长级会议的一个重要机构，主要负责对成员的贸易政策进行综合性定期检查，目的是增加贸易政策与措施的透明度。

另外，世界贸易组织的四个诸边协议（即关于民用航空器、政府采购等诸边协议）都建立了自己的管理机构，须向总理事会报告工作。健全的组织机构保证了其运作的有序与合理。

五、WTO 的基本原则

为了有效地实现其宗旨，WTO 的全部内容中贯穿了一系列基本原则，它们体现在 WTO 的协议之中，后来在多边贸易谈判所达成的协议中得到不断补充，这些原则及例外构成了 WTO 法律框架的基础，制约着 WTO 成员方的贸易活动。WTO 所秉持的基本原则包括以下几点：

（一）非歧视原则

非歧视原则又称"无差别待遇"，是 WTO 最基本、最重要的原则，它体现了 WTO 多边互惠的特点。它要求缔约方在实施某种优惠或限制措施时，不要对缔约方对方实施歧视待遇。本着这一原则，各成员方都可以同等地分享减少贸易壁垒所带来的利益。非歧视原则主要由最惠国待遇和国民待遇条款体现。

1. 最惠国待遇

最惠国待遇就是要平等对待其他成员，强调"外外平等"。WTO 中的最惠国待遇原则是多边的、无条件的，无论对货物、服务还是知识产权都适用。它要求缔约一方现在和将来给予任何其他第三方的贸易优惠和特权、豁免，都必须自动地、无条件地给予缔约对方。其基本要求是使缔约一方在缔约另一方享有不低于任何第三方享有或可能享有的待遇。该原则可以使有关成员方之间的双边互惠变为多边互惠，促进自由贸易。

2. 国民待遇

国民待遇就是平等对待外国人和本国国民，强调"内外平等"。国民待遇是最惠国待遇原则的重要补充，一般通过国内立法和国际条约来体现。其基本含义是指 WTO 成员方应该保证给予其他成员方的公民（自然人）、法人（企业）和商船在本国（地区）境内享有与本国（地区）公民、法人和商船相同的待遇。国民待遇原则严格地讲就是外国商品或服务与进口国国内商品或服务处于平等待遇的原则。

（二）促进公平竞争原则

WTO 不允许缔约方以不公正的贸易手段进行不公平的竞争，特别禁止采取倾销和补贴的形式出口商品，对倾销和补贴都做了明确的规定，制定了具体而详细的实施办法。WTO 主张采取公正的贸易手段进行公平的竞争。

（三）透明度原则

透明度原则是指 WTO 成员方应公布所制定和实施的贸易措施及其变化情况，没有公布的措施不得实施，同时还应将这些贸易措施及其变化情况通知 WTO。此外，成员方所参加的有关影响国际贸易政策的国际协定，也应及时公布和通知 WTO。透明度原则对公平贸易和竞争的实现起到了十分重要的作用。

（四）贸易自由化原则

在 WTO 框架下，贸易自由化原则是指通过多边贸易谈判，逐渐降低贸易壁垒，开放市场，促进商品与服务的自由流动。但是，贸易自由化并不意味着完全的自由贸易，而是在某些情况下允许一定的程度的保护。WTO 要求一般取消数量限制，禁止出口补贴，但是在农产品、纺织品领域还存在不少例外。

（五）可预见性、稳定发展贸易原则

成员方通过约束关税减让水平为世界货物贸易提供一个稳定的、可以预见的基础；通过承诺义务、开放服务市场稳定服务贸易的发展；通过约束和减少非关税壁垒的使用，减少其对国际贸易的消极影响。

（六）对发展中国家成员特殊优惠原则

该原则又称"非互惠待遇原则"，为促进发展中国家成员的出口贸易和经济发展，从而带动整个世界贸易和经济的健康发展，WTO 的各项规则允许发展中国家成员在相关的贸易领域在非对等的基础上承担义务。

这种差别和优惠待遇主要体现在：

1) 允许发展中国家成员在履行义务时有较长的过渡期。例如，在农产品关税削减上，发达国家在 6 年内必须使关税降低 36%，发展中国家成员则是在 10 年内使关税降低 24%，最不发达国家成员可以免除降低关税的义务。

2) 发展中国家成员在实施世贸组织协议上具有更大的灵活性。例如，《农产品协议》规定原则上取消、禁止使用进口数量限制，但在特定的条件下，发展中国家成员可以实施进口数量限制，时间可长达 10 年之久。

3) 发达国家成员应该对发展中国家成员提供技术援助，以使发展中国家成员更好地履行义务。例如，《服务贸易总协定》规定，发达国家成员要在技术获得、销售渠道、信息提供等方面帮助发展中国家成员，并主动向发展中国家成员开放自己的服务市场。

（七）区域性贸易安排原则

WTO 继承并发展了 GATT 对区域性贸易安排的有关规定。首先，确定自由贸易区和关税同盟等经贸集团对成员方和世界经贸发展的贡献；其次，把经贸集团贸易自由化的范围从货物贸易扩展到其他领域；最后，重申成立自由贸易区和关税同盟的约束条件。

（八）允许例外和实施保障措施原则

考虑到成员方经济发展水平的不同和为防止成员方因意外、突发因素使国内市场受到冲击而利益受损，允许成员方采取例外和保障措施，即不承担或不履行已承诺的义务，允许对进口采取一些紧急保障措施。

第三节 WTO 与中国

经过艰苦谈判，2001 年 12 月 11 日中国正式加入 WTO，成为第 143 个正式成员。中国加入 WTO 对经济发展与制度转型产生了长远而巨大的影响。

一、中国"复关/入世"的历程

（一）中国"复关/入世"的背景

中国是 GATT 的 23 个创始缔约国之一。1948 年 4 月 21 日，当时的中国政府签署了

《临时适用议定书》，同年5月21日中国正式成为GATT原始缔约方之一。1947—1949年，当时的中国政府连续两届派出代表参与了GATT最初的两轮多边贸易谈判。1971年联合国大会通过决议承认中华人民共和国政府为代表中国的唯一合法政府，恢复中国的合法席位。但是此后，由于各种原因，中国政府未在GATT问题上做过任何表态，与GATT的关系长期中断。

随着1978年实行的改革开放政策取得巨大成功，中国经济与世界经济联系日益紧密。为加快实行改革开放政策，进一步发展国民经济，1986年7月，中国政府正式提出了恢复在GATT缔约国地位的申请，同时阐明了"以恢复方式参加GATT，而非重新加入；以关税减让作为承诺条件，而非承担具体进口义务；以发展中国家地位享受相应待遇，并承担与中国经济和贸易发展水平相适应的义务"三项重返GATT的原则。1987年2月，中国向GATT正式递交了《中华人民共和国对外贸易制度备忘录》。同年3月，GATT成立了一个专门处理中国缔约方地位的中国问题工作组，标志着中国"复关"谈判进程的开始。1995年1月，WTO成立，从当年7月起中国"复关"谈判转为加入WTO谈判。

(二) 中国"复关/入世"的过程

第一阶段：顺利推进阶段。从1986年7月提出"复关"申请开始到1989年5月末，中国与GATT三个最大的缔约方美国、欧盟和日本进行了十几次双边磋商，在贸易政策的透明度、贸易政策统一、价格改革时间表以及选择性保障条款四个议题上基本达成了谅解。

第二阶段：反复与突破时期。1989年以后，国际经济与政治形势发生了剧烈的变化，以美国为首的西方国家出于对社会主义国家的歧视与偏见，对中国"复关"的要价层层加码，中国的"复关"谈判受阻，陷入停滞状态。直至1991年11月美国国务卿贝克访华、中美双方互作让步达成协议（美国支持中国恢复GATT缔约国地位，中国同意台湾、澎湖、金门、马祖地区以单独关税区加入GATT）后才出现转机。1992年邓小平南方谈话以及中国共产党第十四次全国代表大会的召开，确立了社会主义市场经济体制的总体目标，推动了"复关"谈判的进程。同年10月，GATT正式结束了对中国经贸体制长达六年的审议。

第三阶段：实质性谈判阶段。1992年10月—2001年9月，进行的是"复关/入世"议定书内容的实质性谈判即双边市场准入谈判。1994年4月12日—4月15日，"乌拉圭回合"谈判结束，中国代表团参会并签署《乌拉圭回合谈判结果最后文件》。同年11月，中国提出在年底完成"复关"的实质性谈判，但在12月份由于美国等少数缔约方缺乏诚意，漫天要价，致使中国与有关缔约方未能就中国成为WTO创始成员问题达成协议。1995年5月，中断了近5个月的中国"复关"谈判在日内瓦恢复进行，7月WTO破例接纳中国为观察员，11月中国"复关"工作组更名为"入世"工作组，"复关"谈判变成"入世"谈判。中国与WTO的37个成员继续进行拉锯式的双边谈判。1997年5月与匈牙利最先达成协议，1999年11月完成了中美"入世"谈判。2000年5月我国与欧盟谈判几经周折也正式达成双边协议。2001年9月13日，中国与最后一个谈判对手墨西哥达成协议，从而完成了"入世"要求的所有双边谈判。

第四阶段："入世"法律文件的起草、审议和批准。与双边谈判的复杂与艰难相比，多边谈判较为容易和顺利，主要议题是中国"入世"的法律文件（包括协定书和工作组报告书）起草问题。2001年9月17日，WTO中国工作组第十八次会议通过中国加入WTO的法律文件，中国加入WTO多边谈判结束。2001年11月10日，在卡塔尔首都多哈举行的WTO第四次部长级会议一致通过中国加入WTO的决议。2001年12月11日，中国正式成为WTO成员。

二、中国加入WTO享受的权利与义务

按照中国加入WTO谈判的原则，"入世"后，中国享有WTO成员可享受的一切权利，同时也必须承担WTO要求的义务，主要包括以下几个方面：

1）享受非歧视待遇，即充分享受多边无条件的最惠国待遇和国民待遇。现行双边贸易中对中国的歧视性做法将被取消或逐步取消，中国受到的一些不公正待遇将被取消，同时中国对其他成员承担和履行非歧视原则的义务。

2）享受降低贸易壁垒的权利，同时对其他成员方承担和履行降低关税和非关税壁垒的义务。

3）享受发展中国家成员的权利，即享受一定范围的普惠制待遇及发展中国家成员的大多数优惠或过渡安排，但不向发达国家成员提供相应的义务。

4）享受贸易自由化的成果，同时承担货物贸易、服务贸易和投资自由化、加强知识产权保护的义务。

5）利用WTO争端解决机制，公平客观合理地解决与其他成员的贸易摩擦，不搞单边报复，营造良好的经贸发展环境的义务。

三、中国"入世"以来的巨大成就和重要作用

实践证明，中国"入世"无论对扩大我国对外开放还是对推进世界经济全球化都具有极其重要的意义。"入世"不仅快速推动了我国经济的发展，显著改善了人民的生活水平，还极大地促进了中国与世界的深度融合、共享机遇、共同成长。

我国不但在2010年就已全部履行完加入WTO的承诺，而且在很多方面做出超额贡献。

1. 在扩大开放方面

财政部数据显示，截至2024年3月，中国关税总水平已由"入世"前的15.3%降至7.3%，低于9.8%的入世承诺，也远低于大部分发展中国家，接近发达国家的水平。目前中国开放了160个服务部门中的120多个，是服务业开放程度最高的发展中国家。2023年，中国服务贸易稳中有增，规模创历史新高。2023年服务进出口总额65,754.3亿元人民币，同比增长10%，其中出口26,856.6亿元人民币，下降5.8%，进口38,897.7亿元人民币，增长24.4%；服务贸易逆差12,041.1亿元人民币。截至2022年，中国货物进口额年均增长约12.17%，高于全球平均水平6.83%。此外，中国是世界上第一个尝试以"进口"为主题举办国家级展会的国家，即使在2020年疫情期间，第三届"进博会"依然正常举办。

2. 在市场准入方面

中国持续缩减外商投资准入负面清单，全面实施平等待遇，目前服务业开放了120多个部门，不仅远超"入世"承诺的100个部门，还超过发达国家平均承诺的108个部

门。在 2020 年年底发布的《鼓励外商投资产业目录（2020 年版）》中，外商投资准入范围进一步扩大。特别是属于鼓励类目录的外商投资项目，可以依据相关法规享受税收、用地等优惠待遇。

3. 在营商环境方面

中国对标国际先进水平，迄今已推出 130 余项举措，连续多年成为全球营商环境改善幅度最大的经济体之一。世界银行《全球营商环境报告 2020》显示，目前在中国办理施工许可证耗时 111 天，在该指标的质量指数上得到 15 分的满分，高于东亚地区 132 天和 9.4 分的平均水平。随着 2020 年 1 月 1 日新的《优化营商环境条例》施行，无论内资企业、外资企业，只要在中国注册，都将一视同仁、同等对待，都将得到完善的法规制度保护。

4. 在制度建设方面

对内，中国在国内法律与世贸规则相适应方面做了大量工作，把 WTO 所倡导的非歧视、透明度、公平竞争等基本原则融入中国的法律法规和有关制度中。对外，中国长期致力于推动全球经济合作模式创新、完善全球经济治理结构。在 G20 峰会、WTO《贸易便利化协定》（*Trade Facilitation Agreement*，TFA）等全球经济治理机制中一直发挥着重要作用。中国首倡的"一带一路"倡议在不同国家对接顶层战略方面做了积极探索，为深化全球经贸合作，特别是促进发展中国家经济增长做出了重大贡献。此外，在新冠疫情肆虐世界、全球经济陷入衰退、单边主义和保护主义横行世界之时，中国同东盟和日本、韩国等 15 国，于 2020 年 11 月 15 日签署《区域全面经济伙伴关系协定》（RCEP），推动了世界最大自贸区的诞生。这一系列先行先试的举措必将对今后 WTO 的改革和多边贸易规则的发展注入正能量，产生积极而深远的重要影响。

5. 在全球贡献方面

"入世"以来，中国对世界经济增长的平均贡献率超过 30%，特别是 2020 年，中国是主要经济体中唯一实现正增长的国家，成为拉动世界经济复苏增长的重要引擎。中国的比较优势集中于熟练劳动力、良好的基础设施以及完善的制造业体系，在全球价值链分工中主要承接的是最终产品制造等直接面向消费者的部分，既提升了中国本土生产要素的使用效率，也有效提升了美国、欧盟、日本、韩国乃至广大新兴市场国家其他生产要素的使用效率。

当前，中国正在积极构建新发展格局，这将为中国和世界打开一扇贯通中国内外两大市场、连接进出口两大通道的"旋转门"。进入新发展阶段的中国将继续为建设开放型世界经济，推动世界经济新一轮复苏提供更多"中国动力"，与世界各国分享更多"中国机遇"，让世界人民收获更多"中国红利"。在未来，中国与世界各国的融合会更加紧密，将继续坚定不移地推动 WTO 的发展。

【知识拓展】

WTO 将何去何从？

近年来，全球贸易格局发生巨变，保护主义抬头，特别是美国前总统特朗普执政期间高举"美国优先"旗号，频频"退群"，动辄对贸易伙伴挥舞制裁"大棒"，大大恶化了国际贸易环境，严重破坏了美国一手主导建立的全球多边经贸治理机制。尤其是对 WTO 的改革，美国在 WTO "一致通过"决策机制、发展中国家地位、争端解决机制、透明度等问题上长期以来存在诸多不满，特朗普政府以阻挠上诉机构法官任命从而致使争端解决机制瘫痪的方式，试图迫使WTO其他成员就范。而且，特朗普甚至还一度声称退出WTO，使WTO面临"散伙"的生存危机。

与WTO举步维艰形成鲜明对比的是，世界范围内双边和区域自贸协定谈判快速推进，其自由化程度也大大超越WTO，大有将WTO边缘化的势头。WTO议程长期停滞，越来越难以适应新的国际贸易现实。数字经济、国有企业等大量新的领域规则需要制定，服务贸易、知识产权大量旧的领域贸易规则需要更新或扩展，而WTO的裹足不前使各成员渐失耐心，转而推动"小圈子"自由化。《欧日经济伙伴贸协定》（EPA）、《北美自由贸易协定》（USMCA）、《区域全面经济伙伴关系协定》（RCEP）、《全面与进步跨太平洋伙伴关系协定》（CPTPP）等双边和区域自贸协定应运而生，全球贸易治理日趋碎片化，WTO存在感日渐降低。

在此背景下，奥孔乔-伊韦阿拉临危受命，于2021年3月1日在日内瓦正式就任WTO总干事。奥孔乔-伊韦阿拉领导的WTO能否成为疫情后全球经济恢复繁荣的重要引擎，还要看各国能否团结一心，共同推动WTO改革为世界各国尤其是广大发展中国家的发展权益和空间提供保障。新的总干事能否带领WTO改变当前这种被动局面，将其带回世界舞台中央，恢复昔日荣光，我们拭目以待。

（资料来源：根据相关资料整理得来。）

【本章小结】

1. 关贸总协定是关于调整和规范缔约国之间关税水平和贸易规则方面的相互权利和义务的多边国际协定，其主要职能是通过多边贸易谈判推动世界贸易自由化的发展。关贸总协定自建立以来已经主持了八轮谈判，在降低关税壁垒、削减和消除非关税壁垒、加速界贸易自由化方面取得了重大成就。

2. 世界贸易组织继承了关贸总协定的宗旨，是对关贸总协定在管理范围、成员方承担义务的统一性、贸易政策审议、争端解决机制等方面的完善和发展。

3. 2001年12月11日，中国成为世界贸易组织的第143个正式成员。中国"入世"是中国改革开放进程中具有划时代意义的大事，对中国经济、世界经济都影响深刻。实践证明，加入世界贸易组织可以让中国与世界实现共赢。

【习题与思考】

1. 你认为中国加入WTO的理由是什么？
2. 1947年GATT与WTO有何不同？
3. WTO的宗旨有哪些？
4. 中国加入WTO可以享受哪些权利？

国际贸易理论与实务

第二篇

国际贸易实务

第十四章
国际贸易实务概述

第一节 国际贸易的特点

一、国际贸易的新特点

当前,人类社会正在经历一场深刻的技术革命——互联网革命。互联网革命使整个社会和经济产生了深刻的变化,引发了国际贸易领域的重大变革,特别是大量以跨境电子商务平台为代表的国际贸易平台的崛起和大数据的广泛应用,突破了传统国际贸易的时空局限,为跨境电子商务过渡到数字化国际贸易铺平了道路。数字化国际贸易是建立在现代互联网技术、云计算技术,形成大数据流量处理的能力基础上,依托跨境贸易平台的集聚和管理,以数据的流动带动全球消费者、生产者、供应商、中间商集成产生贸易流量,形成国际化、信息化、市场化、社会化、平台化的一种全新贸易模式。

在互联网技术与云计算等现代信息技术基础上发展起来的国际贸易,与传统国际贸易比较起来,具有鲜明的趋势特征。

(一)平台化与网络化并存

数字化国际贸易以电子商务平台为依托进行国际贸易,并衍生出了电子商务交易平台、支付结算平台、物流平台、征信平台等各种平台基础设施。依托这些平台基础设施,国际贸易所涉及的商流、物流、信息流、资金流和人员流动在平台上实现了分离与聚合,国际贸易呈现出平台化的典型特征。同时,利用现代通信技术和计算机技术,平台依托网络把分布在世界各地不同地点的计算机、电子终端设备和移动终端设备连接起来,实现了商品资源、信息资源和物流资源等的全面共享,国际贸易呈现网络化特征。

(二)信息化与无纸化并存

数字化国际贸易下,信息成为一种独特资源进入流通并成为流通中最大的变量,成为国际贸易的先导性力量。各类要素都呈现信息化和数据化特征，并依托平台形成跨国界的消费者集成、生产商集成、供应商集成、市场集成等的巨大贸易流量信息。同时，数字化国际贸易下，交易主体依托信息化实现无纸化操作和交易，卖方通过网络发送信息，买方通过网络接收信息，整个电子信息的传输过程实现了信息化。"无纸化"交易方式代替了传统对外贸易中的书面文件（如书面合同、结算单据等）进行贸易往来，大大简化了国际贸易流程，降低了交易成本，提高了国际贸易的效率。

（三）有形商品与无形商品并存

传统国际贸易主要是进行实物交易，是以有形商品为主要内容的贸易，随着电子信息技术的发展与网络的普及应用，越来越多无形商品与服务进入流通与贸易领域，一些数字化产品和服务（如计算机软件、视听娱乐产品、电子书、电影、版权等）贸易量增长迅猛。有形商品贸易与无形商品和服务贸易并存推动实体经济与虚拟经济两种基本经济形态共同发展，有形要素禀赋与无形要素禀赋共同进入全球化大流通，实现有形市场与无形市场的融合发展。

（四）去中心化与多样化并存

在数字化国际贸易下，网络、设备、平台、支付、物流、数据、金融、云计算等都成了基础设施服务，依托这些基础设施，国际贸易可以绕过传统国际贸易的中间商，缩短交易环节，实现供应商乃至制造商与最终消费者之间的直接交易。无数市场微观主体汇聚产生了市场集成，突破了传统地理疆域和行政的阻隔，呈现出去行政化、去中心化的典型特点。另外，在数字化国际贸易下，消费者可以依托国际贸易平台在成千上万的同类乃至同质商品中做出选择，满足消费者多样化的需求。

（五）多边化与全球化并存

在数字化国际贸易下，国际贸易不再局限于两国之间的双边贸易，依托平台可以将贸易过程中涉及的信息流、资金流、物流向多边演进和拓展，并呈现网状的多边化结构。如日本与俄罗斯的居民可以通过美国的跨境电子商务交易平台、中国的支付结算平台、新加坡的物流平台，实现与其他国家的直接贸易。此外，建立在互联网平台上的国际贸易，实现了全球互联，突破了传统国际贸易对地理时空的限制，凸显出全球性特征，形成了一个真正意义上的全球化大市场和大流通的体系。

二、国际贸易遵循的法律

在国际贸易中，为了减少由交易双方所在不同的国家或地区的各种差异而引起的贸易纠纷或贸易摩擦，确保国际贸易正常有序进行，通过长期贸易实践，有关国际组织制定了贸易相关的国际公约、协定，不同的商事组织也制定了相关规则。国际公约、国际贸易惯例和主权国家相关强制法构成了三个层次的法律与惯例体系。

（一）三层次法律与惯例体系

1. 国际贸易条约

国际贸易条约（International Trade Treaty）是指主权国家间为确定政治、经济、文化和军事等方面的权利与义务关系，而缔结的诸如公约、协定、议定书等各种协议的总称。国际贸易条约有双边条约和多边条约（又称"公约"）。这些条约由各国政府批准生效后，对缔约国公民产生约束力。从事国际贸易的时候也必须遵守相关的国际条约。

2. 国际贸易惯例

国际贸易惯例（International Trade Practice）是在国际贸易长期实践的基础上逐渐形成和发展起来的，通常由国际组织加以解释和编纂的一些行为规范和习惯做法。国际贸易惯例本身不是法律，不具有强制性，而是具有国际社会民间性质的行为规范，合同当事人是否采用某项国际贸易惯例，完全根据自愿的原则。但值得注意的是，有些国家的法律明文规定，凡本国法律没有规定的，则适用国际贸易惯例，足以见得国际贸易惯例具有重要的地位。

3. 国内相关国际贸易的强制性法律

国际贸易的当事人处于不同国家，尽管国际贸易条约与国际贸易惯例能够在广泛的领域内协调当事人的关系，但是其贸易行为也必须受国内法的约束，同时，当事人在订立合同时可以自愿协商选择所适用的包括国内法在内的法律，因此，国内有关国际贸易的法律也是国际贸易法的组成部分。

（二）贸易便利化涉及的法律法规

随着信息技术和现代电子商务的快速发展，各种新型贸易模式相继出现，企业运营模式因此发生着深刻的变化，企业间交易往来的各类贸易单证正由传统的纸质凭证向电子凭证转变。为了顺应国际贸易这一变化要求，联合国高度重视国际贸易单一窗口的建设和发展，出台了若干文件加以规制，具有里程碑意义的是 WTO 的《贸易便利化协定》，对国际贸易单一窗口建设予以专条规制，但对单一窗口的规定并未涉及具体的实施标准，缺乏可操作性。而联合国贸易便利化和电子商务中心的规范更为务实，该组织十分重视各国在单一窗口建设过程中的法律问题，尤其是在贸易数据交换方面的透明与安全，以及企业与政府如何建立协调关系等，为此于 2010 年专门制定了《建立国际贸易单一窗口的法律框架》（Establishing a Legal Framework for an International Trade Single Window）。具体内容包括单一窗口运营模式、运营成本的负担、知识产权保护、争端解决及竞争等问题，还有与数据相关的问题，如数据在机构间的共享问题，数据的安全性、保密性以及电子签名的认证等。该法律框架提出的建议并无约束力，各国基于自愿原则予以实践。

第二节　出口贸易流程

出口贸易流程就是外贸出口工作人员在出口工作中所进行的一系列活动的有序组合，包括交易准备、磋商签约、合同履行等活动。出口合同的履行是进出口工作的重要内容，其特点是工作环节多、涉及面广、手续繁杂、时效性强、影响因素多，如有不慎会影响安全收汇，可能会给企业带来严重损失。

我国出口合同的履行，如果以 CIF 贸易术语成交、采用信用证付款并且货物需要法定检验，则一般包括备货、催证、审证、改证、租船订舱、报检、报关、投保、装船和制单结汇等环节。其中，以货（备货、报检）、证（催证、审证和改证）、船（办理货运、报关和投保）、款（信用证方式下的制单结汇）四个环节的工作最为重要。出口合同履行的流程如图 14-1 所示。

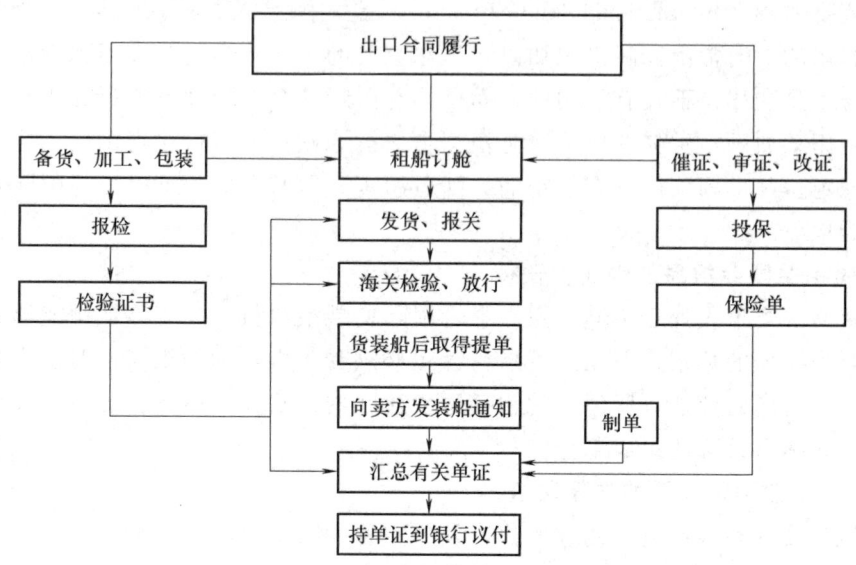

图 14-1　出口合同履行的流程

一、备货、报检

（一）备货

备货是根据出口合同或信用证的规定，按时、按质、按量准备好应交付的货物，以保证按时出运。生产型企业和贸易型企业在这一环节的具体工作有所不同。生产型企业备货是向生产加工或仓储部门下达联系单（有些企业称其为加工通知单或信用证分析单等），通知其按联系单的要求，对应交的货物进行清点、加工整理、包装、刷唛（印制运输标志）以及办理申报检验和领证等工作。联系单是进出口企业内部各个部门进行备货、出运、制单结汇的共同依据。但对于使用 ERP（企业资源计划）系统的企业，进出口合同订立以后，系统会自动通知相关部门按照合同要求进行备货。贸易型企业一般没有生产加工部门，其备货是向国内有关生产企业联系货源，订立国内采购合同。

在准备货物过程中，发现问题应及时解决，将问题争取消灭在装运之前，为此应做好以下几点：

1）备货时间要与信用证装船时间及船期相结合，严防脱节。

2）货物的品质、规格须按合同的规定核实，必要时应进行加工整理，以保证货物的品质、规格与合同或信用证规定一致。

3）货物的数量保证满足合同或信用证的要求，备货的数量应适当留有余地，要考虑合同中的数量规定、溢短装规定、装运时发生的意外或损失和适应舱容情况。

4）货物的包装应保证与合同的包装条款规定一致，同时还应确认能否达到保护商品适应运输的要求。对于合同中没有规定包装条款的，货物包装应按通常做法或同类货物通用的方式装箱或包装。如无通用方式，则按足以保全和保护货物的方式装箱和包装。具体应核查：包装材料、包装方法、填充物、形状、单件重、内包装件数是否正确；外包装是否牢固，外包装有无破漏、开包、水渍；运输标志是否正确等。如发现包装不良或有破损，应及时修整或更换，以免不能取得清洁提单，影响安全收汇。

货物的运输标志应符合合同和有关国家海关的规定，保证货物被适当便捷处置，要求清楚、醒目、大小适当，注意防止错刷、漏刷和外文字母倒置等。

（二）报检

凡属法定检验范围的商品，或合同规定必须经检验检疫机构检验出证的商品，在货物备齐后，应向海关申请检验，海关派人到工厂进行商检。只有取得出入境检验检疫机构发给的合格的检验证书，海关才准放行。如果进口方有要求（合同或者信用证中要求），可以根据当地法律法规进行第三方检验，例如沙特对于进口产品要求的沙特阿拉伯电子服务与监管局（Saudi Arabian Bureau of E-services and Regulation，SABER）认证。同时，如果进口方有要求，也可能要进行第三方工厂检验，每年一次。

申请报检应及时，最迟在报关或装运前10日报检。申请报检时须填制"出口检验申请单"，并随附合同、信用证副本等，供商品检验机构参考。出口企业在取得检验证书或放行通知单后，必须在规定的有效期（一般为60天）内报运出口。如超过有效期装运出口，应向海关申请展期，并由海关进行复检。

二、催证、审证和改证

（一）催证

催证是指当进口人未按合同规定时间开来信用证或出口人根据货源和运输情况可能提前装运时，催促进口人迅速开出信用证。催证工作并非每笔业务必有，当发生以下几种情况时，应催促对方迅速办理开证手续：第一，装运期限较长，临近装运期；第二，买方在规定装运期内未按时开立信用证；第三，出口方提前装运；第四，发现对方资信不佳或市场行情发生了不利的变化。

需要注意的是，信用证里的条款要高于合同条款，因此在实际业务中，如果没有开立信用证，工厂通常不会安排生产，若有预付款支付，则根据实际情况进行考量，以减少风险。

（二）审证

审证是指对国外进口商通过银行开来的信用证内容进行全面审查，以确定是否接受或需要做哪些修改。根据《跟单信用证统一惯例》（以下简称UCP600）的规定，银行只接受表面上符合信用证的单据，因此对买方开立的信用证的内容是否与买卖合同约定一致的审核十分重要。

在实际业务中，由于种种原因，如工作的疏忽、电文传递的错误、贸易习惯的不同、市场行情的变化或进口商有意利用开证的主动权加列对其有利的条款，往往会出现开立的信用证条款与合同规定不符的情况；或者在信用证中加列一些出口商看似无所谓但实际是无法满足的信用证付款条件（"软条款"）等，使出口商无法按信用证规定收取货款。因此，为确保收汇安全和合同的顺利执行，应对国外银行开立的信用证进行认真的核对与审查。

银行和出口商一般共同承担审证工作。银行重点审核信用证开证银行（以下简称开证行）的政治背景、资信能力、付款责任和索汇路线以及鉴别信用证真伪等方面的内容。银行审核无误后应在信用证上打上类似"印鉴相符"的字样，交给出口商进行审核。出口商收到银行转来的信用证后，在对信用证的内容进行全面审核的基础上，重点审核信用证内容与买卖合同是否一致。

对信用证的审核主要包括以下内容：

1. 开证行的政治背景、资信情况和责任范围

开立信用证的国家必须是与我国有经贸往来的国家或地区，拒绝接受与我国无经贸往来的国家或地区开立的信用证。信用证各项内容均不得违反我国的方针政策，不得有歧视性或不友好内容。开证行、保兑银行（以下简称保兑行）的资信情况必须与所承担的信用证义务相适应，如资信不佳应立即采取相应措施。开证行的责任一般应遵循UCP600，应在信用证上注明来证受该惯例的约束。

2. 信用证的真实性

银行应合理谨慎地检验信用证表面的真实性，如不能确定信用证表面的真实性，应不延误地告知开证行，并告知受益人不能确定信用证的真实性。

3. 信用证的性质

主要审核信用证是否不可撤销，是否保兑。UCP600规定即使信用证没有注明"不可撤销"字样，仍应按不可撤销信用证处理。对有些国家的来证，虽然注明有"不可撤销"字样，但对开证行付款责任加列限制性条款，或保留条件的条款均应格外注意。受益人必须对有问题的条款要求开证人进行修改，以减少收汇风险。

4. 开证申请人与受益人

开证申请人应是合同的买方，申请人的名称、地址应与合同相符。受益人应是合同的卖方即出口商，特殊情况下是议付银行（以下简称议付行），其名称和法定地址必须准确，以防止货物的错发、错运和保证收汇安全。

5. 信用证金额及支付货币

主要审核信用证中的单价与总金额是否准确，应大小写并用。如果数量上有一定的伸缩幅度，如有5%的溢短装，则信用证的支付金额应允许有一定幅度的浮动。如果在金额前使用了"大约"等词，其意思是允许金额有10%的上下浮动。支付货币的币种应与合同规定一致。

6. 信用证的有效期及装运期

依惯例，信用证应规定交单付款、承兑或议付的到期日，在信用证业务中称为有效期（Expiry Date），是银行承担兑付责任的最后期限，也是受益人提交单据的最晚期限。晚于到期日交单，银行有权拒付。

信用证的装运期应与合同规定一致。在审核信用证有效期时，应注意如下几方面：

1）信用证有效期应与装运日期配合审核，一般信用证的有效期与装运期有一定的合理间隔，以保证有足够的时间办理制单结汇工作。UCP600 规定正本运输单据不迟于装运日之后的 21 天内提交，但无论如何不得迟于信用证的到期日。通常信用证到期日与装运日的间隔不应少于 15 天。

2）在国外买方晚开信用证的情况下，要注意能否按装运期完成装运工作，如无法按期装运，应及时要求国外买方展延装运期。

3）如信用证中只有装运期而无有效期，通常按提单日期加上 21 天为信用证的有效期。

4）如信用证中只有有效期而无装运期，按照惯例应解释为"双到期"，即信用证的有效期与装运期应解释为同一天。

5）如信用证规定为"尽快装运"，一般应按收到信用证 30 天内装出。

6）信用证的到期地点一般在出口国到期，在我国的出口业务中，信用证的到期地点通常都规定在我国到期。

7. 货物描述

对信用证的货物描述主要审核信用证中有关货物的品名、品质、数量、重量、规格、包装和单价等项内容是否与合同规定一致，是否有附加的特殊条款等。如发现与合同规定不一致，应提出修改信用证。除非不是实质性条款，而且出口商能够容易做到的事情，为了节省时间和改证费用，可酌情处理不要求改信用证。

8. 转运与分批装运条款

核对信用证中的转运和分批装运条款是否一致，如不一致应提出修改。如合同中未做明确规定，应按国际惯例解释。UCP600 规定：除非信用证另有规定，允许分批装运及转运；同一运输工具并经同次航程运输的数套运输单据在同一次提交时，只要显示相同目的地，不视为分批装运。如果在同一种运输方式下经由数个运输工具运输，即使运输工具是同一天出发运往同一目的地，仍被视为分批装运。即使信用证禁止转船只要提单上证实有关货物已由集装箱、拖车或子母船运输，银行仍可接受注明将要发生或可能发生转运的提单，对于提单中包含的承运人声明保留转运权利的条款，银行将不予理会。

9. 结汇单据

信用证项下的结汇单据通常包括海运提单、装箱单、商业发票、保险单、原产地证明、检验证书及其他文件，对单据审核主要有以下内容：

1）单据的种类份数及填制方法等。

2）信用证规定的单据能否提供或及时提供，如一些需要认证的单据，如使馆认证、出口许可证、检验证明等能否及时办理和提供。

3）信用证对单证是否有特殊要求，如规定受益人提交的单据中要包括"由买方签发的提货证明"或检验证书应由申请人授权的签字人签字"。这类信用证实际上受申请人或其代理人控制，受益人没有收款保障，不应接受。

10. 保险条款

对信用证中保险规定的审核主要审核来证中的保险金额与险别是否与合同约定相

符，如有不符应根据国家政策和保险公司的有关规定，要进行适当处理。

11. 其他内容

在审证当中，除上述内容外，还应审核信用证中是否载有超出合同规定的附加条件，如信用证中指定船龄、船籍、船公司或不准在某港口转船、1/3 正本提单直寄开证申请人等，一般不应接受，但若可以办到，则也可酌情灵活掌握。

（三）改证

在审证中发现属于不符合我国对外贸易方针政策，影响合同履行和安全收汇等情况，我们必须要求国外客户通过开证行进行修改，并坚持在收到银行修改信用证通知后才能装运，避免发生货物已发出，信用证的内容未改，造成银行拒付的后果。对来证不符合同规定但受益人能够做到或经过努力可以做到，并能保证受益人安全迅速收汇的，受益人也可灵活掌握不要对方改证。

在办理改证工作中，应注意如下问题：

1）凡需要修改的内容，应做到一次向国外客户提出，避免出现考虑不周而多次提出修改要求。否则，不仅会增加双方的手续和费用，还会对外造成不良影响。

2）根据UCP600规定，对同一修改通知中的修改内容不允许部分接受，部分接受修改内容当属无效。此外，UCP600还规定，未经开证行、保兑行（若已保兑）和受益人同意，不可撤销信用证既不能修改，也不能取消。因此，对不可撤销信用证中任何条款的修改，都必须在有关当事人全部同意后才能生效。在受益人向通知银行（以下简称通知行）发出接受修改之前，原信用证条款（或先前接受过修改的信用证）仍然对受益人有效。

3）受益人未提供接受和拒绝修改的通知的，按UCP600规定当其提交到指定银行或开证行的单据与信用证以及尚未表示接受修改的要求一致时，则该事实被认为受益人已做出接受修改的通知，并从此时起信用证已被修改。

4）对于信用证修改尤其是多次修改后的生效时间，出口商需要注意其与合同规定的最后装船期限之间的间隔是否合理。

三、办理货运、报关和投保

（一）办理货运

办理货运是卖方履行合同，按照规定向买方交付货物以及顺利回收货款的重要环节。在国际贸易实际业务中，卖方会综合考虑运输价格、船期、集装箱免费滞港期、返箱方式等各种因素，最终选择适合的货运代理或海运、铁路、航空公司。

现代信息技术正在迅速改变国际货物运输的运作方式。随着国际物流技术、电子商务及EDI（电子数据交换）技术的迅猛发展，运输服务业出现了更加细致的专业化分工，国际货运代理应运而生，其服务的范围、手段和运作方式等都出现很大的发展与提高。专业化货运服务机构及时到位的运输以及全球货物运输监控技术的进步，货主直接与运输工具承运人联系业务的现象越来越少，而是由专业化较强的货运服务机构为其提供"门到门"的运输一体化的中介服务。

在实际业务中，出口企业一般委托货运代理人办理租船订舱，以及办理货物的报关、检验、交接、仓储和转运等工作。办理货运的流程如下：

1. 货运委托

出口企业在货证齐备后，向货运代理人提交填制好的订舱委托书，随附商业发票、装箱单等其他必要单据，委托货运代理人代为订舱。

2. 办理订舱

货运代理人接受货运委托后，缮制货物托运单（Booking Note，B/N），随同商业发票、装箱单等其他必要单证一同向船公司办理订舱。

3. 办理托运

船公司根据具体情况接受订舱，并在托运单上编写与提单（Bill of lading，B/L）号码一致的编号，填写船名、航次等内容，最后签署，即确认完成托运人订舱，同时把配舱回单、装货单（Shipping Order，S/O）等与托运人有关的单据退还给托运人。

装货单是船公司签发给托运人的用以命令船长将承运货物装船的单据，它既是出口货物装船的依据，又是向海关办理申报手续的主要单据，因此，它又叫作关单。对托运人来说它是办妥货物托运的证明，对船公司或其代理来说它是通知船方接受装运该批货物的指示文件。

4. 办理出口报关

托运人持船公司签署的装货单（S/O），填制出口货物报关单、商业发票等出口单证，向海关办理报关手续。海关根据有关规定对出口货物进行查验、对单据进行审核，如无疑异，则在装货单上加盖放行章，并退还托运人。

5. 办理装货、签发大副收据

托运人持海关加盖放行章的装货单要求船长装货，装货后由船长的大副签署大副收据（Mate's Receipt，M/R）交给托运人。

6. 取得提单

托运人持大副收据向船公司换取正本已装船提单。

7. 发出装船通知

货物装船后，托运人即可向国外买方发出装船通知，以便买方准备付款、赎单、办理收货等。如为CFR（成本加运费）或FOB（离岸价格）合同，由于保险由买方自行办理，及时发出装船通知尤为重要。

租船订舱工作虽由出口企业委托货运代理人办理，但出口商仍须注意船期、航线和运费等问题，应与货运代理人经常联系，密切配合，以保证按时装运，并注意节省运费支出。对于特殊货物，如需冷藏、通风、原油和天然气等的配载应尽早通知货运代理人，以便及时做好洽订舱位或船舶的准备工作。

（二）报关

按照《中华人民共和国海关法》（以下简称《海关法》）规定，凡是进出国境的货物必须经由设有海关的港口、车站、国际航空站进出，并由货物的发货人或其代理人向海关如实申报，交验规定的单证文件，请求办理查验放行手续，经过海关放行后，货物才可提取或装运出口。

目前，我国的出口企业在办理报关时，可以自行办理，也可以通过专业的报关经纪行或国际货运代理公司来办理报关手续。无论是自行报关，还是由报关行代理报关，都必须填写出口货物报关单，必要时，还需提供出口合同副本、发票、装箱单或重量单、商品检验证书及其他有关证件，向海关申报出口。

出口报关流程如下：

1. 申报

申报是指货物、运输工具和物品的所有人或其代理人在货物、运输工具、物品进出境时，向海关报送规定的单证（书面或电子数据交换方式），并申请查验、放行的手续。根据现行海关法的规定，出口货物发货人或其代理人一般应在货物的出境地向海关申报；转关运输的出口货物可以在设有海关的启运地向海关申报；经管道或其他特殊方式输送出境的货物，经营单位应当按海关的要求定期向指定的海关申报。除海关特准外，出口货物的发货人或其代理人应在装货的24h以前向海关申报。出口货物申报时需提供报关员自行填写的或由自动化报关预录入人员录入打印的报关单，出口退税时加填一份黄色出口退税专用报关单。随附单证主要有三类：基本单证、特殊单证和预备单证。基本单证是指与进出口货物直接相关的商业和货运单证，主要包括发票、装箱单、装货凭证（或运单、包裹单）、出口收汇核销单、海关签发的进出口货物征免税证明；特殊单证是指国家有关法律规定实行特殊管制的证件，主要包括配额许可证管理证件和其他各类特殊管理证件；预备单证是指供海关认为必要时查阅或收取的单证，包括贸易合同、货物原产地证明、委托单位的工商执照证书、委托单位的账册资料等单证。

2. 海关查验

海关查验是海关在接受申报并审核报关单证的基础上，对进出口货物的性质、原产地、货物状况、数量和价值等是否与申报单证内容相符而进行实际核对、检查的行政执法行为。查验的目的是：核对实际进出口货物与报关单证所报内容是否相符，有无错报、漏报、瞒报、伪报等情况；审查货物的进出口是否合法；确定货物的物理性质和化学性质。进出口货物都应接受海关查验，而属于中华人民共和国海关总署（以下简称海关总署）特准免检的商品，海关每年也会组织1~2次抽检工作。海关查验货物，一般应在海关规定的时间和监管场所进行，如有理由要求海关在监管场所之外查验，应事先报经海关同意，申请人应提供往返交通工具和住宿，并支付有关费用，同时按海关规定缴纳查验费。海关在查验时，进出口货物的收货人、发货人或其代理人应当到场，并按海关的指示负责货物的搬移、拆装箱和重封货物的包装等工作，并如实回答查验人员的询问以及提供必要的资料；实施查验时需要提取货样、化验，以进一步确定或者鉴别进出口货物的品名、规格等属性的，海关依照《中华人民共和国海关对进出口货物实施化验鉴定的规定》等有关规定办理。

3. 海关放行

海关放行是指海关接受进出口货物的申报、审核电子数据报关单和纸质报关单及随附单证、查验货物、征收税费或接受担保以后，对进出口货物做出结束海关进出境现场监管决定,允许进出口货物离开海关监管现场的工作环节。出口货物放行是海关在出口货物装货凭证上签盖"海关放行章",出口货物发货人或其代理人凭借盖有"海关放行章"的出口货物装货凭证,将出口货物装运到运输工具上离境。

在实行"无纸通关"申报方式的情况下,海关做出放行决定时,通过计算机将"海关放行"报文发送给进出口货物的收货人、发货人或其代理人和海关监管货物保管人。各收报人自行打印海关通知放行的凭证,凭以提取进口货物或将出口货物装运到运输工具上离境。

如需出口退税的货物,可要求海关在黄色出口退税专用报关单上加盖"验讫章",由在税务机关备案的海关审核出口退税负责人签章,并加贴防伪标签后,凭此向退税地税务机关办理出口退税。如需要进(出)口货物证明书,也可向海关提出签发。

(三)投保

按照 CIF 贸易术语成交的出口合同,由出口企业办理货物运输保险的手续。出口商品的投保手续一般都是逐笔办理的,投保人在投保时,应将货物名称、保额、运输路线、运输工具、开航日期、投保险别等一一列明。如果保险公司接受投保,则签发保险单或保险凭证。

四、信用证方式下的制单结汇

(一)单据缮制

货物装运后,出口企业应立即按照信用证的规定,正确缮制单据,并在信用证规定的交单到期日之前,将各种单据和必要的凭证送交指定的银行,办理要求付款、承兑或议付手续,并在收到货款后向银行进行结汇。

出口企业在缮制单据时,应做到单单一致(单据与单据)、单证一致(单据与信用证)、单货一致(单据与货物)、单约一致(单据与合同),尽量降低银行拒付的风险,同时要求在制单时做到正确、完整、及时、简明、整洁。由受益人自行缮制的单据主要有汇票、发票、装箱单和重量单等。其他业务部门签发的单据主要有海运提单、商品检验证书、原产地证明书、保险单等。

(二)出口结汇

出口企业在单据缮制完毕后,应按信用证的规定,在交单有效日期之内向议付银行办理出口结汇。目前,银行采用的出口结汇方式有以下三种:

1. 收妥结汇

收妥结汇又称收妥付款,是指信用证议付行收到出口企业的出口单据后,经审查无误,将单据寄交国外付款银行(以下简称付款行)索取货款的结汇做法。这种方式下,议付行都是待收到付款行的货款后,即从国外付款行收到该行账户的贷记通知书时,才按当日外汇牌价和出口企业的指示,将货款折成人民币拨入出口企业的账户。

2. 押汇

押汇又称买单结汇,是指议付行在审单无误的情况下,按信用证条款买入受益人(出口公司)的汇票或者货运单据,从票面金额中扣除从议付日到估计收到票款之日的利息，将余款按议付日外汇牌价折成人民币，支付给出口企业。议付行向受益人垫付资金、买入跟单汇票后，即成为汇票持有人，可凭票向付款行索取票款。

3. 定期结汇

定期结汇是指议付行根据向国外付款行索偿所需时间，预先确定一个固定的结汇期限，并与出口企业约定该期限到期后，无论是否已经收到国外付款行的货款，都主动将票款金额折成人民币拨交出口企业。

第三节　进口贸易流程

进口贸易流程是进口商按照合同规定办理对外付款保证手续、催装、审单、赎单、报检、报关等项事宜。在我国的进口业务中，进口货物多以 FOB 贸易术语成交，采用即期信用证支付，具体流程如图 14-2 所示。

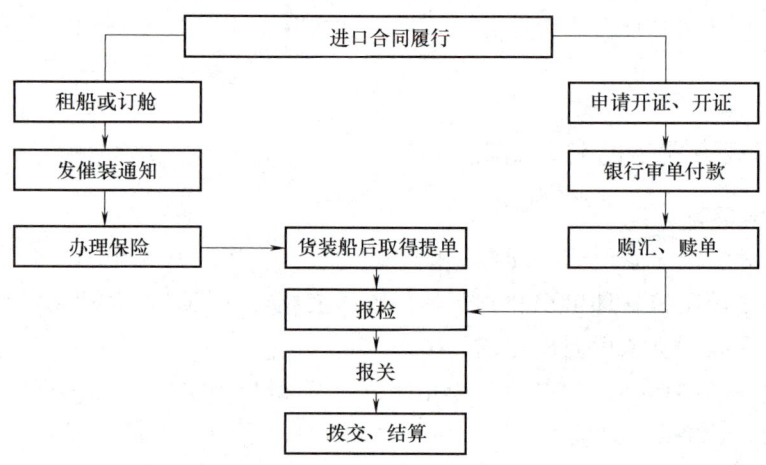

图 14-2　进口贸易流程

一、开立信用证与改证

进口合同签订后，进口企业应按照合同规定向开证行申请开立信用证。申请开立信用证时，进口企业首先填写开证申请书（Application for Letter of Credit）和开证备查表，并加盖公章；进口商申请开立信用证，应向开证银行交付一定比率的押金或抵押品，开证人还应按规定向开证银行支付开证手续费。信用证的内容应与合同条款一致，例如品质、规格、数量、价格、交货期、装货期、装运条件及装运单据等，应以合同为依据，并在信用证中一一做出规定。信用证的开证时间，应按合同规定办理，如合同规定在卖方确定交货期后开证，买方应在接到卖方上述通知后开证；如合同规定在卖方领到出口许可证或支付履约保证金后开证，则买方应在收到卖方已领到许可证的通知或银行告知保证金已支付后开证。卖方收到信用证后，如提出修改信用证的请求，经买方同意后，可向银行办理改证手续。

二、租船订舱与催装

按 FOB 交货条件成交的进口合同,国外卖方应在交货前的一定时间将预计装运日期通知买方,买方接到通知后,应及时向货运代理公司办理租船订舱手续,在合同规定的装运港接运货物。在办妥租船订舱手续后,应按规定的期限将船名及船期及时通知对方,以便对方备货装船。

若按 CFR、CIF 交货条件成交的进口合同,国外卖方负责租船订舱,买方需要掌握卖方的备货和装船情况。同时,为了防止出现船、货脱节或者船等货的情况,注意催促卖方按时装运。对数量大或重要物资的进口,如有必要,买方亦可请我驻外机构就地督促外商履约,或派人员前往出口地点检验监督。货物装船后,卖方应及时向买方发出装船通知,买方须及时办理保险和做好接货等项工作。

三、投保货运险

采用 FOB 贸易术语成交的进口合同,进口企业应自行办理货物运输保险。进口企业向保险公司办理保险有两种方式:一种是逐笔投保方式,另一种是预约保险方式。逐笔投保方式是进口企业在接到国外出口商发来的装船通知后,直接向保险公司填写投保单,办理本次货物的投保手续。保险公司出具保险单,投保人缴付保险费后,保险单随即生效;预约保险方式是投保人同保险公司签订预约保险合同,就保险标的物的范围、险别、费率及赔款处理等条款签订长期性保险合同,所有预约保险合同项下的进口货物保险,都由该保险公司承保。投保人在收到每批进口货物的国外装船通知后,即将船名、提单号、开船日期、商品名称、数量、装运港、目的港等项内容书面通知保险公司,即为已办妥保险手续,保险公司则对该批货物负自动承保责任。

四、审单与付汇

在信用证付款方式下,国外出口商在货物装运后,通过国外银行向开证行或指定银行提交信用证规定的全套单据。开证行收到单据后,应在规定的工作日内完成对货物单据的审核。根据 UCP600 的规定,银行必须对提交的单据进行审核,并仅以单据为基础,决定是否构成相符交单。在实际业务中通常由开证行和开证申请人配合完成审单工作,开证行对单据进行初审,进口企业对单据进行复审。

开证行主要对以下内容进行审核:

1) 单据的种类、份数与信用证要求及议付行寄单回函所列是否相符。
2) 汇票、发票上的金额是否一致,与信用证规定的最高金额相比是否超额,与议付行寄单回函所列金额是否一致。
3) 单据中对货名、规格、数量、包装等描述是否与信用证要求相符。
4) 货运单据的出单日期及内容是否与信用证相符。
5) 货运单据及保险单据等其他单据的背书是否有效。

开证行如审单无误,即将全套单证交进口企业进行复审。进口企业审单后,如在规定工作日内没有提出异议，开证行即按汇票履行付款或承兑的义务。同时，进口企业用人民币按照国家规定的外汇牌价向银行买汇赎单。

经银行和进口企业审核单据后如发现有不符点，银行在征询进口企业意见后，根据不同情况可采取更正单据后付款、货到检验合格付款、凭担保付款、部分付款部分拒付、拒付全部货款等处理方法。

值得注意的是，国际贸易有时会出现电放的现象。一般情况下发货人通过银行交单或将提单寄给收货人。提单是货物所有权的凭证，因此收货人只有拿到正本提单后才可以提货。但在近洋运输如从上海到日本或韩国运输时，由于船期很短，一两天船就到了，但这时通过银行或邮寄提单可能还没到，这时为了不影响收货，收货人会要求发货人将提单电传、传真或 E-mail 发送到收货人，收货人不需要正本提单，货物到港后凭提单传真件就可以提货。因此所谓电放就是凭电子的、电传的或传真件放行的意思。

提单电放在办理时，先与船公司联系，告诉提单需要电放。这样船公司就可以通过电报让目的港的船公司凭传真件提货。一般最好是在未出提单前办理，船公司不用出具正本提单；如果已经出具正本提单，则需要将正本提单交回船公司，让船公司电放提单。另外，船公司会要求发货人出具一份保函（船公司或货代有现成的格式），保证电放造成的一切问题与其无关。由于电放后发货人将不再掌握货权，所以办理电放前一定要确认发货人能够安全收款，否则极易造成"钱、货两空"的局面。

五、接货和进口报关

进口货物船只到港后，接货代理负责现场监卸，如发现短缺，及时填制"短卸报告"交船方签认，并根据短缺情况向船方提出保留索赔权的书面声明。卸货发现残损，应将货物存放于海关指定仓库，待保险公司会同商检机构检验后做出处理。

进口企业付汇赎单后，即取得全套货运单据，凭提单即可在指定地点向承运人提取货物。但此时的货物是属于海关监管货物，进口企业只有在完成进口报关程序，海关在货运单据上加盖海关放行印章后，才能提取进口货物进境。进口货物报关主要有进口货物申报、海关查验、纳税和清关放行等环节。

（一）进口货物申报

进口货物到港后，进口企业应及时向海关办理进口申报手续。进口企业可自行申报，也可以委托货运代理公司或报关行进行申报。申报时应根据进口货运单据填具"进口货物报关单"向海关申报，并随附发票、提单、装箱单、保险单、许可证及审批文件、进口合同、产地证和所需的其他证件。如属法定检验的进口商品，还须随附商品检验证书。货、证经海关查验无误后，才能放行。根据我国《海关法》规定，进口企业应当自运输工具申报进境之日起 14 日内，向海关进行进口申报，超过期限的由海关按日征收 CIF 价格 5% 的滞报金。

（二）海关查验

海关接受申报后，对进口货物实施查验，核实进口货物是否与相关单证所列一致。海关查验一般是在海关监管区域的仓库、场所进行，对散装货、大宗货和危险品等可在船边装货环节现场查验。对于在海关规定的期限和区域内查验有困难的，经申报人申请，海关可派人到监管区以外的地点实施查验。海关查验时，收发货人或其代理人及运输工具负责人应到现场，并按海关的指示负责货物的搬移、拆装箱和重封货物的包装等工作，并如实回答查验人员的询问以及提供必要的资料。

（三）纳税

海关按照《中华人民共和国海关进出口税则》的规定，对进口货物计征进口税。货物在进口环节由海关征收（包括代征）的税种主要有关税、增值税、消费税等。

（四）清关放行

海关放行是指进口企业申报后，海关经过审核报关单据、查验货物、依法征税等环节后，对进口货物做出结束海关现场监管决定的工作程序。对于一般贸易进口货物，海关在货物的进口货运单据上签盖海关放行印章，进口企业凭以到海关监管仓库换取提货单提取货物。

六、验收和拨交

进口货物须经商检机构进行检验。如有残损短缺，凭商检机构出具的证书对外索赔。在办完上述手续后，进口公司提取货物并拨交给订货部门。

七、索赔与理赔工作

索赔（Claim）是当事人依据有关合同对违约造成的经济损失或货物损失向责任方提出予以补救的主张。索赔在实践中不仅是指向责任方提出损害赔偿的要求，它还包括行使法律上规定的其他救济方法，如解除合同、拒收货物、实际履行等。理赔是指责任方对索赔的处理。索赔与理赔，可以说是对同一问题的买方和卖方处理的两个方面。由于国际货物买卖涉及面比较广，环节多，手续繁杂，各方面的原因造成的索赔情况时有发生，当事人对索赔处理不当，出现纠纷诉诸法律者屡见不鲜。凡发现问题，商检机构均出具检验证书，详细列明检验结果报告并判明责任归属。

1）属于国外卖方责任：原装数量不足；货物的品质、规格与合同规定不符；包装不良致使货物受损；未按期交货或拒不交货等，可向卖方索赔。

2）属于承运人责任：原装数量少于提单所载数量；提单是清洁提单，而货物有残缺情况，且属于船公司过失所致，可向承运人索赔。

3）属于保险公司责任：由于自然灾害、意外事故或运输中其他事故的发生致使货物受损；凡船公司不予赔偿、金额不足抵补损失的部分，且以上损失均属于承保险别范围以内的损失，可向保险公司索赔。

八、电子商务方式贸易流程

（一）交易前的准备

交易前的准备阶段是买卖双方和参与交易的各方在签约前的准备活动。买方根据自己要买的商品，准备购货款，制订购货计划，进行货源的市场调查和分析，了解各个卖方国家的贸易政策,反复进行市场调研,利用Internet和各种电子商务网络寻找自己满意的商品和商家,然后修改并最后确定和审批购货计划,再按计划确定购买商品的种类、数量、规格、价格、购货地点和交易方式等。而卖方则对自己所销售的商品进行全面的市场调查和分析,了解各个买方国家的贸易政策,制定各种销售策略和销售方式,召开商品新闻发布会并制作广告进行宣传,利用Internet和各种电子商务网络发布商品广告等方式扩大影响,寻找贸易伙伴和交易机会,扩大贸易范围和商品所占市场的份额。

参加交易的其他各方如中介机构、银行金融机构、信用卡公司、海关系统、商检机构、保险公司、税务系统、运输公司等,也都为买卖双方进行电子商务交易做好准备。

(二) 交易谈判和签订贸易合同

买卖双方在这一阶段利用电子商务系统对所有交易细节进行网上谈判,将双方磋商的结果以电子文件的形式签订贸易合同。在合同中对买卖双方在交易中的权利,所承担的义务,所购买商品的种类、数量、价格、交货地点、交货期、交易方式和运输方式、违约和索赔等均有明确的条款。贸易合同双方可以利用电子数据交换(EDI)进行签约,也可以通过数字签名等方式进行签约。

(三) 办理交易前的手续

买卖双方需要在签订合同后到合同开始履行之前办理各种手续,这也是双方在交易前的准备过程。交易中可能要涉及中介机构、银行金融机构、信用卡公司、海关系统、商检机构、保险公司、税务系统、运输公司等与交易有关的各方。买卖双方要利用EDI系统与有关各方进行各种电子票据和电子单证的交换,直到办理完可以将所购商品从卖方按合同规定开始向买方发货的一切手续为止。

(四) 交易合同的履行

这一阶段从买卖双方办完与交易有关的各种手续之后开始。卖方准备货物、进行报关、保险、取证等,然后将买方的商品交付运输公司包装、起运、发货。买卖双方通过电子商务服务器跟踪发出的货物,银行和金融机构也按照合同,处理双方的收付款并进行结算,出具相应的银行单据等。当买方收到所购的商品,整个交易过程就完成了。

【知识拓展】

几组相近词辨析

一、报关与清关

1) 报关:包含出口报关和进口报关。中国海关对报关的解释是指进出口货物收发货人、进出境运送工具负责人、进出境物品所有人或者他们的代理人向海关办理货物、物品或运输工具进出境手续及相关海关事务的过程,包括向海关申报、交验单据证件,并接受海关的监管和检查。

2) 清关:又称结关,是指进出口或转运货物出入一国关境时,依照各项法律法规和规定应当履行的手续,清关只有在履行各项义务,办理海关申报、查验、征税、放行等手续后,货物才能放行,货主或申报人才能提货。货物在结关期间,不论是进口、出口或转运,都处在海关监管之下,不得自由流通。

二、报检与检验检疫

1) 报检：指有关当事人根据法律、行政法规的规定，对外贸易合同的约定或证明履约的需要，向检验机构申请检验、检疫、鉴定或准出入境或取得销售使用的合法凭证及某种公证证明所必须履行的法定程序和手续。

2) 检验检疫：一般是指卫生检验、动植物检疫、商品检验的总称。检验检疫范围涉及对出入境的货物、人员、交通工具、集装箱、行李邮包携带物等进行检验检疫，以保障人员、动植物安全卫生和商品的质量。

三、商检与法检

1) 商检：指商品检验，是检验检疫中的一种，一般用于进出口贸易，由商检机构出单证明货物经检验所符合的品质和数量。

2) 法检：指法定检验，是出入境检验检疫机构对列入《目录》的进出口商品以及法律、行政法规规定须经出入境检验检疫机构检验的其他进出口商品实施的检验。

四、海关查验与检疫查验

1) 海关查验：指以经过审核的单证为依据，对货主申报的内容进行直接实际的核实和查对，由海关执行。

2) 检疫查验：指出入境检验检疫机构及其工作人员对出入境的各种管理对象实施的医学检查和卫生检查，包括商品的质量、规格、数量、重量、包装，以及是否符合安全、卫生要求。检验的依据主要以买卖合同（包括信用证）中所规定的有关条款为准。

【本章小结】

1. 出口贸易流程。我国的出口合同目前大多采用 CFR 或 CIF 贸易术语，以信用证方式收取货款。本章重点介绍了出口合同履行的一般程序，主要包括备货、催证、审证、改证、租船订舱、报检、报关、投保、装船和制单结汇等。其中货、证、船、款四个环节最为重要。在采用信用证支付方式时，买方能否及时、正确地开出信用证是出口合同如期履行的关键，也是卖方及时收回货款的基本保证。

2. 进口贸易流程。本章介绍了进口合同履行的主要环节，包括开立信用证与改证、租船订舱与催装、投保货运险、审单与付汇、接货与进口报关、验收与拨交、索赔与理赔工作等。

3. 进出口合同的履行，涉及完成进出口合同的当事人的方方面面，既要重视法律与管理的相关规定，遵守合同所规定的具体责任与义务，同时也要注重履行进出口合同的程序。

【习题与思考】

1. 国际贸易有哪些特点？
2. 了解国际贸易适用的法律与国际贸易惯例有何重要意义？
3. 采用 CIF 条件和信用证支付方式的出口贸易包括哪些环节？
4. 信用证一般审查哪些内容？
5. 出口结汇通常要提供哪些单据？
6. 进口贸易一般包括哪些环节？

国际贸易理论与实务

第十五章
交易磋商与合同的签订

交易磋商是买卖双方针对买卖合同的各项条款进行协商进而达成交易的过程,是国际货物买卖过程中不可或缺的重要环节,也是签订买卖合同的必经阶段。买卖双方在正式磋商之前还需要做各种准备工作,因为交易前进行充分准备有利于后续国际贸易谈判的顺利开展,并能助力当事方贸易利益的实现。

第一节 交易前的准备

一、出口交易前的准备工作

(一) 市场调研

1. 市场调研的内容

产品的制造商或出口商要将产品打入国际市场,必须了解市场,需要对拟进入的市场进行调研。市场调研主要针对有关产品在国际市场的生产、消费、贸易、价格以及主要进出口国别等情况进行。具体调研的内容包括:

(1) 市场的特性及趋势 包括经济增长、市场规模、市场所在地的对外贸易管制政策及相关法律问题等情况。

(2) 相关产业竞争情况 包括国际市场是否存在代用品的竞争、主要竞争者的有关情况、潜在竞争对手等。

(3) 消费者的行为 包括消费者的购买能力与消费习惯、品牌的偏好、品牌意识、购买行为等。

(4) 具体产品的情况 包括确定品牌名称、包装设计研究以及产品的开发与创新等。

通过对各主要市场的政治、经济、文化状况的调研,了解国外市场的供求状况,选择一个既适合商品销售又能保证货款安全收回的销售市场，寻找进口商或代理商，了解竞争对手，正确地掌握出口商品的价格及交易的其他条件。市场调研越详细，越能正确判断产品出口的可能性，越能提高产品的成交率。

2. 市场调研的方式

市场调研的方式主要包括实地调查和案头调研。

（1）实地调查　调研人员通过实地调查，直接向有关调研对象收集资料。调研对象可以是公司的销售人员、分销商、中间商或消费者。实地调查方法又分为以下几种方式：

1）小组深度访谈法。研究人员将事先拟订的调查项目或问题以某种方式向被调查者提出，要求给予答复，由此获取被调查者或消费者的动机、意向、态度等方面的信息。

2）观察法。由调查员直接或通过仪器在现场观察调查对象的行为动态，并加以记录而获取信息。

3）实验法。实验法是指在一定的小范围市场（样本空间）内，对某一购买行为进行实验性的统计性观察。实验法在市场调查中应用的范围很广。某一商品改变规格、包装、设计、价格、广告、陈列方法时，通常采用这种方法进行调研。

4）问卷调查法。当调研者想要收集的数据不能直接通过观察现象获取时，可以采用问卷调查法。问卷调查法既可以是简短的纸笔反馈，也可以是加强型的一对一的深入访谈。

实地调查法具有针对性、适用性强、来源广且可控、信息收集方法可自行选择的优势，也具有费时、费力、费钱、收集信息困难等劣势。在国外进行实地调查中有些交流手段的效果有限，比如语言障碍以及因文化差异避讳被调查问题等。

（2）案头调研　案头调研是对现有的，由他人搜集、记录、整理和积累的资料，进行再搜集、整理和分析，从而间接地获得对自己有用的信息并加以利用的调研方式。案头调研具有节省费用、缩短调研时间、不受时空限制、搜集信息方便、自由、迅速的优势，同时也存在时效性差、某些市场资料匮乏、可靠性不稳定等劣势。

3. 跨境电子商务调研

跨境电子商务依托 Internet 的全球性、开放性、全天候和信息的可存储性及数字化技术的应用，为进出口商提供了海量的需求者和供应商，采用跨境电商市场调研，可以通过电话访问、邮寄询问、网络观察、专题讨论、在线问卷等方法获得一手资料。更多的是利用互联网的媒体功能，采用网上搜索、网站跟踪、加入目标客户群体邮件地址列表等方法获得大量的二手资料。目前，利用搜索引擎、网络黄页、行业协会网站、国际展览会网站以及 B2B（企业对企业）、B2C（企业对消费者）网站寻找和了解客户是进行跨境电商调研的主要途径。也可以通过社交网站、微信、微博、QQ、脸书、推特等 SNS（社交网络服务）营销途径了解相关的信息。

在实际生活中，不同类型的跨境电商平台都将商品的信息展示给消费者，同时具有强大的数据处理功能。越来越多的电子商务平台和网络工具为进出口企业提供开展市场调研、产品展示、商品销售的工具。利用电子商务平台的数据分析和网络工具进行网上信息的搜索,是出口商了解竞争商品和市场的供求状况,以及进口商寻找到心仪的商品和最佳的供货商的主要方式。通过信息的发布和信息查询,进出口企业可以有针对性地进行市场调研,搜索产品和市场的信息,也可以对本企业生产、经营的产品的市场认可度做出分析和判断,有利于制定和实施经营方案。以Amazon(亚马逊)平台数据为例,打开Amazon平台首页,找到需要查找的类目,选择"Best Sellers",就会显示这个类目下的热销产品。Amazon提供不同国家(地区)站的链接,可以查看不同国家(地区)的市场及其热销产品。因此,可以在Amazon平台上对热销产品的相关信息进行观察和分析。

（二）生产和货源的调研

国内货源的落实是出口工作的基础,这部分的调研主要包括:商品生产地、主销地和主要消费地的情况;商品的特点、品质、规格、包装、价格、产量、库存情况;运输距离的远近和运输成本。

（三）制订经营计划

出口商需要在对国际市场的动态、市场发展趋势调查研究的基础上,制订出口商品的经营计划,即厂商在一定时期内对外推销商品的具体安排,是对外交易磋商的依据,也是调查研究、盈亏核算和经营决策的集中体现,是指导出口活动的依据。经营计划包括以下主要内容：

（1）国内产销及货源情况　包括国内的生产能力、内销安排、出口货源、可供数量及时间、价格、品质、规格、包装等。

（2）国外市场的情况　主要包括国外的市场需求情况、价格变化趋势、出口商品在国外的市场地位等。

（3）出口经营情况　主要包括出口商品的成本、创汇率、盈亏率的情况,以及前一个时期出口商品的销售情况和存在的问题及解决办法。

（4）推销计划和措施　主要包括分时间、品种、数量(或金额)、国别和地区计划进度及实现推销计划应采取的具体措施,如:贸易方式、销售渠道、结算方式、营销手段和运输方式等。

一般来说,对大宗或重点推销的商品,通常逐个制订经营计划;对一般商品,则按大类制订经营计划;对一些成交量不大的商品,仅需制订简单的价格方案。

（四）申办出口手续

2022年12月30日,第十三届全国人民代表大会常务委员会第三十八次会议经表决,通过了关于删除《中华人民共和国对外贸易法》第九条关于对外贸易经营者备案登记的规定。自此,全国所有企业无须办理对外贸易经营者备案,自动获取进出口权。

企业在从事出口业务前需要申办以下手续：

1. 办理海关注册登记手续

企业可以通过登录"互联网+海关"全国一体化在线政务服务平台(http://online.customs.gov.cn),或者登录中国国际贸易单一窗口(http://www.singlewindow.cn),

单击"全部应用"中的"口岸执法申报",再单击"企业管理"中的"企业资质"子系统填写相关信息,并向所在地海关提交申请。所在地海关对申请人提出的申请进行审核通过后,申请人可自行打印备案回执,全程无纸化网上办理。

为了实现各有关方面的信息资源共享,加强政府部门与企业的业务沟通,提高对外贸易管理部门的管理能力,降低企业的贸易成本,我国推行了电子口岸。企业可以通过中国国际贸易单一窗口办理中国电子口岸法人卡和操作员卡,获得相应的企业权限和IC卡权限。企业在海关注册登记备案后,同时取得报关和报检资质。

2. 办理进出口企业名录登记手续

目前企业名录登记业务可全流程网上办理,登录国家外汇管理局数字外管平台(http://zwfw.safe.gov.cn/asone),单击"法人注册(政务服务业务)",按要求完成注册登记。

同时,出口企业需要开设外汇账户,以取得去银行收付外汇的资质。

3. 办理出口退税登记手续

企业可以登录"出口退税综合服务平台",进入"申报退税"模块,选择"备案业务申报",将所需文件上传。

(五)客户调研

客户调研主要目的是调查研究有关客户资信情况、经营能力和范围、具体需求以及对我国的政治态度等,以便有区别地加以选择和利用。只有对国外厂商有一定的了解,才可以与之建立外贸联系。通常情况是选择政治上友好、资信状况良好、经营能力较强的客户作为交易对象,有利于建立稳定的贸易关系。客户调研的内容包括企业的组织机构情况、政治情况、企业信誉、企业经营范围和能力等。

调研信息的主要来源渠道包括国内外的咨询机构、国外商会、我国驻外商务机构、互联网的搜索引擎等,也可以通过参加交易会、博览会、国外企业的来函等渠道。例如,"中国国际贸易促进委员会"(简称贸促会)是全国性对外贸易投资促进机构,在境外有29个驻外代表处,同世界上140多个国家和地区的对口机构建立多双边工商合作机制,可以提供经贸信息的业务。

二、进口交易前的准备工作

提升进口贸易规模是推进对外开放的重要内容,进口贸易的发展对促进进口国的产业结构调整、支持国内生产供给、改善民生和促进经济发展具有重要意义。进口交易前的准备工作包括以下几个方面:

(一)市场调研

进口商进行市场调研是为了更好地销售商品,获取利润。市场调研的项目包括以下几种:

(1)销售情况调研 调研商品过去和现在的销售情况;不同地区、季节的销售路线。

(2)国际市场调研 调研分析国内外市场价格,为制订进口计划做准备。

（3）供应商调研　要注意潜在供应商的资信情况、经营能力和经营作风。比如必须经常了解和掌握客户成交情况、履约情况、对索赔的态度等，供选择交易对象时参考。

（4）消费者调研　调研目前已有的消费群体和潜在的消费者。

中国坚持改革开放的政策，不断扩大市场开放，完善开放格局，加大进口宣传力度，不断推进高水平的对外开放。举办中国国际进口博览会（China International Import Expo，CIIE，简称"进博会"）就是一项重要举措。中国国际进口博览会由商务部和上海市人民政府主办，是世界上第一个以进口为主题的国家级展会，为各国商家进入中国市场和中国企业进行进口调研提供了良好契机。

（二）制订进口计划

结合国内的市场需求和销售状况的调查研究，制订进口商品的经营计划。进口商品经营计划是经销商在一定时期内采购商品的具体安排，是对外交易磋商的依据，是调查研究、盈亏核算和经营决策的集中体现，是指导进口活动的依据。

（三）申办进口手续

公司办理报关单位注册登记证书，还需要办理税务登记证，如果有进口商品属于国家管制范围，还需要办理进口许可证。

第二节　交易磋商

一、交易磋商的重要性

交易磋商（Negotiation of Business）是指买卖双方就某项商品的交易条件进行磋商以求得一致意见，达成交易的整个过程。交易磋商涉及有关交易的内容、双方的义务与责任等条件，是国际货物买卖过程中必不可少的一个重要环节。双方通过谈判取得的协议，具有法律的约束力，直接影响到合同的签订和后续的履行，最终影响到买卖双方的经济利益。

二、交易磋商前的准备工作

交易磋商涉及面广，内容复杂，能否取得成功，不仅取决于谈判桌上的讨价还价能力，还有赖于磋商前充分、细致的准备工作。磋商前除了要准备前面介绍的各项准备工作外，还应该包括磋商人员选配、交易对象选择和制订磋商方案。

（一）磋商人员选配

国际贸易洽商的内容涉及面广，情况比国内贸易复杂得多。交易磋商团队成员整体的素质及其内部的协调合作对于磋商的成功是非常重要的。磋商人员不但要有良好的政治、心理、业务等方面的素质，而且需要能恰如其分地发挥各自的优势，互相配合。因此，人员准备是关系到磋商成败的关键因素。对参与磋商人员的具体业务素质有以下要求：

1）熟悉我国对贸易政策及具体规定，如政策中的政府贷款、出口退税、出口信贷、关税、配额、许可证、外汇管制、进口限制等。

2）掌握有关商务知识，如商品知识、市场状况、金融知识、运输及保险知识等。

3）熟悉双方国家的有关法律，如熟悉两国的合同法、外贸法、运输法、外汇管制法等。

4）良好的团队精神。交易磋商人员必须具有团队精神，能相互配合达成目标。

5）外语交流能力。交易磋商人员应当熟练地掌握外语，并能用外语直接洽谈交易。

（二）交易对象选择

在磋商准备过程中，还要设法全面了解对手的情况，要对对方的下述情况进行调查和了解：

1）对手的实力，包括公司的历史、资信状况、经营范围、经营能力、社会影响等。

2）对手的需求与诚意。要尽可能广泛地了解对方的需要、合作的意图等。

3）对方谈判人员的状况。对于未来的谈判对手，了解得越具体、越深入、越准确、越充分，就越有利于掌握谈判上的主动权。

（三）制订磋商方案

磋商方案是指为了完成进出口任务预先对磋商目标、步骤、采取的策略等具体内容做出的安排。磋商方案的主要内容包括：磋商目标，各主要交易条件的最高目标和最低防线，实现目标的策略、步骤和方法等。一个详细、具体、灵活的谈判方案可以使谈判人员明确努力方向，争取谈判目标的实现。

三、交易磋商的形式

交易磋商的形式可分为口头磋商和书面磋商两种方式。

（一）口头磋商

口头磋商是指买卖双方面对面地直接进行业务协商，或通过电话、语音、视频等新兴网络信息技术交流方式进行协商。比如，由我方邀请国外客户来国内洽谈，或我方派遣人员到国外当地洽谈，或参加各种商品交易会、展销会、洽谈会，或通过电话协商。

（二）书面磋商

书面磋商是指买卖双方通过信函、电传、电子邮件或其他非音频新兴网络信息技术沟通方式进行业务洽商。

四、交易磋商的程序

交易磋商的一般程序可概括为询盘、发盘、还盘、接受四个环节。

（一）询盘

1. 询盘的含义

询盘（Inquiry）又称询价，是指交易的一方准备购买或出售某种商品，向对方发出的关于寻问买卖该商品的成交条件或交易可能性的行为。发出询盘的目的主要是探询价格或有关交易条件，有时还表达了与对方进行交易的愿望。询盘的主要内容可以只询问价格，也可询问其他交易条件，直至要求对方发盘。买卖双方均可发出询盘，由买方发出的询盘被称为邀请发盘，由卖方做出的询盘被称为邀请递价。

【询盘示例】

We are importers. We are interested in XX brand refrigerator. Please make us a firm offer at a favorable price.（我们公司是进口商，对贵公司××品牌的冰箱感兴趣，请以优惠价格向我方报实盘。）

2. 询盘应注意的问题

1）询盘可以同时向多个交易对象发出，但不应该在同一时间集中对外询价，以免暴露销售或购买的迫切意图。

2）询盘虽然对双方无约束力，也不是合同磋商的必经步骤，只是一种试探市场动态的手段，但这往往是交易的起点，双方在询价的基础上经过多次洽商，最后达成交易，所以应予以重视。

3）询价虽然在法律上没有约束力，但是在交易习惯上，应该避免出现只询价不购买或不售货的现象，以维护我国外贸企业的信誉。

4）被询价人可以及时回复，也可以拖延一段时间发价，还可以拒绝回答询价。按照我国的交易习惯，无论是否出售或购买均应做出及时和适当的处理，要尊重对方。

5）询盘在特定情况下也具有法律约束力。

（二）发盘

1. 发盘含义

发盘（Offer），又称发价或报价，是交易的一方向对方提出买卖某种商品的各项交易条件，并愿意按照这些条件达成交易、订立合同的一种肯定和明确的表示。在实际业务中，发盘通常是一方在收到对方的询盘后做出的，但也可不经对方询盘而径直向对方发盘。

发盘一经发出，即具有法律约束力。发盘一经受盘人在其有效期内表示无条件的接受，发盘人将承担按发盘条件与受盘人建立合同的法律责任，合同成立后对双方都有法律约束力。

2. 构成发盘的条件

一项发盘必须同时具备以下四项条件，缺一不可。

1）向一个或一个以上特定的人提出。一项发盘可以只向一个人发布，也可以同时向数个人发布，但前提都必须是特指某个或某些人。所谓"特指的人"，是指在发盘中指明个人姓名或企业名称的受盘人，这一点区别于广告宣传。

2）发盘的内容十分确定。根据《联合国国际货物销售合同公约》第十四条第1款的规定，发盘的内容必须十分确定，至少应包括货物的名称、数量及价格。只要具备这三项基本因素，即可构成一项发盘，如该发盘被对方接受，买卖合同即告成立。在我国的实际业务中，为了慎重起见，在对外报价时，需要列明货物的品名、规格、数量、价格、包装、交货期和支付方式等内容。

3）发盘是向特定受盘人提出的订立合同的建议。发价人应该具有与受盘人达成交易、订立合同的诚意，表明"一经受盘人接受，发盘人即受其约束"的意思，如果达不到这一效果，一项报价不能算作"发盘"。

4）送达受盘人，即受盘人收到发盘。即使受盘人在此之前已通过其他途径知道了发盘的内容，也不能在收到发盘前主动对该发盘表示接受。这是《联合国国际货物销售合同公约》和各国法律普遍的要求。发盘无论是口头的还是书面的，只有被传达到受盘人时才生效。

3. 发盘的有效期

通常情况下发盘都规定一个最迟接受的期限或者规定一段接受的期限。发盘人在发盘有效期内受约束，一旦超过了发盘规定的期限，发盘人即不再受其约束。这一点对于发盘人是非常有利和必要的，因为市场行情是在不断变化的，发盘人不能无限期地受其约束。如果不明确规定发盘的有效期限，容易引发争议。

发盘的有效期通常有以下表示方法。

1）规定最迟接受的期限，例如"发盘限10日复到"（Offer Subject Reply Tenth）。

2）规定一段接受的期限，例如"本发盘有效期3天"（Offer Valid Three Days）。

3）当发盘未具体列明有效期时，按国际惯例，受盘人应在合理时间内接受。

如果是以口头方式做出的发盘，受盘人只能当场表示接受才算有效；如果是以函电形式做出的发盘，一般都规定有效期。生效时间有两种情况，一种是认为发盘人将发盘发出就生效，另一种是认为发盘必须到达受盘人时才生效。

4. 发盘的撤回

发盘的撤回（Withdrawal）是指发盘人将尚未送达的发盘予以取消的行为。《联合国国际货物销售合同公约》第十五条规定：一项发价，即使是不可撤销的，得予撤回，如果撤回通知于发价送达被发价人之前或同时送达被发价人。这说明一项发盘（包括注明不可撤销的发盘），只要在其合同尚未生效以前，都是可以修改或撤回的。因此，如果发盘人在发出发盘后发现其内容有误，或由于其他原因想取消发盘，可以在发盘生效前将其撤回，撤回发盘的通知应在受盘人收到该发盘之前或同时送达受盘人。

5. 发盘的撤销

发盘的撤销（Revocation）是指发盘人将已经被受盘人收到的发盘予以取消的行为。关于发盘是否可以撤销的问题，各国法律的规定存在较大差异。

1）英美法系：发盘在被接受之前得予撤销，即使发盘规定了截止日期，发盘人也可以随时撤销，但有些英美法系国家也已立法取消了此项规定。

2）大陆法系：发盘人原则上应受发盘的约束，不得随意将其撤销。

3）《联合国国际货物销售合同公约》规定，在订立合同之前，发价得予撤销，如果撤销通知于被发价人发出接受通知之前送达被发价人。但以下两种情况不可撤销：①发价写明接受发价的期限或以其他方式表示发价是不可撤销的。②被发价人有理由信赖该项发价是不可撤销的，而且被发价人已本着对该项发价的信赖行事。

6. 发盘的失效

发盘的失效是指发盘由于种种原因而失去法律效力。通常有以下几种情况：

1）在发盘规定的有效期内未被接受或虽未规定有效期但在合理的时间内未被接受。

2）发盘被发盘人依法撤销。

3）受盘人还盘后，发盘效力即告终止。

4）发盘人发盘之后，发生了不可抗力事件。

5）发盘人或受盘人在发盘被接受前丧失行为能力。

7. 发盘应注意的问题

1）对外发价应该依法办事。我国有关法律规定，凡我国缔约和参加与国际货物买卖合同有关国际公约的，除保留条款外，在发价的生效时间、有效期、发盘的撤销等方面应该适用这些国际条约规定。

2）发价要慎重，不能盲目对外报价。在我们对外洽商时，要明确区分询价和发价的法律效力，要根据洽商交易的实际情况、市场变化和被发价人的特点灵活采用。发价人为了了解市场情况可以对外询价，根据了解的情况再对外发价，争取以有利条件成交。另外，不宜在同时期集中地对外发价，这会暴露急于购买或销售的心理，对发价人不利。

3）要掌握发价的技巧和策略。

【发盘示例】

Thank you for your inquiry of Sep. 6th. We offer subject to your reply reaching us 10th as follows：×× brand refrigerator 123 type 2000 sets，export packaging，one set per box（packed in 20′container，200 boxes per case）. USD 175 per set FOB Shanghai. Shipment in December. Payment by irrevocable L/C at sight. （感谢贵公司9月6日的询价。我方发盘有效期以10号收到贵方的回复为准，内容如下：××品牌冰箱123型2,000台，出口包装，每盒一台，装在20ft（1ft＝0.3048m）集装箱中，每箱200盒。每台175美元FOB上海，装运期为12月，以不可撤销的即期信用证付款。）

（三）还盘

1. 还盘含义

还盘（Counter-offer），又叫"还价""反要约"，是指受盘人对发盘条件明确提出修改建议的表示。还盘是受盘人对发盘条件进行添加、限制或更改的答复。还盘事实上可以被看作由原受盘人对原发盘人做出的一项新的发盘，因而发盘一经还盘，原发盘失去效力，原发盘人不再受其约束。

根据《联合国国际货物销售合同公约》的规定，受盘人对货物价格、付款、货物质量与数量、交货地点和时间、一方当事人对另一方当事人的赔偿责任范围或解决争端等的添加或不同条件，均视为在实质上变更发价的条件。

例如：Your cable 8-foot counter offer USD46 per piece CIF Hamburg.（贵公司8英尺电缆我方还盘每件46美元C2F汉堡）

在交易磋商过程中，可能不需要还盘，也可能经过多次还盘，所以还盘并不是一项必不可少的法律程序。

在实际业务中还盘的主要内容包括：①确认对方收到发盘；②表明对发盘希望变更

的态度；③提出修改的理由和内容；④限定还盘的有效期；⑤表达对合同成交的愿望。

2. 还盘应注意的问题

1）无论是否接受对方的发盘或还盘，我们都要及时地给予对方一个明确的答复。对于对方的沉默，一般可以理解为"拒绝"。

2）要识别还价的形式，有的明确使用"还价"字样，有的则不使用。接到还价后，要与原发价进行核对，找出还价中修改的内容。在表示还价时，一般只针对原发价提出不同意或需要修改的部分，已同意的内容在还价中可以省略。

3）还价是对发价的拒绝，原发价人可以就此停止洽商。如果原发价人继续与受盘人进行还价或再还价，一旦达成协议，在履约中发生争议，所有交易洽商全过程的函电或谈判记录就会成为解决争议的依据。

【还盘示例】

Referring to your e-mail of Sep 6th, we regret to note that the price you offered is too high. We counter-offer USD148 per set FOB Shanghai. （我方很遗憾地注意到贵方在9月6日的电子邮件中的报价太高。我方还价为每台148美元FOB上海。）

（四）接受

1. 接受含义

接受（Acceptance），在法律上称为承诺，是指交易的一方在接到对方的发盘或还盘后，在发盘的有效期限内做出的同意发盘全部条件，愿意订立合同的一种明确表示。发盘一经接受合同即告成立，双方就各自履行其承担的合同义务。

2. 构成接受的条件

1）接受必须由受盘人做出，其他人对发盘表示同意，不能构成接受，只能视为一项新的发盘。

2）接受必须是同意发盘所提出的交易条件。但是，在国际贸易的实际业务中，受盘人在表示接受时，往往对发盘做出某些添加、限制或其他更改。为了促进交易的达成，《联合国国际货物销售合同公约》将接受中对发盘的条件更改分为在实质上变更发盘的条件，即实质性变更（Material Alteration）和在实质上并不变更发盘的条件，即非实质性变更（Non-material Alteration）两类。凡对货物价格、付款、货物质量与数量、交货地点和时间、一方当事人对另一方当事人的赔偿责任范围或解决争端等的添加或不同条件，均视为在实质上变更发价的条件。实际业务中，这种有条件的接受被视为还盘。凡要求提供重量单、装箱单、商检证和产地证等单据，要求增加提供装船样品或某些单据的份数，要求分批装运，或要求在包装上刷制指定的标志等，均视为非实质性变更发盘的条件，仍构成接受，合同得以成立，除非发盘人及时向受盘人表示反对，合同的条件以该项发盘的条件以及在接受中所载的变更为准。

3）必须在发盘规定的有效期内做出。

4）接受应由受盘人采用声明或做出其他行为的方式表示。缄默或不行动本身不是接受。所谓声明，是用口头或书面形式表示接受；所谓行动，是根据发价的意思或依据当事人之间已约定或确立的习惯做法和惯例所做出的行为。

3. 接受生效的时间

按照英美法系采用投邮生效原则（Despatch Theory），既接受通知一经投邮或电报交发，则立即生效；大陆法系采用到达生效原则（Receipt Theory），即接受通知必须送达发盘人时才能生效。

4. 逾期接受

逾期接受又称为迟到的接受，是指接受通知到达发盘人的时间已经超过了发盘所规定的有效期限，或未具体规定有效期限而超过合理时间才传达到发盘人。逾期接受在一般情况下不能认为是有效的接受，而只是一项新的发盘。《联合国国际货物销售合同公约》原则上认为逾期的接受是无效的，但对下面情况的逾期接受采用了一些灵活的处理。

1）逾期接受仍有接受的效力。如果发价人毫不迟延地用口头或书面将此种意见通知被发价人。

2）如果载有逾期接受的信件或其他书面文件表明，它是在传递正常、能及时送达发价人的情况下寄发的，则该项逾期接受具有接受的效力，除非发价人毫不迟延地用口头或书面通知被发价人：他认为他的发价已经失效。

由此可见，逾期接受是否有效的决定权在发盘人手中。

5. 接受的撤回

接受的撤回（Withdrawal），是指接受通知尚未到达发价人，被受价人采取取消的行为。

《联合国国际货物销售合同公约》第二十二条规定：接受得予撤回，如果撤回通知于接受原应生效之前或同时送达发盘人。由于当前通信设施越来越发达和各国普遍采用现代化通信的条件下，当发现接受中存在问题而想撤回或修改时，已经来不及了。为了避免差错和发生不必要的损失，在国际贸易业务中应该加强责任心，审慎行事。

6. 接受应注意的问题

一是由我方表示接受时，应注意以下问题：

1）在表示接受之前，应该详细分析对方的报价，识别是发价还是询价。

2）在表示接受时应该慎重地核对对方提出的各项主要交易条件，确认各项主要交易条件明确、完整、无保留条件和肯定时，才能表示接受。如果在核对时发现有不清楚的地方，应同对方核实澄清之后，再表示接受。

3）应在对方报价规定的有效期内表示接受。

二是由国外客户表示接受时，应注意以下问题：

1）要认真分析国外客户表示的接受是否是一项有效的接受，如果对方的接受是有效的接受，交易即告达成；如果对方对主要的交易条件有修改或提出保留条件，可以根据我方的经营意图灵活决定是继续进行交易洽商还是停止洽商。

2）在对待国外客户的接受时，要坚持"重合同，守信用"的原则。在国际市场价格发生变化、汇率波动等对我方不利的情况下，应同国外客户继续达成交易，维护我国的信誉。

在交易磋商的这四个环节中,发盘和接受是合同成立必不可少的两个环节。根据法律要求,国际货物买卖合同是经过发盘和接受的程序而成立的。

第三节 合同的订立、成立与生效

一、传统国际货物买卖合同

(一) 国际货物买卖合同的含义

国际货物买卖合同是指营业地在不同国家或地区的当事人之间所达成的以买卖货物为目的的协议。就一国而言,即该国企业与其他国家企业订立的有关货物的进出口合同,又称国际货物销售合同。买卖合同不仅规定了买卖的货物,还根据双方洽商中达成的交易条件规定了双方的权利和义务,对双方都有约束力。任何一方都不能单方面地修改合同的内容或不履行自己的义务,否则将承担违反合同的法律责任。

国际货物买卖合同具有以下几个要件:标的物(交易对象)是指有形的货物;主体一般为法人,是指在国际商品市场从事买卖活动的公司、企业,也可以为自然人;"国际"的判断标准不是以国籍,而是以当事人的营业场所和办事机构所在地而定的。

(二) 国际货物买卖合同的成立与生效

一般情况下,合同自成立时生效。但是,合同成立与合同生效是两个不同的概念。合同成立的判断依据是接受是否生效,而合同生效是指合同是否具有法律上的效力。在通常情况下,两者在时间上是同步的。但有时,合同虽然成立,却不立即产生法律效力,而是需要其他条件成立时,合同才开始生效。

1. 合同成立的时间和条件

世界各国对国际货物买卖合同成立的时间和条件有不同的规定。

1)《中华人民共和国民法典》(以下简称《民法典》)对合同成立的规定:承诺生效时合同成立,但是法律另有规定或者当事人另有约定的除外;当事人采用合同书形式订立合同的,自当事人均签名、盖章或按指印时合同成立;当事人采用信件、数据电文等形式订立合同要求签订确认书的,签订确认书时合同成立;采用合同书形式订立合同的,在签名、盖章或者按指印之前,当事人一方已经履行主要义务,对方接受时,该合同成立。

2)《联合国国际货物销售合同公约》第二部分第二十三条规定:合同于按照本公约规定对发价的接受生效时订立。对于合同成立的时间与条件,与我国《民法典》的规定相同。

2. 合同生效的要件

一项合同成立后,还需具备以下要件,合同才生效:

1) 合同当事人必须具有签订合同的行为能力。签订买卖合同的当事人包括自然人和法人。自然人必须是精神正常的成年人;当事人是法人的,必须通过其代理人,在法人的经营范围内签订合同。

2）合同必须有对价或约因。所谓对价，是指当事人为了取得合同利益所付出的代价。约因是指当事人签订合同所追求的直接目的。按照英美法系和大陆法系的规定，合同只有在有对价或约因时，才是法律上有效的合同。

3）合同的标的物必须合法。合同涉及的标的物，应是政府允许自由进出口的商品。如果属于政府管制的商品，应先取得有关许可证或配额；合同标的物的合法性，也包括不得违反法律、不得违反公共秩序或公共政策，以及不得违反善良风俗或道德。

4）合同必须符合法律规定的形式。《联合国国际货物销售合同公约》原则上对国际货物买卖合同的形式不加以限制，但允许缔约国对此提出声明予以保留。

5）合同当事人的意思表示必须真实。在国际贸易中，买卖双方必须在自愿和真实的基础上达成协议。任何一方采取欺诈、威胁或暴力行为与对方订立的合同无效。

（三）国际货物买卖合同的形式

《联合国国际货物销售合同公约》第十一条规定：销售合同无须以书面订立或书面证明，在形式方面也不受任何其他条件的限制；销售合同可以用包括人证在内的任何方法证明。我国《民法典》规定：当事人订立合同，可以采用书面形式、口头形式或者其他形式。按照我国《民法典》的规定：书面形式是合同书、信件、电报、电传、传真等可以有形地表现所载内容的形式。在实际业务中，从事国际货物买卖的双方可采用正式的合同、确认书、协议，也可采用备忘录等形式，此外还有意向书、订单和委托订购单等形式。

在我国的进出口业务中，书面合同主要使用买卖合同和确认书，这两种形式的书面合同法律效力是一样的，只是格式和内容的繁简有所不同。

1. 买卖合同

买卖合同形式的特点是内容全面，对双方的权利和义务以及发生争议的处理均有详细规定，适用于大宗货物或成交金额较大的交易。买卖合同的内容包括主要条款和一般条款。主要条款通常是指货物名称、品质规格、数量、包装、单价、总值、交货、支付方式；一般条款包括保险、商品检验、异议索赔、仲裁和不可抗力等。买卖合同根据草拟合同当事方不同可分为销售合同（Sale Contract）和购买合同（Purchase Contract）。

2. 确认书

确认书是合同的简化形式，内容一般包括货物名称、品质规格、数量、包装、单价、总值、交货期、装运港和目的港、支付方式、运输标志、商品检验等条款，对于异议索赔、仲裁、不可抗力等一般条款都不予列入。这种格式的合同适用于成交金额不大、批次较多的轻工日用品、土特产品，或者已有包销、代理等长期协议的交易。确认书根据草拟确认书当事方不同又分为销售确认书（Sale Confirmation）和购买确认书（Purchase Confirmation）。

（四）国际货物买卖合同的基本内容

国际货物买卖合同是规定买卖双方权利和义务的法律文件，通常包括约首、正文和约尾三部分。

1. 约首

约首是指合同的序言部分,包括合同的名称、编号、缔约时间、缔约双方当事人的名称和地址、电传号码等项内容。除此之外,在合同约首部分还常写明双方订立合同的意愿和执行合同的保证。

2. 正文

正文又称基本条款,是合同的主干部分。这部分规定了双方的权利和义务,需要具体列明各项交易环节的条件或条款,通常包括交易货物的品名、品质、规格、数量、包装、单价和总值、交货期、装运港和目的港、支付方式、保险条款、检验条款、异议索赔条款、仲裁条款和不可抗力等,还包括根据不同交易情况加列其他条款,如保值条款、溢短装条款、品质公差条款以及合同适用的法律等。这些条款是通过交易磋商确定下来的。

3. 约尾

约尾是合同的结尾部分,一般包括合同的份数,使用的文字和效力,订约的时间、地点及生效的时间,双方当事人的签字等项内容。

(五) 签订合同应注意的问题

1) 必须符合我国平等互利的对外贸易方针政策。

2) 必须符合合同有效成立的要件。

3) 合同内容应与达成的协议内容一致,同时在条款的规定上必须内容完备、责任明确、权利义务对等,文字严密、前后一贯,避免订立有多种解释的任意性条文,特别是对可能引起合同性质改变的内容尤应慎重。没有协商一致的内容条款不要订入书面合同。

4) 合同各条款间必须协调一致,不能相互矛盾。

二、电子商务合同

(一) 电子商务合同相关法律文本

相对于传统的国际贸易,电子商务在内容上没有太大差别,但是存在合同形式、电子签名、证据法、管辖权、知识产权等各个方面的相关法律问题。为了规范和促进国际电子商务的健康发展,各国和国际组织陆续颁布了规范国际电子商务的法规、条例和惯例。

1.《联合国国际贸易法委员会电子商务示范法》

为了统一各国相关法律问题的规定,联合国国际贸易法委员会(简称"贸法会")于1996年12月通过了《联合国国际贸易法委员会电子商务示范法》(简称《电子商务示范法》),该法成为世界上第一部规范电子商务交易的国际法。该法明确规定允许采用数据电文形式传递信息和签订合同,同时也明确了数据电文的适用法律要求。但《电子商务示范法》既不是国际公约,也不是国际惯例,只对各国制定和完善有关电子商务法起示范作用,旨在为各国电子商务的立法提供一个供参考的统一范本。

2.《联合国国际贸易法委员会电子签名示范法》

为了解决《电子商务示范法》有关电子签名的规定过于简单的问题,2000年7月5

日贸法会通过了《联合国国际贸易法委员会电子签名示范法》（简称《电子签名示范法》），旨在为电子签名和手写签名之间的等同性规定技术可靠性标准，从而促成和便利电子签名的使用，协助各国制定电子签名法的法律框架。

3. 《联合国国际合同使用电子通信公约》

为促进电子合同在国际货物买卖中的应用，贸法会于 2005 年通过了《联合国国际合同使用电子通信公约》（以下简称《电子通信公约》），于 2013 年 3 月 1 日正式生效。该公约对电子通信的法律效力的法律肯定、形式要求，发出、收到电子通信的时间和地点做了规定；对于电子合同中的"要约邀请"做了清晰界定；对于国际电子合同中的撤回有着严格的规定；引用"功能等同原则"，对"书面""签字"以及"原件"等效力予以承认，并肯定了通过自动电文系统订立的合同具有同等效力。《电子通信公约》的制定在对国际合同使用电子通信的形式中增强了法律的确定性和商业预见性，我国政府也签署了该公约。

4. 《国际海事委员会电子提单规则》

1990 年 6 月 29 日，国际海事委员会通过《国际海事委员会电子提单规则》（简称《CMI 电子提单规则》）。《CMI 电子提单规则》在贸易合同履行中用以承认和推广电子提单。该规则的使用，使作为物权凭证的电子提单转让成为可能。在处理电子数据与书面数据的关系时，也采用"功能等同原则"。

（二）电子商务合同的相关规定

电子商务合同又称电子合同，是贸易当事人为了实现买卖货物或服务的目的，借助电子信息网络，通过数据电文、电子邮件等形式签订的明确双方权利义务关系的一种电子文本协议。我国把电子合同视为书面形式合同的一种。

电子合同订立的过程具有电子化的特征，通过电子邮件、EDI 等方式，进行电子合同的谈判、签订，合同达成后，当事人对内容的修改、变更或解除也通常采用电子数据的传递方式完成。

1. 电子商务合同的内容

电子商务合同除了表现形式和签订方式与其他形式的合同不同之外，基本内容没有差别，也分为约首、正文和约尾三部分。

2. 电子商务合同的成立时间和地点

确定电子商务合同成立的地点涉及发生合同纠纷后由何地、何级法院管辖及其适用法律问题。一般情况下，电子合同的成立时间就是其生效的时间，一般为收件人收到数据电文的时间，也即接受生效的时间。

我国《民法典》第四百九十二条规定："承诺生效的地点为合同成立的地点。采用数据电文形式订立合同的，收件人的主营业地为合同成立的地点；没有主营业地的，其住所为合同成立的地点。当事人另有约定的，按照其约定。"

【本章小结】

1. 交易磋商关系到买卖双方的国际贸易利益，主要包括交易前的准备，交易磋商，合同的订立、成立与生效三个阶段。

2. 进出口商交易前的准备工作存在差异。出口交易前的准备工作主要有市场调研、生产和货源的调研、制订经营计划、申办出口手续、客户调研；进口交易前的准备工作有市场调研、制订进口计划、申办进口手续。

3. 交易磋商程序包括询盘、发盘、还盘和接受四个环节，其中发盘和接受是合同成立必不可少的环节。

4. 电子商务合同是借助电子信息网络，通过数据电文、电子邮件等形式签订的明确双方权利义务关系的一种电子文本协议。相对于传统的国际贸易，电子商务在内容上没有太大区别，但是存在合同形式、电子签名、证据法、管辖权、知识产权等各个方面的相关法律问题。

【习题与思考】

1. 什么是国际货物买卖合同？
2. 国际货物买卖合同成立的有效条件是什么？
3. 发盘内容包括哪几个基本要素？
4. 什么是接受？构成一项有效的接受，应该具备哪些条件？
5. 电子商务合同存在的主要法律问题有哪些？

【案例分析】

1. 我国某外贸企业向国外询购某商品，3月20日接到外商的发盘，有效期至3月26日。我方于3月22日电复："如能把单价降低5美元，可以接受。"对方没有反应。后因用货部门要货心切，又鉴于该商品行市看涨，我方随即于3月25日去电表示同意对方3月20日发盘所提的条件。请问：此项交易是否达成？理由何在？

2. 我国某出口公司于5月10日向外商发盘某商品每公吨CFR Shanghai USD 200，有效期至5月17日复到。5月12日收到该外商发来电传称"接受CFR Shanghai USD 180"，我方公司未予答复。5月14日，该商品价格剧涨。外商于5月15日又向我方公司电传表示："接受你方5月10日发盘，信用证已开出。"请问此项交易是否达成？我方公司应如何处理？为什么？

国际贸易理论与实务

第十六章
国际贸易术语和价格

第一节 国际贸易惯例概述

一、国际贸易惯例的概念

国际贸易惯例是指在某一地区或某一领域里为从事国际贸易活动的人们所广泛接受和遵循的习惯做法或方法,并在与法律不抵触时作为判断争议的规范。一般的国际贸易惯例是经过长期反复的实践而逐渐形成的一些较为明确的、具有固定内容的贸易习惯和一般做法,而成文的国际贸易惯例则是由国际经济或商业组织根据长期的商业管理一般经验制定的,如国际商会制定的《国际贸易术语解释通则》。

二、国际贸易惯例的性质

国际贸易惯例本身不是法律,不具有普遍的法律约束力。贸易双方当事人有权在合同中达成不同于惯例规定的贸易条件。各国法律均允许当事人有选择适用国际贸易惯例的自由。有些国家法律还规定,法院有权按照有关的贸易惯例来解释双方当事人的合同。在下列情况中,国际贸易惯例对当事人具有约束力:

1)当事人在合同中明确表示选用某项国际惯例。
2)当事人没有排除对其已知道或应该知道的某项惯例的适用,而该惯例在国际贸易中为同类合同的当事人所广泛知道并经常遵守,则应视为当事人已默示地同意采用该项惯例。

三、有关贸易术语的国际贸易惯例

贸易术语(Trade Term)又称贸易条件,是在长期的国际贸易实践中形成并逐渐发展完善起来的，用以说明商品的价格构成，交货地点，买卖双方的风险、责任和费用等权利义务划分的专门商务用语。通常用英文缩写字母表示，如 FOB、CFR、CIF 等。选择不同的贸易术语将直接影响商品价格，因此早期也被称为价格术语（Price Term）。贸易术语不能单独使用，必须作为价格条款的一部分使用。

早期，由于不同国家对贸易术语的解释并不一致，在一定程度上阻碍了国际贸易的发展。因此，国际商会、国际法协会等国际组织以及美国著名的商业团体经过长期的努力，分别制定了解释国际贸易术语的规则。目前，在国际上影响较大的主要有三个，分别是《1932 年华沙-牛津规则》《1990 年美国对外贸易定义修订本》和《国际贸易术语解释通则》。

（一）《1932 年华沙-牛津规则》

《1932 年华沙-牛津规则》（*Warsaw-Oxford Rules 1932*）是国际法协会专门为解释 CIF 合同而制定的。1926 年，国际法协会认为国际贸易间商人使用的贸易条件过于紊乱，必须加以统一，于是决定对当时使用最广泛的 CIF 术语进行整理。经过两年的努力，参照英国的贸易习惯和判例，就 CIF 术语下买卖双方的权利和义务制定了 22 条规则，并于 1929 年华沙会议中通过，称为《1928 年华沙规则》。其后，国际法协会在 1930 年纽约会议和 1931 年的巴黎会议上，对该规则进行重新修订，并于 1932 年在牛津会议上讨论通过，修订后的条文共 21 条，称为《1932 年华沙-牛津规则》。该规则自 1932 年以来没有再行修订，其规定已难以适应现时的国际贸易需要，因而在实际贸易中较少使用。

（二）《1990 年美国对外贸易定义修订本》

《1990 年美国对外贸易定义修订本》（*Revised American Foreign Trade Definition 1990*）是由美国一些商业团体，于 1919 年在美国贸易中常用的术语 FOB 的基础上制定的，原称为《美国出口报价及其缩写条例》。1940 年对该条例做了修订，命名为《1941 年美国对外贸易定义修订本》。1990 年又对其加以修订，现行版本为《1990 年美国对外贸易定义修订本》，所解释的贸易术语共有 6 种，分别为：

1) EXW（Ex Works）（产地交货）。
2) FOB（Free on Board）（在运输工具上交货）。
3) FAS（Free Along Side）（在运输工具旁边交货）。
4) CFR（Cost and Freight）（成本加运费）。
5) CIF（Cost, Insurance and Freight）（成本加保险费、运费）。
6) DEQ（Delivered Ex Quay）（目的港码头交货）。

《1990 年美国对外贸易定义修订本》主要在美洲国家采用。由于它对贸易术语的解释，特别是对 FOB 和 FAS 贸易术语的解释与国际商会制定的《国际贸易术语解释通则》有明显的差异，所以在同美洲国家进行交易时应加以注意。

（三）《国际贸易术语解释通则》

《国际贸易术语解释通则》（*International Rules for the Interpretation of Trade Terms*，以下简称《通则》），是一套由国际商会（International Chamber of Commerce，ICC）制定的

用于规范国际贸易术语使用的国际规则,旨在便利全球贸易活动,避免世界各地贸易商之间不同做法和不同法律解释对国际贸易的阻碍,目前作为国际贸易的基础性国际通行规则在全球使用范围广泛。最早的《通则》产生于 1936 年,后为适应国际贸易实践发展的需要,国际商会先后进行了八次修订和补充。

2019 年 9 月国际商会官方正式对外发布了最新版的《国际贸易术语解释通则 2020》(《2020 通则》),自 2020 年 1 月 1 日起正式生效。值得注意的是,新版本的实施不意味之前各版本的自动作废,当事人在订立合同时仍然可以选择适用的版本类型。而且,不同版本之间有着密切的联系,体现了对贸易术语解释的传承和变迁。因此,在学习新版贸易术语的同时,也应对以前版本的相关规定进行深入的学习,以明确新、旧版本之间的异同之处。

第二节 《2000 年国际贸易术语解释通则》

一、《国际贸易术语解释通则》的适用范围

《国际贸易术语解释通则》的宗旨是为国际贸易中最普遍使用的贸易术语提供一套解释的国际规则,以避免因各国理解和解释的差异而产生纠纷,或至少在一定程度上减少这种差异给国际贸易带来的不确定性。它的适用范围包括:

1)只限于销售合同当事人的权利义务中与已售货物(指"有形的"货物,不包括"无形的"货物,如计算机软件等)的交货有关的事项。

2)虽然只涉及销售合同中买卖双方的关系,但不可避免地要对其他合同(如运输合同和保险合同)产生影响。

二、《国际贸易术语解释通则》的修订和补充

ICC 于 1936 年首次公布了第一套解释贸易术语的国际规则,以后基本上每 10 年一次对其进行补充和修订。《国际贸易术语解释通则》的各个版本都是根据国际贸易的发展情况进行修订和补充的,旨在提供统一的贸易术语解释,促进国际贸易的顺利进行。每个版本都反映了当时贸易活动的特点和需求,以适应不断变化的贸易环境。1999 年 7 月,国际商会正式出版了它的第六次修订本,即《2000 通则》,于 2000 年 1 月 1 日生效。

三、《2000 年国际贸易术语解释通则》中的贸易术语

《2000 年国际贸易术语解释通则》(以下简称《2000 通则》)对《1990 年国际贸易术语解释通则》(以下简称《1990 通则》)的改动不大,在内容和结构方面,《2000 通则》保留了《1990 通则》包含的 13 种术语,并按贸易术语首字母分为 E、F、C、D 四个组别,其具体内容及买卖双方义务详见表 16-1 和图 16-1。

第十六章 国际贸易术语和价格

表 16-1 《2000 通则》13 种贸易术语的组别构成

组别	贸易术语	中文含义	交货地点	风险转移界限	出口手续及费用	进口手续及费用	运输手续及费用	保险手续及费用	适用的运输方式
E	EXW	工厂交货	卖方工厂	交货时	买方	买方	买方	买方	各种运输
F	FCA	货交承运人	交承运人	交货时	卖方	买方	买方	买方	各种运输
F	FAS	装运港船边交货	装港船边	交货时	卖方	买方	买方	买方	水上运输
F	FOB	装运港船上交货	装港船上	装运港船舷	卖方	买方	买方	买方	水上运输
C	CFR	成本加运费	装港船上	装运港船舷	卖方	买方	卖方	买方	水上运输
C	CIF	成本加保费运费	装港船上	装运港船舷	卖方	买方	卖方	卖方	水上运输
C	CPT	运费付至	交承运人	交货时	卖方	买方	卖方	买方	各种运输
C	CIP	运费保费付至	交承运人	交货时	卖方	买方	卖方	卖方	各种运输
D	DAF	边境交货	边境指定地点	交货时	卖方	买方	卖方	卖方	各种运输
D	DES	目的港船上交货	目的港船上	交货时	卖方	买方	卖方	卖方	水上运输
D	DEQ	目的港码头交货	目的港码头	交货时	卖方	买方	卖方	卖方	水上运输
D	DDU	未完税交货	指定目的地	交货时	卖方	买方	卖方	卖方	各种运输
D	DDP	完税后交货	指定目的地	交货时	卖方	卖方	卖方	卖方	各种运输

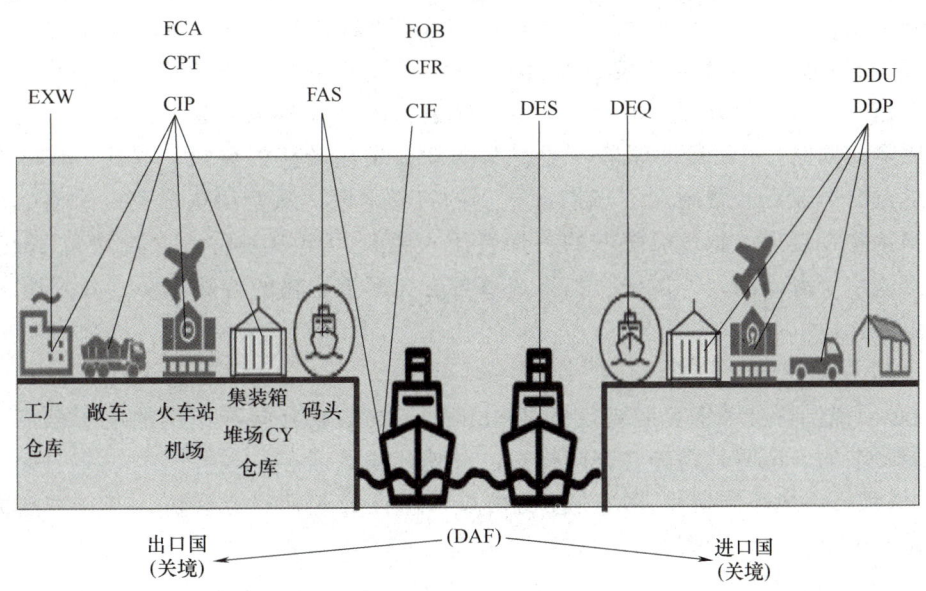

图 16-1 《2000 通则》13 种贸易术语交货地点

在《2000 通则》的 13 种术语中，E 组术语卖方在其所在地完成交货，F 组和 C 组术语卖方要将货物在其境内的指定地点交给承运人完成交货，D 组术语卖方在买方境内的指定地点完成交货。

《2000 通则》将每种贸易术语项下买卖双方各自应承担的义务分别用 A 和 B 表示，一一对应，各列了 10 项（详见表 16-2）。

表 16-2 《2000 通则》对买卖双方义务的规定

A 卖方义务	B 买方义务
A1 提供符合合同规定的货物	B1 支付价款
A2 许可证、其他许可和手续	B2 许可证、其他许可及手续
A3 运输合同与保险合同	B3 运输合同与保险合同
A4 交货	B4 受领货物
A5 风险转移	B5 风险转移
A6 费用划分	B6 费用划分
A7 通知买方	B7 通知卖方
A8 交货凭证、运输单证或有同等作用的电子讯息	B8 交货凭证、运输单证或有同等作用的电子讯息
A9 查对、包装、标记	B9 货物检验
A10 其他义务	B10 其他义务

在《2000 通则》中，从 E 组到 D 组，卖方的责任和风险在逐渐加大，相应地，买方的责任和风险在逐渐减小。E 组术语是内陆交货合同，卖方在商品产地交货。F 组术语是装运合同，由买方订立运输合同或指定承运人，并负担从交货地至目的地的运费。C 组术语也是装运合同，由卖方订立运输合同，但不承担从装运地起运后所发生的货损或货物灭失的风险以及额外费用。D 组贸易术语是到货合同，卖方须承担将货物运往指定的进口国交货地点的一切风险、责任和费用。

（一）在出口国装运港完成交货的三种贸易术语

1. FOB

FOB 贸易术语的英文全称是 Free on Board（…Named Port of Shipment），即船上交货（……指定装运港），或称为"装运港船上交货"。按 FOB 贸易术语成交，当货物在指定的装运港越过船舷，卖方即完成交货。这意味着买方必须从该点起承担货物灭失或损坏的一切风险。同时，"装运港船舷"也是买卖双方费用转移的界限。因此，FOB 是典型的将交货点、风险点、费用点"三点合一"的贸易术语。从费用构成角度来看，由于卖方需承担货物在装运港越过船舷前的一切费用，因此 FOB 又被称为"离岸价"。FOB 贸易术语只适用于海运和内河运输，如果当事各方无海上运输的特殊需要，则采用 FCA 贸易术语更为合适。

（1）卖方义务

1）必须提供符合销售合同规定的货物和商业发票或有同等作用的电子信息，以及合同可能要求的、证明货物符合合同规定的其他任何凭证。　　　　　　　　　　　　　　（A1）

2）必须自负风险和费用，取得任何出口许可证或其他官方许可，并在需要办理海关手续时办理货物出口所需要的一切海关手续。　　　　　　　　　　　　　　　　　　（A2）

3）必须在约定日期或期限内在指定的装运港，将货物交至买方指定的船只上。

（A3）

4）必须承担货物在指定的装运港越过船舷之前灭失或损坏的一切风险。　　　（A4）

5）必须支付在指定的装运港越过船舷之前与货物有关的一切费用，包括货物出口应办理的海关手续费用及出口应缴纳的一切关税、税款和其他费用。　　　（A5）

6）必须给予买方说明货物已按照规定交货的充分通知。　　　（A6）

7）必须自担费用向买方提供证明货物已按规定交货的通常单据。如果该证件并非运输单据，在买方要求下，并由买方承担风险和费用的情况下，卖方可以给予买方一切协助，以取得运输单据。如买卖双方约定使用电子方式通信，则前项所述单据可使用有同等作用的电子数据交换信息代替。　　　（A7）

8）必须支付为按照规定交货所需进行的查对费用（如查对货物品质、数量的费用）。必须自负费用提供按照卖方在订立销售合同时已知的有关该货物运输（如运输方式、目的地）所要求的包装（除非按照相关行业惯例，合同所述货物无须包装发货）。包装应做适当标记。　　　（A8）

9）应买方要求并由其承担风险和费用，卖方必须给予买方一切协助，以帮助其取得由交货地（国）和/或原产地（国）所签发或传送的为买方出口和/或进口货物可能要求的和必要时从他国国境所需要的任何单据或有同等作用的电子信息。　　　（A9）

10）应买方要求，卖方必须向卖方提供投保所需的信息。　　　（A10）

（2）买方义务

1）必须按照销售合同规定支付价款。　　　（B1）

2）必须自担风险和费用，取得任何进口许可证或其他官方许可，在需要办理海关手续时，办理货物进口和从他国过境的一切海关手续。　　　（B2）

3）必须自负费用订立自指定的装运港运输货物的合同。　　　（B3）

4）必须在卖方按合同规定交货时受领货物。　　　（B4）

5）必须按照下述规定承担货物灭失或损坏的一切风险：货物在指定的装运港越过船舷时起风险转移买方；买方未按照规定通知卖方，或其指定的船只未按时到达，或未接收货物，或按照通知的时间提早停止装货，则自约定的交货日期或交货期限届满之日起，但以该项货物已正式划归合同项下，即清楚地划出或以其他方式确定为合同项下之货物为限。　　　（B5）

6）必须支付自交货之日起与货物有关的一切费用。若买方未按规定指定承运人或其他人，或其指定的承运人或其他人未在约定时间接管货物，或买方未给予卖方相应通知而发生的任何额外费用，当该货物已正式划归合同项下，其费用由买方承担。买方需承担货物进口应缴纳的一切关税、税款和其他费用，以及办理海关手续的费用和从他国过境的费用。　　　（B6）

7）必须给予卖方有关船名、装船点和要求交货时间的充分通知。　　　（B7）

8）必须接受卖方按规定提供的交货凭证。　　　（B8）

9）必须支付任何装运前检验的费用，但出口国当局强制进行的检验除外。　　　（B9）

10）必须支付因取得进口货物单据或有同等作用的电子信息而发生的一切费用，并偿付卖方因给予协助而发生的费用。　　　（B10）

(3) 使用 FOB 贸易术语应注意的问题

1) 船货衔接问题。以 FOB 贸易术语成交的合同属于装运合同，卖方的基本义务是按照合同规定的时间和地点完成交货。然而由于 FOB 条件下是由买方负责安排运输工具，所以，如果船、货衔接处理不当，就会影响到合同的顺利执行。根据有关法律和惯例，如果买方未能按时派船，包括未经对方同意提前派船和延迟派船，卖方有权拒绝交货，并且由此产生的各种损失，如空舱费、滞期费及卖方增加的仓储费等，均由买方负担。如果买方指派的船只按时到达装运港，而卖方未能备妥货物，由此产生的上述费用则由卖方承担。

2) 卖方代为办理运输问题。买方委托卖方办理租船定舱，卖方可酌情接受。但这属于代办性质，其风险和费用仍由买方承担，运费和手续费由买方支付，而且如果卖方租不到船，也不承担责任，买方无权撤销合同或索赔。总之，按 FOB 贸易术语成交的合同，如果卖方在租船订舱方面发生问题，后果由买方自负。签约之后，有关备货和派船事宜，也要加强联系，密切配合，保证船货衔接顺利。

3) 装船费用负担问题。在 FOB 条件下，货物在指定的装运港越过船舷，卖方即完成交货。然而在实际中，装船是个连续的过程，不仅要将货物装上船，还要将货物进行整理、平整、垫隔，以使其能够经受海洋运输中的各类风险。但 FOB 并没对这一过程涉及的义务和费用进行具体的规定，因此，对于具体装船费用的负担问题，可采用下述 FOB 贸易术语变形进行规定。

FOB Liner Terms（FOB 班轮条件）：指装船费用按照班轮运输的做法处理。在班轮运输条件下，船方管装管卸，装卸费计入运费中，因此，装卸费用由负责租船订仓的一方承担。由于 FOB 是买方租船订仓，因此卖方不负担装船费用。

FOB Ex Tackle（FOB 吊钩下交接）：指卖方负责将货物交到买方指定船只的吊钩所及之处的费用，而吊装入仓以及其他各项费用均由买方承担。

FOB Stowed（FOB 理舱费在内）：指卖方负责将货物装入船舱并承担包括理舱费在内的装船费用。理舱费是指为了船舶装载合理，在货物入舱后进行垫隔和整理的费用。

FOB Trimmed（FOB 平舱费在内）：指卖方负责将货物装入船舱并承担包括平舱费在内的装船费用。平舱费是指对入舱的大宗散装货物，如粮食、矿砂、煤炭等，进行削平、整理以保证船舶平稳航行所需的费用。

在许多标准合同中，为表明由卖方承担包括理舱费和平舱费在内的各项装船费用，常采用 FOB. S. T（FOB Stowed and Trimmed）来表示。

4) 不同国际惯例对 FOB 的解释。除了《2000 通则》，前面提及的《1990 年美国对外贸易定义修订本》也对 FOB 进行了规定，在实践中要注意两者的不同。

2. CFR

CFR 术语的英文全称是 Cost and Freight（…Named Port of Destination），即成本加运费（……指定目的港）。与 FOB 贸易术语类似，在装运港货物越过船舷卖方即完成交货。卖方必须支付将货物运至指定的目的港所需的运费，但交货后货物灭失或损坏的风险，以及由于各种事件造成的任何额外费用，均由买方承担。

由于有些义务在所有贸易术语中都是一样的或类似的,所以,下面只对各种贸易术语的买卖双方应尽义务的特别之处进行阐述。

(1) 卖方义务

1) 必须办理运输。

2) 必须向买方发出通知,以便买方收取货物。

3) 不延迟地提供运输凭证。

(2) 买方义务

1) 必须向卖方发出运输时间和/或指定目的港内收取货物点的通知(如有权决定)。

2) 接受交货凭证,提供或协助取得所需的任何文件和信息,包括安全相关信息。

(3) 使用CFR贸易术语应注意的问题

1) 及时发出装船通知。CFR的卖方必须向买方发出所需通知,以便买方办理保险和收取货物。通常情况下,以CFR术语成交的货物运输要投保水上运输险,但卖方没有这个义务。因此,在货物装船后必须及时向买方发出装船通知,卖方不能及时发出装船通知会造成货物漏保,在这种情况下,货物在运输途中遭受的灭失或损失,由卖方承担,卖方不能以风险已在装运港船舷转移为由免除责任。

2) 费用负担问题。《通则2000》规定,卖方根据运输合同承担在目的港内指定地点与卸货有关的费用,同时卖方不得要求买方补偿该费用。但由于世界各港的惯例不同,对于卸货费用也有不同的规定,有的港规定由船方负担,有的港规定由收货人负担。为了解决有关卸货费用问题,买卖双方必须在贸易合同中明确由谁负担卸货费。实践中是在CFR贸易术语后加附加条件来说明,由此便产生了CFR的变形。CFR的变形有以下四种:

CFR Liner Terms(CFR班轮条件):卸货费按班轮做法办理,即买方不负担卸货费。

CFR Landed(CFR卸至码头):由卖方承担卸货费,包括可能涉及的驳船费。

CFR Ex Tackle(CFR吊钩下交接):卖方负责将货物从船舱吊起一直卸到吊钩所及之处(码头上或驳船上)的费用。

CFR EX Ship's Hold(CFR舱底交接):船到目的港在船上办理交接后,由买方自行启舱,并负担货物由舱底卸至码头的费用。

在具体使用时,CFR贸易术语后面应标明目的港,例如"CFR San Francisco"。该目的港是卖方运费付至的地点,不是完成交货的地点。而装运港对CFR贸易术语的使用更为重要,因为它既是交货点,也是风险转移点,因此CFR贸易术语存在两个关键点。在以CFR贸易术语成交时应注意在合同中尽可能地明确装运港。CFR仅适用于海运和内河运输方式,CFR合同是"装运合同",如当事各方无意越过船舷交货,则使用CPT贸易术语更为合适。

3. CIF

CIF术语的英文全称为Cost, Insurance and Freight(…Named Port of Destination),即"成本、保险费加运费(……指定目的港)",也称为"到岸价"(但并非真正的到岸价)。采用CIF贸易术语成交时,在装运港当货物越过船舷时卖方即完成交货。卖方必须支付将货物运至指定目的港所需的运费和费用，但交货后货物灭失或损坏的风险及由于各种事件造成的任何额外费用都转移给了买方。同时，在 CIF 条件下，卖方还必须办理买方货物在运输途中的海运保险。需要强调的是，CIF 贸易术语只要求卖方投保最低额度的险别，如买方需要更高额度的保险险别，则需要与卖方明确地达成协议，或者自行做出额外的保险安排。

（1）买卖双方义务

1）由卖方自费订立按通常条件、惯常航线将货物运至指定目的港的运输合同；在合同规定的时间和港口，将合同要求的货物装上船并支付至目的港的运费；装船后须及时通知买方。

2）卖方承担货物在越过船舷之前的一切费用和风险。

3）卖方按照约定，自负费用办理水上运输保险。

4）买方承担货物在装运港越过船舷之后的风险和费用，办理进口清关手续，接受卖方提供的单据或电子讯息，按合同规定支付货款。

（2）使用 CIF 贸易术语应注意的问题

1）关于货物运输保险。按照 CIF 贸易术语成交，货物在装运港装上船后的一切风险均由卖方转移给买方，所以，卖方办理货运保险属于代办性质。货物在海运途中遇险而造成的损失，由买方负责索赔及办理有关手续。卖方办理的货物保险只需投保最低险别，如平安险（FPA）或 ICC（C）。一般情况下，卖方不负责投保战争险，除非合同中有规定，或者买方有要求并由买方承担费用。

2）租船订舱及有关费用负担。如果在买卖合同中没有特殊约定，卖方只是负责按通常条件和惯驶航线，租用适当船舶将货物运往目的港。因此买方不应提出关于限制船舶的国籍、船型、船龄、船级以及指定装载某班轮公司的船只等项要求。但是，如果卖方能够办到又不会增加额外开支，卖方也可以根据具体情况给予通融，接受其要求。

按 CIF 术语成交，卖方负责租船订舱将货物运至合同规定的目的港，并支付正常运费。对于"不正常费用"，如船舶在海运途中遭受恶劣气候或船舶故障，需要避险或修理而发生的费用，应由买方负担。货物到达目的港后，不同国家和惯例对与卸货有关的费用负担的规定不同。为明确与卸货有关的费用负担，在实际的国际贸易业务中，买卖双方常做额外规定，从而产生以下几种关于 CIF 的主要变形：

CIF Liner Terms（CIF 班轮条件）：卸货费用按照班轮的做法来办理，即卸货费已包含在运费中，买方不负担卸货费，而由卖方负担。

CIF Landed（CIF 卸至码头）：卖方承担将货物卸至码头上的所有费用，包括可能发生的驳船费和码头费。

CIF Ex Tackle（CIF 吊钩下交接）：卖方负责将货物从船舱吊起卸到船舶吊钩所及之处（码头上或驳船上）的费用。在船舶不能靠岸的情况下，租用驳船的费用和货物从驳船卸至岸上的费用，均由买方负担。

CIF Ex Ship's Hold（CIF 舱底交接）：货物运达目的港在船上办理交接后，自船舱底起吊直至卸到码头的卸货费用，均由买方担负。

3) 象征性交货问题。从交货方式来看，CIF 是一种典型的象征性交货。象征性交货是相对实际交货而言的，是指卖方只要在合同规定的时间、地点完成装运，并向买方提交合同规定的包括物权凭证在内的有关单证，就算完成了交货义务，无须保证到货。实际交货则是指卖方要在规定的时间和地点，将符合合同规定的货物提交给买方或其指定人，而不能以交单代替交货。可见，在象征性交货方式下，卖方是凭单交货，买方是凭单付款。只要卖方如期向买方提交了合同规定的全套合格单据，即使货物在运输途中损坏或灭失，买方也必须履行付款义务。反之，如果卖方提交的单据不符合要求，即使货物完好无损地运达目的地，买方仍有权拒绝付款。同时，卖方履行其交单义务，只是得到买方付款的前提条件，如果所提交的货物不符合要求，买方即使已经付款，事后仍然可以向卖方提出索赔。

值得注意的是，以货物是否越过装运港船舷作为买卖双方风险划分的界限是 FOB、CFR 和 CIF 同其他贸易术语的重要区别之一。这种以"船舷为界"划分风险是历史上形成的一项规则，只是在理论上成立的责任分界点或原则。实际业务中一般要求卖方把货物装到船上。

（二）向承运人交货的三种贸易术语

1. 三种贸易术语的基本内容

FCA、CPT 和 CIP 都是向承运人交货的贸易术语，这三种贸易术语分别在前三种贸易术语的基础上发展而来，买卖双方基本义务的划分是相同的。FCA 贸易术语的英文全称为 Free Carrier（…Named Place），即"货交承运人（……指定地点）"。卖方只要将货物在指定的地点交给由买方指定的承运人，并办理出口清关手续，即完成交货。若买方指定承运人以外的人领取货物，则当卖方将货物交给此人时，即视为已履行了交货义务。"承运人"是指任何人，在运输合同中，承诺通过铁路、公路、空运、海运、内河运输或上述运输的联合方式履行运输或他人履行运输。CPT 贸易术语的英文全称为 Carriage Paid To（…Named Place of Destination），即运费付至（……指定目的地），是指卖方将货物在双方约定地点交给其指定的承运人，或者买方取得已经如此交付的货物时，即完成交货义务。其间，卖方需签订运输合同并支付将货物运至指定目的地所需费用。CIP 贸易术语的英文全称为 Cost, Insurance Paid to（…Named Place of Destination），即"运费和保险费付至（……指定目的地）"。在 CPT 的基础上卖方还需办理货物在运输途中灭失或损坏的保险并支付保险费。

2. 三种贸易术语的共同点

FCA、CPT 和 CIP 三种贸易术语有很多共同之处，主要体现在以下几点：

1) 适用于任何运输方式，包括汽运、铁路运输等在内的多式联运，也包括海运。在船舷无实际意义时，如在滚装/滚卸或集装箱运输的情况下，使用 FCA、CPT、CIP 比使用 FOB、CFR、CIF 更为合适。

2) 卖方在规定的日期或期间内在出口国的内地或港口把货物交给承运人或第一承运人照管，并于交货后充分通知买方。卖方承担自货物交至承运人控制之前的一切风险和费用。买方承担自货物交至承运人控制之后的一切风险和费用。当货物交付给承运人时，风险即从卖方手中转移到买方手中。卖方无须保证货物完好无损地到达目的地。

3）卖方自担风险和费用，取得出口许可证或其他官方许可，并在需要办理海关手续时，办理货物出口所需的一切海关手续，包括装船前检验。买方自担风险和费用，取得进口许可证或其他官方许可，并在需要办理海关手续时，办理货物进口所需的一切海关手续，包括过境安检等。

（三）在出口国完成交货的贸易术语

1. EXW

EXW贸易术语的英文全称为Ex Works，(…Named Place)，即"工厂交货（……指定地点）"。采用该贸易术语成交时，卖方在其所在地或其他指定的地点（工厂或仓库等）将货物交给买方处置时，即完成交货。卖方无须办理出口清关手续，也无须将货物装上任何运输工具。EXW贸易术语在13种贸易术语中卖方承担责任最小。买方必须承担在卖方所在地受领货物的全部费用和风险。若双方希望在启运时卖方负责装载货物并承担装载货物的全部费用和风险，则须在销售合同中明确写明。若买方不能直接或间接办理出口手续，不适合选用该贸易术语，而应使用FCA。

2. FAS

FAS贸易术语的英文全称为Free alongside Ship（…Named Port of Destination），即"船边交货（……指定装运港）"。卖方在指定的装运港将货物交到船边，即完成交货。买方必须承担自交货时起货物灭失或损坏的一切风险。当装货港口拥挤或大船无法靠近时，卖方征得买方同意可将交货条件改为"驳船上交货"（Free on Lighter），此时，卖方的责任仅在货物越过驳船船舷时为止，驳船费用及其风险由买方承担。该术语仅适用于海运或内河运输。

（四）在边境及进口国完成交货的贸易术语

D组为在边境或进口国国内完成交货的贸易术语，包括DAF、DES、DEQ、DDU和DDP。其特点是卖方须承担把货物交至目的国所需的全部费用和风险。卖方是在目的地（如边境、港口、进口国内地）履行交货义务，因此称为"到货合同"。

1. DAF

DAF贸易术语的英文全称为Delivered at Frontier（…Named Place），即"关境交货（……指定地点）"。卖方在关境的指定地点和具体交货点，在毗邻国家海关边界前，将仍处于卖方安排的运输工具上的货物交给买方处置，办妥货物出口清关手续尚未办理进口清关手续时完成交货。"关境"可以是任何关境，包括出口国关境。因而用指定地点和具体交货点来准确界定所指关境是十分重要的。如希望卖方负责从交货运输工具上卸货并承担卸货的风险和费用，则应在销售合同中明确写明。该术语可用于陆地边界交货的各种运输方式。

2. DES

DES贸易术语的英文全称为Delivered Ex Ship（…Named Port of Destination），即"目的港船上交货（……指定目的港）"。采用此贸易术语成交时，卖方需要将货物运往在指定的目的港，货物在船上无须卸下，交于买方处置，即完成交货，并承担货物运至指定目的港卸货前的一切风险和费用。DES 贸易术语的适用要求较高，实际应用很少。

3. DEQ

DEQ 贸易术语的英文全称为 Delivered Ex Quay（…Named Port of Destination），即"目的港码头交货（……指定目的港）"。卖方在指定的目的港将货物交给买方处置，不办理进口清关手续，即完成交货。卖方承担将货物运至指定的目的港并卸至码头的一切风险和费用。如果希望卖方负担全部或部分进口时缴纳的费用，则应在销售合同中明确写明。只有当货物经由海运、内河运输或多式联运且在目的港码头卸货时，才能使用该贸易术语。如果买方希望卖方负担将货物从码头运至港口以内或以外的其他点（仓库、终点站、运输站等）的义务时，则应使用 DDU 或 DDP 贸易术语。

4. DDU

DDU 贸易术语的英文全称为 Delivered Duty Unpaid（…Named Place of Destination），即"未完税交货（……指定目的地）"。由卖方将货物直接运至进口国国内指定地点，不办理进口手续，也不用从交货的运输工具上将货物卸下，即完成交货。卖方应承担货物运至指定目的地的一切费用和风险，不包括在目的国进口应交纳的任何"税费"（包括办理海关手续的责任和风险，以及缴纳手续费、关税、税款和其他费用）。买方必须承担此项税费和因其未能及时办理货物进口清关手续而引起的费用和风险。如果在与办理进口结关困难和费时的国家进行交易时，为避免因买方未能及时办理进口结关而影响交易的进行，卖方还是不要使用 DDU。

5. DDP

DDP 贸易术语的英文全称为 Delivered Duty Paid（…Named Place of Destination），即"完税后交货（……指定目的地）"。它是指卖方在指定的目的地，将在运输工具上尚未卸下的货物交给买方，承担将货物运至目的地的一切风险和费用，办理进口清关手续，缴纳进口税费，才完成交货义务。办理进口清关手续时，卖方可要求买方予以协助，但费用和风险仍由卖方承担。买方应给予卖方一切协助取得进口所需的进口许可证或其他官方证件。如双方当事人希望将进口时所要支付的一些费用（如进口增值税），从卖方的义务中去除，应在合同中明确表示。DDP 贸易术语适用于所有运输方式，是卖方承担责任、费用和风险最大的一种贸易术语。

第三节 《2010 通则》和《2020 通则》

一、《2010 年国际贸易术语解释通则》

《2010 年国际贸易术语解释通则》（以下简称《2010 通则》）是国际商会根据国际货物贸易的发展，对《2000 通则》进行了修订，于 2011 年 1 月 1 日实施。《2010 通则》相对于《2000 通则》有较大的变化，主要体现在以下几方面。

（一）对贸易术语的数量进行了调整

《2010 通则》删去了《2000 通则》D 组五个贸易术语中的 4 个，即 DAF、DES、

DEQ 和 DDU，新增了 DAP 和 DAT 两个贸易术语。

1）DAT（Delivered at Terminal）：运输终端交货。类似于 DEQ，是指卖方在指定的目的地或目的港的运输终端卸货后将货物交给买方处置即完成交货。运输终端意味着任何地点，而不论该地点是否有遮盖，例如码头、仓库、集装箱堆积场或公路、铁路、空运货站，卖方承担将货物运至指定的目的地（港）运输终端的一切风险和费用（进口费用除外）。

2）DAP（Delivered at Place）：目的地交货。类似于《2000 通则》中 DAF、DES 和 DDU 三个贸易术语，是指卖方在指定的目的地交货，只须做好卸货准备无须卸货即完成交货。所指到达车辆包括船舶，目的地包括港口。卖方承担将货物运至指定目的地的一切风险和费用（进口费用除外）。

具体如图 16-2 所示，图 16-2 与图 16-1 的区别主要体现在货物交货地点在进口国的 D 组贸易术语上，其他无差别。

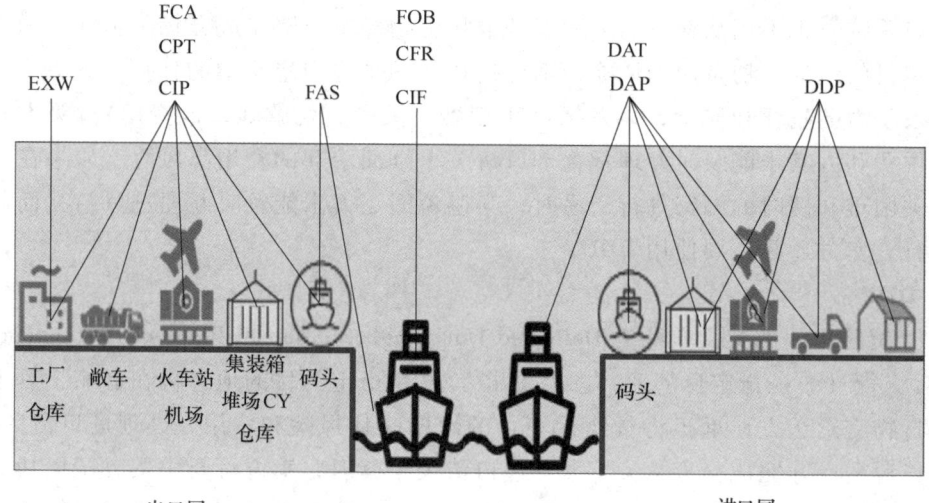

图 16-2 《2010 通则》11 种贸易术语交货地点

其中，DAP 取代了 DAF、DES 和 DDU 三个贸易术语，DAT 取代了 DEQ 且扩展至适用于一切运输方式。这样贸易术语的数量就由原来的 13 种变为 11 种。

（二）对贸易术语的分类进行了调整

《2010 通则》不再按《2000 通则》E、F、C、D 四组分类，而是分为适用于各种运输方式和适用于水上运输两类。适用于水上运输方式的术语有四种，分别为 FAS、FOB、CFR 和 CIF，其余七种为适用于任何运输方式的贸易术语。

（三）取消了"船舷"的概念

《2010 通则》对 FOB、CFR、CIF 三个贸易术语的风险划分界限进行了重新界定，风险转移时间不再为越过"船舷"，而是卖方承担货物装上船为止的一切风险，买方承担之后的一切风险。随着集装箱运输和滚装船的迅速发展，这种划分风险的方式已经没有实际意义，因此，本次修订将这三种贸易术语中所涉及的风险、费用与"On Board"相对应，取消了"船舷"的概念，只强调卖方承担货物装上船为止的一切风险，买方承担之后的一切风险。

（四）对适用范围和保险的规定进行了调整

《2000 通则》规定适用于国际货物销售合同，而《2010 通则》则考虑到了一些大的区域贸易集团（比如欧盟和东盟）等内部贸易的特点，规定不仅适用于国际货物销售合同，还适用于国内货物销售合同。《2010 通则》在解释买卖双方义务时明确进出口商仅在需要时才办理出口/进口报关手续和支付相应费用，如 A2/B2（交货/提货），A6/B6（交货/运输单据）处。

在保险问题上，新规则要求，卖方不仅要达到最低的投保额度，在买方要求下，卖方还有进一步扩大投保范围的义务。如果买方对货物投保，卖方有义务提供有关货物方面的信息，便利买方投保。

二、《2020 年国际贸易术语解释通则》

《2020 年国际贸易术语解释通则》（以下简称《2020 通则》），是国际商会根据国际货物贸易的发展对《2010 通则》的修订版本，于 2020 年 1 月 1 日开始实施。《2020 通则》在《2010 通则》的基础上进一步明确了国际贸易体系下买卖双方的责任，其生效后对贸易实务、国际结算和贸易融资实务等方面都将产生重要的影响，具体实质性的变化体现在以下几个方面。

（一）DAT 变成了 DPU

《2020 通则》中贸易术语的分类与数量整体上与《2010 通则》保持一致，仍然有两组共 11 个贸易术语，只是将《2010 通则》中的 DAT（运输终端交货）变成了 DPU（卸货地交货）。在《2010 通则》中，DAT（运输终端交货）指货物在商定的目的地（港）卸货后即视为交货。在国际商会收集的反馈中，用户要求在《国际贸易术语解释通则》中涵盖在其他地点交货的情形，例如厂房。这就是现在使用更通用的措辞 DPU 来替换 DAT 的原因。

（二）对 FCA 提单的签发进行了调整

在集装箱贸易中，卖方在货物装船前即在法律意义上将货物交付给买方，因此，可能在交付货物时并不能从承运人处收到其在信用证条款下要求付款所需的提单。《2020 通则》的 FCA 术语新添了一个提单选项，买方可以指示承运人向卖方签发提单。

（三）扩大了 CIP 贸易术语中保险的范围

《2020 通则》将 CIP 贸易术语的默认投保险别从《2010 通则》下的最低险别提高到了最高险别，即由 ICC（C）或 PICC 的 FPA 提高到了对应的 ICC（A）或是 PICC 的一切险。如果买卖双方协商一致，仍然可以投保其他险别。但是如果没有约定且注明受《2020 通则》约束，则默认投保险别为最高险别。

（四）当事人可使用己方运输工具安排运输

随着货物贸易规模的扩大，一些大型贸易公司开始使用自己享有所有权的运输工具将货物运至交货地，或自行安排从交货地到买方所在地的货物运输，从而节省了与第三方承运人订立运输合同的费用。《2020 通则》及时反映了这种变化，在 EXW、FCA 的买方运输义务中，增加了买方自付费用安排从指定交货地进行的货物运输。在三个 D 组贸易术语的卖方运输义务中，也相应增加了卖方可以自行安排货物运输的规定。

（五）强化了卖方运输安全义务和包装义务

货物运输安全已经越来越成为国际货物运输的重要问题。在《2020 通则》A7/B7（出口/进口清关）中，把出口/进口安全申报明确列为与出口/进口许可同等的要求，并规定出口安全申报由卖方负责，进口安全申报由买方负责。同时，对因该义务而增加的成本费用的归属，也作了更明确的规定。

除此之外，《2020 通则》还提升了卖方的包装义务。《2010 通则》要求卖方在买方无特殊包装要求的情况下"可以（May）"以适合该货物运输的方式对货物进行包装。《2020 通则》则改为"必须（Must）"，将提供合适包装上升为卖方的义务。这一修改能尽可能地保障货物在运输途中的安全，对交货地和目的地分属两地的贸易模式下买方的利益提供了重要保障。

（六）新增用户解释说明的内容

《2020 通则》将使用说明扩展为更加详细的用户解释说明，从交货与风险、运输方式、明确约定目的地的必要性、出口/进口清关等方面明确解释该贸易术语对解决各类实际问题的规定，并列出规则中的重要修订内容，以帮助用户准确、高效地选择合适的贸易术语，并为相关合同争议提供解决方案或解释指南。

第四节　合同中的贸易术语

就国际货物买卖合同的成立而言，买卖双方以贸易术语作为报价与接受的基准；就国际货物买卖合同的履行而言，买卖双方以所选用的贸易术语作为各自履行义务、享受权利的依据；就国际货物买卖合同的纠纷而言，买卖双方以所选用的贸易术语作为解决纠纷、划分责任的准则。

一、国际贸易术语在买卖合同中的重要性

1. 贸易术语是价格条款的构成要素

贸易术语是构成国际贸易中商品价格的基本要素之一，不同贸易术语表示的商品价格构成不同，所以同样商品的单价按不同贸易术语报价，其价格也不同。在订立买卖合同时，双方必须明确成交商品的价格条件，并将其以条款的形式规定清楚。

2. 贸易术语明确了买卖合同的主要交货条件

《国际贸易术语解释通则》通过相互对应的形式列出了买卖双方应承担的主要义务，双方只要确定了采用何种贸易术语，有关货物交接的主要责任与费用即按照该惯例对贸易术语的解释在买卖双方之间进行划分，合同通常无须再就上述内容做出重复规定。

3. 贸易术语的选用关系到买卖合同中其他条款的订立

除构成价格条款的要素外，贸易术语与合同中其他条款密切关联。装运条款中关于

交货地点、装运港或装运地、目的港或目的地的规定应与贸易术语后指明的地点相符。合同所订保险条款的内容应参照所选用的贸易术语对买卖双方保险义务的规定。

二、国际贸易术语的选用

一个完整的国际货物买卖合同包括商品条件、支付、运输、保险,以及商检、索赔、不可抗力和仲裁等条款。虽然贸易术语并不是国际货物买卖合同的全部内容,但这些条款的签订都必须与采用的贸易术语相对应。因此,买卖双方应当根据上述各环节的风险、价格和双方承担的责任等选择合适的贸易术语。此外,还可以通过合同条款约定对贸易术语关于交货条件的规定进行补充或修改,根据交易的实际情况,灵活运用贸易术语。

另外,选用贸易术语时,还应考虑是否有利于我国远洋运输业和保险业的发展,是否有利于双方经贸关系的发展,履约是否困难等因素。

第五节 进出口商品价格

一、商品价格及注意事项

在对外洽商交易过程中,有时一方按某种贸易术语报价,而另一方希望对方改用其他贸易术语报价。因此,外贸从业人员不仅要了解常用贸易术语的价格构成,还应了解常用贸易术语的价格换算方法。

(一) 常用贸易术语的价格构成

1. FOB、CFR、CIF 的价格构成

这三种常用的贸易术语的价格构成包括进货成本、各项费用开支和净利润三方面内容。其中,费用开支包括国内费用开支和国外费用开支两部分。这三种贸易术语的价格构成的计算公式如下:

$$\text{FOB 价格} = \text{进货成本} + \text{国内费用} + \text{净利润} \quad (16\text{-}1)$$

$$\text{CFR 价格} = \text{进货成本} + \text{国内费用} + \text{国外运费} + \text{净利润}$$
$$= \text{FOB 价格} + \text{国外运费} \quad (16\text{-}2)$$

$$\text{CIF 价格} = \text{进货成本} + \text{国内费用} + \text{国外运费} + \text{国外保险费} + \text{净利润}$$
$$= \text{FOB 价格} + \text{国外运费} + \text{国外保险费} = \text{CFR} + \text{国外保险费} \quad (16\text{-}3)$$

2. CFA、CPT 和 CIP 的价格构成

这三种贸易术语的价格构成与上述 FOB、CFR 和 CIF 三种贸易术语相类似,其价格构成和计算公式也基本相同。但由于这些贸易术语适用的运输方式不同,交货地点与交货方式也有差别,故其发生的具体费用不尽相同,这里不做详细介绍。

(二) 常用贸易术语的价格换算方法

为了保证利润相同,需要掌握不同贸易术语的价格换算方法。我们主要介绍 FOB、CFR、CIF 之间的换算,因 FCA、CPT 和 CIP 三种价格的换算与其相似,便不做介绍。

1. FOB 价格换算为 CFR 和 CIF 价格

$$\text{CFR 价格} = \text{FOB 价格} + \text{国外运费} \tag{16-4}$$

$$\text{CIF 价格} = \frac{\text{FOB 价格} + \text{国外运费}}{1 - \text{保险加成} \times \text{保险费率}} \tag{16-5}$$

2. CFR 价格换算为 FOB 和 CIF 价格

$$\text{FOB 价格} = \text{CFR 价格} - \text{国外运费} \tag{16-6}$$

$$\text{CIF 价格} = \frac{\text{CFR 价格}}{1 - \text{保险加成} \times \text{保险费率}} \tag{16-7}$$

3. CIF 价格换算成 FOB 和 CFR 价格

$$\text{FOB 价格} = \text{CIF 价格} \times (1 - \text{保险加成} \times \text{保险费率}) - \text{国外运费} \tag{16-8}$$

$$\text{CFR 价格} = \text{CIF 价格} \times (1 - \text{保险加成} \times \text{保险费率}) \tag{16-9}$$

（三）进出口商品的作价原则

1. 按照国际市场价格水平作价

国际市场价格是具有代表性的成交价格，它是以商品的国际价值为基础并在国际市场竞争中形成的，是交易双方都能接受的价格，因此，也是确定进出口商品价格的依据。

2. 要结合国别、地区的政策作价

为了使外贸配合外交，在参照国际市场价格水平的同时，也可适当考虑国别、地区的政策，即在平等互利的基础上，双方约定按比较优惠的价格成交。

3. 要结合购销意图作价

进出口商品价格在国际市场价格水平的基础上，可根据购销意图来确定。滞销积压商品可考虑适当降低价格以刺激需求；畅销商品则可稳价上调，但不宜过快过猛。为了控制市场，与对手竞争，有时需要低价销售。有些商品是为了开拓市场、打开销路，价格也可以适当低于当地的价格水平，但也不能定得太低，防止被对方提起反倾销诉讼。

二、进出口商品的作价方法

规定进出口商品的价格有多种方法，应根据具体交易的情况加以选用。

（一）固定价格作价法

固定价格作价法，是指买卖双方在签订合同时，将货物价格一次订好，不再变动。在合同有效期内，即使约定价格与实际市场价格相差很远也不得变更。这种作价方法明确具体，有利于结算，但是，如果市场价格发生较大变化，会给某一方造成损失，从而造成履约困难，甚至会导致违约事件的发生。

（二）待定价格作价法

待定价格作价法是指货物价格暂不固定，买卖双方约定未来确定价格的依据和方法，可细分为两种具体做法：

（1）明确约定定价时间与定价方法　例如，"在装船月份前 45 天，参照当地及国际市场价格水平，协商议定正式价格"或"按提单日期的国际市场价格计算"。

（2）只规定作价时间　例如，"由双方在××年×月×日协商确定价格"。这种方式由于未就作价方式做出规定，容易带来较大的不确定性，双方可能因缺乏明确的作价标准而在商定价格时各抒己见，相持不下，导致合同无法执行。因此，这种方式一般只适用于双方有长期交往并已形成比较固定交易习惯的合同。

（三）暂定价格作价法

暂定价格作价法，是指买卖双方在合同中规定一个临时价格，在交货期前，双方再确定最后价格。由于国际上某些商品价格瞬息万变，买卖双方在合同中的成交价格不算正式价格，而仅供双方参考，作为开立信用证和批汇的依据。等到交货前一定时期或装运时，再商定正式价格进行结算，多退少补。

（四）固定价格作价法与非固定价格作价法结合

为了照顾双方的利益，解决双方在采用固定价格、待定价格或暂定价格作价法方面的分歧，也可采用将固定价格作价法与非固定价格作价法结合的做法，或者分批定价的办法，交货期近的价格在订约时先固定，余者在交货前一定期限内确定。

三、计价货币的选择

（一）计价货币与支付货币

计价货币是指买卖双方在合同中约定用来标示商品价格的货币（如美元或欧元）。一般情况下合同货款用计价货币支付，此时计价货币又是支付货币。买卖双方在合同中也可以约定不用计价货币支付，而用其他货币支付。

在实际业务中，用来计价的货币可以是进口国或出口国的货币，也可以是第三国的货币，还可以是某一种记账单位。在各国普遍实行浮动汇率的条件下，很多货币的币值经常变动，加之国际货物买卖的交货期一般都比较长，从订约到履行合同往往需要有一段时期，在此期间计价货币的币值可能会发生变化甚至会出现大幅度的涨落，其结果必然会影响到某一方的经济利益，因此，如何选择计价货币就具有重大的经济意义，这是买卖双方确定价格时必须注意的问题。

值得一提的是，在国际贸易买卖合同中可以以人民币为计价单位。我国正在积极推动人民币国际化进程，人民币跨境支付系统已经开始运作。与中国开展互换货币的国家正在积极使用人民币作为支付和结算货币，这样既可以减轻使用外币带来的汇率风险，还可以提升缺乏外汇的国家与我国进行贸易的积极性。

（二）汇率风险防范

在国际货物贸易中，如交易双方所在国之间订有贸易协定和支付协定，而其交易本身又属于上述协定项下的交易，则必须按协定规定的货币进行清算。除此之外，一般进出口合同都是采用可兑换的、国际上通用的或双方同意的货币进行计价和支付。但是，由于目前各种货币在国际市场上的地位和发展趋势不同，其中有的走向疲软，有的日益坚挺。因此，任何一笔交易，都必须在深入调查研究的基础上，尽可能地争取发展趋势于己有利的货币作为计价货币。从理论上说，在出口交易中采用硬币计价对卖方有利，而在进口交易中采用软币计价对买方比较合算。但是，在实际业务中，以什么货币作为计价货币，还应视双方的交易习惯、经营意图和双方在贸易中话语权的大小而定。如为了达成交易而不得不采用于己不利的货币成交，则可采用下述两种补救措施：

第一，根据该种货币今后可能的变动幅度，相应调整对外报价。

第二，在可能条件下，争取订立保值条款。交易双方签订买卖合同时，可以将合同货币与其他货币的汇率挂钩，付款时，若汇率发生变动，即按比例调整合同价格，以避免计价货币汇率变动带来的风险。

（三）数字货币

数字货币是电子货币形式的替代货币，是价值的数字化表示，可以作为支付手段，也能以电子形式进行转移、存储或交易，其功能属性与纸钞完全一样，属于法定货币。

目前，世界多个国家正在推动数字货币市场的发展，这使其完全超出了目前美国主导的全球金融体系的范围，并有效地削弱了美国金融系统的监测权力，数字货币可以为除美国外的各个国家提供一个可以绕过美元直接结算的安全路径，不会受到美元波动的影响，最大限度地保护本国金融的安全。

随着中国区块链产业的形成与完善，区块链将更多应用于国际贸易，并助力国际贸易转型升级，为国际贸易发展注入新动能。高效安全的政企许可联盟链依托区块链"单一窗口"创新，有效促进了贸易便利化；数字识别的数字协议源于区块链分布式数据库的创新，通过共识机制降低贸易签约不确定性风险；效率飞升的SWIFT（环球银行金融通信协会）GPI（全球支付创新）代表了SWIFT与区块链创造性地结合，凸显国际支付体系随区块链创新而优化升级的进程。

当今世界贸易流程走向正趋于信息化、快捷化，将区块链与数字货币技术应用到国际贸易中已经是一个较为明显的趋势，如果能够达成程度较高的结合，那么国际贸易的物流、转账、交易信息安全系统都将得到极大的改善。

四、佣金与折扣的运用

佣金或折扣是价格构成因素之一，直接影响到商品的价格和买卖双方或第三方的经济利益，在进出口合同的价格条款中，有时会涉及佣金和折扣的运用。

（一）佣金

1. 佣金的含义

佣金（Commission）是中间商因介绍交易或代为买卖商品而取得的报酬。如果卖方委托中间商推销商品，佣金则由卖方支付；当买方委托中间商采购商品时，佣金便由买方支付。有些中间商在一笔交易中同时从买卖双方获取佣金，称为"双头佣"。

2. 佣金的表示方法与支付方法

凡价格中含有佣金的叫"含佣价"，凡明确表示佣金百分比的叫"明佣"。如不标明佣金的百分比，甚至连"佣金"字样也不表示出来，有关佣金问题，由双方另行约定的叫"暗佣"。

明佣的表示方法有：一是用文字说明，如"每公吨100美元CIF伦敦，包括3%的佣金"（USD 100 per M/T CIF London including 3% Commission）。二是在贸易术语后边加注 Commission 的缩写字母"C"和佣金率，如"每公吨 100 美元 CIF 伦敦，C3%"（CIF C3% London USD 100 per M/T）。此外，佣金还可以用绝对数表示，如"每公吨支付佣金 50 美元"。暗佣的表示方法，从贸易条件本身看不出来，双方就具体内容可签订付佣协议或代理协议加以规定。

佣金的支付方法，一般是由卖方收到货款后，再另行付给中间商，也可以在付款中扣除。但暗佣一般是在卖方收到货款以后再另行支付，在所有的支付凭证中都不表明"暗佣"或"含佣"字样。

3. 佣金的计算

佣金的计算，有的是按买卖双方交易金额的百分比，有的是按交易双方成交的数量。我国一般是以买卖双方成交金额为基数计算佣金，计算公式为

$$佣金 = 含佣价 \times 佣金率 \tag{16-10}$$

4. 含佣价的计算

在国际贸易交易过程中，买卖双方在商定好某种商品的成交价格后，又商定好一定百分比的佣金由卖方支付。这时应将不含佣金的价格也就是净价变成含佣价，再计算佣金。含佣价的计算公式为

$$含佣价 = \frac{净价}{1 - 佣金率} \tag{16-11}$$

（二）折扣

1. 折扣的含义

折扣（Discount/Rebate/Allowance）是指卖方按原价给予买方的一定百分比的减让。货价中的折扣，一般应在合同中订明，这种明文表示价格折扣的做法，称为"明扣"。如果单价中没有表明折扣，而由买卖双方另行约定进行折扣的，称为"暗扣"。

2. 折扣的表示方法与支付方法

根据国际贸易中惯用的方法，折扣一般用文字来说明和表示，如"每台 30 美元 FOB 天津，减 2%折扣"（USD 30 per set FOB Tianjin less 2% discount），还可以这么表示："每台 30 美元 FOB 天津，折扣 2%"（USD 30 per set FOB Tianjin including 2% discount）。此外，折扣也可以用绝对数表示，如"每台 6 美元折扣"（USD6 per set discount）。

折扣一般是在买方支付货款时预先予以扣除，也有的折扣金额不直接从货价中扣除，而按双方当事人暗中达成的协议，例如由卖方以给"厂家返点"或"年终返点"的方式另行支付给买方，这种做法在实际业务中也常被采用。

3. 折扣的计算

折扣与佣金的计算方法类似：

$$单位货物折扣额 = 原价(或含折扣价) \times 折扣率 \tag{16-12}$$

$$卖方实际净收入 = 原价 - 单位货物折扣额 \tag{16-13}$$

在国际交易过程中，除商品价格折扣外，还有运费折扣、保险费折扣等。佣金和折扣的运用，可以起到调整价格、增强竞争力、促进客商经营积极性的作用，达到扩大交

易的目的。实际运用中名目也很多,正确运用佣金和折扣,可以灵活掌握价格,但对幅度的掌握必须恰如其分,应区别不同的商品、市场、交易对象等具体情况,否则会适得其反。

五、出口成本与收益的核算

对出口商品成本进行核算,目的在于掌握出口总成本,出口销售外汇收入和人民币收入的数据,计算和比较出口盈亏情况,提高对外出口的经济效益。

(一)出口商品总成本的构成

出口商品从生产、储存、运输到出口外销的流通过程中会产生各种费用,可分为国内费用和国外费用。出口商品总成本包括两部分,即产品成本与运输期间费用。如果是需要缴纳出口税的商品,则其出口总成本中还要包括出口税。出口营销企业所经营的出口商品出口价款,一般由出厂价款和商品的国内流通费用构成。出口价款由产品的生产成本、利润、税捐等构成。商品流通费用是指发生在商品流通过程中的费用,包括商品的加工整理费用、包装费用、保管费用、国内运输费用、装船费用、办证费用、银行费用等。

(二)出口商品成本的核算

出口商品成本核算的指标主要有出口商品盈亏率、出口商品换汇成本及外汇增值率。出口商品的盈亏率和换汇成本是对出口商品的成本和换取的外汇收入进行的经济比较,计算时必须把不同的成交价格统一在 FOB 条件下,即成本算到出口前为止,称为出口总成本;收入为出口外汇净收入,若以 FOB 价格成交,其成交价格就是出口外汇净收入。

1. 出口商品盈亏率

出口商品盈亏率是指出口商品的盈亏额占出口总成本的比率。盈亏额是指出口外汇净收入即出口商品销售人民币净收入与出口总成本的差额。其计算公式为

$$出口商品盈亏率 = \frac{出口商品销售人民币净收入 - 出口总成本}{出口总成本} \times 100\% \quad (16-14)$$

计算结果如为正数,即为盈利率;如为负数,则是亏损率。

2. 出口商品换汇成本

出口商品换汇成本是反映出口商品盈亏的指标,指某商品出口净收入一个单位的外汇所需人民币的成本,即需要多少元人民币才能换回一个单位外汇。其计算公式为

$$出口商品换汇成本 = \frac{出口总成本(人民币表示)}{出口外汇净收入(外汇表示)} \quad (16-15)$$

可以看出,出口商品换汇成本与出口总成本成正比,与出口外汇净收入成反比,并且,它同出口商品盈亏率是有内在联系的,出口商品换汇成本越高,亏损越大;反之则盈利越大。换句话说,出口换汇成本与外汇牌价进行比较能直接反映出商品出口是否盈利。

3. 外汇增值率

外汇增殖率也称出口创汇率,是指加工成成品后出口的外汇净收入扣除其原料外汇

成本后的余额与原料外汇成本的比率,能反映以外汇进口原材料加工成成品或半成品后再出口创汇的效果,即反映"以进养出"商品贸易的创汇效果。其计算公式为

$$外汇增值率 = \frac{成品出口外汇净收入 - 原料外汇成本}{原料外汇成本} \times 100\% \tag{16-16}$$

需要说明的是,如果原料为国内产品,其外汇成本可按原料的 FOB 出口价计算。如果原料为进口产品,则按该原料的 CIF 价计算。通过出口的外汇净收入和原料外汇成本的对比,可以看出成品出口的创汇情况,从而确定出口成品是否有利。

六、合同中的价格条款

(一) 价格条款的基本内容

国际货物买卖合同中的价格条款一般包括单价(Unit Price)和总值(Total Amount)或总金额(Total Amount)两个项目。

1. 单价

国际货物买卖合同中的单价比国内贸易的单价要复杂,它由四个部分组成,即计量单位、单位价格金额、计价货币和贸易术语。例如"每公吨 200 美元 CIF 新加坡"(USD200 M/T CIF Singapore)。

2. 总值或总金额

总值是单价和数量的乘积,在总值项下一般也同时列明贸易术语。如果一份合同中有两种以上的不同单价,就会有两个以上的金额,几个金额相加再形成总值或总金额。总值除了用阿拉伯数字填写外,一般还可以用文字表示。

(二) 规定价格条款的注意事项

1. 适当确定单价水平,防止偏高偏低

贯彻我国进出口商品作价原则,灵活运用差价规则,结合销售意图,确定适当的价格水平。出口商品价格过高,不利于市场的开拓,甚至会导致市场的丧失;出口商品价格偏低,就会造成外汇收入减少的损失。同时也必须掌握各类货物的价格弹性特征,一些价格弹性低的商品,其低廉的价格并不能实现扩大销售和增加外汇收入的效果。进口合同如果价格偏高会造成外汇的浪费,影响进口经营的经济效益。

2. 争取选择有利的计价货币或加订保值条款

计价货币的选择会直接影响进出口业务的经济效益,由于国际上一些货币的币值具有不稳定性,为了避免由于货币币值不稳定带来的风险损失,出口合同应争取采用"硬币",进口合同应尽量选用"软币",否则应考虑通过加订保值条款来避免货币币值变动风险。

3. 根据货源与运输方式选择贸易术语

根据货源的特征及我国海陆空运输的运力和运费状况,选用适当的贸易术语,对于更好履行合同,以及促进我国运输业的发展有着重要的影响。

4. 避免承担价格风险

对国际货物买卖中价格变动剧烈、波动幅度大的敏感性商品,规定价格水平时,应

掌握价格波动趋势。出口业务中，确定货物价格必须考虑价格趋涨的因素。一般说来，敏感性商品的交货期不能太长，多次分期装运也不宜一次将价格固定。另外，在有溢短装的情况下，也必须对溢短装部分的价款作明确规定。

【本章小结】

1. 贸易术语。来源于国际贸易惯例，是在国际贸易长期实践的基础上逐渐形成与发展起来的。本章重点对《2000通则》13种贸易术语进行了解释，其中FOB、CFR、CIF、FCA、CPT和CIP六种贸易术语需要重点掌握。同时，本章也讲述了《2010通则》和《2020通则》相对于前一版本通则的变化。对于每一种贸易术语的掌握主要从交货地点、风险转移界限、办理运输和保险的义务及相关费用的负担、进出口报关的责任和费用的负担，以及适用的运输方式等方面进行考虑，注意在实际业务中灵活运用各种贸易术语。

2. 不同的贸易术语价格构成内容不同。必须掌握几种常用价格之间的换算，以便灵活运用；必须掌握进出口商品的作价原则和作价方法；注意防范汇率变动风险，同时，要进行成本收益核算。

【习题与思考】

1. 什么是国际贸易惯例？关于国际贸易术语的国际惯例有哪些？
2. 什么是国际贸易术语？其有哪些作用？应当如何正确地选用贸易术语？
3. 国际贸易中成本核算的方法有哪几种？
4. 价格条款的基本内容是什么？在国际贸易中常用的作价方法有哪几种？
5. 某公司向日本出口某商品，外销价为每公吨500美元CIF大阪，支付运费50美元，保险费7美元。如果该公司收购该商品的收购价为每公吨1,600元人民币，其中国内直接和间接费用占17%，试计算：

（1）该笔出口货物的盈亏率。
（2）出口换汇成本（假定当期银行外汇牌价为1美元兑换6.3元人民币）。

【案例分析】

中方某出口公司曾按CIF条件向外商出售一批货物，合同中没有约定具体投保险别，中方公司发货时代投保了平安险后，外商指责中方公司漏保战争险，其理由是：既然货价中包括保险费，卖方就应加保战争险，双方因此引起争议。你认为，外商的指责和要求是否有道理？中方应如何处理此事？

国际贸易理论与实务

第十七章 商品的品名、品质、数量和包装条款

国际贸易中买卖双方签订合同必须要有明确的客体内容,就是通常所说的交易标的。国际货物贸易合同中的标的包括商品的品名、品质、数量和包装。商品的品名条款、品质条款、数量条款及包装条款是国际货物买卖当事人双方首先需要商定的交易条件,是买卖双方进行交易的物质基础。

第一节 商品的品名条款

一、商品名称的定义

商品名称,简称品名,是指能使某种商品区别于其他商品的一种称呼或概念。商品的名称在一定程度上体现了商品的自然属性、用途以及主要的性能特征等。好的商品名称,不但能高度概括出商品的特性,还能诱发消费者的购买欲望。

对货物的具体描述是有关货物说明的重要组成部分,也是买卖双方交接货物的重要依据之一。参与国际货物买卖的交易双方只有明确了商品的名称,才能进一步确定商品的质量,即以什么样的商品进行交易。所以,商品的名称是国际货物买卖合同中必须具备的内容。

二、商品的命名方法

由于商品的用途、原材料、加工工艺、产地、性能等不同,命名的方法也各有不同,常见的命名方法有如下几种:

(1)以主要用途命名 这种方法在于突出商品的主要用途,方便消费者选择和购买,如"打印机""旅游鞋""空调"等。

（2）以使用的主要原材料命名　这种方法在于突出商品使用的主要原料，也可以反映商品的品质，如"羊绒衫""冰糖燕窝""塑钢型材"等。

（3）以主要成分命名　这种方法以商品所含的主要成分命名，突出商品的主要功效，便于消费者增强对商品的了解，如"花生油""檀香皂"等。

（4）以外观造型命名　这种方法便于消费者直观了解商品的特征，如"蝙蝠衫""折叠伞"等。

（5）以人物名字命名　这种方法源于著名人物的名字或者历史品牌，便于引起消费者的兴趣，如"孔府家酒""王致和腐乳"等。

（6）以产地命名　这种方法以产地代表商品的品质，产地和货物名称相结合，突出产地特色，提高商品的威望，如"龙口粉丝""正安白茶""西湖龙井"等。

（7）以制作工艺命名　这种方法以商品的制作工艺突出商品的特点，有利于增强消费者对商品的了解，多用于具有独特制作工艺或过程的商品，如"九制陈皮""纯生啤酒"等。

除此以外，还有以外来词、吉祥物或美好事物、带有褒义词含义命名的方法，如"可口可乐""奔驰"和"金利来"等。

三、在合同中规定商品名称应注意的问题

我国《民法典》规定，合同的内容由当事人约定，一般包括八项条款，其中货物的名称（标的）和品质是构成合同不可缺少的条件。所以，品名条款是合同中不可缺少的一项。通常列明货物的名称，买卖双方对交易标的不容易产生歧义。对于有多个常用名的货物，为了明确起见，需要把货物的具体品种、规格等级或型号等概括性描述包含进来。这实际上就是品名条款和品质条款的综合使用。

国际货物买卖合同中的品名条款是合同中的主要条件。因此，在规定品名时买卖双方应给予重视，应注意下列事项：

1）必须明确、具体、简洁。鉴于商品命名的方法多种多样，对货物的描述应该确切反映商品的特点和特性，避免使用空泛、笼统或含糊的品名，避免给交易双方履行合约带来不必要的麻烦。

2）针对商品实际情况做出实事求是的规定，反映货物的真实情况。对于卖方而言，货物必须是卖方有能力生产或供应的品种、型号或规格，凡做不到或不必要的描述性词句，都不应列入，以免给履行合同带来困难；对于买方而言，必须是符合他们需要进口的商品。

3）尽可能地使用国际上通用的名称。许多商品的名称在不同的国家或地区叫法不一，为避免误解，对于某些新商品的定名及其译名，应力求使用国际通用名称，如果必须使用地方性名称，需要买卖双方事先就其内涵取得共识，应该准确、易懂，并符合国际上的习惯称呼。

4）注意选用合适、恰当的品名。有些商品具有不同的名称，因而存在着同一商品因名称不同而缴纳关税和支付班轮运费不一、出口限制不同等现象。因此，为了减少关

税的支出，方便进出口和节省运费支出，应当关注有关国家的海关税则、相关规定及运输公司的收费标准，选用对双方有利的名称。比如，镍含量超过10%的钢铁产品，以镍铁命名出口关税税率为10%，如果以合金生铁命名，出口关税税率则为20%。

第二节　商品的品质条款

一、商品品质的概念

商品品质是指商品的内在本质性的质量和外观形态的综合体现。商品的内在本质性的质量包括商品的物理性能、机械性能、化学成分和生物特征等自然属性，如纺织品的回潮率、缩水率等，化工产品的熔点、沸点等，机械类产品的加工精度、表面粗糙度等，一般需要借助仪器设备，通过分析检测才能获得。外观形态包括商品的形状、色泽、款式、结构、光彩、味道和透明度等，通过感觉器官可以直接获得。

二、商品品质的作用

商品品质不仅是国际货物买卖的主要交易条件，还是买卖双方进行交易磋商的首要条件，是商品买卖中最受重视的要件之一。这是因为商品具有满足消费者需求的自然属性，是消费者评价商品的依据，是购买商品的重要条件。随着各国消费者消费水平和消费结构的变化，消费者对商品质量的要求越来越高，"以质取胜"是企业参与国际市场竞争的基本战略。提高商品品质，成为生产商、销售商在国际市场上提高自身竞争力的主要手段，是增加出口创汇的途径，也是企业商业信誉的重要保证。商品品质的优劣不仅直接影响到商品售价的高低、销售数量，以及市场份额的增减，还涉及企业、行业和国家的形象与声誉。

三、对进出口商品质量的基本要求

（一）对出口商品质量的要求

对于出口商品，应根据"以质取胜"的基本战略，坚持"质量第一、信誉第一"的指导思想，重视科技开发，加强新产品的研制，提高出口商品的技术含量，努力做到按国际标准组织生产。同时，也要加强出口商品的检验工作，严格把好出口商品的质量关。为此，必须做好以下几方面的工作：

1. 强化出口商品的质量观念

重视企业和品牌的信誉，严格把守质量检验环节，在稳定质量的基础上，力求精益求精。商品的质量必须符合在产品/包装上注明的用途、标准，以及合同约定的品质要求。凡质量不过关的商品，绝不轻易出口。

2. 根据市场需求确定商品质量

加强对不同时期、不同目标市场的需求研究，把握不同层次消费者需求的特点及其变化方向，结合我国传统优势商品质量性能的特点，适时调整、开发新的商品，使我国出口商品的质量具有较强的市场适应性、针对性和竞争力。

3. 与国际标准接轨

对标国际标准，加强和完善企业质量管理体系、环境管理体系和职业健康安全管理体系的建设，提高产品质量，保护消费者权益，确保企业工作者的健康和安全，积极开展认证工作，对符合产品标准、技术要求的出口商品颁发质量许可证。

4. 适应进口国的法律、风俗和习惯

目前，许多国家针对进口商品制定了严格的质量、卫生、安全管理法规和办法，不符合相关规定的商品一律不得进口。因此，了解和熟悉各国对进口商品的质量规定，使我国的出口商品质量符合进口国的法律法规，有利于我国商品的出口。

（二）对进口商品质量的要求

在进口贸易中，也必须严格把好质量关。进口商品的质量应符合国内经济建设、科学研究、国防建设、人民生活、安全卫生以及环境保护等方面的要求。在洽购商品时，应充分了解卖方所提供商品的质量等级，分析该商品与我国同类商品的质量差异，不进口质量低劣的商品。在选购进口商品时，还应考虑我国的特殊国情和实际的消费水平，不应盲目追求过高的规格、档次和质量以避免不必要的消费和外汇损失。在订立合同时还应注意，制定商品品质条款要严谨细致，避免因疏忽而造成损失。在货物到达时，应进行严格的质量检验，杜绝不符合合同质量要求的商品进入国门。根据我国有关法规的规定，尤其要防止那种危害国家安全或者社会公共利益、破坏生态环境以及对人民生命和健康会产生危害的商品进口。

四、商品品质的表示方法

国际贸易中，由于交易的商品种类繁多，商品的用途、加工工艺、性能、产地、原料等特点各异，因此需要采用合适的方法来表示商品的品质。虽然表示商品品质的方法多种多样，但归纳起来基本上可分为用实物表示和用文字说明表示两种方法。实际业务中，具体采用哪种方式，需要根据商品的特性、交易双方习惯决定。

（一）用实物表示

1. 看货买卖

看货买卖（Sale by Inspection），又称作看货成交，买卖双方根据成交商品的实际品质来进行交易。通常是由买方或其代理人在卖方所在地对欲购买的货物进行查验，认为满意后双方可达成交易。有时卖方也将货物运往进口地待售，买方可以进行验货并当场成交。在这种情况下，卖方只要按照买方所查验的货物交货，买方就不得对品质提出异议。看货买卖属于现货交易，在国际贸易中，此种交易方式多用在寄售、拍卖、展卖等业务中。有些特殊商品，如珠宝、字画、特定工艺品等具有独特性质的商品，买卖双方只能看货洽谈交易。

2. 凭样品买卖

凭样品买卖（Sale by Sample）是指交易双方在洽商中以买方或卖方提供的样品来表示商品品质并以此作为交货依据。样品（Sample）是指从一批商品中抽出来的，或者由生产、使用部门设计和加工出来的，能够反映和代表整批商品品质的少量实物。凭样品买卖适用于服装、轻工产品、土特产等不易用文字来描述其品质的商品的买卖。

凭样品买卖有两层意义：

一是未经对方确认的样品不能作为交货依据。

二是样品确定后，不能单方面更换。

按样品提供者的不同，凭样品买卖可分为凭卖方样品买卖（Sale by Seller's Sample）和凭买方样品买卖（Sale by Buyer's Sample）。

（1）凭卖方样品买卖　交易双方约定凭卖方提供的样品作为交货的品质依据，称为凭卖方样品买卖。在这种情况下，买卖合同中应订明"品质以卖方样品为准"（Quality as Per Seller's Sample），卖方所交整批货的品质，必须与其提供的样品相同。

凭卖方样品买卖需要注意以下问题：卖方提供的样品必须具有代表性，能够充分代表以后所交整批货物的品质，又称为代表性样品，或"原样""标准样品"。卖方在寄送样品时应留"复样"，一式两份（或三份）。一份寄送对方，另一份自己留存。一般交给商检部门保存，即"封样"。留存的复样应妥善保管，可采用烫火漆、铅封、钢卡、封条、不干胶印纸等方法封存。对于某些易受环境影响而改变质量的样品，还应采取适当措施，诸如密封、防潮、防虫害、防污染等储藏，以保证样品质量的稳定。同时，在原样、复样上编制相同的号码，注明提交样品的具体时间，将来发生争议时可以以封样作为裁决的依据之一。

（2）凭买方样品买卖　在国际贸易中，买方为了使订购的商品符合其自身要求，有时会自己提供样品交由卖方依样承制，这种约定凭买方提供的样品作为交货品质依据的交易称为凭买方样品买卖，我国习惯称之为"来样成交""来样制作"。这种方式可以提高卖方产品在国际市场的适销度，在我国出口贸易中有时也会采用。但在确认按买方提交的样品成交之前，卖方必须充分考虑按来样制作特定产品所需的原材料供应、加工技术、设备和生产安排的可行性，以确保日后可以正常履约。凭买方样品买卖应在买卖合同中订明"品质以买方样品为准"（Quality as Per Buyer's Sample），日后卖方所交整批货物的品质，必须与买方样品相符。

在国际贸易中，由于原料、加工工艺、设备等条件的限制，凭买方样品买卖可能对卖方交货带来一定的困难。因此，卖方为避免风险，往往不愿意采用凭买方样品进行的交易，而是尽量采用"凭卖方样品买卖"。

在实际业务中，谨慎的出口商，为避免因交货品质与买方样品不符而导致贸易纠纷，如买方索赔甚至退货，可以采用以下做法：

1）卖方根据买方来样加工复制出一个类似的样品请买方确认，这种经确认后的样品称为"对等样品""回样"或"确认样品"（Comfirming Sample）。当对等样品被买方确认后，日后卖方所交货物的品质，必须以对等样品的品质为准。采用对等样品就等于将凭买方样品买卖转变为凭卖方样品买卖，这是我国出口贸易中常用的方法，也是比较稳妥的方法。

2）在合同中注明或者另加声明：卖方按照买方提供的技术图样、规格等进行生产和交货，由此涉及第三方工业产权或其他知识产权等问题，卖方概不负责任。

凭样品交易，无论买卖合同上有无特别注明，卖方日后所交货物的品质必须与样品相符。如果样品质量高于所交货物，会给今后生产、交货造成困难，增加成本；如果样品质量太低，不仅价格上容易吃亏，还会妨碍交易的顺利达成。如果所交货物与样品不符，买方可以拒收或提出索赔要求，甚至解除合同。出口商如果对自己货物的品质没有绝对把握，应该在买卖合同中特别订明："Quality shall be about equal to the sample"（品质与样品大致相同），"Quality to be similar to the sample"（品质与样品类似）或"Quality is nearly same as the sample"（品质与样品近似）。但是，如果买卖双方对"大致相同""近似""类似"等词的理解不同，往往会使卖方交货时陷于被动地位。

为了预防因交货品质与样品略有差异而导致买方拒收货物，也可以在买卖合同中预先订明"若交货品质稍次于样品，买方仍须受领货物，但价格应由双方协商相应减低"。然而以上种种灵活规定只限于品质与样品稍有不符的场合，若差距较大，买方仍有权拒收货物。

（二）用文字说明表示

在国际贸易中，大多数商品品质适于用说明来表示。以文字、图表等方式来说明商品品质而成交的买卖，称为凭说明买卖（Sale by Description），具体包括以下几种方式。

1. 凭规格买卖

商品的规格（Specification）是指用来反映商品品质的主要技术指标，如成分、含量、纯度、性能、长短、精细等。用规格表示商品品质的方法，具有简单易行、明确具体的特点，可根据每批成交货物的具体品质状况灵活调整，因此，在国际贸易中应用广泛。一般情况下，在农产品（如大米、玉米、生丝）或矿产品及水泥、橡胶、玻璃板、轮胎、钢板等商品交易中大量采用此种品质表示形式。买卖双方以具体规格来说明商品的基本品质情况，并在合同中订明。例如，素面缎品质的表示方法见表17-1。

表17-1 素面缎品质的表示方法

素面缎	门幅/in	长度/yd[1]	重量/(m/m)[2]	成分
规格	55	38/42	16.5	100%真丝

① yd，码，1yd=0.9144m。
② m/m，姆米，用来表示真丝的克重，1m/m=4.3056g/m²。

2. 凭等级买卖

商品的等级（Grade）是指同一类商品，根据长期生产和贸易实践，按其品质上的差异，用文字、数字或符号将品质分为若干不同的等级，如"大、中、小""重、中、轻""甲、乙、丙""一级、二级、三级"等。再如中国出口的钨砂，主要根据其三氧化钨和锡含量的不同，分为特级、一级和二级三种，每一级又规定有相对固定的规格。凭等级买卖时，由于不同等级的商品代表不同具体规格，为便于履行合同和避免争议，在品质条款中列明等级的同时，最好一并规定每一等级的具体规格。如果双方对不同等级的商品代表不同的具体规格理解一致，且都已熟悉每个等级的具体规格，可以只列明等级，无须赘述其具体内容，这种方法可以简化交易手续，对成交和体现按质论价等方面具有一定的促进作用，在农副产品和矿产品的品质描述中使用广泛。

3. 凭标准买卖

标准（Standard）是指经政府部门、行业协会或商业团体等统一制定和公布的规格，是标准化了的规格和等级，并用文件表示出来。国际上一些商品如农产品中的棉花、小麦、黄豆等的交易常采取凭标准来表示商品品质的方式。

世界各国都有国家标准，此外还有专业性的协会标准、国际标准等，如国际标准化组织（ISO）、国际电工委员会（International Electrotechnical Commission，IEC）等国际组织制定的相应行业的国际性标准，也有发达国家的国家标准，如英国的BS，美国的ANSI，法国的NF，德国的DIN，日本的JIS、JAS等。这些国际标准、发达国家标准和专业标准均在国际贸易中被广泛采用。随着科学技术、生产技术的不断创新、进步和发展，各种标准也在与时俱进地升级和更新，同一组织颁布的某类商品的标准往往有不同年份的版本，版本不同，对应的质量标准内容也不相同。因此，凭标准买卖时，在合同中应注明采用标准的版本名称及其年份，例如：利福平《英国药典》1993年版本（Rifampicin, *British Pharmacopoeia*, 1993）。

《中华人民共和国标准化法》规定，中国标准分为国家标准、行业标准、地方标准和企业标准四种。

在实际业务中，凡是按标准买卖的商品一般应遵循以下原则：

1) 我国已有标准的商品，就以我国的标准为依据实施。

2) 我国没有标准的商品，以具有权威性的国际标准为依据。为使中国产品能进军国际市场，拓宽销路，应尽量采用国际标准和国外先进标准。

3) 在采用国外标准时，应注明所采用标准的年份和版本，以免引起争议。

在国际市场上，由于某些农副产品品质变化较大，难以按照统一的标准来区分商品的品质，往往用"良好平均品质"（Fair Average Quality，F.A.Q）这一术语来表示。F.A.Q就是指在一定时期内，某一地区某个季节出口货物的平均品质水平或中等货的品质。良好平均品质这种表示方法尽管比较笼统，实际上并不代表固定确切的品质规格，但却是国际上农副产品交易常采取的方式。目前中国出口农副产品时也常用F.A.Q来表明品质。在中国，F.A.Q习惯上称为"大路货"，其品质标准一般是以中国产区当年生产该项农副产品的平均品质为标准确定的，在使用时，除在合同内注明F.A.Q字样以外，通常还订有具体规格。例如：Chinese Tung Oil F.A.Q，F.F.A.4% max［中国桐油，良好平均品质（大路货），游离脂肪酸不超过4%］。

上好可销品质（Good Merchantable Quality，G.M.Q）是另一种含义比较笼统的品质表示方法，有时木材和水产品的交易采用这种方法。但是，这种方法比较抽象，在执行中容易引起争议，因此，应尽量少用。

4. 凭商标或牌名买卖

商标（Trade Mark）是指生产者或销售者用来说明其所生产或销售的商品的标志，可由一个或几个具有特色的单词、字母、数字或图形组成。商标有注册商标（Registered Trade Mark）和非注册商标之分。注册商标是指商标的使用者在商标局经过注册登记的商标。商标一经注册登记，便在一定时期内（一般10年）受到注册地区行政当局的法律保护，这一权利统称为"商标权"。其他人未经允许，不得擅自使用别人已经注册的商标。非注册商标一般不受法律保护，任何人都可以随便使用。

牌名（Brand Name），也叫牌号或品牌，是指工商企业为其制造或销售的商品所起的名称。

商品的品质是商标或品牌的物质基础。一些在国际上久负盛名的品牌商品，因其品质优良且稳定，这种牌名或商标本身实际上就是一种品质象征，在消费者心目中已经树立了良好的声誉，因此在交易中可以只凭牌名或商标买卖，无须对品质提出详细要求，如"华为手机""联想电脑"等。如果同一品牌存在不同型号和规格的商品，为明确起见，应该在合同中注明具体的型号规格。

在国际贸易中，凭商标或牌名买卖，一般只适用于一些品质稳定、信誉良好的工业制成品或经过科学方法加工过的初级产品。需要注意的是，凭商标或牌名买卖的商品是企业长期保证产品质量的结果，在进行交易时，一定要严把质量关，维护好品牌产品的声誉。如果卖方所交货物存在品质的缺陷，买方依然有退货或索赔的权利。另外，商标、牌名属于知识产权，依法获得保护，在凭商标或牌名买卖时，企业必须注意相关的法律规定，防止被侵权。

5. 凭产地名称买卖

有些产品（尤其是农副产品）受其产地特殊的自然条件或传统加工工艺等因素的影响，在品质方面具有其他产区的产品所不具有的独特风格和特色。对于这类产品，可用产地品称来表示其品质，又称为"地名货"。如以某地区为标记的"涪陵榨菜""金华火腿""贵州茅台"等，也有以某国为标志的"法国香水""瑞士手表""德国啤酒"等。凭产地名称买卖涉及地理标志，在实际使用中要了解其中的内涵和知识产权等法律规定。

6. 凭说明书和图样买卖

在国际贸易中，某些机械、电器和仪表等技术产品，由于结构复杂、型号繁多、性能各异，安装、使用和维修有一定操作规程要求，很难用几个简单的指标来反映其品质的全貌，因此，必须用说明书来详细说明其具体构造、性能及使用方法等，必要时还需要附有图样、照片、设计图等，按这种方式进行的交易称为凭说明书和图样买卖。由于这类产品的技术比较复杂，在合同中往往还要特别订立卖方品质保证条款和技术服务条款，明确规定卖方必须在一定期限内保证其所出售的商品质量符合说明书上规定的指标。

五、合同中的品质条款

合同中的品质条款是构成商品说明的重要组成部分，是买卖双方交接货物的依据，是国际货物买卖合同的要件。《联合国国际货物销售合同公约》规定卖方交货必须符合约定的质量，如卖方交货不符合约定的品质条件，买方有权要求赔偿，也可以要求修理或换货，甚至拒收货物和撤销合同。

（一）品质条款的基本内容

品质条款的基本内容一般包括商品的名称、规格或等级、标准以及牌名或商标等，具体内容视商品特性而定。

1. 品名

品名的规定取决于商品的品种和特点，有时只要列明商品的名称即可。但有的商品往往具有不同的品种、等级和型号，可把有关具体品种、等级或型号的概括性描述包括进去，作为进一步的限定。

2. 商品品质

商品品质的表示方法不同，合同中品质条款的内容也各不相同。在凭样品买卖时，一般合同中除了要列名商品的品名外，还应订明样品的编号，必要时还要列出寄送的日期，如：样品号SY045长毛绒玩具熊尺码（Sample SY045 Plush Toy Bear）。

在凭文字说明买卖时，应明确规定商品的品名、规格、等级、标准、牌名或产地名称等内容。规格指标不宜过多，凭标准买卖时需要列明引用标准的版本与年份。在凭说明书和图样表示商品品质时，还应在合同中列明商品的主要规格、性能、技术参数，同时列出图样以及说明书的名称、份数。

（二）订立品质条款时要注意的问题

1. 贯彻"重合同，守信誉"的原则

重合同、守信誉是我国对外贸易的基本原则，质量反映了一个国家的综合实力，进出口商品质量的高低不仅关系到买卖双方的权益，还关系到商品、企业以至国家的声誉。因此，订立品质条款必须考虑买卖双方的利益，必须遵守品质条款的要求，保证实际交货品质和条款一致。

2. 正确运用各种表示品质的方法

交易双方应正确使用各种表示方法，明确各种表示方法的特定含义及买卖双方相应承担的权利义务。通常情况下，凡能用文字或科学的指标说明其质量的商品，适用于凭规格、等级或标准买卖（机电、仪表及大宗初级产品）；有些难以规格化和标准化的商品（如工艺品等）则适用于凭样品买卖；有些质量过硬、声誉卓著并有一定特色的名优产品，适用于凭商标或牌名买卖；而那些性能复杂的机械、电器、仪表类则适用于凭产地名称买卖。凡是能用一种方法表示品质并能说明清楚的，就不要用两种或两种以上的方法来表示，以免引起争议。

3. 注意科学性和合理性

在规定商品品质时，用词要明确具体，慎用笼统模糊的词语。不宜采用"大约""左右""合理误差"等字眼，以免引起不必要的纠纷。同时，也不要把品质条款订得过于复杂，给履行交货义务带来困难。一般而言，对技术和精密度要求很高的机电、仪表类商品，则务求谨慎严格；对某些初级产品和轻工制品的品质规定要有一定的灵活性。为此，订立合同时可在品质条款中规定一些灵活条款，卖方所交商品质量只要在规定的灵活范围内，即可以认为交货质量与合同相符，买方无权拒收。常见的规定办法有以下两种：

（1）品质机动幅度　对某些质量不稳定的初级产品，在订立特定的品质指标基础上，加订一定的品质机动幅度（Quality Latitude），允许卖方所交货物的品质指标在一定幅度内有灵活性，在此幅度内买方不可拒收。具体来讲又有以下几种方法：

1）规定范围，即对产品指标的规定允许有一定的差异范围。例如：湿度 5%～10%（Moisture 5%～10%）；漂白棉布，幅宽 35/36 寸[⊖]。

2）规定极限。对货物的品质规定上下极限，即最大和最小、最高和最低、最多和最少等。例如：Wool 98% Min，Moisture 10% Max（羊毛，含绒量最少 98%，水分最多 10%）。

3）规定上下差异。在规定某一具体质量指标的同时，规定必要的上下变化幅度。例如：Grey duck feather，Down content 18%，1% more or less（灰鸭毛，含绒量 18%±1%）。

为体现按质论价，在使用品质机动幅度时，有的货物经买卖双方协商后，也可按比例计算增减价格，并在合同中订立品质增减价条款。例如：中国大豆，含油量每增减 1%，合同价增减 1.5%，如增减幅度不足整数，可按比例计算。

（2）品质公差 品质公差（Quality Tolerance）是指为国际同行业所公认的或买卖双方认可的产品品质差异。在工业品生产过程中，产品的质量指标产生一定的误差有时是难以避免的，例如：精密产品螺杆与螺母之间的间隙在 ±0.3mm 范围内，机械手表的时间误差每天快慢 60s 等，都被相关行业认定为"合格"。如果误差是因为科技水平、生产水平所限，是同行业所公认的误差，即使合同没有规定，只要卖方交货品质在公差范围内，也不能视为违约。但如果国际同行业对特定指标并没有公认的品质公差或者买卖双方对质量公差理解不一致，或者由于生产原因，需要扩大公差范围时，可以在合同中具体规定品质公差的内容，即买卖双方共同认可的误差。需要注意的是，在品质公差范围内，买方不得要求退货和赔偿，不得要求调整价格。

【知识拓展】

国际标准化组织与国际贸易

国际标准化组织（International Organization for Standardization，ISO）是标准化领域中的一个国际性非政府组织，正式成立于 1947 年，现有 100 多个成员方。

国际标准化组织制定的 ISO 9000 质量管理和质量保证系列标准、ISO 14000 环境管理系列标准被世界大多数经济体机构和企业接受和使用。ISO 认为，按照 ISO 9000 系列标准建立的质量管理和质量保证体系可以使影响产品和服务质量的各种因素处于受控的状态，达到消除尤其是预防质量隐含缺陷的目的，保证产品质量的稳定性。许多国家已经把 ISO 9000 标准转化为本国国家标准，鼓励、支持企业按照该标准组织生产，进行销售。一些发达国家将 ISO 14000 环境保护标准作为一种"绿色壁垒"，如果没有取得此认证，则发达国家拒绝进口。符合该系列标准的企业为绿色企业，其生产的产品被认可为环保产品。

1978 年 9 月 1 日，中国恢复 ISO 成员身份，并在 2008 年正式成为 ISO 常任理事国，代表中国参加 ISO 的国家机构是中国国家标准化管理委员会（由国家市场监督管理总局管理）。

⊖ 1 寸 = 0.0333m。

第三节 商品的数量条款

在国际贸易中,买卖双方必须以约定的数量作为交接货物的依据,商品的数量是国际货物买卖合同的主要交易条件之一。《联合国国际货物销售合同公约》规定,卖方所交货物的数量必须与合同规定相符,如卖方交货数量大于约定的数量,买方可以拒收多交部分,也可以收取多交部分中的一部分或全部,但应按合同约定的价格付款;如交货数量小于约定的数量,买方有权予以拒收和提出赔偿要求。

一、计量单位

货物的数量是以一定的度量衡表示的,世界各国使用的度量衡制度各不相同。目前,国际贸易中通常使用的度量衡制度有四种:公制(the Metric System)、英制(the British System)、美制(the U. S. System)、国际单位制(the International System of Units)。

国际单位制已为越来越多的国家所采用,有利于计量单位的统一,标志着计量制度日趋国际化和标准化,对国际贸易的发展起到推动作用。我国采用的是以国际单位制为基础的法定计量单位。《中华人民共和国计量法》第三条中明确规定:"国家实行法定计量单位制度。国际单位制计量单位和国家选定的其他计量单位,为国家法定计量单位。"在我国外贸业务中,出口商品,除了照顾进口国的交易习惯采用公制、英制或美制计量单位外,一般应使用法定计量单位。对于机器设备和仪表,不采用法定计量单位就不允许进口。如有特殊需要,须经有关标准计量管理机构批准。

在国际贸易中,通常采用的计量单位有以下几种:

(一) 重量

常用计量单位:公吨(metric ton 或 m/t),公担(quintal 或 q),磅(pound 或 lb),盎司(ounce 或 oz),长吨(long ton 或 l/t),短吨(short ton 或 st),千克(kilogram 或 kg)等。一般初级产品及部分工业制品,如羊毛、棉花、矿产品、钢铁等交易常用重量单位。

(二) 个数

常用计量单位:件(piece)、双(pair)、套(set)、打(dozen)、箩(gross)= 12 打、卷(roll)等,主要用于工业制成品以及杂货类商品,如成衣、文具、纸张、绳索、玩具等交易常用个数单位。

(三) 长度

常用计量单位:码(yard 或 yd),米(metre 或 m),英尺(foot 或 ft)等。一般布匹、丝绸、电线电缆等交易常用长度单位。

(四) 面积

常用单位:平方码,平方米,平方英尺,平方英寸等。如塑料篷布、塑料地板、皮革、铁丝网等交易常用面积单位。

（五）容积

常用计量单位：蒲式耳（bushel）、加仑（gallon）、公升（liter）等。如谷物类以及部分流体、气体物品（小麦、玉米）及液体货物（汽油、酒精、煤油）等交易常用容积单位。

（六）体积

常用计量单位：立方米（cubic meter）、立方英尺、立方码等。木材及化学气体的交易常用体积单位。

二、重量的表示方法

国际贸易中大多数货物是按照重量计量的，计算重量的方法有下列几种：

（一）毛重

毛重（gross weight）是指商品本身的实际重量加上包装材料的重量（即"皮重"），即毛重=净重+皮重。这种计量方法一般适用于低值商品。

（二）净重

净重（net weight）是指商品本身的重量，并不包括商品包装材料的重量，即：净重=毛重-皮重。净重是国际贸易中最常见的计算方法之一，大部分商品都以净重计价，但是一些价值较低的农副产品有时也以毛重计算，这种方法称为以毛作净（gross for net）。例如：中国东北大豆，100公吨，单层麻袋包装，每袋100千克，以毛作净。

在采用净重计量时，对于如何计算皮重，通常有以下5种办法：

（1）实际皮重（Actual Tare 或 Real Tare） 商品的包装逐件过秤后的重量总和，为包装的实际重量。

（2）平均皮重（Average Tare） 如果商品所使用的包装材料比较整齐划一，就可以从整批商品中随机抽取若干件（通常为1/10），称出各件皮重，然后求出其平均数再乘以总件数，即可求得整批货物的皮重。近年来随着包装技术的改进，包装方式和材料日趋标准化，所以平均皮重的采用已日益普遍，有人又将之称为"标准皮重"（Standard Tare）。

（3）习惯皮重（Customary Tare） 某些商品因其包装方法与包装材料已比较定型，习惯上有了一定的标准，所以计算其皮重时，无须逐件过秤，只须将习惯上认定的皮重乘以总件数即可。

（4）约定皮重（Computed Tare） 买卖双方事先协商好以某一重量作为每件商品的皮重，然后以这一推定皮重乘以该批商品的总件数，以求得的重量作为该批商品的皮重。

（5）装运皮重（Shipping Tare） 又称卖方皮重（Shipper's Tare），即卖方于装运时将过秤所得的皮重记录于商业发票上，并由买方予以承认的皮重。

（三）公量

公量（Conditioned Weight）是指用科学方法抽出商品中所含的实际水分，再另加标准水分所求得的重量，适用于价值比较高并且水分含量不稳定，易受空气湿度影响的商品，如羊毛和丝绸等。公量计算公式有两种：

$$公量 = 商品干量 \times (1+标准回潮率) \tag{17-1}$$

或

$$公量 = 货物实际重量 \times (1+标准回潮率)/(1+实际回潮率) \tag{17-2}$$

所谓回潮率，是指水分与干量之比。例如：成交数量为 100 公吨，标准回潮率为 10%，交货时，商品实际回潮率为 9%，问卖方应交货多少？则：

$$实际交货重量 = 公量 \times (1+实际回潮率)/(1+标准回潮率)$$
$$= 100 \text{m/t} \times (1+9\%)/(1+10\%) \approx 99.09 \text{m/t}$$

（四）理论重量

理论重量（Theoretical Weight）是指对于一些有固定规模和尺寸的商品，如马口铁、钢板等，只要尺寸符合，规格一致，其每件重量都是大致相同的，因而可以从件数推算出总重量。

（五）法定重量

按照一些国家海关法的规定，在征收从量进口税时，商品的重量是以法定重量计算的。所谓法定重量，是商品重量加上必须带有的包装材料的重量。所谓"商品必须带有的包装材料"是指直接接触商品的包装材料，这种包装材料的重量习惯上并不剔除，在国际上被公认为商品的一部分，如肥皂的包装纸（袋）、装洗发水的塑料瓶等销售包装的重量。

三、合同中的数量条款

交易双方约定的数量是交货的依据之一，正确订立数量条款意义重大。合同中的数量条款的主要内容包括：商品的数量和计量单位，以重量计算的还需明确计算重量的方法。合同中规定数量条款，需要注意以下几方面的问题。

（一）正确掌握进出口商品的数量

在交易磋商时，应正确掌握进出口商品成交的数量，防止盲目成交。对出口商品数量的掌握，应考虑国外市场的需求量、市场趋势、国内资源的供应量、国际市场的价格趋势。在国外市场需求量小，本国货源供应偏紧、国际市场价格看涨时，不能盲目成交。有些商品的消费具有季节特征，需要做到适时供应。另外，出口货物的成交数量和贸易金额必须与国外客户的资信状况和经营能力相适应，避免因客户失信导致履约困难，甚至"货、款两空"的损失。同时，为了巩固市场，也要考虑老客户、老市场的利益，区别对待。对进口商品数量的把握，则要考虑国内的实际需要和支付能力。此外，还应根据当时国际市场行情的变化来灵活决定采购的数量。

（二）合理规定数量机动幅度

1. 溢短装条款

有些商品，如农副产品和工矿产品，受商品本身特性、货源的变化，或船舶、航位、装运技术和包装等原因的限制，如散装谷物、油类、水果、粮食、矿砂、钢材等，往往难以准确地按照合同规定的某一具体数量交货，卖方承担的风险较大。为顺利地履行合同，减少争议，买卖双方在规定合同数量条款的同时还应规定一定的数量机动幅度，也就是订立溢短装条款。

溢短装条款（More or Less Clause）就是在规定具体数量的同时，再在合同中规定允许多装或少装的百分比。溢短装幅度的大小，根据具体商品的不同特性来决定，通常为3%~5%。对某些价值较低的商品，如砂石、煤炭等可以规定较大的幅度，如10%；对某些价值较高的五金矿产品，溢短装幅度规定得要小些；对于分批交货的买卖，溢短装条款还可酌情做出各种不同的规定，只对合同数量规定一个百分比的机动幅度，对每批具体幅度不做规定；也可以除了规定数量总的机动幅度外，还规定每批货机动幅度的大小。

溢短装的选择权一般由卖方决定，但有时，特别是在FOB合同中由买方派船装运大宗货物时，往往由买方决定。在采用租船运输时，为了充分利用船舱容积，也可授权船方掌握。

对于机动幅度范围内的多装或少装部分，一般按合同价格结算。但为了防止有选择权的一方当事人利用市场行情的变化有意多装或少装，也可以在合同中规定溢短装部分不按合同价格计价，而依装船时或货到时的国际市场价格计算，以体现公平合理的原则。

【溢短装条款示例】

Quantity：1000 long tons，5% more or less at seller's option（数量：1000长吨，卖方在交货时可溢装或短装5%）。

2. 约量

有些贸易合同数量条款只规定"约量"，就是在交货数量前面加"约"字的规定机动幅度的方式。但是，不同国家对"约"字的解释不一，有的理解为2%，有的解释为5%或10%。按照《跟单信用证统一惯例》（UCP600）第三十九条a款的规定，凡"约""大概""大约"或类似的词语用于信用证金额、货物、数量和单价时，应解释为有关金额、数量或单价不超过10%的增减幅度。因此，在进出口合同中，如需要采用这种方式，应由买卖双方就这一"约"量的含义做出明确规定。一般情况下，为便于明确责任和有利于合同的履行，不宜采用大约、近似、左右等伸缩性的约量条款，而应具体规定溢短装幅度。

按照国际惯例UCP600第三十九条b款，除非信用证规定货物的指定数量不得有增减外，在所支付的款项不超过信用证金额的条件下，货物数量准许有5%的增减幅度。

（三）明确规定数量计量标准

由于各国度量衡制度的不同，同一计量单位表示的实际数量有时会有很大不同。例如：重量单位"吨"，有公吨、长吨、短吨之分，这几种度量衡制度之间就存在差异。1公吨＝1000千克；实行英制的国家一般采用长吨，1长吨＝1016千克；实行美制的国家一般采用短吨（1短吨＝907千克）。

又如美国的蒲式耳（Bushel）作为各类谷物的计量单位，但每蒲式耳燕麦为 32lb（约合 14.52kg），大麦为 48lb（约合 21.77kg），玉米和亚麻籽为 56lb（约合 25.40kg），大豆和燕麦为 60lb（约合 27.22kg）。以棉花为例，许多国家都习惯以包（bale）为计量单位，但每包的含量解释不一。美国规定每包净重 480lb（约合 217.73kg），巴西为 396.8lb（约合 179.99kg），埃及棉花为 730lb（约合 331.12kg）。又如糖类商品，有些国家习惯采用袋装，古巴每袋重量规定为 133kg，但巴西每袋重量规定为 60kg。所以，了解和熟悉不同的度量衡制度不仅关系到货物的计量基础和卖方交货的准确性，有时还涉及单据上的计量单位是否符合进口国有关计量单位使用习惯和法律规定等问题，直接影响合同的履行。因此，在数量条款中要明确合同采用的度量衡制度，避免日后出现贸易纠纷。

第四节　商品的包装条款

商品的包装是国际货物买卖合同的主要交易条件之一，按照合同约定的包装要求提交货物，是卖方的主要义务之一。《联合国国际货物销售合同公约》第 35 条（1）款规定："交付的货物必须与合同所规定的数量、质量和规格相符，并须按照合同规定的方式装箱或包装。"如果卖方不按照合同规定的方式装箱或包装，即构成违约。为了明确国际货物买卖合同中当事人的责任，通常应在买卖合同中对商品的包装要求做出明确具体的规定。

进出口货物按照是否加包装可以分为三大类：

1）散装货物（Bulk Cargo）：无须包装，可直接交运，多为不易包装或不值得包装的货物，如小麦、黄豆、玉米、煤、矿砂等农矿产品。

2）裸装货物（Nude Cargo）：形态上自成件数，犹如包装货而不必包装或者只需略加捆扎即可成件，如钢铁、锡块、铝锭、钢板、车辆等。

3）包装货物（Packed Cargo）：需加包装的货物。国际贸易中大多数商品需要合适的包装。

一、商品包装的重要性

包装是实现商品价值和使用价值的重要手段之一，是商品生产的延续，也是保护商品在流通过程中品质完好和数量完整的重要条件。绝大多数商品只有进行了包装，才能进入流通领域。

1）大多数商品通过包装，才能表示最终完成生产过程，进入流通和消费领域，进而实现商品的使用价值和价值。

2）为了使出口商品的品质和数量在清点、运输、搬运、储存的过程中，不受损、不变质、不散失，同时还能防止商品被盗，合理选择包装材料为商品各方面提供了保护。

3)商品包装应能方便生产、装填、储运、装卸、陈列、销售,也能方便开启、使用、回收、处理或重复使用。

4)包装在一定程度上反映了一个国家的生产、科技和文化艺术的水平,是反映出口国的现代化程度和文明程度的标志之一。在国际市场竞争空前激烈的情况下,包装已成为增强商品竞争能力、扩大对外销路的重要手段。完美的包装,通过设计及其包装上的各种标识、文字、色彩等可以传递有关商品的信息,起到一定的宣传作用。

二、包装的种类

据包装在流通过程中所起的不同作用,可以分为运输包装和销售包装。

(一)运输包装

1. 运输包装的含义

运输包装(Transport Packing)又称外包装、大包装,其主要作用在于保护商品,便于运输、储存、计数和识别。

2. 运输包装的分类

(1)按包装方式　可分为单件运输包装与集合运输包装。单件运输包装是指货物在运输过程中作为一个计件单位的包装。集合运输包装则是指将一定数量的单件商品组合成一件大的包装或装入一个大的包装容器内,以便更好地保护商品,提高港口装卸速度和降低运输成本,并促进包装的标准化。常见的集合运输包装有集装箱、集装包、袋和托盘。

(2)按包装形状　可分包(bale)、箱(case)、桶(barrel)、袋(bag)、篓(basket)、笼(cage)等不同形状的包装。

(3)按包装材料　分为纸质包装、木质包装、金属包装、塑料包装、棉麻包装,以及柳、草制品包装,玻璃制品包装等。

(4)按包装质地　即按包装容器形状是否发生变化可分为软性包装、半硬性包装、硬性包装。比如金属包装、玻璃包装、陶瓷包装属于硬性包装,塑料袋、塑料膜制成的包装通常是软性包装。

(5)按包装程度　分为全部包装(Full Packed)和局部包装(Part Packed)等。其中,局部包装是对商品需要保护的部位进行局部的、简单的包装,既能起到保护产品的作用,又能降低包装费用。

3. 运输包装的标志

运输包装的标志(Packing Mark)简称包装标志,是在商品外包装上印制的、书写的简单图形和文字,目的是方便货物交接,防止错发、错运、错提货物,方便货物的识别、运输、存储以及方便海关等有关部门依法对货物进行查验等。运输包装的标志按用途可分为运输标志(Shipping Mark)、指示性标志(Indicative Mark)和警告性标志(Warning Mark)三种。

(1)运输标志　习惯称为"唛头"或"唛",它通常由一个简单的几何图形和一些字母、数字及简单的文字组成，书写、压印或刷制在运输包装的明显位置，其作用就是便于把一批货物与其他货物区别开。按照国际标准化组织（ISO）的建议，简化的和标准的运输标志主要由四部分组成。

1）收货人及发货人名称的代用简称（字母）或代号和简单的几何图形（有时仅有字母或代号，没有图形），这一部分又称为主唛（Main Mark/Principal Mark）。

2）参考号（合同号、订单号、信用证号）。

3）目的港（地）名称。货物运送的最终目的港或目的地的名称。在多式联运方式下，运输途中货物即使中途转运也只体现最终目的港或目的地的名称。

4）件号是箱号、袋号等的总称，说明一批货物的总件数与本件货物的顺序号。例如，箱号 NO. 30/100 表示这批货物共有 100 箱，这是第 30 箱。

【运输标志示例】

A. B. C	收货人或买方名称
S/C2002	参考号码，如合同号等
LONDON	目的地
1/25	总件数及箱号

按惯例，一般在合同中规定运输标志的制定，如合同中未做规定，一般由卖方规定。按照一些国家的法律，双方在合同中规定的运输标志是商品说明的一部分，卖方必须切实照办，否则构成违约。在实际业务中，卖方还根据需要在包装上刷制侧唛（Side Mark），大多印刷在面积较小的两个侧面上，一般由商品的名称、货号、颜色、配码、外箱的尺寸、毛重、净重、生产国别等内容组成。侧唛的设计和印刷没有固定的格式和要求，一般由卖方自行设计制作或根据买方的要求制作。侧唛的作用主要有两点：一是便于承运人根据外包装尺寸合理安排装载和运输；二是便于收货人和销售商在出售商品时识别商品的货号、颜色和配码等。

（2）指示性标志　是指示人们在装卸、运输和保管仓储过程中需要注意的事项，一般都是以简单、醒目的文字和图形在包装上标出，又称注意标志（Care Mark）。为了统一各国运输包装指示标志的图形与文字，一些国际组织，如国际标准化组织（ISO）、国际航空运输协会（International Air Transport Association，IATA）等分别制定了包装储运指示性标志，并建议各会员方予以采纳。我国制定有运输包装指示性标志的国家标准，所用图形与国际上通用的图形基本一致。常见指示性标志（GB/T 191—2008）见表 17-2。指示性标志一般不具有强制性，在运输包装上印刷与否，或者印刷哪些指示性标志卖方完全可以自行决定。

（3）警告性标志　是针对危险货物，为了在对危险货物装卸、运输和保质过程中以示警告，使有关人员加强保护措施以保护货物和人身的安全而加在外包装上的标志，又称危险品包装标志（Dangerous Cargo Mark）。

表 17-2 常见指示性标志（GB/T 191—2008）

标志图形	标志名称	标志图形	标志名称	标志图形	标志名称
	易碎物品		禁用手钩		向上
	怕辐射		怕雨		重心
	禁止翻滚		此面禁用手推车		禁用叉车

为保证国际危险货物运输的安全，联合国、国际海事组织、国际铁路合作组织和国际民航组织分别制定了国际海上、铁路、航空危险货物运输规则。在我国出口危险品的外包装上，分别依照上述规则，刷写必要的危险品标志，常见危险性标志（GB 190—2009）见表 17-3。这些都是《国际海上危险货物运输规则》（简称《国际危规》）所规定的一些危险品标志。

表 17-3 常见危险性标志（GB 190—2009）

标志图形	标志名称	标志图形	标志名称
（符号:黑色。底色:上白下红）	易于自燃的物质	（符号:黑色或白色。底色:蓝色）	遇湿放出易燃气体的物质
（符号:黑色。底色:柠檬黄色）	氧化性物质	（符号:黑色或白色。底色:红色和柠檬黄色）	有机过氧化物
（符号:黑色。底色:白色）	毒性物质	（符号:黑色。底色:上黄下白,附三条红竖条）	三级放射性物质
（符号:上黑下白。底色:上白下黑）	腐蚀性物质	（符号:黑色。底色:白色）	杂项危险物质和物品

4. 对运输包装的要求

国际贸易中的商品要经过国与国之间的长途运输，为了保护商品，就需要货物的运输包装更加科学合理。在实际业务中，商品的包装应力求满足科学、经济、牢固、美观、适销等要求。

1）根据商品的不同性质和运输方式选择合适的包装方式。运输包装的主要作用在于保护商品，运输包装的方式必须符合商品的特性。如茶叶怕潮，玻璃制品易破碎，流体货物容易渗漏和流失等，因此，就要求这些商品的运输包装相应具有防潮、防震、防漏等良好性能。

2）要选择符合节能环保要求的包装材料和方式。随着人们环保意识的增强，对运输包装的环保要求不断提高。一些国家已经研发、使用可以循环使用的包装材料和包装方式，以减少包装材料对环境的污染，达到降低成本、节约资源、保护环境的目的。如在运输某些化工原料时，采用小型的集装箱或集装包，货物到达目的地后，可以收回集装箱再次利用。

3）适应各种不同运输方式的要求。不同运输方式对运输包装的要求不同：海运包装要求牢固，并具有防止挤压和碰撞的功能；铁路运输包装要求具有不怕震动的功能；航空运输包装则要求轻便而且不宜过大。

4）必须考虑有关国家的法律规定。为了防治病虫害的进入，一些国家制定了有关运输包装的法律规定。如美国、加拿大、澳大利亚、新西兰、韩国、日本等国家，对未经过加工的原木包装有严格的规定，要求必须在原出口国进行熏蒸，并出示承认的熏蒸证，进口国方可接受货物进口，否则罚款或将货物退回原出口国。为了节省费用和消除上述隐患，有些企业直接使用免熏蒸的板材来进行包装。

5）要便于各环节有关人员进行操作。运输包装在流通过程中需要经过装卸、搬运、储存、保管、清点和查验，为了便于有关人员操作，包装的设计要合理。包装规格和每件包装的重量与体积要适当，包装方法要科学，包装上的各种标示要符合要求，这就需要实现运输包装标准化。因为标准化的运输包装，既易于识别、计量和查验，又便于装卸、搬运和保管。

6）在保证包装牢固的前提下节省费用。运输包装成本的高低和包装重量与体积的大小，都直接关系到费用开支和企业的经济效益。因此，在选用包装材料、进行包装设计和打包时，在保证包装牢固的前提下，应注意节约。比如：选用量轻、价廉而又结实的包装材料，有利于降低包装成本和节省运费；包装设计合理，可以避免用料过多或浪费包装容量；包装方法科学，也有利于节省运费，因为轻货按体积收取费用，包装紧密，体积小，可以少付运费。此外，还要考虑进口国家的关税税则。对输往从价征税的国家的商品，就不宜采用价格昂贵的包装，否则会增加成本。

（二）销售包装

1. 销售包装的含义

销售包装又称内包装（Inner Packing）、小包装或直接包装（Immediate Packing），是直接接触商品并随商品进入零售网络和消费者直接见面的包装。它除了能够保护商品外，还有美化商品、宣传推广、促进销售的功能。所以提高销售包装的质量是加强对外竞销能力的一个重要方面。

2. 销售包装的要求

在销售包装上，一般都附有装潢画面和文字说明，具有美化和宣传作用。良好的销售包装可以增强货物在国际市场上的竞争力。在设计和制作上应该符合以下要求：

1）包装的装潢画面应力求美观大方，富有吸引力，突出商品的特点，文字说明要简明扼要，与包装的装潢画面相协调。

2）要便于运输、储存、陈列，同时要便于消费者选购、携带和适用。

3）应注意不违反有关国家的标签管理条例的规定。标签是指附在商品或包装上用以说明生产国别、制造产商、货物名称、商品成分、品质特点和使用方法等内容的标志。在销售包装上制作标签时，应注意有关国家的管理条例规定，一些发达国家常以这些规章制度作为限制国外进口的一种手段，对此应引起足够的重视。例如，有的国家明文规定所有进口商品的文字说明必须使用本国文字。

4）注意当地消费者的消费偏好、宗教和民族习惯。不同的国家和民族对色彩、图案、文字、数字等都有自己的习惯和偏好，因此，销售包装的图案和色彩应适应有关国家和民族的习惯和偏好，以利于扩大商品出口。

3. 销售包装的条形码

商品包装上的条形码是一组黑白及粗细间隔不等的带有数字的平行条纹，是利用光电扫描阅读设备为计算机输入数据的特殊的代码语言。目前，世界上多数国家都在商品包装上使用条形码，只要将条形码对准光电扫描器，计算机就能自动识别条形码的信息，确定商品的品名、品种、数量、生产日期、制造厂商、产地等，并据此在数据库中查询其单价，进行货价结算，打印购货清单。许多国家规定，商品上没有条形码不能进入市场。有些国家还规定，没有条形码是不准进口的。商品条形码已经成为商品流通于国际市场的一种统一代码和通用的"国际语言"，是商品进入超市和大型商场的"通行证"。

三、中性包装与定牌

中性包装和定牌是国际贸易的通常做法。中国在出口业务中有时也可应客户要求采取这些做法。

（一）中性包装

一般地，在商品包装上都标有生产国别和制造商名称。如果在商品内外包装上既不标明生产国别、地名和厂商名称，又不标明商标或品牌的包装，我们称之为中性包装（Neutral Packing）。中性包装包括无品牌中性包装和定牌中性包装两种。

（1）无品牌中性包装　既无生产国别、厂商名称，又无任何商标、牌号。

（2）定牌中性包装　无生产国别、地名和厂商名称，但有买方指定的商标或品牌。

在国际贸易中采取中性包装的主要目的是打破进口国或地区的关税或非关税壁垒。另外，采用中性包装便于进口商重新加工或包装商品，适应转口贸易等特殊交易形式的需要。例如，我们先把商品出口到新加坡并在那里通过更换包装，依法打上某些知名品牌的标志，再转口到最终的消费国去。这样既能提高销售价格，又增加销售数量，因而是一种促进产品出口的灵活性手段。

（二）定牌

定牌是指卖方按买方要求在其出售商品或包装上标明买方指定的商标或牌号，又叫定牌生产。世界上许多国家的超级市场、大百货公司及连锁店都喜欢在其销售的商品包装上标示自己的商标或牌号以扩大影响，而众多出口商为了利用买方的声誉和众多销售网络来提高自己出口产品的销量，也乐于接受定牌生产。在中国出口贸易中，一般对于国外大量且稳定的长期订货可接受定牌生产，具体做法有以下几种：①定牌中性包装，即只使用外商指定的商标牌号，不标明生产国别和出口厂商名称；②既标明外商指定的商标或牌号，也加注中国的商标或牌号；③在买方指定的商标或牌号下面标示"Made in China"字样。

四、合同中的包装条款

（一）包装条款的内容

包装也是国际货物买卖合同的主要交易条件之一，买卖双方必须认真洽商，取得一致意见，并在合同中做出明确具体的规定。合同中包装条款（Packing Clause）的内容一般包括包装材料、包装方式、规格、标志或费用负担等内容的规定。

【包装条款示例】

In wooden cases of 50 kilos net each（木箱装，每箱净重50kg）。

In cloth bales of 80 sets, each set packed in a poly bag（布包，每包80套，每套塑料袋装）。

（二）包装条款的注意事项

合同中包装条款的规定要注意以下问题：

1. 考虑商品的性能、特点及采用的运输方式

不同的运输方式和不同的商品，其包装条款的规定也不相同。如水果一般用纸箱包装，而水泥一般用三层水泥纸袋包装。若合同对包装事项无约定，则按1980年《联合国国际货物销售合同公约》第三十五条中的要求，货物按照同类货物通用的方式装箱或包装，如果没有此种通用方式，则按照足以保全或保护货物的方式装箱包装。

2. 规定包装条款应明确具体

在实际业务中，有时对包装条款做笼统的规定，如使用海运包装（Seaworthy Packing）、习惯包装（Customary Packing）或卖方惯用包装（Seller's Usual Packing）之类的术语，此类术语含义模糊，各国理解不同，容易引起争议，因此在合同中一般应尽量避免使用。

3. 明确包装费用承担方

包装材料和费用一般包括在货价之内，不另计价，但如果买方对包装材料和包装方式提出特殊要求，除非事先明确包装费用包括在货价内，其超出的包装费原则上应由买方承担，并应在合同中具体订明。包装材料由买方供应者，合同中应明确规定买方提供包装材料的时间以及逾期未到的责任，该项时限应与合同的交货时间相衔接。

进口合同中，对包装要求较高的商品，一般要在货物单价条款后注明"包括包装费用"（Packing Charge Included），以免日后发生纠纷。

4. 掌握各国对包装的不同要求

包装条款必须符合有关国家的法律要求，世界各国出于本国的环保和风俗习惯的要求，对包装的材料、规格、外观也做不同的要求，作为出口国必须准确掌握，认真对待。例如：出口到美国、澳大利亚的商品，要求对木质包装必须经过熏蒸处理，防止造成环境影响；有些国家规定，不允许使用玻璃作为包装材料。

按国际贸易习惯，唛头一般由卖方决定，并无必要在合同中做出具体规定。如买方要求，也可在合同中做出具体规定。如买方要求在合同订立以后由其另行指定，则应规定指定的最后时限，并订明若到时尚未收到有关唛头通知，卖方可自行决定。

【本章小结】

1. 商品的品名、品质、数量和包装条款是当事人双方首先需要商定的交易条件，是买卖双方进行交易的物质基础。

2. 商品品质的表示方法有两大类，分别为用实物表示和用文字说明表示。在实际业务中，能够用一种方式表示商品品质的，就不要使用两种或两种以上的方法，以免造成争议。为了使品质条款具有一定的灵活性，可以规定品质机动幅度和品质公差。

3. 合同中的数量条款主要内容包括商品的数量和计量单位。商品的数量可以用重量、个数、长度等六种方法表示。目前国际贸易中公制、英制、美制和国际单位制四种度量衡制度，其中以国际单位制使用较为广泛。为了便于合同的顺利履行，买卖双方常在合同数量条款中规定溢短装条款。

4. 商品的包装是保护商品在流通过程中品质完好和数量完整的重要条件。按照在流通过程中所起的作用，商品包装可以分为运输包装、销售包装。运输标志是印刷在商品外包装的明显位置，目的是在运输过程中便于有关人员辨认货物。包装条款的内容一般包括包装材料、包装方式、规格、标志或费用负担等内容的规定。

【习题与思考】

1. 表示品质的方法多种多样，应如何结合商品特点合理选择和运用？
2. 品质条款在合同中的法律地位如何？约定品质条款应注意哪些事项？
3. 签订数量条款时应注意哪些问题？
4. 数量条款在合同中的法律地位如何？约定数量条款应注意哪些事项？
5. 简述卖方使用买方指定的商标时应该注意的问题。

【案例分析】

我国某外贸公司向国外出口一批大豆。合同规定水分最高为1.5%，杂质不得超过3%，但在成交前我方曾向买方寄过样品，订约后我方又电告对方成交货物与样品一致。货到目的地后，买方提出货物的质量比样品低7%的检验证明，并据此要求赔偿1,500美元的损失。问：我方是否可以对该批业务并非凭样品买卖而不予理睬？

国际贸易理论与实务

第十八章
国际货物运输条款

国际货物运输是货物进出口中的重要环节。为了按时、按质完成国际货物运输，规避运输中可能遇到的风险，买卖双方在订立国际货物买卖合同时，需要充分考虑运输的相关问题。

第一节 国际货运方式

国际货运方式有多种形式，包括海洋运输、内河运输、铁路运输、公路运输、航空运输、邮政运输、集装箱运输与国际多式联运等。

一、海洋运输

（一）海洋运输简介

海洋运输是指利用商船在国内外港口之间，通过一定的航区和航线进行货物运输的一种方式。在国际货物运输中，海洋运输量占国际货运总量的80%左右，海运更是承担了我国约95%的对外贸易运输量。与其他运输方式相比，海洋运输具有以下优点：

1. 运量大

随着造船技术的飞速发展，船舶的容量越来越大，如能容50万~70万t的巨型油船、16万~17万t的散装船，以及大型的集装箱船，使船舶的载运能力远远大于火车、汽车和飞机，是运输能力最大的运输工具。

2. 通过能力大

海洋运输航道四通八达，不像火车、汽车等运输方式要受轨道和道路的限制，因而其通过能力要超过其他各种运输方式。

3. 运费低廉

除了运量大等优点外，船舶还经久耐用且节省燃料，船舶的航道天然形成，港口设备一般均是政府修建的，所以货物的单位运输成本相对低廉。据统计，海运运费一般约为铁路运费的 1/5、公路汽车运费的 1/10、航空运费的 1/30，这就为低值大宗货物的运输提供了有利的竞争条件。海运运费每年都由船公司对货代公司进行基础运费报价，实际运费在基础报价之上再加上燃油附加费和旺季附加费等费用。

4. 对货物的适应性强

上述特点使海洋货物运输基本上能适应各种货物的运输。如石油井台、火车、机车车辆等超重大货物，其他运输方式是无法装运的，而船舶一般都可以装运。

当然，海洋货物运输也存在缺点：

1. 速度慢

由于船舶的体积大，水流的阻力大，加之装卸时间长等其他各种因素的影响，货物的运输速度一般比其他运输方式慢。

2. 风险较大

由于船舶于海上航行，而海洋环境复杂，气象多变，随时都有遇上狂风、巨浪、雷电、海啸等人力难以抗衡的海洋自然灾害袭击的可能，遇险的可能性要比陆地、沿海大。同时，海洋运输还存在着如战争、罢工和贸易禁运等社会风险。

（二）海洋运输的种类

海洋运输通常有两种营运方式：班轮运输（Liner Shipping）和租船运输（Charter Shipping）。

1. 班轮运输

（1）班轮运输的定义与特点 班轮运输又称定期船运输，船公司的运输船只按照固定的船期、固定的航线，在固定的港口之间往来行驶进行运输，并按事先公布的费率收取运费。在班轮运输条件下，船方出租的不是整船，而是部分舱位，因此，凡班轮停靠的港口，一般不论货物数量多少，都能接受装运。班轮运输适合批量小、运输次数多的商品。

班轮运输的特点可以概括为"四定二管"："四定"是指四固定，即固定的航线、港口、船期和费率；"二管"是指船方管装管卸，装卸费用均包括在运费中。

（2）班轮运费的计收方法 班轮运费包括基本运费和附加费两部分。

1）基本运费是指班轮公司按照运价表的标准收取的费用。基本运费的计算标准有：

① 按货物的毛重计算。毛重又称重量吨（Weight Ton），用"W"表示。1 重量吨为 1 公吨或 1 长吨，班轮运价表中的货物名称后面均注有"W"字样。

② 按货物体积计收。体积也称尺码吨（Measurement Ton），用"M"表示。1 尺码吨等于 1 立方米或 40 立方英尺。

③ 按重量或体积从高计收。在二者中选择收费较高的作为计算吨，用"W/M"表示。

④ 从价计收。一般以货物的 FOB 总价按一定的百分率收费，用"A. V."或"Ad Val."表示。

⑤ 按选择方法计收。在重量/体积/价值三者中按高收取，用"W/M or Ad Val."

表示。

⑥ 按件计收。如活牲畜按"每头"（Per Head）计收，车辆按"每辆"（Per Unit）计收。

⑦ 按议价计收。由货主和船公司临时协商议定。对于某些大宗低值货物而言，容易装卸，不规定运价，采用临时议价的方法，收取较低的运费。在运价表中，以"Open"表示。

2）附加费是指根据某些特定情况或需做特殊处理的货物，在基本运费之外加收的费用，包括超重附加费、超长附加费、直航附加费、转船附加费、港口附加费、选卸港附加费、燃油附加费、变更卸货港附加费和绕航附加费等。单位附加费通常是在基本运费率的基础上计算的，即

$$单位附加费 = 基本运费率 \times 附加费率 \quad (18\text{-}1)$$

若附加费是以每运费吨附加费的形式（绝对数）给出的，则无须使用式（18-1）求单位附加费。

在计算运费时，应根据运价表查出货物级别、基本运价和各种附加费，再按计收运费的标准计算运费。其计算公式为

$$F = Fb(1 + \sum s)Q \quad (18\text{-}2)$$

式中，F 为班轮运费；Fb 为基本运费率；$\sum s$ 为附加费率之和；Q 为总货运量。

例如：某外贸公司出口柴油发动机 1000 台，共装 10 箱，总毛重为 6.6 公吨，总体积为 12.86 m³。货物由中国远洋运输公司承运，启运港为大连港，目的港为苏丹港，则运费计算方法为：首先，查阅货物分级表，柴油发动机为 10 级货，计算标准为 W/M，从费率表中查出 10 级货大连港至苏丹港费率为每运费吨 130 美元；然后，查附加费率表，了解到苏丹港要收港口拥挤附加费，费率为基本运费的 10%，由于该批货物的尺码吨（12.86 运费吨）较重量吨（6.6 运费吨）为高，而其计费标准为 W/M，应按尺码吨计，所以共需支付总运费 130 美元/t × (1 + 10%) × 12.86 t = 1838.98 美元。

2. 租船运输

租船运输（Tramp Shipping），又称不定期船运输，由承租人和船方在租船合同中规定航线和停靠港口、运输货物的种类以及航行时间，同时运费和租金也由双方在租船合同中加以规定。租船运输通常适用于大宗货物的运输，包括航次租船、定期租船、光船租船和航次期租四种方式：

（1）航次租船（Voyage Charter） 又称定程租船，它指由船舶所有人负责提供船舶，在指定港口之间进行一个航次或数个航次，承运指定货物的租船运输。

（2）定期租船（Time Charter） 指船舶所有人将船舶出租给承租人，供其使用一定时期的租船运输。

（3）光船租船（Bare Boat Charter） 是期租船的一种，所不同的是船舶所有人提供的是一艘空船，承租人自己配备船长和船员，并负责船员的给养和船舶营运管理所需的一切费用。

（4）航次期租（Time Charter on Tripe Basis，TCT） 是近年来发展起来的，介于航

次租船和定期租船之间的一种租船运输方式。它是以完成一个航次为目的，按完成航次所用时间和约定的租金率计算租金的船舶运输方式。

我国大宗货物如粮食、油料、矿产品和工业原料等进出口通常采用租船运输方式。就外贸企业来说，使用较多的租船方式是航次租船。航次租船运费包括航次租船运费和装卸费。航次租船运费的计算方式与支付时间，需要由租船人与船东在签订的程租船合同中明确规定。其计算方式主要有两种：一种是按运费率（Rate Freight），即规定单位重量或体积的运费额，同时规定按装船时的货物重量（Intaken Quantity）或卸船时的货物重量（Delivered Quantity）来计算总运费；另一种是整船包价（Lump sum Freight），即规定一笔整船运费，船东保证船舶能提供的载货重量和容积，不管租方实际装货多少，一律照整船包价付费。

航次租船运输情况下，有关货物的装卸费用由租船人和船东协商确定后在航次租船合同中做出具体规定。具体做法主要有以下四种：

1）船方负担装货费和卸货费，又称为"班轮条件"，多用于木材和包装货物的运输。

2）船方管装不管卸（Free Out，FO），即船方负担装货费，但不负担卸货费。

3）船方管卸不管装（Free In，FI），即船方负担卸货费，但不负担装货费。

4）船方装卸均不管（Free In and Out，FIO），即船方既不负担装货费，也不负担卸货费，一般适用于散装货。采用这一规定方法时，必要时还需明确规定理舱费和平舱费由谁负担，如规定由租方负担，则称为"船方不管装卸、理舱和平舱"（Free In and Out，Stowed and Trimmed，FIOST）条款。

二、内河运输

内河运输（Inland Water Transportation）是指使用船舶通过江湖河川等天然或人工水道运送货物的一种运输方式。它是水上运输的一个组成部分，是内陆腹地和沿海地区的纽带，也是边疆地区与邻国边境河流的连接线，在现代化的运输中起着重要的辅助作用。在很早以前，这种运输在我国南方就存在，主要用于盐、茶叶、丝绸的货物运输。

与铁路、公路相比，内河运输存在着速度慢、时效性不强的劣势，但同时存在着运力大、成本低、能耗低的优势，适合运送时效性要求低的大宗货物和集装箱货物。在运输费用占整个售价较大比例的大宗货物运输方面，内河航运具有明显的优势。

三、铁路运输

铁路运输是国际贸易中陆地运输的主要方式，其使用量仅次于海洋运输。铁路运输的特点是定时、定点、定线，昼夜运行，运量大、风险小，运费也较低廉，速度较快，受天气限制少，手续简便等。但受固定线路限制，"门到门"的服务还需借助汽车运输实现。根据运输的范围和运送规则的不同，对外贸易货物的铁路运输可以分为国际铁路联运和国内铁路运输两种。

（一）国际铁路联运

1. 国际铁路联运的概念与特点

国际铁路联运是指货物经过两个或两个以上国家的铁路，使用一份运输票据，发货人发货后，由承运人负责货物的全程运输任务。它的特点是：①在整个联运过程中使用一份统一的票据；②在由一国铁路向另一国铁路移交货物时，无须收、发货人参与；③两个或两个以上国家的铁路联合运输。

2. 国际铁路联运公约

采用国际铁路联运，有关当事国事先必须加入有关公约。我国参加的国际铁路联运有关公约有《国际铁路货物联运协定》（简称"国际货协"），还有欧洲国家制定的《国际铁路货物运输公约》（简称"国际货约"）。这些协议的签订为亚欧大陆的铁路联运提供了极为便利的条件。我国对朝鲜、俄罗斯、东欧一些国家的大部分进出口货物，都是采用国际铁路联运的方式运输。

3. 中欧班列运输

目前，连接我国与世界其他国家的国际铁路联运中，中欧班列发挥着越来越重要的作用。中欧班列是指按照固定车次、线路等条件开行，往来于中国与欧洲及"一带一路"沿线各国的集装箱国际铁路联运班列。

中欧班列运输具有其鲜明的特点：

（1）中欧班列运输的优势

1）运输时间和运量均介于空运和海运之间，价格有一定的优势，同样介于空运与海运的价格之间，有时候甚至低于海运价格。

2）网点分布广，班次密集，选择多。传统海运散货拼箱点集中在港口，但是铁路拼箱点分布在中国以及欧洲各个内陆城市，国内有些始发站点几乎天天有班次。

3）与海运、空运相比，发生交通事故概率较小。跨境铁路运输采用标准化集装箱，具有较强的防盗和防抢措施，通过 GPS 系统等定位设备可以及时追踪货物的实时位置，货物在运输过程中也不会受到天气影响。

（2）中欧班列运输的劣势

1）运量不平衡拉高了运输成本。某些欧洲国家的进口货物量较大，导致很难形成良好的回程贸易。

2）通关能力有限拉长了运输时间。中欧班列目前大多在过境口岸后需要换上对方国家的铁路轨道再出发，这样换装会受天气、人员等因素影响有所减慢，容易堵车。

3）特殊规定限制了货物运量。中欧班列运输的货物限制比较多，不能含油、电、磁、液压等，不接收液体类、粉末类的货物，无法承运大部分特殊货物。

此外，中欧班列运输还存在铁路资料审核严格、发运时间不稳定、发运价格会受站点位置等因素影响，以及运行受制于地理和政治因素的影响等问题。

（二）国内铁路运输

我国出口货物经铁路运至港口装船，以及进口货物卸船后经过铁路运往各地，均属于国内铁路的运输范围。此外，供应港、澳地区的物资经铁路运往香港，也属于国内铁路运输的范围。其中,对港铁路运输是由内地段运输和港段铁路运输两部分构成的。它是一种特殊方式的两票运输:从发货地至深圳北站的内地段运输,由发货人或发货地外运机构依照对港铁路运输计划的安排,填写内地铁路运单,先行运往深圳北站,收货人为中国对外贸易运输公司深圳分公司。深圳分公司作为各外贸企业的代理,负责在深圳与铁路局办理货物运输单据的交换,并向深圳铁路局租车,然后申报出口,经查验放行后,将货物运输至九龙港。货车过轨后,由深圳外运分公司在香港的代理人向香港九广铁路公司办理港段铁路运输的托运、报关等工作。货车到达九龙目的站后,由深圳外运分公司在香港的代理人将货物卸交给香港收货人。

四、公路运输

公路运输又叫汽车运输,是一种现代化的"门到门"的运输方式。它不仅可以直接运进或运出贸易货物,还是车站、港口和机场集散进出口货物的重要手段,具有灵活、简便快捷、直达的特点。其缺点是运量不大、费用偏高。我国与毗邻国家如俄罗斯、朝鲜、缅甸等均有公路相通,与这些国家的贸易可采用公路运输方式。我国内地同港、澳的部分进出口货物也是通过公路运输的。

五、航空运输

航空运输是一种现代化的运输方式,与海洋运输和铁路运输相比,它具有运输速度快、货运质量高、不受地面条件的限制等优点,最适宜运送急需物资、鲜活商品、精密仪器和贵重物品。但其存在运输成本高、载运量小、受天气影响较大以及可达性差的缺点。航空运输的主要方式包括:

(1) **班机运输** 班机运输是在固定航线上定期航行运送客货的一种运输方式,具有固定的时间、航线、始发站、经停站和终点站,收发货人可确切掌握起飞和到达的时间。

(2) **包机运输** 包机运输是指将整架飞机包租给一个包机人或几个包机人,从一个或几个航空站装运货物至指定的目的地的运输方式。包机运输分为整机包机和部分包机。

(3) **集中托运** 集中托运是指航空货运代理公司把若干批单独发运的货物组成一批向航空公司办理托运,填写一份总运单将货物发运到同一目的站,然后由航空货运代理公司在目的站的代理人负责收货、报关,并将货物分别交给各收货人的一种运输方式。

(4) **航空快递业务** 航空快递业务是目前国际航空运输中最快捷的运输方式之一,是利用空运快递送达收件人的运输方式,其快递收件范围有文件和包裹两大类。

六、邮政运输

邮政运输是指通过邮局寄送商品的一种简便运输方式,具有手续简便、费用低廉的特点。国际邮政运输具有国际多式联运和"门到门"运输的性质,但国际邮政运输受邮件重量和体积的限制,只适用于重量轻、体积小的货物,如精密仪器、机器零部件、药品等。

【知识拓展】

万国邮政联盟

万国邮政联盟（Universal Postal Union，UPU），简称"万国邮联"或"邮联"，是商定国际邮政事务的政府间国际组织，其前身是 1874 年 10 月 9 日成立的"邮政总联盟"，1878 年改为现名。

万国邮联自 1978 年 7 月 1 日起成为联合国一个关于国际邮政事务的专门机构，总部设在瑞士首都伯尔尼。其宗旨是组织和改善国际邮政业务，发展邮政方面的国际合作，以及在力所能及的范围内给予会员方所要求的邮政技术援助。

万国邮政联盟设立了一个计算邮件终端费的系统，各成员方收取费用以递送来自国外的邮件，发达国家向发展中国家的收费较低，发展中国家向发达国家的收费较高。具体做法是，发达国家的邮件在抵达发展中国家后，其境内投递费用由发达国家承担 70%~80%，而发展中国家的邮件抵达发达国家后，其境内投递费用，作为寄件方的发展中国家只需承担 20%~30%。

美国认为该机制给中国等国的出口商带来了"不公平的好处"，2018 年宣布启动退出万国邮政联盟的程序。2019 年 9 月 25 日，在日内瓦举行的万国邮联第三次特别大会上，192 个会员方同意改革邮资费率制度，上涨国际大件信件和小包境内投递的费率。在该方案通过之后，美国宣布放弃退出该组织。

（资料来源：百度百科，https：//baike.baidu.com/item/万国邮政联盟/703819? fr = ge_ala。）

七、集装箱运输与国际多式联运

（一）集装箱运输

集装箱运输指将一定数量的单件货物装入按标准规格特制的集装箱内，并以该箱作为运送单位的一种现代化的运输方式。集装箱的规格一致，便于机械化操作，装卸速度快，能提高港口的吞吐能力，加快船舶的周转速度，降低营运成本，因此越来越多地被用于国际货物运输。

集装箱货物根据装箱的货量和方式不同分为整箱货和拼箱货。整箱货（Full Container Load，FCL）是指一个集装箱内的货物装载量达到其容积的 75% 以上，或者货物的重量达到其负荷量的 95% 以上。拼箱货（Less than Container Load，LCL）是指箱内货量达不到上述整箱货的容积或重量标准的，由货主送交集装箱货运站或内陆转运站拼装成箱。

（二）国际多式联运

国际多式联运是在集装箱运输的基础上产生和发展起来的一种综合性的连贯运输方式，是指多式联运经营人按照多式联运合同，以至少两种不同的运输方式，将货物从一国境内接管货物的地点运至另一国境内指定交付货物的地点的运输方式。构成国际多式联运应具备四个条件：

1）有一个多式联运合同，统一负责全程运输。
2）必须是国家间至少两种不同的运输方式的连贯运输。
3）使用一份包括全程的多式联运单据，并由多式联运经营人对全程运输负担总的责任。
4）必须是全程采用单一运费费率，其中包括全程各段运费的总和、经营管理费用和合理利润。

国际多式联运具有手续简便、安全准确、运送迅速、节约费用和提早收汇等优点，深受欢迎，有良好的发展前景。

【知识拓展】

新亚欧大陆桥

新亚欧大陆桥又名第二亚欧大陆桥，是指东起我国连云港西至荷兰鹿特丹的国际化铁路干线，全长10900km。

大陆桥途经江苏、山东、安徽、河南、陕西、山西、甘肃、宁夏、青海、新疆10个省份，辐射区域还到达湖北、四川、内蒙古等省份，沿线地区面积约占全国总面积的37%，在我国经济发展中处于十分重要的位置。

亚欧大陆桥陇海兰新城市带主要城市有日照、连云港、徐州、商丘、开封、郑州、洛阳、三门峡、渭南、西安、宝鸡、天水、兰州、乌鲁木齐等。

（资料来源：百度百科，https：//baike.baidu.com/item/新亚欧大陆桥/2469216？fr=ge_ala。）

第二节　货运单据

货运单据是指承运人收到货物后证明货物已装上运输工具、已发运或已由承运人接收并监管的单据，也是交接货物、处理索赔与理赔，以及向银行结算货款的重要凭据，主要包括海运提单、多式联运提单、铁路运单和其他运输单据四种。

一、海运提单

海运提单（Ocean Bill of Lading）简称提单，是目前海运业务使用最为广泛和主要的运输单据之一。它是由船长或船公司或其代理人签发的，证明已收到待运货物，允诺将货物运送至指定的目的港，并交付给收货人的凭证。海运提单也是收货人在目的港据此向船公司或其代理人提取货物的凭证。

（一）海运提单的性质和作用

1. 货物收据

它是承运人或其代理人应托运人的要求所签发的货物收据，证明承运人已收到提单上所列货物，并已装船或承运人已接管。

2. 货物所有权凭证

提单的合法持有人则可据此提取货物，也可在载货船舶到达目的港交货之前进行转让，或凭此向银行办理抵押贷款。

3. 运输合同证明

它是承运人与托运人之间的运输契约的证明，也是承运人与托运人或收货人处理双方权利、义务的依据。

（二）海运提单的种类

1. 班轮提单和租船提单

班轮提单是班轮公司承运货物后向托运人签发的提单。这种提单正面列有托运人和承运人分别填写的有关货物与运费等记载事项，而背面规定了托运人与承运人之间权利和义务责任和豁免的详细条款，因此它又称为繁式提单或全式提单。

租船提单一般是一种略式提单，只列入货名、数量、船名、装货港和目的港等必要项目，而没有全式提单背面的详细条款。但在提单内加批"根据×××租船合同出立"的字样，这种提单受租船合同条款的约束。

2. 已装船提单和备运提单

已装船提单是指承运人已将货物装上指定船舶后所签发的提单，其特点是提单上必须以文字表明货物已经装在某具体名称的船舶上，并记载装船日期，同时还应由船长或其代理人签字。在国际贸易业务中，一般都要求卖方提供已装船提单。

备运提单是指承运人已收到托运货物等待装运期间所签发的提单。这种提单没有确定的装货日期，往往不注明装运船舶的名称，因而买方和银行一般不接受备运提单。备运提单如经承运人加注"已装船"字样，注明装船名称、装船日期并签字证明，也可以作为已装船提单。

3. 清洁提单和不清洁提单

清洁提单（Clean B/L）是指承运人未加注有关货损或包装不良或其他有碍结汇批注的提单，也是国际贸易中广泛采用的提单。

不清洁提单是指在承运人签发的提单上带有明确宣称货物或包装有缺陷状况的不良批注的提单，如"包装不固""破包""X 件损坏"等。

4. 记名提单、不记名提单和指示提单

记名提单（Straight B/L）是指在"收货人"栏内具体填明收货人名称的提单。它只能由提单上所指定的收货人提货，不能转让，又称为"不可转让提单"，一般只用于运输贵重物品或有特殊用途的货物。

不记名提单（Blank B/L）又称"空白提单"，是指"收货人"一栏内不填写收货人名称而留空的提单。提单持有人可不做任何背书转让或提取货物。由于这种提单风险大，国际贸易中很少使用。

指示提单是指提单上"收货人"一栏内载明"凭某人指示"（to Order）或"凭指示"（to the Order of）字样的提单。前者为记名指示提单，承运人按记名的指示人的指示交付货物；后者为不记名指示提单，承运人应按托运人的指示交付货物。

5. 直达提单、转船提单和联运提单

直达提单是指货物运输途中不经过换船而驶往目的港时承运人所签发的提单。凡合同和信用证规定不准转船者，必须使用直达提单。

转船提单是指在这种提单上要注明"转船"或"在××港转船"字样。

联运提单是指经过海运和其他运输方式联合运输时由第一程承运人所签发的包括全程运输的提单。

6. 预借提单、倒签提单和过期提单

预借提单是指承运人在货物未装船或未装船完毕时所签发的已装船的提单，有可能构成承运人、托运人双方合谋对善意的第三方收货人进行欺诈的行为。

倒签提单是指承运人在提单上签注的货物装船完毕的日期早于货物实际装船完毕的日期的提单。同预借提单一样，倒签提单一般也是欺骗行为，但是在实际业务中，为了配合信用证的交单条件，在装船日期晚于信用证 1~3 天的情况下，承运人也会在托运人的要求下，签发倒签提单。

过期提单是指出口商不按规定或法定的期限向银行交付的提单。货物装船后，卖方向当地银行交单结汇的日期与装船开航的日期相距太久，以致银行按正常邮程寄单，预计收货人不能在船舶抵港之前收到的提单。此外，按照《跟单信用证统一惯例》的规定，在提单签发日期后 21 天才提交的提单也属于过期提单。过期提单影响买方及时提货、转售并可能造成其他损失，因而为防止买方以此为借口而拒付货款，银行一般都拒收过期提单。

二、多式联运提单

多式联运提单是指货物由多式联运经营人以两种及以上的不同运输方式，从接收地运至目的地并收取全程运费的"提单"，多用于国际集装箱运输，提单背面针对多式联运的特点加以特别约定。

多式联运提单的性质作用主要体现在以下几个方面：

1）是国际多式联运经营人接管货物的证据。国际多式联运经营人向托运人签发多式联运单据表明已承担运送货物的责任并占有了货物。

2）是收货人提取货物和国际多式联运经营人交货的凭证。

3）是货物所有权的证明。国际多式联运单据持有人可以押汇、流通转让。

4）是国际多式联运经营人与托运人之间订立的国际多式联运合同的证明，是双方在运输合同确定的权利和责任的准则。

三、铁路运单

铁路运单是由铁路运输承运人签发的货运单据，是收、发货人同铁路之间的运输契约。我国的铁路运输分为国际铁路联运和通往港、澳的国内铁路运输，分别使用国际铁路货物联运单和承运货物收据。

1. 国际铁路货物联运运单

国际铁路货物联运所使用的运单是铁路与货主间缔结的运输契约的证明。此运单正本从始发站随同货物附送至终点站并交给收货人,是铁路同货主之间交接的货物单据,也是核收运杂费用和处理索赔与理赔的依据。运单副本是卖方凭以向银行结算货款的主要证件。

2. 承运货物收据

承运货物收据既是承运人出具的货物收据,也是承运人与托运人签订的运输契约的证明。中国内地通过铁路运往港、澳的出口货物,当出口货物装车发运后,对外贸易运输公司即签发承运货物收据交给托运人,作为对外办理结汇的凭证。承运货物收据只有第一联为正本,反面印有承运简章,载明承运人的责任范围。

四、其他运输单据

(一)航空运单

航空运单是承运人接收货物的收据,也是承运人与托运人之间缔结的运输合同的证明。它不同于海运提单,不是物权凭证,因此不是可议付或转让的单据,收货人凭航空公司签发的到货通知提货。

(二)公路运单

国际公路货物运输单据是运输合同成立、承运人收到货物的初步证明,又是记录车辆运行和行业统计的原始凭证。国际公路货物运输单据是承运人与发货人、收货人之间解决纠纷的依据。但它不是物权凭证,因此不可转让。

(三)邮政收据

邮政收据是邮政运输的主要单据,是邮局收到寄件人的邮包后签发的凭证,也是收件人凭以提取邮件的凭证,当邮包发生损坏或丢失时,还可以作为索赔和理赔的依据。它不是物权凭证,因此不可转让。

(四)各种快递单据

快递单据是指快递行业在运送货物的过程中用以记录发件人、收件人,以及产品的重量、价格等相关信息的单据。快递行业多用条码快递单,以保证快递行业的连续数据输出,便于管理。

第三节 装运条款

在进出口货物买卖合同中,装运条款是必不可少的,它主要包括对装运期、装运港和目的港、分批装运和转运、装船通知,以及装卸时间、装卸率、滞期费和速遣费等事项的规定。

一、装运期

装运期是指卖方将合同规定的货物装上运输工具或交给承运人的期限。装运期是进出口合同的主要交易条款,卖方必须严格按照合同规定的时间交货,如果卖方违反这一条款，买方有权撤销合同并要求赔偿。装运期的规定方法有以下几种：

1. 明确规定具体装运期限

在国际贸易中使用广泛，在实际操作中，有三种做法：

1）明确规定具体装运日期，如"2020年5月18日装运"。这种规定对于卖方来说不利，卖方不能提前装运，更不能延迟装运，只要不是在规定的装运日装运即构成违约。

2）规定具体的装运期限，如"八月份装运"。这种规定方法给卖方装运提供了很大的灵活性，在国际贸易中较为常见。

3）规定最迟装运期限，如"不迟于6月26日装运"。这种方法使卖方拥有具体装运日期安排上的灵活性，在国际贸易中比较常用。

2. 规定收到信用证后若干天装运

如"收到信用证后30天装运"。这种方法可以促使买方早日开证或按期开证。

3. 笼统规定近期装运

近期装运是指不规定装运的具体期限，而采用如"立即装运""尽速装运"等语句来表示。这种方法容易引起争议，应慎重采用。

二、装运港和目的港

在海运进出口合同中，一般都订明装运港和目的港。在国际贸易中，装运港（地）一般由卖方提出，经买方同意后确认；目的港（地）一般由买方提出，经卖方同意后确认。

在合同中，对装运港和目的港的规定，通常使用的方法有：

1）在一般情况下，装运港和目的港分别规定各为一个。例如，装运港：青岛（Port of Shipment：Qingdao）；目的港：伦敦（Port of Destination：London）。

2）有时按实际业务的需要，也可以分别规定两个或两个以上的装运港或目的港。例如：装运港：青岛/上海（Port of shipment：Qingdao/Shanghai）；目的港：伦敦/利物浦（Port of Destination：London/Liverpool）。

三、分批装运和转运

（一）分批装运

分批装运（Partial Shipment）又称分期装运，是指一个合同项下的货物，分若干批或若干期装运。在大宗货物或成交数量较大的交易中，买卖双方根据交货数量、运输条件和市场等因素，可在合同中规定分批装运条款。

根据《跟单信用证统一惯例》规定，除非信用证另有规定，允许分批装运。因此，为了避免不必要的争议和防止交货时发生困难，除非买方坚持不允许分批装运，原则上应在出口合同中明确规定"允许分批装运"。合同中规定分批装运的方法主要有两种：①规定允许分批装运，未规定如何分批；②具体列明分批的期限和数量，例如：3~6月份分4批每月平均装运。

(二）转运

转运（Transhipment）包括运输过程中的转船、转机，以及从一种运输工具上卸下再装上另一种运输工具的行为。卖方在交货时，如驶往目的港没有直达船或船期不定或航次间隔时间太长，为了便于装运，则应在合同中订明"允许转船"。

按照《跟单信用证统一惯例》规定，"转运"一词在不同运输方式下有不同的含义，应根据具体情况进行分析。另外，除非信用证另有规定，可允许转运。为了明确责任和便于安排装运，买卖双方是否同意转运以及有关转运的办法和转运费用的负担等问题应在买卖合同中明确做出规定。

四、装船通知

装船通知也叫装运通知，主要指的是出口商在货物装船后发给进口方的包括货物详细装运情况的通知，其目的在于让进口商做好筹措资金、付款和接货的准备。不论按哪种贸易术语成交，交易双方都要承担相互通知的义务。规定装运通知的目的在于明确买卖双方的责任，促使买卖双方互相配合，做好车、船、货的衔接，并便于买方办理货运保险。如果是以 FOB、CFR 和 CIF 贸易术语签订的合同，卖方应在货物装船后，按约定的时间，将货物的名称、数量、重量、发票金额、船名及装船日期等项内容电告买方。如果是以 FCA、CPT 和 CIP 贸易术语签订的合同，卖方应在把货物交付承运人接管后，将交付货物的具体情况及交付日期电告买方，以便买方办理保险并做好接卸货物的准备，及时办理进口报关手续。

五、装卸时间、装卸率、滞期费和速遣费

（一）装卸时间

装卸时间是指允许完成装卸任务所约定的时间，一般以天数或小时数来表示。有关装卸时间的规定方法主要有下列几种：

1）日或连续日，是指午夜至午夜连续 24h 的时间，从装货开始到卸货结束，整个经过的天数就是总的装货或卸货时间。

2）工作日，即按港口习惯正常工作的日子，星期日和节假日不算。

3）晴天工作日，既是工作日又是晴天作业才算，如果遇到刮风下雨装卸作业不能正常进行，即使是工作日也不予计算。

4）连续 24h 晴天工作日，一般用于昼夜作业的港口，连续工作 24h 才算一天。

（二）装卸率

装卸率是每日装卸货物的数量。装卸率的具体规定一般应按照港口习惯的正常装卸速度来确定。装卸率规定过高，承租方就要承担滞期费的损失；装卸率规定过低，承租方可得到船方的速遣费，但船方会因船舶在港时间长而增加运费。因此，装卸率的规定应适当。

（三）滞期费和速遣费

滞期费是指未按规定的装卸时间和装卸率完成装卸任务，延误了船期，应向船方支

付一定金额的罚款。速遣费是指如果按规定的装卸时间和装卸率提前完成装卸任务，使船方节省了船舶在港的费用开支，船方将其获取的利益一部分给租船人作为奖励的费用。

滞期费按船舶滞期时间乘以合同规定的滞期费率计算，滞期时间等于实际使用的装卸时间与合同规定的装卸时间之差。速遣费按船舶速遣时间乘以合同规定的速遣费率计算，速遣费率通常为滞期费率的一半。

【例题】

某公司出口谷物 10,000M/T，租用一艘程租船装运，租船合同中有关的装运条件如下：①每个晴天工作日（24h）装货定额为 1000M/T，星期日和节假日除外，如果使用了，按半数时间计入；②星期日和节假日前一日 18 时以后至星期日和节假日后一日的 8 时以前为假日时间；③滞期费和速遣费每天（24h）均为 USD 2000；④凡上午接受船长递交的"装卸准备就绪通知书"，装卸时间从当日 14 时起算，凡下午接受的通知书，装卸时间从次日 8 时起算；⑤如有速遣费发生，按"节省全部工作时间"计算。表 18-1 所示内容为该公司的装货记录。

表 18-1　该公司的装货记录

日期	星期	说明	备注
4.27	三	上午 8 时接收船长递交的通知书	
4.28	四	0 时—24 时	下雨停工 2h
4.29	五	0 时—24 时	
4.30	六	0 时—24 时	18 时以后下雨 2h
5.1	日	0 时—24 时	节假日
5.2	一	0 时—24 时	
5.3	二	0 时—24 时	节假日
5.4	三	0 时—24 时	8 时以前下雨停工 4h
5.5	四	0 时—14 时	

根据以上条件计算滞期费或速遣费时，可分为以下几步：

1. 找出使用时间

4 月 27 日：10h（24-14）；

4 月 28 日：22h（24-2）；

4 月 29 日：24h；

4 月 30 日（星期六）：$18+(6-2)\times\frac{1}{2}=20h$。

5 月 1 日—5 月 3 日（节假日）：均为 $24\times\frac{1}{2}=12h$。

5 月 4 日（节后）：$(24-8)+(8-4)\times\frac{1}{2}=18h$。

5月5日：14h。

合计：10h+22h+24h+20h+12h×3+18h+14h=144h

则总装货天数为：144h/24=6天。

2. 计算允许装卸的时间

10,000M/T/1000M/T/天=10天

3. 计算非工作时间

4月30日的非工作时间为 $(6-2)\times\frac{1}{2}=2h$，5月1日—5月3日各为12h，5月4日为 $(8-4)/2=2h$。合计：2h+12h+12h+12h+2h=40h=1.67天。

4. 计算速遣费

2,000×(10-6-1.67)=4,660（美元）

【本章小结】

1. 国际货运方式包括海洋运输、内河运输、铁路运输、公路运输、航空运输、邮政运输、集装箱运输与国际多式联运等。其中，海洋运输量占国际货运总量的80%左右，是主要的货物运输方式，海洋运输通常包括班轮运输和租船运输。

2. 货运单据是指承运人收到货物后证明货物已装上运输工具、已发运或已由承运人接受监管的单据，也是交接货物、处理索赔与理赔，以及向银行结算货款的重要凭据。

3. 在进出口货物买卖合同中，装运条款是必不可少的，它主要包括对装运期、装运港和目的港、分批装运和转运、装船通知，以及装卸时间、装卸率、滞期费和速遣费等事项的规定。

【习题与思考】

1. 海洋运输方式的优点有哪些？
2. 中欧班列的开行对沿线国家的经济发展形势产生的深远影响主要体现在哪几个方面？
3. 租船运输包括哪些方式？
4. 有关装卸时间的规定方法主要有几种？

【案例分析】

我国某公司与英商按CIF伦敦签约，出口瓷器10,000件，合同与信用证均规定"装运期3月份至4月份，每月装运5,000件，允许转船"。我方于3月30日将5,000件装上"万泉河"轮，取得3月30日的提单，又在4月2日将余下的5,000件装上"风庆"轮，取得4月2日的提单，两船均在香港港转船，两批货均由"东风"号轮船运至目的港。

请问：（1）本例做法是否属分批装运？（2）卖方能否安全收汇？为什么？

第十九章
商品检验条款

在国际货物买卖中,由于买卖双方分处不同的国家(地区),通常情况下不是当面交接货物,而是需要经过长途运输,多次装卸,在运输过程中发生残损也难以避免,容易引起有关方面的争议。为了便于查明事故的原因,分清各方当事人的责任,保障买卖双方的利益,需要由一个有资格的、独立于买卖双方以外的公正的第三者,即专业的检验机构负责对卖方交付的货物的质量、数量、包装进行检验,或对运输工具、货物残损短缺等情况进行检验或鉴定,并由该检验机构据此出具相应的证书,作为买卖双方交接货物、结算货款,以及处理索赔、理赔的重要依据。因此,进出口货物检验是买卖双方交接货物过程中不可缺少的重要环节。

第一节 商品检验概述

商品检验(Commodity Inspection)简称商检,是指商品检验机构对货物的品质、规格、数量、重量、包装、卫生、安全等内容,进行的检验、鉴定和管理工作。商检的主要目的包括:确定合同的标的是否符合买卖合同的规定;对货物在装卸运输过程中出现的残损、短缺情况进行检验或鉴定,明确事故的起因和责任的归属。货物的检验还包括根据国家的法律或行政法规对某些进出口货物实施的强制性检验或检疫。

一、商品检验的依据

检验依据是检验进出口商品的根据,也是据以衡量进出口货物是否合格的标准。进出口商品检验的依据比较复杂,需要根据国内法律法规、国际标准、合同条款规定等多方面的要求进行检验。凡我国法律、行政法规所规定的强制性检验标准或其他必须执行的检验标准,或对外贸易合同所约定的检验标准,均构成进出口商品的检验依据。

（一）有关商品检验的法律法规的规定

世界各国都设置有管理进出口商品检验的机构，并制定相关的法律法规和标准，形成了比较完善的进出口商品检验检疫的法律体系、行政执法机构和检验检疫市场，加强对进出口商品的检验管理，保护人民的生命安全和健康，保护环境和维护对外经济贸易各有关方的合法权益。

2001年年初，我国决定成立国家质量监督检验检疫总局简称国家质检总局，是中华人民共和国国务院主管全国质量、计量、出入境商品检验、出入境卫生检疫、出入境动植物检疫和认证认可、标准化等工作，并行使行政执法职能的正部级国务院直属机构。2018年3月，根据第十三届全国人民代表大会第一次会议批准的国务院机构改革方案，将国家质量监督检验检疫总局的职责整合，组建中华人民共和国国家市场监督管理总局，将国家质量监督检验检疫总局的出入境检验检疫管理职责和队伍划入海关总署。同时，将国家质量监督检验检疫总局的原产地地理标志管理职责整合，重新组建中华人民共和国国家知识产权局，不再保留中华人民共和国国家质量监督检验检疫总局。

为了加强进出口商品检验检疫工作，规范进出口商品检验检疫行为，我国曾相继颁布和实施了一系列进出口商品检验检疫的法律法规。

1.《中华人民共和国进出口商品检验法》

1989年2月21日通过了《中华人民共和国进出口商品检验法》（简称《商检法》），2021实施第五次修正。《商检法》规定了我国进出口货物的检验标准和依据，其主要内容为：

1）规定了国家进出口商品检验工作的管理体制。由海关总署主管全国进出口商品检验工作，海关总署设在省、自治区、直辖市以及进出口商品的口岸、集散地的出入境检验检疫机构及其分支机构（以下简称出入境检验检疫机构），管理所负责地区的进出口商品检验工作。

2）规定了出入境检验检疫机构实施进出口商品检验的内容和检验依据。海关总署应当依照《商检法》第四条规定，制定、调整必须实施检验的进出口商品目录（以下简称目录）并公布实施。明确规定法定检验的内容，即对列入目录的进出口商品以及法律、行政法规规定须经出入境检验检疫机构检验的其他进出口商品，由出入境检验检疫机构实施强制性检验。海关总署根据进出口商品检验工作的实际需要和国际标准，可以制定进出口商品检验方法的技术规范和行业标准。

3）规定出入境检验检疫机构对进出口商品及其检验工作实行监督管理。出入境检验检疫机构通过行政管理手段，对进出口商品的收货人、发货人，生产、经营、储运单位，以及经许可的检验机构和认可的检验人员的检验工作实施监督管理，根据需要同外国有关机构签订进出口商品质量认证协议；根据国际统一的认证制度，对有关的进出口商品实施认证管理；对实施许可制度的进出口商品实行验证管理，查验单证，核对证货是否相符；对检验合格的进出口商品加施商检标志或者封识等，以推动和组织有关部门对进出口商品按规定要求进行检验。

4）规定出入境检验检疫机构办理进出口商品鉴定业务。出入境检验检疫机构和符合规定资质条件的国内外检测机构,可以接受对外贸易关系人或者国内外检验机构及其他有关单位的委托,办理进出口商品检验鉴定业务,签发检验鉴定证书。

5) 明确违反《商检法》的法律责任。对违反《商检法》的行为做了明确的处罚规定,并依情节根据《刑法》追究刑事责任,同时也规定了对商检机构工作人员滥用职权、徇私舞弊、伪造检验结果、延误检验出证等行为,根据情节轻重,给予行政处分或追究刑事责任。

2. 《中华人民共和国进出境动植物检疫法》及其实施条例

1991年10月30日通过了《中华人民共和国进出境动植物检疫法》(简称《检疫法》),2009年8月27日通过修订。为了贯彻执行《检疫法》,国务院出台了《中华人民共和国进出境动植物检疫法实施条例》,作为进出境动植物检疫的依据。

国务院设立动植物检疫机关(简称国家动植物检疫机关),统一管理全国进出境动植物检疫工作。国家动植物检疫机关在对外开放的口岸和进出境动植物检疫业务集中的地点设立的口岸动植物检疫机关,依照本法规定实施进出境动植物检疫。进出境的动植物、动植物产品和其他检疫物,装载动植物、动植物产品和其他检疫物的装载容器、包装物,以及来自动植物疫区的运输工具,依照本法规定实施检疫。国家规定禁止入境的有:动植物病原体(包括菌种、毒种等)、害虫及其他有害生物;动植物疫情流行的国家和地区的有关动植物、动植物产品和其他检疫物;动物尸体;土壤。口岸动植物检疫机关一旦发现上述物品,做退回或者销毁处理。

3. 《中华人民共和国国境卫生检疫法》及其实施细则

1986年12月2日通过《中华人民共和国国境卫生检疫法》(简称《国境卫生检疫法》),2018年完成第三次修正。1989年卫生部发布实施《中华人民共和国国境卫生检疫法实施细则》。《国境卫生检疫法》规定的检疫对象包括入出境的人员、交通工具、运输设备,以及可能传播传染病的行李、货物、邮包等物品。按照《国境卫生检疫法》规定,检疫对象都应经国境卫生检疫机关检疫许可后,方准入境或者出境。

4. 《中华人民共和国食品安全法》

《中华人民共和国食品安全法》(简称《食品安全法》)于2009年2月28日通过,2021年进行第二次修正。《食品安全法》对食品进出口的管理做了更严格的规定,不仅对食品,还对食品添加剂和食品相关产品做了限制。进口的食品、食品添加剂、食品相关产品应当符合我国食品安全国家标准。进口的食品、食品添加剂应当经出入境检验检疫机构依照进出口商品检验相关法律、行政法规的规定检验合格。《食品安全法》是国家出入境检验检疫工作必须遵照执行的基本法律。

(二) 有关国际组织的协议、公约对检验检疫的规定

国际组织制定的公约和协定中涉及检验检疫的内容也已经成为对外贸易中商品检验检疫的依据。世界贸易组织关于商品检验检疫的协议包括《技术性贸易壁垒协议》《实施动植物卫生检疫措施协议》《装运前检验协议》等。《技术性贸易壁垒协议》要求WTO成员为了实现维护国家基本安全,保护人类健康或安全,保护动植物生命或健康,保护环境,保证产品质量,防止欺诈行为等目的,制定、采用和实施正当的技术性措

施,鼓励采用国际标准和合格评定程序,但是这些措施应不构成不必要的国际贸易障碍。《实施动植物卫生检疫措施协议》指导各成员制定、采用和实施动物卫生与植物卫生措施,使动植物检验检疫措施对贸易的影响减少到最低程度。《装运前检验协议》规范各成员方在其关税领土内的所有装运前检验活动,包括签发检验清洁报告书或不予签发的通知书。规定装运前检验依照买卖双方签订的购货合同中规定的标准进行检验,如无此类标准,则采用国际标准等。

(三) 对外贸易合同中关于检验的约定

通常对外贸易合同中应该订立检验条款,明确检验的时间地点、检验机构、检验标准、检验证书等内容,合同中的检验条款也成为实施商品检验的依据。

二、进出口商品检验的范围和内容

(一) 按照规定实施法定检验的货物

法定检验是指按照有关法律、行政法规规定必须由出入境检验检疫机构实施检验检疫的报检。属于法定检验的出口商品,未经检验合格的,不准出口;属于法定检验的进口商品,未经检验合格的,不准销售、使用。

法定检验的范围是指列入目录必须实施检验的进出口商品,以及法律、行政法规规定必须经出入境检验检疫机构检验的其他进出口商品。属于法定检验范围的有:①列入目录的商品,对商品的质量、重量(数量)、溢短装条件、包装标识等进行检验;②《食品卫生法》规定应实施卫生检验检疫的进出口商品;③危险货物包装容器、危险货物运输设备和工具的安全技术条件的性能和使用鉴定;④装运易腐烂变质食品、冷冻品的船舱、货仓、车厢和集装箱等装载运输工具;⑤国家其他有关法律、法规规定必须经出入境检验检疫机构检验的进出口商品、物品、动植物等;⑥有关国际条约规定须经商检机构检验的进出口商品的检验。

(二) 输入国家或地区规定必须凭检验检疫机构出具的证书方准入境的货物

一些国家和地区规定,对来自中国的动植物、动植物产品、食品,凭中国检验检疫机构签发的动植物检疫证书以及有关证书方可入境。又如一些国家和地区规定,从中国输入的木质包装,装运前要进行热处理、熏蒸或防腐等除害处理,并由中国检验检疫机构出具"熏蒸/消毒证书"验放货物。因此,凡属于出口货物输入国家和地区有此类检验要求的货物,须由检验检疫机构实施检验检疫或进行除害处理,并取得相关证书。例如:为了确保消费者的进口食品安全和防范受到放射性污染的日本食品输入我国,我国海关总署曾宣布,禁止来自日本福岛等10个县的食品进口,并对其他地区的日本食品,尤其是水产品,实施严格的深海随附证明文件检查,并实行100%查验,以防止风险产品流入我国市场。

(三) 有关国际条约规定须经检验检疫的货物

凡国际条约、公约或协定规定须经检验检疫的出境货物,须由我国的检验检疫机构实施检验检疫。目前,我国已与几十个国家签署了有关商品检验和动植物检疫的双边协定、协议。

（四）对外贸易合同中约定凭检验检疫证书办理交接、结算的货物

国际贸易中，为了保障交易双方的利益，通常需要委托第三方对货物进行检验检疫、鉴定并出具检验检疫鉴定证书，以证明卖方已经履行合同。买卖双方凭证书进行交接、结算。对某些以成分计价的商品，由第三方出具检验证书更是计算货款的直接依据。因此，凡对外贸易合同、协议中规定，以我国检验检疫机构签发的检验检疫证书作为交接、结算依据的进出境货物，须由检验检疫机构按照合同、协议的要求实施检验检疫或鉴定并签发检验检疫证书。

三、检验的时间和地点

目前国际贸易中关于检验的时间与地点一般有以下几种做法。

（一）在出口国检验

这种做法可分为在工厂检验（产地检验）和装运前或装运时在装运港（装运地）检验。

1. 工厂检验（产地检验）

由出口国的生产工厂检验人员，或按照合同规定会同买方验收人员在工厂发运前进行检验。货物离开产地之前的责任，由卖方承担。这是国际贸易业务中的普遍做法，对卖方最为有利。

2. 装运前或装运时在装运港（装运地）检验

即以"离岸质量、重量为准"（Shipping Quality，Weight）。出口货物在装运港或装运地交货前由买卖合同中规定的检验机构对货物的品质、重量（数量）等内容进行检验，并以该机构出具的检验证书作为决定商品的品质、重量（数量）的最后依据。货到目的地后，买方即使委托当地商检机构进行复验，也无权对品质和重量提出异议。这种规定办法意味着否定了买方的复验权，因而对卖方较为有利。

（二）在进口国检验

1. 在目的港或目的地卸货后检验

此做法又称"到岸品质、重量"（Landing Quality and Weight）。货物运达目的港或目的地时，由双方约定的目的港商检机构在规定的时间内，对商品进行检验，并以其出具的检验证书作为决定商品的品质、重量（数量）的最后依据。采用这种方法卖方应承担货物在运输途中品质、重量（数量）变化的风险，买方可凭检验证书向卖方提出品质、重量（数量）上的任何异议，因此，对买方最为有利。

2. 在买方营业处所或最终用户所在地检验

这一做法是将检验延伸和推迟至货物运抵买方营业处所或最终用户的所在地后的一定时间内进行，并以双方约定的由该地的检验机构所出具的检验证书作为交货质量和数量的依据。这种做法主要适用于一些不便于在目的港卸货检验的货物，如需要安装调试进行检验的成套设备、机电仪表商品以及在口岸开件检验后难以恢复原包装的商品。

（三）出口国检验、进口国复验

此做法以装运港或装运地的商检证书作为议付货款的凭证，货物抵达目的港或目的

地后，允许买方复检并有权据此提出异议和索赔。这种做法比较公平合理，买卖双方都比较易于接受，因而使用比较普遍。我国的进出口贸易基本上都采用这一做法。

（四）装运港检验重量、目的港检验品质

此做法又称"离岸重量，到岸品质"（Shipping Weight and Landing Quality），多用于大宗商品交易的检验中。把对货物品质与数量的检验分别处理，是为了调和买卖双方在检验问题上的矛盾。

四、检验机构

在国际贸易中，商品的检验工作一般由专业的检验机构负责办理。检验机构的类型大体可归纳为官方检验机构、半官方检验机构和非官方检验机构三种。

（一）官方检验机构

官方检验机构是由国家或地方政府投资设立的检验机构，也是根据国家的有关法规，对进出口商品执行强制检验、检疫和监督管理的机构。如我国的海关总署管辖下的出入境检验检疫机构是主管全国出入境卫生检验、商品检验、鉴定、认证和监督管理的行政执法机构，在中国内地各省、自治区和直辖市都设有直属分局。美国的食品药物监督管理局、美国粮谷检验署、美国农业部动植物检疫局、日本通商省检验所、法国国家实验室检测中心等都是国际上著名的官方检验机构。

（二）半官方检验机构

半官方检验机构是具有一定权威，由国家政府授权并代表政府对某些进出口商品实施检验或某一方面检验管理工作的民间机构。如美国保险人实验室（Underwriters Laboratory，UL）是国际上著名的半官方检验机构之一，已经成为美国最权威、在全球享有盛誉的从事安全检验的机构之一。同时，它也是独立的、非盈利的、为公共安全做实验的专业机构。美国政府规定，凡是进口与防盗信号、化学危险品，以及电器、供暖、防水等有关的产品，必须经该实验室检验并加贴"UL"标志才能进入美国市场。

（三）非官方检验机构

非官方检验机构是由私人或同业公会、协会等开设的，具有专业检验、鉴定技术能力的检验机构，通常称作检验公司、公证人、公证行或鉴定公司，如英国劳埃氏公证行（Lloyd's Surveyor，LS）、瑞士通用公证行（Societe Generale de Surveillance，SGS）等。除此之外也包括生产厂商、制造厂商，或用货单位设立的化验室、检验室等。

第二节 商品检验的程序与方法

一、商品检验程序

（一）入境货物检验检疫程序

第一，对列入目录的进口货物的检验检疫程序。对这类进口货物应在入境前或入境时，向入境口岸、指定的或到达站的检验检疫机构办理报检手续，具体检验检疫程序包括以下环节：

（1）申请报检　货物的货主或其代理人首先向卸货口岸或到达站的出入境检验检疫机构申请报检。

（2）提供检验资料　入境报检时，应填写入境货物报检单，并提供合同、发票、提单等有关单证，如果涉及动植物等特殊商品或者有特殊单证要求的应该提供相关的文件。

（3）受理报检　检验检疫机构受理报检，审核有关资料，如货物符合要求，受理报检并计收费用转施检部门签署意见，计费收费。

（4）联系检验　货物通关后，入境货物的货主或其代理人需要在检验检疫机构规定的时间和地点到指定的检验检疫机构联系对货物实施检验检疫。

（5）实施检验　对经检验检疫合格的入境货物签发入境货物检验检疫证明并放行，对经检验检疫不合格的货物签发检验检疫处理通知书，对需要索赔的货物签发检验检疫证书。

需要注意的是：对于入境的可作为原料废物和活动物等特殊货物，按规定，检验检疫机构在受理报检后要先进行部分或全部项目的检验检疫，合格以后才签发"入境货物通关单"。最终目的地不在进境口岸检验检疫管辖区内的货物，可以在货物通关后，调往目的地检验检疫机构进行检验检疫。

第二，未列入目录的进口货物的检验检疫程序。对这类进口货物，货物的货主或其代理人自行组织检验，并将检验结果告知当地商检机构。若发现货物质量、数量等问题，应保持原样，向当地商检机构申请报检。

入境货物检验检疫流程如图19-1所示。

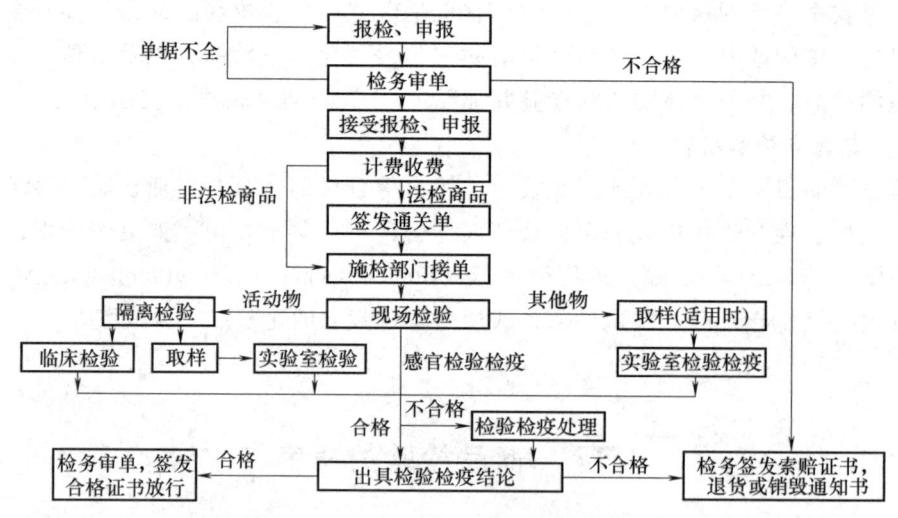

图 19-1　入境货物检验检疫流程

（二）出境货物检验检疫程序

出境货物最迟应于报关或出境装运前7天向检验检疫机构申请报检。具体检验检疫程序包括以下环节：

（1）申请报检　法定检验检疫出境货物的货主或其代理人应在规定的时间内向口岸检验检疫机关报检或申报。

（2）提供检验文件　提供合同、信用证、发票、装箱单等有关单证，如果涉及特殊商品或者有特殊单证要求的货物，应该提供相关的文件。

（3）受理报检　检验检疫机构受理报检，审核有关资料，符合要求，受理报检，转施检部门签署意见，计费收费。

（4）联系检验　出境货物的货主或其代理人需要在检验检疫机构规定的时间和地点到指定的检验检疫机构联系对货物实施检验检疫。

（5）实施检验　对经检验检疫合格的出境货物签发出境货物通关单，供海关验放。对经检验检疫不合格的货物签发检验检疫处理通知书，出境货物应向所在地检验检疫机构办理报检。

需要注意的是：对由内地运往口岸分批的货物，应在产地办理预检，合格后，方可运往口岸办理出境货物的查验换证手续。对由内地运往口岸后，由于变更国家或地区，并有不同检疫要求的、超过检验检疫有效期的、批次混乱的、货证不符的，或经口岸查验不合格的货物，须在口岸重新报检。

出境货物检验检疫流程如图 19-2 所示。

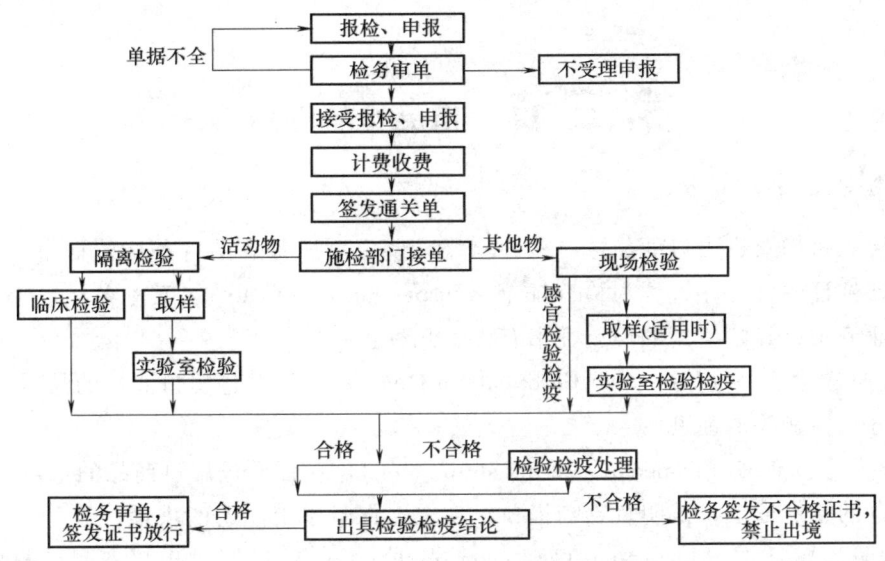

图 19-2　出境货物检验检疫流程

二、商品检验的方法和标准

（一）检验方法

商品检验方法根据检验内容的不同有所差异。在实践中，商品检验的方法主要有感官检验法、化学分析检验、仪器分析检验、物理检验法、微生物学检验等。有些商品，用不同的检验方法可能会得出不同的检验结果，为避免事后发生争议，必要时可在合同中对检验方法做出明确的规定。

（二）检验标准

在进出口业务中，一般按以下检验标准进行：

1）按进出口合同中对品质、规格、包装、抽样检验的规定办理。

2）合同未规定标准的一般按生产国标准、进口国标准，或按国际上通用标准，无国际标准的按进口国标准。

3）有国家法规、国际惯例的，按法规、惯例优先于合同条款进行检验。

4）是否采用某些国际标准，由买卖双方自愿决定。

（三）检验标准协调问题

在国际贸易具体业务中处理法律法规与买卖合同条款的关系时，应该注意做到以下几个方面的问题：

1）当买卖合同的规定与相关法律、法规相一致时，商品检验以买卖合同条款为依据。

2）当买卖合同的规定与相关法律、法规出现冲突时，商品检验就应该以相关的法律、法规为依据。

3）当买卖合同、法律法规都没有针对某些进出口商品的品质或数量做出具体规定时，商品检验应该以国际上通行的、比较权威的标准作为对其品质或数量参照的依据。

第三节　商品检验证书

一、检验证书的种类

商品检验机构对进出口商品进行检验检疫或鉴定后所签发的各种检验证书、鉴定证书和其他各种证明文件，统称为检验证书（Inspection Certificate），又称商检证书。在我国进出口业务中，经常使用的检验证书有以下几种：

1）品质检验证书（Inspection Certificate of Quality）：证明进出口商品的品质、规格、等级、成分、性能等的证书。

2）重量检验证书（Inspection Certificate of Weight）：证明进出口商品的重量、毛重、净重、皮重的鉴定证书，证明货物与提单、发票、保险单上注明的重量一致。

3）数量检验证书（Inspection Certificate of Quantity）：证明进出口商品数量的证明文件。

4）兽医检验证书（Veterinary Inspection Certificate）：证明动物产品在出口前已经过兽医检验，符合免疫要求的证书。

5）卫生检验证书（Sanitary Inspection Certificate）：又称健康证书，证明出口供食用的动物产品、食品在出口前已经过卫生检验，未受传染疾病感染，可供食用的证书，适用于出口食用动物产品，如肠衣、罐头食品、蛋品、乳制品、冻鱼、蜂蜜等。

6）价值检验证书（Inspection Certificate of Value）：由商检机构出具的证明出口商品价值或发货人提供的发票上的价值完全正确的证书。

7）熏蒸/消毒检验证书（Fumigation/Disinfection Inspection Certificate）：证明出口动植物及其产品、包装材料、衬垫物、废旧物品以及其他需要实施消毒处理的产品经过了消毒的证书，适用于猪鬃、马尾、羽毛、羊毛、针叶木等商品。

8）产地检验证书（Inspection Certificate of Origin）：简称原产地证，证明出口商品原产地的证书。有关国家以此用作实行外贸管制政策、进口配额、征收差别关税和反倾销关税的依据。

9）残损检验证书（Inspection Certificate on Damaged Cargo）：证明进口货物的残损实际情况，估定残损贬值程度，判断致损原因的证书，供申请人作为索赔的凭证。

10）集装箱检验证书（Inspection Certificate of Container）：证明检验集装箱内外部情况，审核所装货物的体积、重量、数量、包装，指导与监视装货及封签，对于装运进口货物的集装箱，检查箱号封识是否完好，监视卸货，确定货损货差，签发拆箱检验、鉴定的证书。

此外，如果买卖双方要求提供其他证书，可与商检机构协商，签发其他证书。

二、检验证书的作用

1）检验证书是证明所交接货物的品质、重（数）量、包装以及卫生条件等经过检验且符合合同规定的依据。

2）检验证书是买方对品质、重（数）量、包装等条件提出异议、拒收货物、索赔的凭证。

3）检验证书是卖方向银行结算货款的依据。凡在合同中规定某些项目的检验证书可作为提交银行的单据之一，则在卖方向银行交单议付时，必须提交相关的检验证书，否则卖方不能得到偿付。

4）检验证书是海关通关验放的有效证件。法定检验商品必须向海关提供商检机构签发的检验证书，否则海关不予放行。

5）检验证书是办理索赔和理赔的依据。如买方所收到的货物经指定的商检机构检验且证明与合同规定不符，买方必须在合同规定的索赔期限内凭指定的商检机构签发的检验证书，向有关责任人提出索赔或要求解除合同，有关的责任方也根据检验证书办理理赔。

第四节　检验条款概述

一、检验条款的主要内容

进出口货物买卖合同中的检验条款一般包括以下内容：检验权、检验或复验的时间和地点、检验机构、检验内容、检验证书及效力等。

【检验条款示例】

It is mutually agreed that the Certificate of Quality and Weight（Quantity） issued by the

General Administration Customs of the People's Republic of China at the port/place of shipment shall be part of the documents to be presented for negotiation under the relevant L/C. The Buyers shall have the right to reinspect the quality and weight (quantity) of the cargo. The reinspection fee shall be borne by the Buyers. Should the quality and/or weight (quantity) be found not in conformity with that of the contract, the Buyers are entitled to lodge with the Sellers a claim which should be supported by survey reports issued by a recognized surveyor approved by the Sellers. The claim, if any, shall be lodged within ... days after arrival of the goods at the port/place of destination.（买卖双方同意以装运港（地）中华人民共和国海关总署签发的质量和重量（数量）检验证书作为信用证项下议付所提交的单据的一部分，买方有权对货物的质量和重量（数量）进行复验，复验费由买方负担。若发现质量和/或重量（数量）与合同规定不符，买方有权向卖方索赔，并提供经卖方同意的公证机构出具的检验报告。索赔期限为货物到达目的港（地）后××天内。）

二、订立检验条款时的注意事项

1) 检验条款应与合同的其他条款相一致，不能相互矛盾。例如，出口合同规定使用 CIF 贸易术语成交，检验检疫时间地点规定就不应该采用"到岸品质与数量或重量"，这样，贸易术语与检验条款发生矛盾，而以检验条款的实质内容改变了合同的性质。

2) 检验条款的规定应实事求是。不能接受国外客户提出的不合理的检验条件，合同检验条款的规定不能脱离出口货物的生产与检验实际情况。

3) 有复验权时，要明确规定复验的期限、地点和机构。按照一般的解释，复验的期限实际就是买方索赔的期限。买方必须在规定的期限内行使其权利，否则索赔无效。进口合同检验条款应规定我方有复验权，同时，应根据进口货物的性质、运输港口等实际情况规定复验的期限和地点，复验机构必须选择对我方友好、有良好声誉的商检或公证机构。

4) 应在检验条款中明确规定检验的标准和方法。在实际业务中有时由于两地商检机构采用的检验标准不一致或采用的检验方法不同而造成异议，为了避免或减少这种情况发生，在检验条款中应该明确检验标准和检验方法。

【本章小结】

1. 我国商品检验的法律法规包括《中华人民共和国进出口商品检验法》、《中华人民共和国进出境动植物检疫法》及其实施条例、《中华人民共和国国境卫生检疫法》及其实施细则和《中华人民共和国食品安全法》等。

2. 商品检验的内容根据我国的法律法规、国际条约、交易对方国家的法律法规、贸易合同的要求的不同而不同，对于不同的检验内容，所采用的检验方法也有所不同。

3. 商品检验时间和地点的规定包括：在出口国检验；在进口国检验；出口国检验、进口国复验；装运港检验重量、目的港检验品质等。

4. 商品的检验检疫条款一般包括：检验权、检验或复验的时间和地点、检验机构、检验内容、检验证书及效力等。

【习题与思考】

1. 商品检验的定义和作用是什么？
2. 为什么在国际货物买卖合同中要对检验的时间和地点做出具体规定？在实践中，哪一种方法容易为买卖双方所接受？原因是什么？
3. 我国实施法定检验的范围、内容及其意义分别是什么？
4. 商品检验中法定检验与鉴定业务的基本内容与区别是什么？
5. 国际货物买卖合同中的检验条款一般包括哪些内容？

【案例分析】

进口方委托银行开出的信用证上规定：卖方须提交商品净重检验证书。进口方在收到货物后，发现除质量不符外，卖方仅提供了重量单，于是立即委托开证行向议付行提出拒付，但议付行已经议付货款。事后，议付行向开证行催付货款，并解释卖方所附的重量单即为净重检验证书。

请问：（1）重量单与净重检验证书一样吗？（2）开证行能否拒付货款给议付行？

第二十章
国际货物运输保险条款

在国际贸易中,往往货物运输路途遥远、运输时间较长,可能因遇到自然灾害和意外事故导致货物受到损失,面临较大的运输风险。而且国际贸易的货物数量和金额往往比较大,一旦货物发生风险损失,而货主又得不到补偿,将遭受很大的损失。因此,为了保障货物在遭受损失时能得到经济补偿,买方或卖方需要办理货物运输保险。

第一节 保险概述

一、保险定义

《中华人民共和国保险法》将保险的定义表述为:"保险,是指投保人根据合同约定,向保险人支付保险费,保险人对于合同约定的可能发生的事故因其发生所造成的财产损失承担赔偿保险金责任,或者当被保险人死亡、伤残、疾病或者达到合同约定的年龄、期限等条件时承担给付保险金责任的商业保险行为。"

从经济意义上看,保险是以集中起来的保费建立基金,对被保人受到保险责任范围内的损失给予补偿的一种制度。从法律意义上看,保险是一种合同行为,是一方同意补偿另一方损失的一种合同安排。同意提供损失赔偿的一方是保险人,接受损失赔偿的另一方是被保险人。投保人通过承担支付保险费的义务,换取保险人为其提供保险经济保障(赔偿或给付)的权利,这正体现了民事法律关系主体之间的权利和义务关系。

二、保险相关原则

(一)保险利益原则

保险利益原则(Insurable Interest Principle)又称可保利益原则,是指投保人对保险标的具有法律上承认的利益，体现了投保人或被保险人与保险标的之间存在的利害关系。如果保险标的受损并不会给投保人造成经济上的损失，则它对该保险标的不具有保险利益。被保险人在进行索赔时必须对遭受损失的保险标的具有保险利益，保险人才对被保险人进行损失赔偿。

国际货物运输保险同其他保险一样，要求被保险人必须对保险标的具有保险利益，但国际货物运输保险仅要求在保险事故发生时被保险人对保险标的必须具有保险利益。例如，在国际货物买卖中，如以 FCA、FOB、CFR、CPT 等条件达成交易，货物风险的转移以货物在装运港装上船或在出口国发货地或装运地交付承运人为界。在国际货物运输保险业务中，保险人可视为买方具有预期的保险利益而予以承保。

(二) 最大诚信原则

最大诚信原则是指保险合同双方当事人必须在订立和履行合同的过程中，诚实地、无保留地告诉对方与保险标的有关的重要事实，没有隐瞒，不逃避、不减少按合同规定对另一方应承担的责任。最大诚信原则主要涉及告知、陈述和保证三个方面的内容。

(三) 近因原则

近因是指引起事故发生的最直接的、最有效的、起主导作用或支配性作用的原因。近因原则（Principle of Proximate Cause）是在保险标的发生损失时，确定保险标的所受损失是否应予以赔偿的一项重要依据。保险人只对承保风险与保险标的损失之间有直接因果关系的损失负赔偿责任，而对保险责任范围外的风险造成的保险标的的损失不承担赔偿责任。近因原则在实践中，可以分为以下几种情况：

如果造成损失的原因只有一个，而这个原因又是保险人的承保责任范围内的，那么，这一原因就是损失的近因，保险人应负赔偿责任；反之，则不负赔偿责任。如果造成保险标的的损失的原因是两个或两个以上，就应做具体分析：

1) 如果损失是由多个原因造成的，且这些原因都在保险责任范围内，则该项损失的近因是保险事故，保险人应负赔偿责任；反之，保险人不负赔偿责任。

2) 如果损失是由多个原因造成的，且这些原因既有保险责任范围内的，也有保险责任范围外的，则应根据情况区别对待。如果前面的原因在保险责任范围内，后面的原因不在保险责任范围内，但后面的原因是前面原因导致的必然后果，则前面的原因是近因，保险人应负责赔偿。如果前面的原因不在保险责任范围内，后面的原因在保险责任范围内，后面的原因是前面原因导致的必然后果，则近因不在保险责任范围内，保险人不负责赔偿。

(四) 补偿原则

补偿原则（Principle of Indemnity）又称损害赔偿原则，是指当保险合同生效后，保险标的遭受保险责任范围内的损失时，保险人应当依照保险合同的约定履行赔偿义务。但保险人的赔偿金额不得超过保险单上的保险金额或被保险人遭受的实际损失。也就是说，保险赔偿是弥补被保险人由于保险标的遭受损失而实际失去的经济利益，被保险人不能因保险赔偿而获得额外的利益。

第二节 货物运输保险的承保范围

一、保障的风险

"风险"（Risk）是指某种事件或损失发生的不确定性。风险具有发生的客观性和损失的不确定性的特征，表现在：发生与否不确定，发生的时间不确定，发生的状况不确定，发生的后果不确定。

海上运输是最主要的国际货物运输方式，同时，海上运输的风险也最大，事故发生频繁。同时，海上运输保险起源最早、历史最久。在国际海运保险业务中保险公司所承保的风险可分为海上风险与外来原因引起的特殊风险两种。

（一）海上风险

海上风险（Perils of the Sea）一般是指起因于航海或附随于航海货物所发生的风险，又称海难，主要包括"自然灾害"和"意外事故"。

1）自然灾害（Natural Calamity）是指不以人类意志为转移的自然界力量所引起的灾害。在海上货物运输保险中，"自然灾害"并不是泛指一切由于自然界力量所引起的灾害。它一般仅指恶劣气候（Heavy Weather）、雷电（Lightning）、海啸（Tsunami）、地震或火山爆发（Earth Quake or Volcanic Eruption）等人力不可抗拒的灾害，这些灾害在保险业务中都有其特定的含义。

2）意外事故（Accidents）是特指船舶搁浅（Stranding）、触礁（Aground）、沉没（Sinking）、碰撞（Collision）、倾覆（Capsized）、失踪（Missing）、爆炸（Explosion）、火灾（Fire）或其他类似的出于偶然而非意料之中的原因所造成的事故。

需要注意的是，按照国际保险市场的一般解释，海上风险并非局限于海上发生的灾害和事故，那些与海上航行有关的发生在陆上或海陆、海河或与驳船相连接之处的灾害和事故。如地震、洪水、火灾、爆炸、海轮与驳船或码头碰撞，也属于海上风险。

（二）特殊风险

特殊风险（Specific Risk）又称外来风险，是指海上风险以外的其他外来原因所造成的风险，不属于基本保险承保范围内的风险。外来风险必须是意外的、事先难以预料的，而不是必然发生的，分为一般外来风险和特殊外来风险两类。

1）一般外来风险包括偷窃（Theft）、漏损（Leakage）、钩损（Hook Hole）、玷污（Contamination）、发潮发热（Sweat and Heating）、发霉（Mildew）、串味（Odour）、浪冲甲板（Washing over Board）、破碎（Breakage）、生锈（Rusting）、淡水雨淋损失（Fresh and Rain Water Damage）、短量（Shortage in Weight）等。

2）特殊外来风险是指军事、政治、国家政策法令以及行政措施等外来的风险，常见的有战争（War）、罢工（Strike）、暴动（Riot）、拒收（Rejection）。

海上货物运输风险分类见表20-1。

表 20-1 海上货物运输风险分类

风险种类	风险名称	风险内容
海上风险	自然灾害	恶劣气候、雷电、海啸、地震或火山爆发等
	意外事故	船舶搁浅、触礁、沉没、碰撞、倾覆、失踪、爆炸、火灾等
特殊(外来)风险	一般外来风险	偷窃、漏损、钩损、玷污、发潮发热、发霉、串味、浪冲甲板、破碎、生锈、淡水雨淋损失、短量等
	特殊外来风险	战争、罢工、暴动、拒收等

二、海上损失

海上损失（Maritime Loss）简称海损，是指被保险货物在海洋运输中由于海上风险和外来风险所造成的损失。按惯例，凡与海运连接的陆上运输和内河运输中所发生的货物损坏或丢失，也属于海损范围。按货物损失的程度，海损可分为全部损失和部分损失。

（一）全部损失

全部损失（Total Loss）简称全损，是指被保险货物全部遭受损失，包括实际全损和推定全损两种。

1. 实际全损

实际全损（Actual Total Loss）是指保险货物完全灭失，或货物完全变质，或货物已不可能归还保险人。构成实际全损的情况有以下几种：

1）保险标的完全灭失，如船只触礁沉没、货物沉入海底、棉花遇火焚毁、盐为海水所溶解。

2）保险标的物已丧失商业价值或失去原有用途，如面粉因海水浸入而呈糊状，饼干经海水浸泡后无法食用。

3）保险标的物的丧失已不能挽回，如船只被海盗劫去，虽然船、货本身并未遭受损失，但已流失而无再收回的希望，应视作被保险人已失去这些资产。

4）船舶失踪。在一段合理的时间内无音讯，则可被视为全部灭失。合理时间可为半年，也可更短或更长。

被保险货物在遭到实际全损时，被保险人可按其投保金额获得保险公司全部损失的赔偿。

2. 推定全损

推定全损（Constructive Total Loss）是指被保险货物在运输途中受损后，实际全损已经不可避免，或者为避免发生实际全损对之进行施救整理和恢复原状的费用，或者修复费用加上续运至目的地的费用总和估计要超过货物在目的地的完好状态的价值。具体而言，构成推定全损的情况有以下几种：

1）保险货物受损后，修理费用估计要超过货物修复后的价值。

2）保险货物受损后，修理和续运到目的地的费用，将超过货物到达目的地时的价值。

3）因承保风险致使被保险人丧失对货物的控制，而恢复这种控制不太可能。例如，船舶触礁，施救困难，船长已宣布弃船，装在船上的即可视为推定全损。

推定全损并非保险货物的实际全部灭失，换言之，保险货物日后尚有失而复得的可能，或仍有部分残值。因此，被保险货物发生推定全损时，被保险人可以要求保险人按部分损失赔偿，也可以要求按全部损失赔偿。如果被保险人要求按部分损失赔偿，保险人只能按部分损失给予赔偿，被保险人拥有残余物所有权；如果被保险人要求按全部损失赔偿，必须向保险人办理"委付"（Abandonment）手续，声明将保险货物的一切权利委付转让给保险人，并要求保险人按全损予以赔偿。保险人须在合理的时间内明示或默示地承诺将接受委付与否的决定，并通知被保险人方为有效，委付一经保险人接受，不得撤回。

（二）部分损失

部分损失（Partial Loss）简称分损，是指被保险货物的损失没有达到全部损失的程度。按照货物损失的性质，它又可分为共同海损与单独海损。

1. 共同海损

共同海损（General Average）是指载货船舶在海运途中，船、货遭遇共同危险，为了解除这一共同威胁，维护船与货的共同安全，或使航程得以继续完成，由船方有意识地、合理地采取救难措施而造成的某些特殊牺牲或支出的特殊费用。如一艘货船航行途中突遇风暴袭击，船身严重倾斜，船长为避免船只倾覆沉没，命令船员将舱内装运的一部分水泥抛弃入海以保持船身平衡，终使船舶安全。那么这种抛货行为就是为了避免船与货全部损失而采取的救难措施，被抛弃的货物属于特殊牺牲的货物，应通过共同海损理算，由有关受益方按照比例分摊，即共同海损分摊（General Average Contribution）。

构成共同海损需要具备以下条件，缺一不可。

1）必须确实遭遇危险，亦即共同海损的危险必须是实际存在的或不可避免发生的，而不是主观臆测的。如果仅凭主观臆断而导致的海损，最终被事实证明是错误的，那么发生的损失或造成的额外费用不列入共同海损。

2）措施必须是自愿的、有意识进行采取的，而且是合理的。所谓"有意识"，是指共同海损的发生必须是人为的，是有意识行为的结果，而不是遭遇海上风险不受人意识支配造成的结果。比如载货船舶发生火灾后，船方采取抢救措施，为了避免船与货遭受更大的损失，"采取抢救措施"就是人有意识行为的结果。

3）危险必须是威胁到船与货的共同安全。

4）必须是属于非常情况下的损失，且费用必须是额外的和有效的，也就是说经过采取某种措施后，船舶和货物的全部或一部分最后安全抵达航程的终点港或目的港，从而避免了船、货"同归于尽"的局面。例如，船方只有遇到台风后才能将船舶开进避风港避难，只有当船舶遇难以后才能求救等。

共同海损的牺牲和费用支出都是为使船舶、货物和运费免于损失。根据惯例,共同海损的牺牲和费用,应由受益方,即船舶、货物和运费三方按最后获救的价值的比例进行分摊,这种分摊称为共同海损分摊(General Average Contribution)。共同海损的分摊有两个原则:分摊以实际遭受的损失或额外增加的费用为准;无论是受损方还是未受损方,均应按获救价值比例分摊。国际上共同海损的理算一般按照1974年或1990年修订的《约克-安特卫普规则》办理。在我国,则一般按照《中国国际贸易促进委员会共同海损理算规则》(简称《北京理算规则》,Beijing Adjustment Rules)办理。

2. 单独海损

单独海损(Particular Average)是指被保险货物遭遇海上风险受损后,未达全损的程度,仅涉及单独一方的利益受损,只能由该利益所有者单独负担的一种部分损失。共同海损与单独海损均属部分损失,两者的主要区别在于:

1)单独海损是承保风险直接导致的损失,是由于自然灾害、意外事故或其他外来原因造成的损失,都是在意外的情况下偶然发生的船舶或货物的损失;共同海损则不是承保风险所直接导致的损失,而是为了解除船、货的共同危险而人为造成的损失。

2)承担损失的责任不同。单独海损的损失由损失方自行承担,而共同海损的损失则由各受益方按收益大小的比例共同分摊。

海上损失的分类见表20-2。

表20-2 海上损失的分类

风险种类	风险名称	风险内容
海上损失	全部损失	实际全损
		推定全损
	部分损失	共同海损
		单独海损

三、费用损失

海上风险还会造成费用损失(Charge Loss),费用损失包括施救费用和救助费用,保险公司也会对这两种费用予以赔偿。

(一)施救费用

施救费用(Sue and Labour Charge)又称损害防止费用,是指被保险货物在遭受承保范围内的灾害、事故时,被保险人或其代理人(如船长)或受让人为避免和减少损失而采取各种抢救或防护措施所支出的合理费用,属于被保险人或其代理人"自助"性质的行为所发生的费用。也就是说,采取"施救"措施的人必定是与保险标的具有直接经济利害关系的人。为了鼓励被保险人对受损的保险标的采取积极的抢救措施,减少灾害事故对被保险货物的损坏和影响,防止损失的进一步扩大,各国保险人对被保险人所支出的施救费用承担赔偿责任,赔偿金额以不超过该批被救货物的保险金额为限。

这里的"合理费用"主要包括两层含义:

1）如果保险标的在受损时经被保险人等抢救并支付了费用，却仍然没有获救而遭受了损失，保险人（承保人）除了赔偿保险标的的损失以外，还应在一定限度内再赔偿其施救的费用。

2）对保险标的损失和施救费用的赔偿，两项之和不得超过保险金额的两倍。与施救没有直接关联的费用以及超过了施救规定限额的费用，保险人不会支付。

（二）救助费用

救助费用（Salvage Charge）是指被保险货物在遭受承保范围内的灾害、事故时，经由第三人（不包括被保险人或其代理人、受雇人）采取救助行动并获得成功，由被救方支付给救助方的报酬。需要注意的是：在多数情况下，救助费用是为船、货各方的共同安全而支付的，属于船舶正常航行以外的费用，救助费用作为共同海损性质的费用由受益的船、货各方共同分担。保险人在赔付时，必须要求救助成功，在国际上，一般称为"无效果-无报酬"。

第三节 我国海洋运输货物保险的险别与条款

按照运输方式的不同，国际货物运输保险分为海上货物运输保险、陆上货物运输保险、航空货物运输保险、邮包运输保险及联合运输保险等。不同运输方式的货物保险，保险公司承保的责任有所不同，但所保障的范围都是相似的。由于海洋运输是国际贸易的主要运输方式且涉及的风险最大，为明确责任，各国保险公司对承保的海上风险与损失做了特定的解释。

一、承保责任范围

承保责任范围又称为保险险别，是指保险人对于风险和损失的承保责任范围。它是确定保险人与被保险人权利与义务的基础，也是保险人承保责任大小和被保险人缴付保险费多少的依据。投保人需要根据被保险货物的特点及航线、港口情况自行选择投保的险别。

中国人民财产保险股份公司（People's Insurance Company of China，PICC）根据实际需要和国际保险市场的习惯做法，于1956年制定了《中国保险条款》（China Insurance Clause，CIC）。经过多次修订，于2009年推出新的《货物运输保险条款》，作为2009年修订《中国保险条款》的重要组成部分，包括不同运输方式的货物运输保险条款，现行版本于2010年起使用。海洋运输货物保险的险别很多，按能否单独投保，可分为基本险和附加险两大类。基本险承保的是海上基本风险所造成的损失；附加险所承保的是由于外来风险所造成的损失，不能独立投保。

（一）基本险

基本险（Basic Risk）又称主险，是可以独立投保的险别，包括平安险、水渍险和一切险。

1. 平安险

平安险（Free from Particular Average，F.P.A）是习惯叫法，原意是"单独海损不负责赔偿"。投保这种保险，保险人对全损和分损中的共同海损要赔偿，但对于一般单独海损原则上不赔偿。平安险的责任范围包括：

1）被保险货物在运输途中由于恶劣气候、雷电、海啸、地震、洪水等自然灾害造成整批货物的实际全损或推定全损。

2）由于运输工具遭到搁浅、触礁、沉没、互撞与流冰或其他物体相撞及失火、爆炸等意外事故造成被保险货物的全部或部分损失。

3）在装卸或转船过程中由于一件或数件货物落海造成的全部或部分损失。

4）被保险人对遭受承保范围内危险的货物采取抢救、防止或减少货损措施所支付的合理费用，但以不超过该批货物的保险金额为限。

5）运输工具遭遇自然灾害或意外事故，需要在中途的港口避难港停靠，因而引起的装卸、存仓，以及运送货物所产生的特别费用。

6）共同海损的牺牲、分摊和救助的费用。

7）运输契约中如订有"船舶互撞责任"条款，根据条款规定应由货方偿还船方的损失。

2. 水渍险

水渍险（with Average，W.A.）的承保范围包括：

1）平安险的全部责任。

2）被保险货物在运输途中由于恶劣气候、雷电、海啸、地震、洪水等自然灾害造成的部分损失。

3. 一切险

一切险（All Risks，A.R.）并不是承保所有风险带来的损失，而是有具体的责任范围：

1）平安险和水渍险的所有责任。

2）货物在运输过程中因一般外来原因所造成的被保险货物的全部或部分损失。

（二）附加险

上述三种基本险的承保责任的范围是有限的，它们不可能满足被保险人对于某些被保险货物的特殊要求。于是，保险公司就在基本险的基础上，制定了一些附加险别。附加险（Additional Risks or Extraneous Risks）是对基本险的补充和扩大，但只能在已投保一种基本险的基础上才可加保。它分为一般附加险和特殊附加险两种，分别承保由于一般外来原因和特殊外来原因所造成的损失。

1. 一般附加险

一般附加险（General Additional Risk）包括以下几类：

1）偷窃、提货不着险（Risk of Theft, Pilferage and Non-delivery），是指保险公司对偷窃行为及货抵目的地后全部或整件未交的损失负责按保险价值赔偿。

2）淡水雨淋险（Fresh Water Rain Damage），是指保险公司对货物在运输过程中由于淡水、雨水以及冰雪融化所造成的损失负责赔偿，但包装外部应有雨水或淡水痕迹或有其他适当证明。

3）短量险（Risk of Shortage），是指对因外包装破裂或散装货物发生数量散失和实际数量短少负责赔偿。但是在发货时已短少者，应属于短装，此外如挥发性油类的挥发、樟脑升华、谷类、咖啡豆等在运输途中自然干燥以至于斤两不足者，属于正常的短损（Ordinary Shortage），均不在本险的承保范围之内。

4）混杂、玷污险（Risk of Intermixture and Contamination），是指对被保险货物在运输过程中混进杂质或受到油脂类玷污所造成的损失负责赔偿。

5）渗混险（Risk of Leakage），是指对流质、半流质的液体货物及一些粉状物质在运输途中因容器损坏而引起的渗漏损失负责赔偿。

6）串味险（Risk of Odour），是指对被保险货物在运输途中因受其他带异味货物的影响而造成串味的损失予以赔偿。如中药材、化妆品因受到一起堆储的皮革、樟脑等异味的影响而使品质受到损失。

7）碰损、破碎险（Risk of Clash and Breakage），是指对因震动、碰撞、受压而造成货物碰损和破碎的损失负责赔偿。如电视机在运输途中由于受到震动、颠簸，玻璃、瓷器等由于装卸野蛮或运输工具的颠簸而造成的损坏。

8）受潮、受热险（Risk of Sweat and Heat Damage），是指对货物在运输途中因受气温变化或水蒸气的影响而使货物变质的损失负责赔偿。如货物装在船舱内运输时，昼间日晒舱内温度升高，水分化为蒸汽上升，夜间气温下降，蒸汽凝为水滴，滴在货物上使之受损。农产品或水产品、纸张等易因这种情况受潮或受热。

9）钩损险（Hook Damage），是指对被保险货物在装卸过程中因为使用手钩、吊钩等工具被钩破所造成的损失负责赔偿。如粮食包装袋因吊钩钩破而造成粮食外漏，不宜用钩的货物常需加保钩损险。

10）包装破损险（Damage Caused by Breakage of Packing），是指对因装运或装卸不慎，包装破裂所造成的损失，以及为续运安全需要对包装进行修补或调换所支付的费用，均负责赔偿。

11）锈损险（Risk of Rust），是指对运输过程中货物发生的锈损负责赔偿。

当投保险别为平安险或水渍险时，可加保上述11种一般附加险中的一种或数种险别。但若投保一切险，就不需要再加保一般附加险。

2. 特殊附加险

特殊附加险（Special Additional Risk）是指由于军事、政治、国家政策法令以及行政措施等特殊外来原因所引起的风险与损失的险别。PICC承保的特殊附加险主要包括以下几种：

1）战争险（War Risk），是指对直接由于战争、类似战争行为和敌对行为、武装冲突或海盗行为，以及由此而引起的捕获、拘留、扣留、紧制、扣押所造成的损失负责赔偿，或对由于各种常规武器（包括水雷、鱼雷、炸弹）所致的损失以及由于上述责任范围而引起的共同海损的牺牲、分摊和救助费用负责赔偿，但对原子弹、氢弹等热核武器所造成的损失不负责赔偿责任。

2）罢工险（strikes risk），是指保险公司对因罢工者、停工工人、参加工潮、暴动和民众战争的人员采取行动所造成的承保货物的直接损失负责赔偿。已保战争险后另加保罢工险，可不另增收保险费。

3）舱面险（on Deck Risk），是指对载于甲板上的货物被抛弃或被风浪冲击落水的损失负责补偿。由于货物装在舱面极易受损，保险人为避免承保的责任过大，一般只接受在平安险的基础上加保舱面险。随着集装箱运输的广泛运用，一般订有"货物可能装在舱面"的集装箱海运提单被普遍接受。在银行办理结汇时，已把这种提单视为清洁提单予以受理。保险人也把集装箱舱面货物等同装于舱内货物承保。

4）进口关税险（Import Duty Risk），是指当货物遭受承保责任范围以内的损失，而被保险人仍须按完好货物价值纳税时，保险公司对损失部分货物的进口关税负责赔偿。

5）交货不到险（Failure to Delivery Risk），是指对不论任何原因，已装船货物不能在预定抵达目的地的日期起6个月内交货的损失按全损赔偿。"交货不到险"与一般附加险中的"偷窃、提货不着险"的区别在于：后者主要是运输上的原因造成的，如偷窃；而前者则主要由于政治因素，如禁运造成的，货物很可能并非真的丢失了。

6）黄曲霉素险（Aflatoxin Risk），是指对被保险货物因所含黄曲霉素超过进口国的限制标准而被拒绝进口、没收或强制改变用途所遭受的损失负责按损赔偿。

7）拒收险（Rejection Risk），是指对由于进口国政府或有关当局发布禁令导致的货物被拒收造成的损失负责赔偿。

8）出口货物到香港（包括九龙在内）或澳门地区存仓火险责任扩展条款。

二、责任起讫

保险的责任起讫又称保险期间或保险期限，是指保险人承担责任的起讫时间范围。

（一）基本险的责任起讫

CIC基本险承保责任的起讫范围采用"仓至仓"条款，即保险公司所承担的保险责任从被保险货物运离保险单所载明的启运港（地）仓库或储存处开始，一直到货物运抵保险单所载明的目的港（地）收货人的仓库为止。

（二）附加险的责任起讫

战争险的责任起讫是以"水上危险"为限，即自保险单所载明的启运港装海轮或驳船时开始，到卸离保险单所载明的目的港的海轮或驳船为止。如货物不卸离海轮或驳船，则以海轮到达目的港的当日午夜00：00起算满15天保险责任自行终止。罢工险保险责任起讫也是采取"仓至仓"原则。按国际保险业惯例，只要投保人已投保战争险就不再另收保险费，而且一般都与战争险同时承保。

三、除外责任

保险公司的除外责任（Exclusion），即在保险条款中明确规定不予承担的损失或费用，目的是明确保险人、被保险人和发货人各自对损失应负责任划分。

在基本险别下，对于下列风险引起的损失不予赔偿。

1）被保险人的故意行为或过失造成的损失。
2）属于发货人责任所引起的损失。
3）在保险责任开始前，被保险货物已存在的品质不良或数量短差所造成的损失。
4）被保险货物的自然损耗、本质缺陷、特征以及市场价格跌落、运输延迟所引起的损失和费用。
5）战争险和罢工险条款的承保责任和除外责任。

在附加险下，除外责任包括：
1）战争险的除外责任：对由于敌对行为使用原子弹或热核制造的武器导致被保险货物的损失和费用不负责赔偿。
2）罢工险的除外责任：对由于罢工行动所造成的承保货物的间接损失不负责赔偿。

四、赔偿处理

当海运进出口货物遭受承保范围内的损失时，具有保险利益的人（可能是投保人、被保人、保险单的受让人）应在分清责任的基础上确定索赔对象，备好必要的索赔证据，并在索赔时效（一般为2年）内提出索赔。

（一）出口索赔与理赔

由于货运保险一般为定值保险，如果货物遭受全部损失，应赔偿全部保险金额，如遭受部分损失，则应根据受损程度正确计算和合理确定赔偿金额。PICC承保的出口货物，在到达国外目的地（港）后发现货物受损，收货人或其代理人一般都按保险单规定委请指定的检验人对货物进行检验，并出具检验报告。由国外买方凭检验报告连同有关权益证明书、保险单证直接向保险公司或其代理人提出索赔。

（二）进口索赔与理赔

保险公司承保的进出口货物到达国内后，如发现货损，在港口的收货人应立即通知当地的保险公司，在内地的收货单位应立即通知当地的保险公司，并会同有关部门进行联合检验，出具检验报告。然后收货人根据联合检验报告所提供的货物损失金额或损失程度，向卸货港的保险公司索赔。申请联合检验的期限，一般最迟不要超过保险费责任终止日前10天。

第四节 伦敦保险协会的海运货物保险条款

英国的保险业历史悠久，伦敦保险协会是世界上最早，也是规模和影响最大的保险机构之一。英国伦敦保险协会于1912年制定了《协会货物条款》（*Institute Cargo Clause*，ICC），后经多次补充和修改，它已经成为世界上影响最大、最具代表性的海运货物保险条款之一，现行的版本按2009年1月1日修订公布的实行。目前，我国贸易业务中若出口采用CIF贸易术语，进口采用FOB和CFR贸易术语，通常采用CIC保险条款，但有时也应国外客户的要求采用ICC保险条款投保。

一、ICC 条款的险别

目前,《协会货物条款》的海运货物保险主要险别为六种:

1) 协会货物(A)险条款(Institute Cargo Clauses A,ICC(A))。责任范围最广,相当于 PICC 的一切险。

2) 协会货物(B)险条款(Institute Cargo Clauses B,ICC(B))。类似于 PICC 的水渍险。

3) 协会货物(C)险条款(Institute Cargo ClausesC,ICC(C))。类似于 PICC 的平安险。

4) 战争险(War Risk)。

5) 罢工险(Strike Risk)。

6) 恶意损害险(Malicious Damage Risk)。承保的是被保险人以外的其他人的故意破坏行为导致的损失。

上述六种险别中,只有恶意损害险属于附加险别,不能单独投保,ICC(A)中实际已包括这一险别,在 ICC(B)和 ICC(C)险中可加保这一险别。因此,除 ICC 的(A)、(B)、(C)三种险别可以单独投保外,必要时,战争险和罢工险在征得保险公司同意后,也可作为独立的险别进行投保。

二、ICC 承保责任范围和除外责任

(一) ICC 各险别的承保责任范围

以上六种险别中,ICC(A)险相当于中国保险条款中的一切险,其责任范围更为广泛,故采用承保"除外责任"之外的一切风险的方式表明其承保范围;ICC(B)险大体上相当于水渍险;ICC(C)险相当于平安险,但承保范围较小些。ICC(B)险和 ICC(C)险都采用列明风险的方式表示其承保范围。

各险别承保范围见表 20-3。

表 20-3 ICC(A)险、ICC(B)险、ICC(C)险的承保范围

责任范围(Risk Covered)	ICC(A)	ICC(B)	ICC(C)
1. 火灾、爆炸	√	√	√
2. 船舶、驳船的触礁、搁浅、沉没或倾覆	√	√	√
3. 陆上运输工具的倾覆或出轨	√	√	√
4. 船舶、驳船或运输工具与除水以外的任何物体碰撞或接触	√	√	√
5. 在避难港卸货	√	√	√
6. 地震、火山爆发或闪电	√	√	×
7. 共同海损牺牲	√	√	√
8. 抛货	√	√	√
9. 浪击落海	√	√	×
10. 海水、湖水或河水进入船舶、驳船、船舱或运输工具、集装箱或储存所	√	√	×
11. 在船舶、驳船装卸整件货物时,货物整件落海或掉落	√	√	×
12. 由于被保险人以外的其他人的故意违法行为所造成的损失或费用	√	×	×
13. 海盗行为	√	×	×
14. 除外责任范围以外的一切风险	√	×	×

注:"√"表示在承保的范围内,"×"表示不在承保范围内。

(二) ICC 各险别的除外责任

表 20-3 中列明了 ICC（A）险、ICC（B）险和 ICC（C）险各险别的承保范围，除此之外，它们还有一些共同的除外责任，包括：被保险人的故意行为所造成的损失和费用；被保险货物的正常渗漏；重量与容量的自然损耗；被保险货物包装或准备不足或不当所造成的损失或费用；保险标的物的内在缺陷或特征造成的损失或费用；直接由于延迟所造成的损失或费用；由于船舶所有人、经理人、租船人或经营人破产或不履行债务所引起的损失和费用；由于使用任何原子武器或核裂变等造成的损失或费用；船舶不适航，船舶、装运工具等不适运除外责任；战争除外责任和罢工除外责任。

(三) ICC 战争险条款

ICC 战争险条款（Institute War Risk）的责任范围包括：战争、内战、革命、叛乱或由此引起的内乱，或交战国或针对交战国任何敌对行为造成的损失或费用；捕获、拘留、扣留以及这种行为的后果或这方面企图造成的损失或费用；遗弃的水雷、炸弹或其他遗弃的战争武器造成的损失或费用。

(四) ICC 罢工险条款

ICC 罢工险（Institute Strikes Risk）责任范围包括罢工、被迫停工、工潮、暴动或民变造成的损失或费用。

第五节　进出口货运保险实务和国际货物买卖合同中的保险条款

一、进出口货运保险实务

(一) 投保险别的选择

保险公司承担的保险责任是以投保的险别为依据的。险别不同，保险公司承担的责任范围不同，保险费率不同，对被保险货物的风险损失的保障程度就不同，投保人需支付的保险费用也不同。因此，选择合适的险别是十分重要的。对投保险别的选择，一般考虑以下几方面因素：

1. 货物的特性

不同特性的货物，在运输途中可能遭遇的风险和发生的损失往往有很大的差别。因此，在投保时必须充分考虑货物的性质和特点，分析各种风险对货物致损的影响程度，并以此确定适当的险别。例如，含水量较高的商品，在运输途中如果通风设备不良，容易发热而致霉变，也会因为运输途中水分蒸发，造成短量。对于此类商品，一般可以在投保水渍险的基础上加保短量险和受潮、受热险。

2. 货物的包装

包装的主要作用是保护商品，货物在运输及装卸转运过程中，常因包装不良或不适而造成质量上或数量上的损失，特别是一些容易破损的包装，对货物致损影响很大。因此，在办理投保和选择险别时，对货物包装状况予以考虑，避免在运输过程中因包装问题对货物造成损害。

3. 运输路线及船舶停靠港口

海运中船舶的航行路线和停靠的港口不同，对货物可能遭受的风险和损失也不同。例如，某些航线途经气候炎热的地区，如果载货船舶通风不良，就会增大货损的概率；在海盗经常出没的海域内航行，货船遭受意外损失的可能性也大。同时，由于不同港口在设备、装卸能力以及安全程度等方面有很大差异，进出口货物在港口装卸时发生货损货差的情况也有所不同。所以在投保前对上述情况应调查清楚，考虑可能发生的货损，以便选择合适的险别。

（二）保险金额的确定与保险费的计算

1. 保险金额的确定

保险金额（Insured Amount）是被保险人对被保险货物的实际投保金额，也是被保险人据以计算保险费的基础和赔偿的最高数额，即全损赔偿的最高限度。在进口贸易中，保险公司承保的进口货物的保险金额，原则上一般按货物的 CIF 价计算。因此，按 FOB 或 CFR 条件进口时，为计算简便起见，一些企业可与保险公司签订预约保险合同，共同议订平均运费率（也可按实际运费计算）和平均保险费率，保险金额的计算公式为

$$\text{FOB 保险金额} = \text{FOB 价} \times (1 + \text{平均运费率} + \text{平均保险费率}) \tag{20-1}$$

$$\text{CFR 保险金额} = \text{CFR 价} \times (1 + \text{平均保险费率}) \tag{20-2}$$

保险公司承保的出口贸易的保险金额，一般习惯按出口成本加运费、保险费，再加成 10% 计算，即按 CIF 发票金额的 110% 计算。10% 的保险加成是作为买方的费用和预期利润，但基于实际情况买方要求保险加成超过 10% 时，也可酌情考虑。如果买方要求按较高的金额投保，而保险公司也同意承保，卖方亦可接受，但由此而增加的保险费在原则上应由买方承担。CIF 保险金额的计算公式为

$$\text{CIF 保险金额} = \text{CIF 总值} \times (1 + 10\%) \tag{20-3}$$

在我国出口业务中，CFR 和 CIF 是两种常用的贸易术语。鉴于保险费是按 CIF 货值为基础的保险额计算的，两种术语价格按式（20-4）换算。

$$\text{CIF} = \text{CFR} / [1 - \text{保险费率} \times (1 + \text{加成率})] \tag{20-4}$$

2. 保险费的计算

保险费则是保险人因承担保险赔偿责任向被保险人收取的费用，它通常按保险金额的一定百分比收取，这一百分比即保险费率。投保人按约定方式缴纳保险费是保险合同生效的条件。其计算公式为：

$$\text{保险费} = \text{保险金额} \times \text{保险费率} \tag{20-5}$$

保险公司承保时，通常根据货物的性质收取相应的保险费。对于那些在运输途中容易丢失或损坏的货物收费就要高一些；反之，就相应低一些。因此，各进出口公司应按不同货物的保险费率来核算并对外报价。

（三）投保程序

1. 出口货物保险程序

我国出口货物一般采取逐笔投保的办法。如按 CIF 成交，保险由卖方办理，即由我

方及时向保险公司办理投保手续。具体做法是：在备妥货物和确定装船出运后，按规定格式填制投保单，具体载明：被保险人名称，保险货物的项目、数量、包装及标志、保险金额，运输工具的种类和名称，承保险别，保险起讫地点，起运日期等，向保险公司投保，缴纳保险费。然后由保险公司出立保险单（或其他保险凭证），该凭证是出口人向银行议付货款的必备单证之一，也是被保险人索赔和保险公司理赔的主要依据。

2. 进口货物保险程序

我国进口货物多按 CFR 或 FOB 成交，因此要由我方各进口商负责向保险公司办理保险。为了简化手续，保险公司会与进出口公司签订预约保险合同，凡贸易合同规定由我方办理保险的，都属于预约保险合同范围之内，由保险公司负自动承保的责任。被保险人在知悉每批货物启运时，应以书面定期通知保险公司，告知船名、开航日期及航线、货物品名及数量、保险金额等项内容，即作为向保险公司办理了投保手续，无须填制正式投保单。如果被保险人未按预约保险合同的规定办理投保手续，则货物发生损失时，保险公司不负赔偿责任。

保险的目的在于保障被保险的标的在遭受意外风险损失时能获得补偿，所以投保人应当在风险可能出现之前办理投保，所以投保时如果被保险的标的已经发生损失，保险理当无效。但在实际业务中，投保时货物在外地或运输途中已经发生损失的事也是常有的，所以国际货物运输保险的习惯公认，投保时货物已经发生损失，只要是出于善意，保险仍然有效。但是，如果投保人投保时已经知晓被保险货物发生损失而隐瞒，保险人不知情的情况下，保险则无效。

投保人向保险人投保是一种签订契约的法律行为，习惯上以书面形式（投保单）提出邀约，经保险人承诺，双方就确立了契约关系。被保险人填制投保单时，应注意以下几方面问题：

1）申报必须真实。保险是建立在最大诚信原则基础上的契约关系，保险人是否承保，一般只根据投保单列明的资料进行审核，并据此计算保险费，签发保险单。如所报情节不实或隐瞒，都会导致保险契约无效。

2）投保单内容应符合合同或信用证规定，如货物的名称、数量、装卸港口、投保险别等，应与进出口合同、信用证有关规定相一致，否则，根据投保单签发的保险单可能遭到买方或银行的拒付。

3）保险金额，投保险别，被保险货物的名称、数量、包装，以及载货船舶航程、启航日期等是投保单的重要内容，关系到保险费计收以及未来的赔偿，被保险人须慎重对待，正确填写。

（四）海运保险合同的形式

1. 保险单

保险单（Ansurance Policy）俗称"大保单"，背面有保险公司印就的明确规定保险人与被保险人双方权利和义务的保险条款。保险单是投保人和承保人之间订立正式保险合同的书面凭证。

2. 保险凭证

保险凭证（Insurance Certificate）俗称"小保单"或"简式保单"，背面没有保险条款。但保险凭证的正面格式、内容及其法律效力等与保险单没有差别。

3. 预约保险单

预约保险单（Open Policy）又叫"开口保险单"，是保险人对被保险人将要装运的属于约定范围内的一切货物自动承保的，而又没有总保险金额限制的预约保险总合同。合同中一般只规定承保货物的范围、险别、费率、保险合同生效期限，以及双方当事人的其他相关权利和义务等。

4. 联合凭证

联合凭证（Combined Certificate）是保险公司将承保险别、保险金额和保险编号加列在外贸公司开具的出口货物商业发票上，作为已经承保的证据。它是发票与保险单相结合的一种凭证，目前使用较少。

二、国际货物买卖合同中的保险条款

国际货物买卖合同的保险条款主要包括以下内容：

1）保险金额：一般为 CIF 或 CIP 价值的 110%。
2）投保的险别：最好事先规定得明确、具体，因为涉及合同的价格问题。
3）投保险别所依据的保险条款：依据的保险条款与具体承保的保险公司没有必然的联系，是指该保险合同受某一种保险条款约束。

【保险条款示例】

Insurance to be covered by the seller for 110% of total invoice value against All Risks, War Risk and SRCC as per the relevant Ocean Cargo Clause of the People's Insurance Company of China dated Jan. 1, 2010.（保险由卖方按发票总金额的 110% 投保一切险、战争险和罢工暴动民变险，以中国人民保险公司 2010 年 1 月 1 日的有关海洋运输货物保险条款为准。）

【本章小结】

1. 在国际海运保险业务中保险公司所承保的风险可分为海上风险与特殊风险两种。海上风险主要包括自然灾害和意外事故。特殊风险可分为一般外来风险和特殊外来风险两类。

2. 海上损失是由海上风险和外来风险造成的损失，可分为全部损失和部分损失。全部损失分为实际全损和推定全损；部分损失分为共同海损与单独海损。海上风险还会造成费用损失，分为施救费用和救助费用。

3. 我国海洋货物运输货物保险承保范围分为基本险和附加险两大类，基本险包括平安险、水渍险和一切险；附加险有一般附加险和特殊附加险两种。英国伦敦保险协会制定的《协会货物条款》的海运货物保险有 ICC（A）、ICC（B）、ICC（C）、战争险、罢工险、恶意损害险。

4. 在实际业务中，我国的出口货物通常采用逐笔投保的方式，进口货物通常采用预约保险的方式。国际货物买卖合同中的保险条款主要包括保险金额、投保的险别、投保险别所依据的保险条款。

【习题与思考】

1. 在海运货物保险中，保险公司承保哪些风险、损失和费用？
2. 施救费用与救助费用的区别是什么？
3. 何谓共同海损？它与单独海损有何区别与联系？
4. 伦敦保险协会的保险条款主要包括哪些险别？简述 ICC（A）、ICC（B）和 ICC（C）险的承保责任范围与 PICC 的平安险、水渍险和一切险之间的关系。
5. 内地出口一批工艺品至香港，货价 FOB1,000 港元，运费 70 港元，加一成投保一切险和战争险，一切险费率为 0.25%，战争险费率为 0.03%。试计算投保额和保险费应是多少。

【案例分析】

1. 我国某外贸公司按 CIF 贸易术语出口 1,000 箱彩电，投保平安险，装船时有 2 箱因吊钩脱扣而落海，问：这一损失保险公司是否赔偿？如采用 CFR 或 FOB 贸易术语，保险公司也负责赔偿吗？

【案例解析】根据 PICC 的条款，平安险的责任之一是：在装卸或转运时由于一件或数件货物整件落海造成的全部或部分损失，保险公司负责赔偿。据此，本案例所述之损失完全可以向保险公司进行索赔。

在按 CFR 或 FOB 条件出口的情况下，在货物未装上船之前，一切风险和损失应由卖方承担。而且买方按 FOB 条件在国外进行投保时，在一般情况下，保险公司都不承担装船前的风险。除非买方应出口方要求加保"Before Loading Risk"（装货前风险）或者出口方在国内保险公司投保"仓至船"这一段的保险，才可以向保险公司提出索赔。

2. 某货物在运输过程中起火，大火蔓延到机舱，船长下令往舱内灌水灭火，火虽被扑灭，但由于主机受损，无法继续航行，于是，船长决定雇用拖轮将货船拖到附近港口修理。事后调查，造成的损失有：(1) 1,000 箱货被火烧毁；(2) 600 箱货由于灌水灭火受到损失；(3) 主机和部分甲板被烧毁；(4) 额外增加的燃油和船长、船员的工资。

试分析以上各种损失的性质，并指出至少应投保何种险别，保险公司才负责赔偿。

国际贸易理论与实务

第二十一章 国际贸易货款结算条款

在国际货物贸易中,货款的结算是非常重要的一个环节,它关系到买卖双方的利益。何时、何地、以何种方式付款成为买卖双方共同关心的问题,因此,在合同中支付工具、支付方式和支付条款必须明确规定。

第一节 票据

国际贸易货款的收付,大多使用票据而非现金进行结算。票据是国际通行的结算和信贷工具,作为货款支付工具的常见票据包括汇票、本票和支票,其中汇票的使用最为广泛。

一、票据的概念

本书所提到的票据是指狭义的票据,包括汇票、本票和支票,是指由出票人签发的、约定自己或者委托付款人在见票时或在指定的日期向收款人或持票人无条件支付一定金额的有价证券。狭义票据具有以下四个特性:

(1) 流通性 票据所有权可以通过背书交付和无背书交付进行转让,不必通知债务人。如果受让人是以善意并支付对价而获得票据的,受让人获得票据的全部法律权利且不受前手权利缺陷的影响,甚至可以得到让与人没有的权利。这个特性使票据能被受让人接受从而得以流通。

(2) 无因性 票据的有效性不受票据原因的影响。票据当事人之间的权利和义务完全独立于其他因素,不会因票据基本关系是否有缺陷而受影响。对于票据受让人来说,他无须调查出票和票据转让的原因,只要票据记载合格,符合法定要式,他就能取得票据文义载明的权利。

（3）要式性　票据必须按法定方式做成，其形式和内容必须完全符合《中华人民共和国票据法》（以下简称《票据法》）。票据上记载的要项必须齐全、符合要求且记载完全。另外，票据的签发、转让、提示、承兑、付款、追索和保证等行为方式均应符合法定要式。

（4）文义性　票据当事人的责任和权利，完全根据票据上所记载的文义来解释。票据的债权人可依票据文义行使权利，票据债务人也仅对票据文义负责。任何人都不得以票据文义之外的事情改变票据权利义务。背书人更改票据法定事项，也只对其后手有效，而不能让其前手按更改以后的文义承担票据责任。

二、汇票

（一）汇票的概念

根据英国《票据法》，汇票（Bill of Exchange，Draft）是由出票人向另一人签发的，要求即期、定期或在可以确定的将来的时间，向某人或其指定人或来人无条件地支付一定金额的书面命令。根据我国《票据法》，汇票是出票人签发的，委托付款人见票即付或者在指定日期无条件支付确定的金额给收款人或者持票人的票据。

（二）汇票的必要记载事项

根据我国《票据法》，汇票必须满足以下七项：

（1）表明"汇票"字样　这样做是为了与支票、本票等其他支付工具相区别。

（2）无条件支付的委托　汇票是一项付款委托书，且必须是无条件的，凡是附有条件的委托将使汇票失效。

（3）确定的金额　我国《票据法》第8条规定，票据金额以中文大写和数码同时记载，二者必须一致，二者不一致的，票据无效。持票人不得在票据上直接更改，只能重新出票。

（4）付款人名称　付款人又称受票人（Drawee），即接受支付命令付款的人，在进出口贸易业务中，通常是指进口商或其指定的银行。

（5）收款人名称　即受领汇票所规定金额的人，在进出口业务中，通常是出口商或其指定的银行。由于汇票可以自由转让，汇票的受款人也可能是与原来的进出口交易毫无关系的第三方。

（6）出票日期　出票日期的作用有三。首先，借以决定票据的有效期；其次，借以判明出票人当时有无行为能力；最后，若汇票为出票后定期付款的汇票，借以决定付款到期日和利息起算日。

（7）出票人签章　出票人是出具汇票、创设票据债权的人，票据必须经过出票人签章才能成立，这是公认的原则。在进出口贸易业务中，出票人通常是出口商或银行。

按照各国票据法的规定，汇票的要项必须齐全，否则受票人有权拒收。汇票不仅是一种支付命令，而且是一种可转让的流通证券。图21-1所示为汇票示例。

（三）汇票的分类

（1）银行汇票和商业汇票　由银行开立的汇票，即银行汇票（Banker's Bill），它

```
                        BILL   OF   EXCHANGE
          No.：BSITC2023051501
          Exchange for USD3,000.00    CHINA BEIJING   May. 15, 2023
          AT 90 DAYS AFTER SIGHT pay to the order of BLUE SKY  TRADING
          COMPANY
          The sum of   three thousand US dollars only.
          Drawn under L/C Number: BCNYB2023041501   date: April. 15, 2023
          To: BANK OF CHINA NEWYORK BRANCH
          译：
                              汇票
          汇票编号：BSITC2023051501
          汇兑USD3，000.00中国北京，2023年5月15日
          见票后90天付款给蓝天贸易公司
          总计3000美元
          开立信用证号码：BCNYB2023041501，日期：2023年4月15日
          付款行：中国银行纽约分行
```

图 21-1 汇票示例

一般是银行应汇款人的要求，开立以汇入行为付款人的汇票，这种汇票一般由汇款人直接寄交收款人，收款人凭票向汇入行取款。在国际贸易中，凡由出口商签发，向进口商或银行收取货款或其他款项的汇票，都属于商业汇票（Commercial Draft）。

（2）光票和跟单汇票　汇票按流转时是否附有提单、发票、保险单等货运单据，可分为光票（Clean Bill of Exchange）和跟单汇票（Documentary Bill）两种。前者是指不附货运单据的汇票，即只凭汇票付款，不附交任何单据。跟单汇票是指附有单据的汇票，出票人必须提交约定的货运单据才能取得货款。受票人必须在付清货款或提供一定保证后，才能取得货运单据，提取货物。

（3）即期汇票和远期汇票　凡汇票上规定见票即付的称为即期汇票（Demand Bill）。凡汇票上规定付款人在将来一个可确定的日期付款的称为远期汇票（Date Bill）。关于远期汇票的付款时间，有以下几种规定办法：

1）见票后若干天付款（At ×× days after sight）。

2）出票后若干天付款（At ×× days after date）。

3）提单签发日后若干天付款（At ×× days after date of Bill of Lading）。

4）指定日期付款（Fixed Date）。

一张汇票往往可以同时具备几种性质，例如，一张商业汇票同时又可以是即期的跟单汇票，一张远期的商业跟单汇票同时可能又是银行承兑汇票。

（四）汇票的使用流程

汇票的使用有出票、提示、承兑、付款等环节，如需转让，还需要经过背书。汇票遭到拒付时，还涉及做成拒绝证书和行使追索等法律流程。

（1）出票（Draw Bill）　出票即签发汇票，是指出口人根据合同签发汇票并交给收款人的行为。它由两个动作组成：一是由出票人写成汇票并在汇票上签字；二是由出票人将汇票交付给收款人。汇票通常需要签发一式两份，分别寄发以防丢失。其中一份写明"正本"或"第一份汇票"，另一份写明"副本"或"第二份汇票"，两份汇票具有

同等法律效力，但只对其中之一承兑和付款。为了防止重复承兑和付款，均分别写明"付一不付二"和"付二不付一"。

（2）背书（Endorsement） 背书是指在汇票背面签字表示汇票转让的意图。背书作为票据行为，它包括两个动作：一是在汇票背面签名或再加上受让人；二是交付给受让人。写成背书只是表明背书人有转让票据权利的意图，交付之后才算完成票据权利的转让。

背书是转让汇票权利的一种行为，即由原汇票持票人在汇票背面签上自己的名字，或再加上受让人（被背书人）的名字，并把汇票交给受让人的行为。对于受让人来说，所有在他以前的背书人以及原出票人都是他的"前手"。而对出让人来说，所有在他出让以后的受让人都是他的"后手"。前手对后手负有担保汇票必然会被承兑或付款的责任。一张远期汇票的持有人如想在付款人付款前取得票款，可以通过背书将汇票转让给贴现的银行或金融公司，由它们将扣除一定贴现利息后的票款付给持有人，这叫作贴现（Discount）。

（3）提示（Presentation） 提示是持票人将汇票提交付款人要求承兑或付款的行为。提示包括提示承兑和提示付款两种。提示承兑是指远期汇票持票人向付款人出示汇票，并要求付款人承诺付款的行为。提示付款是指汇票的持票人向付款人（或远期汇票的承兑人）出示汇票，要求付款人（或承兑人）付款的行为。需要注意的是，远期汇票的承兑和即期汇票的提示付款均应在法定期限内进行。

（4）承兑（Acceptance） 承兑是指付款人对远期汇票表示承担到期付款责任的行为，也是远期汇票特有的行为。付款人应当自收到提示承兑的汇票之日起3日内承兑或者拒绝承兑。当付款人承兑时，需由付款人在汇票正面写上承兑字样，注明承兑的日期，并由付款人签名，交还持票人。汇票一经承兑，付款人就成为汇票的承兑人，并成为汇票的主债务人，而出票人便成为汇票的从债务人（或称次债务人）。

（5）付款（Payment） 付款人向持票人支付汇票金额的行为称为付款。对即期汇票，在持票人提示汇票时，付款人即应付款；对远期汇票，付款人经过承兑后，在汇票到期日付款。持票人获得付款时，应当在汇票上签收，并将汇票交给付款人作为收据存查。汇票一经付款，汇票上的一切债权债务即告结束。

（6）拒付（Effect a Protest） 拒付是指付款人正式表示不付款或不承兑，因此，拒付可以分为拒绝付款和拒绝承兑两种。拒绝承兑付款人对于远期汇票拒绝承兑或对即期汇票拒绝付款，并不使他对持票人负有法律责任。但远期汇票一经承兑，承兑人必须承担到期付款的法律责任。

付款人或承兑人死亡、逃匿、被依法宣告破产或因违法被责令停止业务活动等情况，造成事实上不可能付款。当汇票被拒付时，最后的持票人有权向所有的"前手"直至出票人追索。为此，持票人应及时做成拒付证书（Protest），以作为向其"前手"进行追索的法律依据。图 21-2 所示为汇票的使用流程。

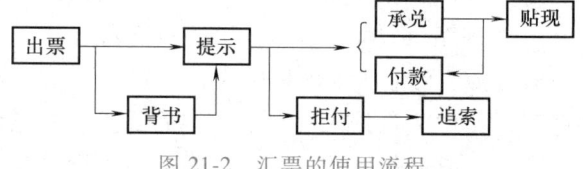

图 21-2　汇票的使用流程

三、本票与支票

(一) 本票

本票（Promissory Note）是一个人向另一个人签发的，保证于见票时或定期或在可以确定的将来的时间，对某人或其指定人或持票人支付一定金额的无条件的书面承诺。简言之，本票是出票人对受款人承诺无条件支付一定金额的票据。本票可分为商业本票和银行本票。由工商企业或个人签发的称为商业本票或一般本票；由银行签发的称为银行本票；商业本票有即期和远期之分，银行本票则都是即期的。在国际贸易结算中使用的本票大多是银行本票。

(二) 支票

支票（Check）是存款户对银行签发的委托银行对受款人在见票时无条件支付一定金额的票据。出票人在签发支票时应在付款银行存有不低于票面金额的存款。支票可以分为普通支票、现金支票及转账支票。普通支票既可提现，又可转账；现金支票只可提现，不可转账；转账支票只可转账，不可提现。支票只有即期，没有远期。用于远期支付时，填写出票日期可晚于实际日期。如在左上角画上两道平行线的支票，称为划线支票，这种支票的受款人只能通过往来银行代为收款入账；未经划线的支票即现金支票，受款人可直接凭以向付款银行提取现款。支票的有效期一般为 10 天，如过期向出票人再行开立。

第二节　常用的结算方式

在国际贸易中常见的支付方式有汇款、托收、信用证、银行保函、国际保理和福费廷业务。其中前三种是传统的国际结算方式，而后三种则是将融资和国际结算结合在一起，形成了新型的国际结算方式。

一、汇款

(一) 汇款的概念

汇款（Remittance）是指付款人通过银行或其他途径主动将款项汇交收款人。在国际贸易中，通常由买方按约定的时间和条件，通过银行将货款汇交给卖方。在汇款方式下，卖方能否按时收回约定的款项，完全取决于买方的信誉。其性质为商业信用，多用于交易金额较小的支付，如订金、运杂费用、佣金或尾款的支付。

(二) 汇款的当事人

在汇款业务中，通常有四个当事人：

(1) 汇款人（Remitter）　汇款人是向银行缴款付费，委托银行将款项汇交给国外债权人或收款人的人。在进出口贸易中，通常是进口商、被索赔的出口商或者其他需要移交款项的人。

（2）收款人（Payee or Beneficiary） 收款人是汇款人指定的收取款项的人，通常是出口商。

（3）汇出行（Remitting Bank） 汇出行是接受汇款人的委托，转托国外分行或代理行支付一定金额给指定收款人的银行，通常是汇款人所在地的银行。

（4）汇入行（Paying Bank） 汇入行是接受海外分行或代理行的委托，按其指示或支付命令，解付一定金额给收款人的银行，通常是收款人所在地的银行。

（三）汇款的种类

汇款的种类根据银行发送支付指令方式的不同可以分为信汇、电汇和票汇。

1. 信汇

信汇（Mail Transfer，M/T）是一种传统的国际支付方式，主要通过邮寄票据的方式进行资金转移。汇出行应汇款人的申请将信汇委托书寄给汇入行，授权解付一定金额的款项给收款人。信汇的优点是操作简便，不需要复杂的电子设备和专业知识，费用低廉，但速度较慢，收款的时间较迟。尽管如此，信汇在某些国家和地区仍然被广泛使用。但公开信息显示，信汇在国内银行对外国际结算业务中已停止使用。

2. 电汇

电汇（Telegraphic Transfer，T/T）是汇出行应汇款人的申请，拍发加押电报、电传或SWIFT给汇入行，授权解付一定金额给收款人的一种汇款方式。在电报或电传上，汇出行应加注双方约定的"密押"，以使汇入行核对金额和证实电报的真实性。虽然电汇的费用较高，但是收款人收到汇款的时间迅速，所以，我国的贸易越来越多地使用电汇方式收付货款。电汇使用流程如图21-3所示。

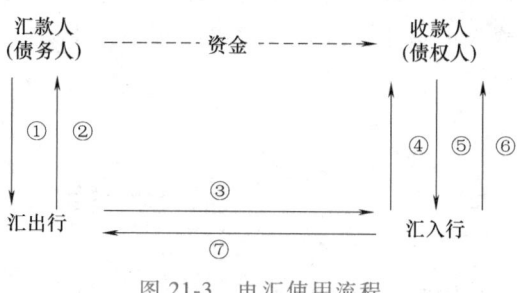

图21-3 电汇使用流程

电汇的使用流程为：①由汇款人（债务人）填写汇款申请书，并交款付费给进口银行，即汇出行；②汇出行将汇款回执交付给汇款人；③汇出行给汇入行发送汇款指示；④汇入行将汇款通知书通知给收款人（债权人）；⑤收款人提供收款人收据给汇入行；⑥汇入行对收款人进行付款；⑦汇入行将付讫借记通知书交由给汇出行。

3. 票汇

票汇（Demand Draft，D/D）是汇出行应汇款人的申请，代汇款人开立以其分行或代理行为解付行的银行即期汇票，支付一定金额给收款人的一种汇款方式。票汇的汇入行无须通知收款人提款，由收款人持票登门，且汇票常可转让流通。票汇多用于小额汇款以及国际贸易中从属费用的结算。

与信汇、电汇方式相比，票汇方式有很大的灵活性。在票汇业务中，只要抬头允许，取款人可以是汇款人自己，也可以是国外的债权人。信汇与电汇方式的收款人要接到汇入行的汇款通知后才能收款，而票汇方式的收款人可以主动持汇票收款。另外，信汇与电汇方式凭以取款的通知是不能在市场上进行转让的，而票汇方式使用的是银行汇票，可以进行背书转让或向国外银行进行贴现。

票汇使用流程如图 21-4 所示。

① 由汇款人（债务人）填写汇款申请书，并交款付费给进口地银行，即汇出行；② 汇出行开立汇票，并将汇票正本交汇款人；③ 汇款人将汇票寄给国外收款人；④ 汇出行给汇入行发送汇款指示；⑤ 收款人（债权人）向汇入行提示汇票；⑥ 汇入行对收款人进行付款；⑦ 在收款人成功收到款项之后，汇入行将付讫借记通知书交给汇出行。

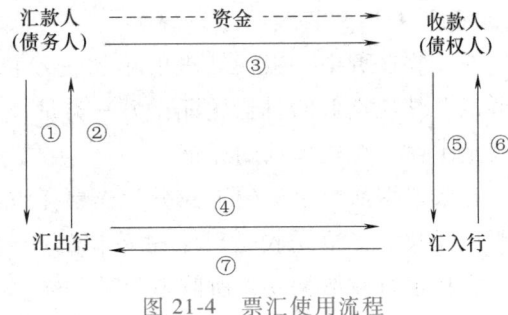

图 21-4 票汇使用流程

二、托收

（一）托收的概念

托收（Apply for Collection）是债权人（出口商）开立汇票连同相关的货运单据交给所在地银行，委托其通过国外的分支机构或代理行向债务人（进口商）收取款项的一种结算方式。

在目前的国际贸易结算中，托收方式所占的比重越来越大，已成为一种非常重要的国际贸易结算方式。托收一般通过银行办理，出口商完成发货后，将全套单据交给出口地的银行（托收行），由该行委托进口商所在地银行（代收行）向进口商收款。在托收中虽然有银行参与，但银行只是接受委托，代理收取货款，并没有一定完成收款的义务，银行没有审单的义务，也不承担审单的风险，所以托收属于商业信用。

（二）托收的当事人

在托收业务中，通常有四个基本当事人。

（1）委托人　委托人是开立汇票连同货运单据委托银行向国外进口商（买方）收取款项的人，是债权人，一般是出口商（卖方）。委托人对两个合同承担责任，即买卖合同和托收合同。

（2）托收银行　托收银行是指接受委托人的委托，转托其国外分行或代理行向债务人收取款项的银行，也可称为出口方银行、托收行或寄单行。其主要义务是执行委托人指示，按照国际商会《托收统一规则》（URC522）处理业务，审查委托申请书和单据等。

（3）代收银行　代收银行是接受托收银行的委托向债务人收取款项的进口地银行，大多是托收行的国外分支机构或代理行，一般也称为代收行。代收行承担审查委托书和核对、保管单据业务，将收到的款项划拨给托收行。

（4）付款人　付款人是向代收行支付款项的人，是债务人，一般为进口商（买方）。

按照一般国家的银行做法，委托人在委托银行办理托收时，须附具一份托收委托书，在委托书中明确提出各种指示，银行接受委托后，需要按照委托书的指示进行托收。

（三）托收的种类

在托收业务中，银行处理的单据一般包括两类：一类是金融单据，如汇票、本票、支票以及其他类似的付款凭证；另一类是商业单据，包括发票、运输单据、保险单据以及其他不属于金融单据的凭证。

托收根据所附单据的不同分为光票托收和跟单托收。国际贸易中货款的收取大多采用跟单托收。光票托收是对金融单据的托收，卖方仅凭开立汇票而不附带任何货运单据，委托银行收取款项，所收取款项的金额一般都不会太大，通常用于收取货款尾数、佣金、代垫费用、进口小额赔款和样品费等从属费用，大多是即期付款，远期付款的比较少。跟单托收是对商业单据的托收，可以附带金融单据，也可以不附带金融单据。由卖方开立汇票连同整套货运单据一起交给国内托收行，委托其代收货款。欧洲一些国家的出口商为了避免因签发汇票而支付印花税，一般都仅凭商业票据托收。

跟单托收根据交单条件的不同，分为付款交单和承兑交单。

1. 付款交单

付款交单（Document against Payment，D/P）是指出口商的交单以进口商的付款为条件，代收行根据出口商的指示，在进口商付清货款后，才向进口商交出货运单据。根据付款时间的不同，付款交单托收又可分为即期付款交单和远期付款交单两种。

即期付款交单是指出口商发运货物后，开立即期汇票连同全套货运单据交银行托收。当代收行向进口商提示汇票和单据时，进口商应立即付款，代收行在收到货款后将单据交付进口商。采用这种托收方式，原则上进口商在相关单据第一次提示的时候就应该付款。按照国际惯例，银行一般给进口商付款赎单的时间为 24h，以便进口商能在单据第一次提示后的下一个工作日内办理付款手续。实际业务活动中，有些进口商为了减少风险，往往会坚持在货物到达后再付款赎单。

远期付款交单是指银行提示远期汇票，进口商审核无误后在汇票上进行承兑，于汇票到期日付清货款后再领取货运单据。远期付款交单与即期付款交单方式的主要区别是进口商在银行第一次提示的时候应承兑汇票，然后去筹集资金，在承兑汇票到期后再付款才能取得全套货运单据。在远期付款交单条件下，对于资信较好的进口商，代收行允许进口商凭信托收据（Trust Receipt）借取货运单据，先行提货。所谓信托收据，就是进口商借单时提供的一种书面信用担保文件，用来表示愿意以代收行的受托人身份代为提货、报关、存仓、保险、出售，并承认货物所有权仍归银行。货物售出后所得的货款应于汇票到期时交银行。这是代收行自己向进口商提供的信用便利，而与出口商无关。因此，如代收行借出单据后，汇票到期不能收回货款，则代收行应对委托人负全部责任。但如系出口商指示代收行借单，就由出口商主动授权银行凭信托收据借给进口商，即所谓付款交单凭信托收据借单。进口商在承兑汇票后可以凭信托收据先行借单提货，日后如果进口商在汇票到期拒付，则与银行无关，应由出口商自己承担风险。

但不论是即期还是远期的付款交单，进口商都必须在付清货款后方能取得货运单据，即所谓的"付款赎单"。

【付款交单托收示例】

某公司于4月9日开出见票30天后付款的一张远期汇票（D/P），连同有关单据委托银行向国外客户收款。国外代收银行于4月19日向客户提示汇票，客户于当日办妥承兑手续。问：国外客户应在什么时候付清货款？什么时候取得单据？

这是远期付款交单D/P after sight。出口商开立远期汇票，通过银行向进口商提示，进口商予以承兑。进口商必须在汇票到期日前付清货款，然后才能取得货运单据。所以应在5月19日以前（包括当天）付清货款，付清货款后即可取得货运单据。

付款交单的托收使用流程如图21-5所示。

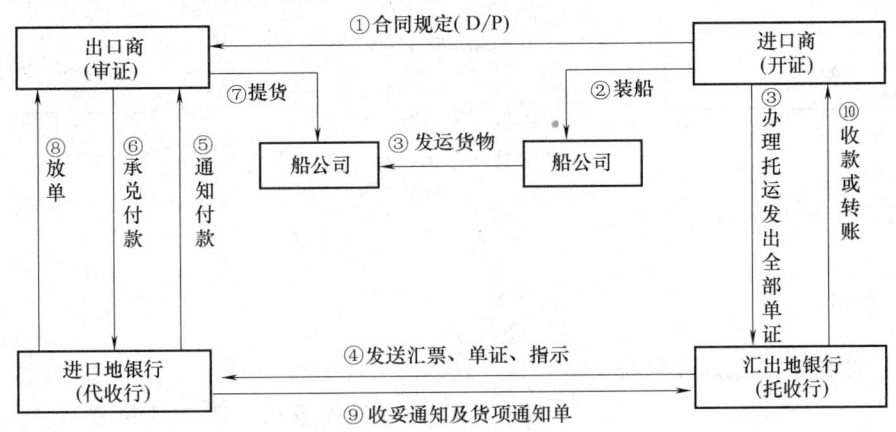

图 21-5　付款交单的托收使用流程

2. 承兑交单

承兑交单（Document against Acceptance，D/A）托收是指出口商发运货物后，开立远期汇票连同全套货运单据交银行托收，当代收行向进口商提示汇票和单据时，进口商对远期汇票进行承兑后，代收行将全套货运单据交付进口商，待承兑汇票到期时银行再向进口商提示要求付款的托收方式。

承兑交单中货运单据一经进口商承兑汇票后就交付给进口商，是出口商对进口商的资金融通。进口商无须付款即可得到物权，汇票到期时，如果进口商违约拒付，或者发生破产倒闭等事件而无力偿付货款，出口商就会陷于货、款两失的境地，因此承兑交单的方式风险很大，在我国对外贸易实务中很少使用。承兑交单的托收使用流程如图21-6所示。

（四）《托收统一规则》

在国际贸易中，各国银行在办理托收业务时，往往由于当事人各方对权利、义务和责任的解释不同，各个银行的具体业务做法也有差异，因而容易导致争议和纠纷。国际商会为调和各有关当事人之间的矛盾，以利于商业和金融活动的开展，曾于1958年草拟《商业单据托收统一规则》（Uniform Rules for Collection of Commercial Paper），于1979年起实施。后经修订于1995年颁布新的《托收统一规则》（URC 522），共7部分，包括：总则与定义，托收的形式和结构，提示的形式，义务与责任，付款，利息、手续费和费

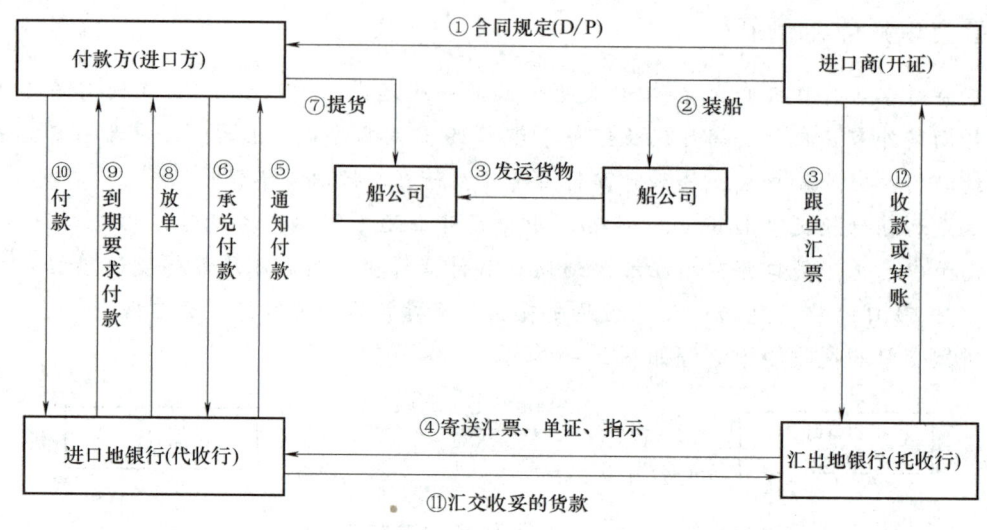

图 21-6 承兑交单的托收使用流程

用,以及其他条款规定。

三、信用证

(一) 信用证的概念及特征

信用证(Letter of Credit,L/C)是银行在一定条件下承担第一性付款责任的书面承诺。具体来说,它是银行(开证行)根据申请人(进口商的要求和指示)向受益人(出口商)开立的保证在一定期限内,凭规定的单据承兑和付款的书面保证文件。在信用证付款条件下,银行承担第一性付款责任,因此,信用证付款的性质属于银行信用。信用证的特征如下:

1. 开证行负担第一性付款责任

信用证是银行以自己的信用作为付款保证的文件,出口商直接凭相符合的单据取款,开证行作为第一付款人就应付款;即使信用证有保兑行、偿付银行(以下简称偿付行)等其他银行,若这些银行在单证相符的情况下拒绝付款,开证行也不能因此而免除其付款责任。

2. 信用证所处理的是单据

UCP600 第 5 条规定:"银行处理的是单据,而不是单据所涉及的货物、服务或履约行为。"对单据的处理,只有提供符合信用证条款的单据,才能成为信用证付款、承兑和议付的条件。不管实际货物如何,只要"单证一致、单单一致",银行便付款。

3. 信用证是一项独立、自足的文件

信用证是独立于贸易合同的另一项契约,各当事人的责任权利,尤其是除买卖双方以外的银行都必须以信用证的各项条款为准。

(二) 信用证支付方式的作用

采用信用证支付方式对出口商安全收汇较有保障,对进口商来说,由于货款的支付是以取得符合信用证规定的单据为条件的,避免了预付货款的风险。因此,采用信用证支付方式,在很大程度上解决了出口商和进口商双方在付款与交货上的矛盾,从而大大促进了国际贸易的发展。

(三)信用证支付的当事人

信用证所涉及的当事人较多,通常有四个基本当事人和一些其他常见当事人。

四个基本当事人:

1)开证申请人(Applicant):依贸易合同向银行申请开立信用证的人,通常是贸易合同的买方即进口商。申请人同时受两个合同约束,即买卖合同和与开证银行签订的代理合同。

2)开证行(Issuing Bank):应申请人的要求开立信用证的银行,通常是进口方银行。它是各当事人的中心联系人。

3)受益人(Beneficiary):受益人是信用证利益的享有者和信用证权利的使用者,是开证行保证付款的对象,是信用证的抬头人或收件人,是汇票的出票人,通常为出口商。

4)通知行(Advising Bank):应开证行的要求将信用证的内容通知受益人的银行。通知行仅鉴别信用证的真伪,不承担其他任务,通常是出口地所在银行。

其他常见当事人:

1)议付银行(Negotiating Bank):议付是指被指定银行在其应获得偿付的银行日或在此之前,通过向受益人预付或者同意向受益人预付款项的方式购买相符提示项下的汇票(汇票付款人为被指定银行以外的银行)及/或单据(UCP600中议付的定义)。所以,议付行是按照信用证的规定对单据进行审核相符后,向受益人垫款或买入受益人的汇票与单据的银行。

2)保兑行(Confirming Bank):保兑行是在开证行承诺之外做出承付或议付相符交单的确定承诺的银行。因此,保兑行是根据开证行的授权或要求对信用证加具保兑的银行,通常是指出口地的通知行或其他银行。开证行与保兑行之间是一种"邀请守信"关系。保兑行的责任与开证行是一致的,即保兑行对受益人独立承担第一性的付款责任,同时,保兑行均不能片面撤销其保兑责任。

3)付款行(Paying Bank):付款行是开证行在信用证中规定另外一家银行作为信用证项下的汇票付款人,执行付款责任的银行。付款行只是代开证行付款,有权根据代理合约向开证行取得偿付,并收取付款手续费等。

4)偿付行(Reimbursing Bank):偿付行是在信用证中指定的代开证行向议付行或付款行清偿垫款的银行。偿付行只是代开证行付款,本身没有对受益人必须付款的义务。偿付行付款后,其偿付责任即告结束。此外,偿付行无审单义务,开证行收到单据后,如发现单据不符,只能向议付行追索议付货款。

(四)信用证的主要内容

信用证虽然没有统一的格式,但其基本项目是相同的,主要包括以下几方面:

1)对信用证本身的说明,如信用证的种类、性质、金额及其有效期和到期地点等。

2) 对货物的说明，如货物的名称、品质、规格、数量、包装、价格等。

3) 对运输的说明，如装运的最迟期限、启运港（地）和目的港（地）、运输方式、可否分批装运和可否转船等。

4) 对单据的要求，如单据中主要包括商业发票、提单、保险单等。

5) 特殊条款。根据进口国政治经济贸易情况的变化或每一笔具体业务的需要，可能做出不同规定。

（五）信用证的种类

UCP600 规定所有信用证都是不可撤销信用证，因此下面信用证的分类是基于不可撤销信用证的常见分类。

1. 跟单信用证和光票信用证

跟单信用证（Documentary Letter of Credit）是开证行凭跟单汇票或单纯凭单据付款的信用证。所谓"跟单"，大多是指代表货物所有权或证明货物已装运的运输单据、商业发票、保险单，以及商检证书、海关发票、产地证书、装箱单等。

光票信用证（Clean Letter of Credit）是开证行仅凭受益人开具的汇票或简单收据而不需要附带单据付款的信用证。光票信用证在贸易货款的结算上使用不广，它主要被用于贸易总公司与各地分公司间的货款清偿及贸易费用和非贸易费用的结算。

2. 即期付款信用证和远期付款信用证

即期付款信用证（Payment Credit at Sight）是开证行或付款行收到符合信用证条款的汇票或单据，立即履行付款责任的信用证。由于即期付款信用证可使受益人通过银行付款或议付及时取得货款，因而在国际贸易结算中被广泛使用。此种信用证一般不要求受益人开具汇票，而仅凭受益人提供的单据付款，付款行通常见证即付款。

远期付款信用证（Payment Credit after Sight）是开证行或付款行收到远期汇票或单据后，在规定的一定期限内付款的信用证，其主要作用是便利进口商资金融通。远期信用证又可分为银行承兑信用证和延期付款信用证。银行承兑信用证是受益人开具以银行为付款人的远期汇票并附单据交于开证行或其指定付款行承兑的信用证。被指定的付款行在对汇票承兑前，并不承担付款责任，但在承兑后，则应负对出票人、持票人和背书人的付款责任。开证行或付款行在承兑后，收下单据，将汇票交还议付行或受益人，此时的汇票因脱离单据成为光票，议付行或受益人即可向市场进行贴现，收入扣除远期利息后的现金。也可不进行贴现，按约定的时间，持以向承兑行收取货款。延期付款信用证是指受益人提示符合信用证条款规定的单据，在信用证所确定的日期，由开证行付款的信用证，此种信用证不要求开立远期汇票。

3. 保兑信用证和非保兑信用证

保兑信用证（Confirmed Credit）是指开出的信用证由另一银行保证对符合信用证条款规定的单据履行付款，保证承担付款的信用证。所以，这是一种有双重保证的信用证，对出口商最为有利。非保兑信用证（Unconfirmed Letter of Credit）是指未经另一家银行加具保兑的信用证。

4. 可转让信用证和不可转让信用证

可转让信用证（Assignable Credit）是指开证行授权被委托付款或承兑银行或可议付

的银行，在受益人（第一受益人）提出申请后，可将信用证的全部或部分使用权（如出运货物，交单取款的权力）转让给其他人的信用证。而受让人被称为第二受益人。根据UCP600的规定，只有注明可转让的信用证才能转让，而且只能转让一次。不可转让信用证是指受益人不能将信用证的权利转让给他人的信用证，信用证中未标明"可转让"的信用证都属于不可转让信用证。

（六）信用证的使用流程

图 21-7 显示了跟单信用证的使用流程。

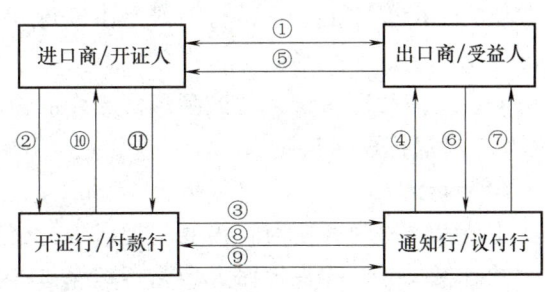

图 21-7　跟单信用证的使用流程

① 进口商和出口商双方在贸易合同中规定使用跟单信用证支付。

② 进口商通知开证行/议付行开立以进口商为受益人的信用证。

③ 开证行/付款行请求另一银行通知或保兑信用证。

④ 通知行/议付行通知进口商，信用证已开立。

⑤ 进口商收到信用证，并确保其能履行信用证规定的条件后，即装运货物。

⑥ 进口商将单据向指定银行提交。该银行可能是开证行，或是信用证内指定的付款、承兑或议付的银行。

⑦ 该银行按照信用证审核单据。如单据符合信用证规定，银行将按信用证规定进行支付、承兑或议付。

⑧ 通知行/议付行将单据寄送给开证行/付款行。

⑨ 开证行/付款行审核单据无误后，以事先约定的形式，对已按照信用证付款、承兑或议付的银行偿付。

⑩ 开证行/付款行向进口商提示付款交单。

⑪ 进口商付款赎单后，凭单取货。

（七）《跟单信用证统一惯例》

19 世纪后，信用证付款方式在国际贸易中被广泛采用，但由于国际上对跟单信用证项下有关当事人的权利、责任与义务、条款的定义和有关术语的解释缺乏公认的准则，各国银行则根据本身的利益和习惯自行规定办事，因此信用证的各有关当事人之间的争议和纠纷时常发生。为调和各有关当事人之间的矛盾，国际商会于 1930 年拟订了一套《商业跟单信用证统一惯例》并于 1933 年正式公布，最新修订版 UCP600 于 2007 年正式通过。《跟单信用证统一惯例》本身虽不是一项有约束性的法律文件，但它已为各国银行所普遍接受，成为一项公认的国际公约。绝大多数均列明"按《统一惯例》办理"字样。

四、银行保函

（一）银行保函的概念

银行保函又称银行保证书，也属于银行信用，是指银行应申请人或委托人的要求向受益方开出的，担保申请人一定履行某种义务，并在申请人未能按规定履行其责任和义务时，由担保行代其支付一定金额或做出一定经济赔偿的书面文件。

国际贸易中，跟单信用证为买方向卖方提供了银行信用作为付款保证，但不适用于需要为卖方向买方进行担保的场合。在国际经济交易中，合同当事人为了维护自己的经济利益，往往需要对可能发生的风险采取相应的保障措施。银行保函就是以银行信用的形式所提供的保障措施。银行保函是由银行开立的承担付款责任的一种担保凭证，银行根据保函的规定承担绝对付款责任，在实际业务中的使用范围很广，它不仅适用于货物的买卖，还广泛适用于其他国际经济合作的领域。

（二）银行保函当事人

1. 申请人

申请人又称为委托人，需要向担保银行交纳开立保函的费用、抵押物及履行商务合同中的有关义务，并在担保人为履行担保义务向受益人做出赔付时，向担保人补偿其所做的任何支付。

2. 受益人

受益人履行其在合同项下的有关义务，并在保函规定的索赔条件具备时，有权按规定在保函有效期内提交相符的索款声明，或连同有关单据，向担保人索款，并取得付款。

3. 担保人

担保人在接受申请后，依委托人的知识开立保函给受益人，保函一经开出就有责任按照保函承诺条件，合理审慎地审核提交的包括索赔书在内的所有单据，向受益人付款。在委托人不能立即偿还而担保行已付款项的情况下，担保行有权处置押金、抵押品、担保品。如果处置后仍不足以抵偿，则担保行有权向委托人追索不足部分。

4. 通知行

通知行是指将保函通知交给收益人的银行，其只负责验核保函表面真实性。

5. 保兑行

保兑行是指对保函加具保兑的银行，又称为第二担保人。

6. 转开行

转开行是指凭担保行的反担保向受益人开出保函的银行，承担担保人责任，原担保行成为反担保行。

7. 反担保人

反担保人是指应委托人的要求，通过反担保的形式，指示银行向收益人开立保函的人。

（三）银行保函的种类

1. 独立性保函和从属性保函

独立性保函是指根据基础交易开立，一经开立，其本身的效力并不依附于基础交易合同，其付款责任仅依附保函自身条款。国际上通行的保函大多是独立性保函，也是见索即付保函。从属性保函则依附于基础交易合同，基础交易合同失效后，从属性保函也立即失效。

2. 直接保函和间接保函

直接保函是指银行应申请人的要求，直接向受益人开立的保函。间接保函是指申请人所在地的银行通过提供反担保形式，委托受益人所在地的银行向受益人开立的并对受益人承担付款责任的保函。需要注意的是，以科威特、阿尔及利亚、伊拉克、利比亚、伊朗等国家的受益人的保函均需经由本国当地银行的转开后才被接受。

3. 付款性保函和赔付性保函

付款性保函是指担保人担保在受益人履行合同的前提下，申请人向受益人付款。赔付性保函是指担保人担保申请人将按合同规定对受益人承担某项义务。在赔付保函项下，只要申请人没有违反与受益人之间签订的基础合同，这种支付就不会发生。

图 21-8 所示为保函票样示例。

Specimen of a Performance Guarantee

A Bank
Trade Finance Guarantee
P.O. Box CH-8098 Zurich
26 May 2023
Amount USD 3,000.
(in words THREE THOUSAND ONLY)

We have been informed that B company (hereinafter called "the Principal") has entered into contract No.456 dated April 15.2023. Furthermore, we understand that, according to the conditions of the contract a performance guarantee is required.

This being stated, we, A Bank, irrespective of the validity and the legal effects of the above-mentioned contract and waiving all rights of objection and defense arising therefrom.

I hereby irrevocably undertake to pay to you, upon you first demand, any sum or sums not exceeding in total the above mentioned maximum amount, upon receipt by us of your duly signed demand for payment in writing stating that the principal is in breach.

For the purpose of identification, your written demand for payment has to be presented through the intermediary of a first rate bank confirming that the signatures thereon are legally binding on you.

Our guarantee is valid until April 30.2023 and expires in full and automatically, should your written demand for payment not be in our possession at our above address on or before that date, regardless of such date being a banking day or not.

Our guarantee will be reduced by each payment made by us as a result of a claim. This guarantee is governed by Swiss law, place of jurisdiction and performance is A bank.

保函票样

A银行
贸易融资担保
苏黎世邮政信箱CH-8098
2001年5月26日
金额3000美元
(叁仟美元整)

我们被告知B公司(以下简称"委托人")已经签订的日期为2023年4月15日的第456号合同。此外，我们知道，根据合同的条件，必须提供履约担保。

鉴于此，我们A银行不顾上述合同的有效性和法律效力，放弃由此产生的一切异议和辩护权。

我在此不可撤销地承诺，在您第一次提出要求时，我将向您支付总额不超过上述最高金额的款项。

我方收到贵司正式签署的书面付款要求，声明委托人违约。为了确认身份，您的书面付款要求必须通过一家一流银行的中介机构提交，确认上面的签名对您有法律约束力。

我们的担保有效期至2023年4月30日，如果贵方的书面付款要求未能在该日期或之前送达我们的上述地址，则无论该日期是否为银行日，我们的担保将全部自动失效。

我们的保函将因每次索赔而减少。本担保书受瑞士法律管辖，履约地为A银行。

图 21-8 保函票样示例

五、国际保理和福费廷业务

(一) 国际保理

国际保理（International Factoring）是指在以记账赊销、承兑交单为支付方式的国际贸易中，有保理商（Factor）向卖方提供的基于双方契约关系的一种集贸易融资、销售分户账管理、应收款项催收、信用风险控制与坏账担保为一体的综合性金融服务。其核心是通过收购债权方式提供出口融资。从事该业务的保理商一般需加入国际保理商联合会，优势主要在于分摊风险、简化支付程序及节省支付费用。其比信用证和托收安全、简便、实用，在货款收付中，出口商只需同保理商接触，减少了买卖双方信任问题，降低了买卖风险。

(二) 福费廷业务

福费廷（Forfaiting）即未偿债务买卖，也称包买票据或票据买断，是在延期付款的大型设备贸易中，出口商把经进口商承兑的，或经第三方担保的，期限在半年至五六年的远期汇票，无追索权地售予出口商所在地的银行或大金融公司，提前取得现款的一种资金融通形式，它是出口信贷的一种类型。

福费廷业务有四个当事人：出口商、进口商、包买商和担保人。包买商是指提供福费廷融资业务的银行或其他金融机构。担保人是指对远期汇票或本票进行承兑或担保的银行，多在进口所在地。

在包买业务中，出口商必须放弃对所出售债券凭证的一切权益，包买商必须放弃对出口商的追索权。包买业务适用于金额大、期限长、风险较多的交易，出口商可以提前取得资金融通，缺点是费用较高。

第三节　结算方式的选择和使用

一、结算方式的比较

汇款是一种资金融通的方式，在国际贸易中使用汇款结算货款时，银行只提供服务。因此，汇款属于商业信用，提供信用的一方承担的风险较大，在实践中主要用于定金、货款尾数或佣金的支付。值得注意的是，由于外部市场竞争加剧，我国部分出口商越来越多地选用汇款作为结算方式。

托收的性质也是商业信用，银行在办理托收业务时，只是按照委托人的指示办理，不承担保证付款人付款的义务，出口方存在收不回货款的风险。在进口商拒不付款时，除非事先约定，银行没有义务代为保管货物。在货物已到目的地，出口商要承担在进口地办理提货、缴纳关税、保管、保险等的损失。尤其是在承兑交单条件下，进口商承兑付款后取得全套单据，就可以提取货物，造成出口商货款损失。所以承兑交单比付款交单的风险更大，在使用托收方式时，要特别注意对进口商资信的考察。但是，对于进口商来说，采用托收方式结算可以免去申请开立信用证的手续，减少资金占用，有利于资金融通。

信用证是一种银行信用，在使用中开证行负有首要付款责任。只要出口商提交了符合信用证的单据，实现"单单相符、单证相符"，开证行必须付款，出口商收款有保障。

银行保函是一种银行信用，银行承诺受益人履行了合同规定的义务后，保证支付货款，因此银行保函具有担保作用，有利于交易的顺利完成。对于出口商来说，可以降低交易风险。通常银行在出具保函前，要求申请人提供足额的反担保，反担保主要有保证金、抵押、质押或由第三方出具反担保函等形式，因此对于进口商来说，费用较高。

国际保理对于进口商、出口商都有独特的优势。对于出口商来说，保理商可以代出口商对进口商资信状况调查监督，从而为出口商的销售提供依据。出口商在货物装运完毕向保理商提交全套单据后，即可获得70%~80%的货款，提高收汇速度，加快了资金融通。对于进口商来说，由保理商先行支付货款，可以省去开证费用和押金等支出，降低了交易成本。

包买票据简单、灵活，使用方便，适用于金额大、期限长、风险大的交易。对于出口商来说，当银行资金不足时，贴现商不愿意贴现长期票据，出口商可以找包买商融资。

二、选择结算方式的影响因素

（一）客户信用

如果客户的信用等级一般或首次与之进行交易，应选择信用证方式；如果客户的信用等级较高，可以采用托收，特别是D/P；如果客户的信用等级非常高，则可以采用D/A和T/T。一般来讲，在金融运作规范的国家，更多地选择托收和T/T。

（二）贸易术语与合同金额

贸易术语对支付方式的选择影响较大。在CIF、CFR贸易术语的贸易中，可以选用托收、信用证等方式；在EXW、D组术语及F组贸易术语的贸易中，一般不采用托收方式结算。如果合同金额不大，费用低廉，可以选取T/T；如果合同金额大，取得货款的周期长，为了获得资金融通，可以选择包买票据或国际保理。

（三）运输单据

运输单据也是影响结算方式的因素之一。在国际贸易中，有的运输单据是物权凭证，有的不是物权凭证。对于B/L、联合运输单据等物权凭证的单据，收到运输单据就拥有了货物的所有权，卖方可选择L/C、D/P、D/A。对于空运、公路、铁路运输等非物权单据，卖方要选择L/C。

（四）商品销售情况

如果是畅销商品，卖方有较大的主动权选择结算方式。如卖方可以要求预付款、信用证等结算方式。如果商品滞销，卖方会选择有利于进口方减少成本的结算方式。

三、结算方式的结合使用

不同的支付方式，对交易双方的风险、利益不同，在实践中应根据具体情况合理选择。从国际贸易的实践看，单纯一种结算方式不能满足交易各方的要求，面对不断变化的市场，有必要采用综合支付方式进行结算。使用银行信用与商业信用相结合，不但可以降低成本，而且买卖双方的风险趋向平衡，保障双方利益，促进交易顺利完成。支付方式的结合使用包括以下六种方式：

（一）信用证与汇款结合

信用证与汇款结合是指一部分货款用 L/C 支付，另一部分通过 T/T 支付。通常有两种做法：一种是签订买卖合同后，买方通过 T/T 支付 20%～30% 的预付款，余款通过 L/C 支付，卖方收到预付款和信用证后开始备货；另一种是货款的 70%～80% 通过 L/C 支付，余款需要货物到达目的地若干天内由买方通过 T/T 支付。这样即使买方未在约定期间内汇款，卖方也可将损失控制在一定范围内。

（二）信用证与托收结合

信用证与托收结合是指部分款项用信用证方式支付，余额用托收方式结算。通常的做法是：信用证规定受益人开立两张汇票，属于信用证项下的部分货款凭光票支付，余额将运输单据附在托收的汇票项下，按即期或远期付款交单方式托收。这种做法有利于出口方收汇安全，减少进口方资金占用，容易被贸易双方接受。在使用中，信用证必须写明信用证的种类、支付金额及托收的种类，必须写明"在全部付清发票金额后方可交单"的条款。

出口合同如使用部分信用证、部分托收的做法，通常要订明支付条款，例如：买方须在装运月份前××天通过卖方可接受的银行开立一切不可撤销信用证并送达卖方，规定××%发票金额凭即期光票支付，其余××%金额用即期跟单托收方式付款交单。全套货运单据附于托收项下，在买方付清发票的全部金额后交单。如买方不能付清全部发票金额，则货运单据须由开证行持有，凭卖方指示处理。（The Buyer shall open through a bank acceptable to the Seller all irrevocable L/C to reach the Seller ×× days before the month of shipment, stipulating that ××% of the invoice value available against clean draft at sight while the remaining ××% on D/P at sight. The full set of the shipping documents of 100% invoice value shall accompany the collection item and shall only be released after full payment of the invoice value. If the Buyer fail to pay full invoice value, the shipping documents shall be held by the issuing bank at the Seller's disposal.）

（三）汇付与银行保函结合

在使用预付款或货到付款的情况下，可以结合银行保函来防止不交货或不付款的风险。如果进口方预付了货款，就可要求出口方提供银行保函，保证按期交货，否则应退还预付款并支付罚金。如果出口方拒绝，则有担保行付款；如果是货到付款，出口方有权要求进口方提交银行保函，保证进口方在提货后的规定时间内按合同付款，如果进口方拒付，担保行应承担付款责任。

（四）托收与备用信用证或银行保函结合

这种方式的具体做法是出口方在收到符合合同规定的备用信用证或银行保函后，可凭光票与进口方拒付的声明书向银行收回货款。值得注意的是，在使用这种方式时，备用信用证或银行保函的有效期必须晚于托收付款期限一段时间,以便在进口方拒付后出口方有充足的时间向银行办理追偿。

例如:以即期付款交单方式支付全部发票价值。代收银行须无迟延地用电传向托收银行发出付款通知。装船前,需由一家信誉卓著的银行开立一份金额为×××美元以卖方为受益人的不可撤销备用信用证,规定凭光票和随附的一份书面声明付款;在该声明中注明买方在代收银行提出跟单汇票后 5 天内,按照××年×月×日第××号合同履行付款义务。(In order to payment by D/P at sight for full invoice value. The collecting bank shall without delay by telex to the remitting bank issued a notice of payment. Prior to shipment, required by a reputable bank open an amount x dollars to the seller an irrevocable standby letter of credit, provided by clean and attached a written statement of payment; in this statement marked the buyer at the collecting bank proposed documentary draft after 5 days, in accordance with the X dated No. contract payment obligation.)

付款方式为即期付款交单,并以卖方为受益人的总金额为×××的银行保函担保。银行保函应载有以下条款:如×××号合同项下跟单托收的汇票付款人不能在预定日期付款,受益人有权凭其汇票连同一份列明的×××号合同的款项已被拒付的声明书向银行索赔。(Payment by D/P at sight, and in favor of the seller for the amount of ××× bank guarantee guarantee. Bank letter of guarantee shall contain the following terms: if ××× under contract no documentary drafts on at a predetermined date of payment, the beneficiary has the right to the bank guarantee item with its draft together with a list ××× no contract sum has been refused a statement.)

(五)信用证与银行保函结合

信用证与银行保函结合主要适用于成套设备或工程承包的货款,成套设备或工程承包的货款一般可以分为两部分:一般货款和预付款。一般货款数额大,可以用信用证方式,预付款可以使用银行保函收取。银行保函作为保证受益人开立的保证文件,保证人未向受益人尽到某项义务时,由银行承担保函中规定的付款责任。

(六)汇款与托收结合

汇款与托收结合是指一部分货款用 T/T 支付,另外部分货款用托收方式支付。如:先通过 T/T 支付 10%的定金,装船后通过 T/T 支付货款的 40%,其余 50%的货款通过 D/P 即期付款。该方法既能保证出口方及时履行发货义务,又能约束进口方及时付款,同时节省了银行支出。

【本章小结】

1. 现代国际贸易主要采用票据结算。在国际贸易中常见的票据有汇票、本票和支票。其中汇票使用最为广泛。

2. 货款的支付方式有汇款、托收、信用证等。汇款有信汇、电汇和票汇。托收有光票托收和跟单托收。跟单托收又分为付款交单和承兑交单。信用证是一种银行信用,按照不同的分类方法有不同的种类,较常见的有即期付款信用证、跟单信用证。

3. 与其他支付方式相比，信用证风险较小，在国际贸易中广泛使用。但总体来说，不同方式有自己的优缺点，所以在国际贸易中应根据不同的情况将各种支付方式结合起来综合使用。

【习题与思考】

1. 信用证的种类有哪些？
2. 何为汇票？汇票的种类有哪些？
3. 何为托收？托收的性质、特点和作用分别是什么？
4. 信用证的特点和作用有哪些？
5. 信用证的主要内容有哪些？它与国际货物买卖合同有什么关系？
6. 如何结合使用结算方式？

【案例分析】

信用证条款理解有误致损案

甲公司在2019年与比利时马卡尔乙贸易有限公司成交一笔出口芸豆贸易。信用证有关部分条款规定："600M/T of Kidney Beans. Partial shipments are allowed in two lots. 400M/T to Antwerp not later than May 31, 2019. 200M/T to Brussels not later than June 30, 2019.（600公吨芸豆，允许分两批装运，400公吨至安特卫普，不迟于2019年5月31日；200公吨至布鲁塞尔，不迟于2019年6月30日）"甲公司审查信用证条款未发现什么问题，即联系租船。但5月末前去安特卫普港的舱位不够。所以甲公司分别于5月18日和19日在A轮和B轮各装了200公吨至安特卫普港。装运完毕，于5月20日即备齐信用证项下的所有单据向议付行办理议付。但议付行提出异议，认为单据不符合信用证要求。甲公司认为条款中的"in two lots"的词语是指400公吨到安特卫普和200公吨到布鲁塞尔的两批。"Partial shipments allowed"是指在400公吨到安特卫普一批中或在200公吨到布鲁塞尔一批中还允许再分批。

议付行不赞同甲公司的这种理解，不同意议付。最后决定由甲公司向议付行提供担保函件，如开证行有异议由甲公司负责。后议付行对开证行照常寄单但未表明不符点的情况。

单到国外，开证行于5月对日提出："第×××号信用证项下的单据收到，经审核发现不符点。我信用证规定只分两批装运，违背了我信用证规定。我行经研究，无法接受单据，请告你方对单据处理的意见。"

甲公司以自己对信用证条款的理解向开证行抗辩，认为单证完全相符，要求开证行应接受单据按时付款。

甲公司6月3日又接到开证行的复电："信用证项下货物分两批，每批之中不能再分批。你方认为每批之中又可以再分批，完全是对原条款的误解。我行经与申请人联系亦不同意接受单据。"

甲公司对信用证条款作进一步的探讨，才认为以前是误解信用证条款，只好又向乙公司商洽，最后以降价为条件而结案。

【案例点评】假设本案例的信用证条款是这样规定的:"Shipment in two lots: 400M/T to Antwerp not later than May31, 2019. 200 M/T to Brussels not later than June 30, 2019.(分两批装运:400公吨至安特卫普,不迟于2019年5月31日;200公吨至布鲁塞尔,不迟于2019年6月30日)"另外又规定:"Partial shipments are allowed.(允许分批装运)"则可以考虑在每批之中再分批。但本案例信用证条款却是这样规定的:"Partial shipments are allowed in two lots.(允许分两批分批装运)""Allowed"一词被"in two lots"修饰和限制,即"允许"(allowed)被"分两批"(in two lots)限制,也就是说其所"允许"的条件是"分两批"。

第二十二章
国际贸易争端解决条款

国际贸易理论与实务

相对于国内贸易而言,国际贸易要复杂得多,不但业务环节多而繁杂,履约时间长,而且不确定因素和风险时有发生,时常会出现国际贸易合同不能完全履行的情况。合同部分未履行或完全未履行,将会造成合同一方或双方当事人的经济损失,从而引发国际贸易争端。为此,需要厘清违约责任,并通过一定的争端解决机制加以解决,以维护正常的国际贸易秩序和环境,促进国际贸易的顺利开展。同时,合同中订立的争议与索赔条款也可以在一定程度上约束合同当事方,对违约行为具有预防和阻止的效果。

第一节 争端、违约及其法律后果

在国际贸易合同的履行过程中,产生争端是不可能完全避免的,有时还会频繁发生。严重的争端往往由于合同当事一方或者双方的违约行为造成。因此,合同双方当事人应当知晓什么样的行为会导致违约,以及违约将会产生何种法律后果。

一、争端及其成因

(一) 争端

争端,也称为争议,是指合同的当事方因未履行合同或未完全履行合同所引起的纠纷,往往是合同一方当事人的利益受损时向对方提出的异议。在本书中,争端和争议不做区分。

(二) 引起争端的原因

在国际贸易的实践中,引起争议的原因有很多,例如贸易保护政策、知识产权保护、环境和劳工保护、货币等。但是从买卖双方当事人的角度,则主要来自两个方面:一是对于合同意思表示的分歧;二是合同当事人违约。

对于合同意思表示的分歧既可能由于合同缺乏明确的条款规定,也可能由于虽有条款规定,但是各当事方理解有歧义。前者如:在未使用国际贸易术语的情况下没有规定保险的责任,买方和卖方都认为对方应当履行为货物投保的义务。后者如在合同运输条款中规定"中国主要港口",但是买卖双方对于具体包括哪些港口的理解不同。例如,我国有企业曾签署 CIF Istanbul 合同,但 Istanbul 有两个港口,一个是 Kumport,另一个是 Haydarpasa。Haydarpasa 在 Istanbul 的亚洲部分,Kumport 则位于欧洲部分,由于我国企业没有指定好港口,最后给客户造成运输费用的增加,从而引发纠纷。

由于合同当事人违约而引起的纠纷是目前国际商品贸易中产生争议的主要原因。本书将着力探讨这一方面原因产生的争议。

二、违约及其法律后果

(一) 违约的概念

所谓违约,也称为违反合同,是指合同当事人未能履行合同规定的部分责任和义务,或者完全没有履行合同规定的责任和义务,或者拒绝履行合同义务的行为,是造成国际贸易争议的重要原因。

(二) 违约的分类

1. 按照违约的责任主体划分

卖方违约,即卖方未按照合同约定履行其责任和义务,例如不按期交货或不交货,或者所交货物的品质、规格、数量、包装等与合同规定不符,或所提供的货运单据种类不齐、份数不足等。

买方违约,即买方未按照合同规定履行其义务和责任,例如:在使用信用证方式支付时,不按期开立信用证或者拒绝开立信用证,或者不按合同约定付款赎单,或者拒绝接收货物等。

买卖双方均违约,即买方和卖方都有未按照合同规定履行责任和义务的行为。这种违约有可能在双方不知情的情况下发生,也有可能相继发生。

2. 按照违约性质划分

故意违约,是指当事一方的故意行为导致的违约。例如,卖方因为本国货物迅速涨价而拒绝交货,或者买方因本国货物供过于求而拒绝付款赎单等。

非故意违约,是指因当事一方的疏忽、过失或业务生疏导致的违约。例如,买方由于业务不熟练导致租船订舱不及时、贻误班轮船期,从而未能及时交货等。非故意违约通常是因为对履行合同义务的重视不足造成的。

(三) 违约的法律后果

为了促进国际贸易的顺利进行,全球各个国家和地区都从法律上保证合同的有效执行,从而保证合同的强制执行力。总体来说,要求违约方必须赔偿另一方损失或采取其他相应的补救措施,而受害方可提出损害赔偿或主张其他相应的权利。

1. 大陆法系的规定

大陆法系国家对违约方是否要承担违约责任,取决于违约人是否有过失。如果违约人因为有过失而违约，就要承担违约责任；如果违约人能够证明违约时自己无过失，则可不承担任何责任。

2. 英国法律的规定

英国法律将违约分为违反要件和违反担保两种情形。违反要件，比如违反合同中关于履约时间、货物的品质和数量等要件条款的，受损一方可以解除合同，同时要求损害赔偿。违反担保，也就是违反合同中次要的、从属于合同的条款的，受损方可以要求赔偿损失，但不能拒绝履行合同的义务或解除合同。

3. 美国法律的规定

美国法律将违约分为轻微违约和重大违约。轻微违约是指债务人在履约中存在一些缺陷，但债权人已经从合同的履行中获得了交易的主要利益，这时受损方可以要求赔偿损失，但不能拒绝履行合同的义务或解除合同。重大违约是指债务人没有履行合同或者履行合同有缺陷，致使债权人不能得到交易的主要利益，这时受损方在要求解除合同的同时，还可以要求损害赔偿。

4. 我国法律的规定

《中华人民共和国民法典》（以下简称《民法典》）第三编"合同"中第八章"违约责任"规定："当事人一方不履行合同义务或者履行合同义务不符合约定的，应当承担继续履行、采取补救措施或者赔偿损失等违约责任。当事人都违反合同的，应当各自承担相应责任。当事人一方违约造成对方损失，对方对损失的发生有过错的，可以减少相应的损失赔偿额。"

5. 《联合国国际货物销售合同公约》的规定

《联合国国际货物销售合同公约》将违约分为根本性违约和非根本性违约。根本性违约是指一方当事人违反合同的结果，如使另一方当事人蒙受损害，以致实际上剥夺了另一方当事人根据合同有权期待得到的东西，在此情况下受损方可以解除合同，并提出损害赔偿。非根本性违约，即不构成根本性违约的情形，这时受损方只能请求损害赔偿。

几种主要的违约形式及其法律后果见表 22-1。

表 22-1 几种主要的违约形式及其法律后果

项目		违约形式	
法律体系	英国法律	违反要件	违反担保
	美国法律	重大违约	轻微违约
	《联合国国际货物销售合同公约》	根本性违约	非根本性违约
法律后果	受损方权力	解除合同；要求损害赔偿	要求损害赔偿

第二节　合同中的索赔条款

索赔是指受损方当事人向违反合同方当事人提出损害赔偿主张的行为。索赔应当合理而且必须具有依据。索赔的依据一般来自两个方面：一是依据适用的法律规定或者商业惯例；二是依据合同中的索赔条款。依据法律规定或者商业惯例常常由于适用法律冲突、法律规定不一，以及对商业惯例的理解不同而变得十分复杂，因此，在国际商品买卖中，一般是依据后者，即在合同中规定好索赔条款，在索赔和理赔过程中优先适用索赔条款。

进出口合同中对索赔条款的规定方式有两种：一种是异议与索赔条款（Discrepancy and Claim Clause）；另一种是罚金条款（Penalty Clause）。一般的商品买卖合同中，多数只订立异议和索赔条款。为简化合同起见，异议与索赔条款有时还和检验条款合并在一起订立；在某些重要的买卖合同中，如大宗商品或机械设备的合同中，除订立异议与索赔条款外，有时还订立罚金条款。

一、异议与索赔条款

（一）异议与索赔条款的概念

所谓异议与索赔条款，就是在国际贸易合同中，贸易双方对于在合同履行过程中可能发生的异议，以及提出索赔和受理索赔等事宜做出的书面规定，包括异议条款和索赔条款，通常简称为索赔条款。

异议条款通常规定了当一方对于合同条款的解释、履行或违反等事项有异议时，应当以书面形式提出，并在一定时间内通知对方。异议条款通常也规定了对方在接到异议通知后的处理方式，例如双方可以通过协商、调解或仲裁等方式解决争议。索赔条款则通常规定了当一方因为对方的违约、过失或其他行为造成了损失时，可以向对方提出索赔要求。索赔条款一般要求索赔方提供相关证据和计算损失的依据，并明确索赔的方式、期限和责任限制等内容。

规定异议与索赔条款的目的是保护合同各方的权益，解决合同履行过程中可能产生的争议和纠纷。通过明确约定争议解决的程序和方式，可以减少争议的发生，维护合同的有效性和稳定性，是国际商品买卖合同中常见的条款之一。它不仅约束卖方履行合同义务，也约束买方履行合同义务。它一般是针对卖方交货的品质、数量或包装不符合合同规定而订立的。在一般的商品买卖合同中，多订立此条款。

（二）索赔条款的内容

该条款首先要做出一方当事人如果违反合同，另一方当事人有权提出索赔的一般性规定。同时，还要对索赔依据、索赔期限、处理索赔的办法以及索赔的金额等内容做出具体规定。除了买卖双方在合同中规定索赔条款以外，国际商品买卖中还会涉及与货物承运人、保险公司的异议与索赔条款，不过这类合同的异议与索赔条款一般不需要单独规定，而是在其标准合同中有明确规定，除非双方当事人另有约定。

（三）索赔依据

所谓索赔依据，主要是指提出索赔主张时必须提供的证据和出具证据的机构，包括法律依据、事实依据以及符合法律规定的出证机构所出具的证明。根据世界各国商事法律和国际公约的规定以及国际商业惯例的做法，任何当事人提出索赔的主张时，必须要有充分的证据。若证据不全或不清,出证机构不符合要求,对方可能拒绝赔偿。因此,异议与索赔条款与检验条款有着密切的联系,在规定索赔的依据时,要与检验条款规定的内容一致,不能互相矛盾。

索赔时经常需要提供的索赔依据主要包括:

1)索赔单:写明损失项目的名称、数量、索赔金额及计算方法。
2)公证检验机构出具的检验鉴定证书:主要用于证明索赔的事项和内容等。
3)外贸单证:如提单、商业发票、装箱单、磅码单等。
4)事故证明文件:即由承运人或港务管理机构出具的海难证明书、事故证明书或破损短缺证明书等。
5)其他可能需要的证件。

(四) 索赔期限

索赔期限是指索赔方向违约方提出索赔要求的有效时限。索赔必须在索赔期限内提出,才能得到法律的保护,是实现索赔要求的必要条件。索赔方超过索赔期限提出要求,对方可以不予理睬。这就意味着受损方将失去要求损害赔偿或者其他补救措施以及宣告合同无效等权利,即损害得不到赔偿。因此关于索赔期限的规定必须慎重、合理。

索赔期限通常由当事人双方根据货物的种类、性质、检验事项、港口条件和检验所需时间等因素进行协商,达成一致意见后在合同中加以约定。对于某些食品、生鲜农产品等易腐商品,索赔期限应当规定得短一些;对于一般货物的索赔期限,通常规定为货物到达目的地后 30 天或 45 天;对于机器设备的索赔期限可以定得长一些,一般规定为货物到达目的地后 60 天或更长;而对于机器设备的质量定有保证期限的合同,索赔期限可以规定为货物到达目的地后 1 年或 1 年以上。总之,索赔期限的规定,除机器设备外一般不宜过长,免得使一方承担过重的责任;当然也不宜规定得过短,过短的索赔期限致使受损方无法行使索赔权利。为应对意外事件出现,对某些商品可以补充规定延期条款。例如,在索赔期限内,如果预见到检验手续或发证手续来不及办妥时,可以规定在索赔期限内电告对方,将索赔期限延期若干天。

(五) 索赔的处理办法(理赔与拒赔)

索赔条款不仅要对索赔方的事宜做出具体规定,还要对违约方受理索赔的处理方法做出规定。违约方受理遭受损失方所提出的赔偿要求(索赔)的行为就是理赔(Claim Settlement)。索赔与理赔是违约损失赔偿问题的两个方面,对于受损方是索赔,对于违约方是理赔。索赔条款可以对理赔的方式和内容等做出明确规定,比如赔付金额或实物,对所交货物进行修理、加工整理等或者承担相应费用,或同意换货等。

被索赔一方如有足够的理由解释清楚,也可以不接受赔偿要求,这称为拒赔(Claim Rejected)。因此,索赔条款可以规定被索赔一方可以拒赔的条件和情形。

(六) 索赔金额的规定

由于违约的情况千差万别,双方当事人在订立合同时很难预见未来货物受损的程度,从而难以确定索赔金额,所以除了个别情况外,通常在合同中只做一般的、笼统的规定,而不规定具体的赔偿金额。正因如此,索赔金额不能仅仅根据合同本身的规定来提出，而是要依据适用法律或商业惯例来提出。

就法律责任而言，赔偿金额应与受损方因责任方违反合同而造成的实际损失相当，这些损失既包括直接损失也包括间接损失。《法国民法典》规定，对债权人的损害赔偿，一般应包括债权人所受现实的损失和所失去的可能获得的利益。《德国民法典》规定，应赔偿的损失包括所失的利益。英美法系认为，损害赔偿范围应使受损方在经济上能处于该合同得到履行时的同等地位。《联合国国际货物销售合同公约》规定，损害赔偿金额应与遭受的包括利润在内的损失额相等。我国《民法典》规定，损害赔偿应当相当于因违约所造成的损失，还应包括合同履行后可以获得的利益。根据以往的法院判例，索赔的金额一般包括实际损失加上预期的商业或生产的利润。

应当指出的是，我国许多进出口企业往往在合同最后规定适用《联合国国际货物销售合同公约》的规定，这实际上排除了其他法律的适用，也使合同索赔金额的提出变得相对简单。

【异议和索赔条款示例】

【例一】"若买方不履行本合同规定的任何义务，卖方有权全部或部分终止执行本合同，或延缓装运，或停交在途货物。在任何类似情况下，买方均负有赔偿卖方因此而蒙受的一切损失和所支付的费用的责任。卖方对于装运货物的任何索赔，必须于货物到达提单规定的目的地后45天内提出，并须提供经卖方同意的公证机构出具的检验报告。"

【例二】买方对于装运货物的任何索赔，必须于货到提单规定的目的港（地）后30天内提出，并须提供经卖方同意的公证机构出具的检验报告。

二、罚金条款

在买卖大宗商品或机械设备类等复杂商品的合同中，除了订明异议与索赔条款以外，通常还需要另外订立罚金条款。该条款对合同的履行起到辅助与保证的作用。只有在违反合同义务的行为发生时，该条款才产生实际效力。

（一）罚金条款的概念

罚金条款（Penalty Clause）也称为违约金条款或罚则，是指在合同中规定，当事人双方中的一方如在未来不履行或未完全履行或未按期履行合同所规定的义务时，应向对方支付一定数额的惩罚性金额，以补偿对方损失的条款。

（二）罚金条款的适用范围

罚金条款一般适用于卖方延期交货，或者买方延期开立信用证或延期接运货物等情况。罚金数额由交易双方商定，并规定最高限额。罚金的多少往往与违约事件时间持续的长短挂钩。但是，并不能因为违约方支付了罚金就解除其继续履行合同的义务。

例如，我国某机械进出口公司在某些合同中加入这样的罚金条款："除本合同第23条所列举的不可抗力原因外，如卖方不能如期交货，由付款行从议付的货款中扣除罚金，延期交货的罚金不得超过货物总额的5%，按每天收取0.5%，不足7天者按7天计算。如卖方交货延期10周，买方有权撤销合同，并要求卖方支付上述延期交货的罚金。"

(三) 罚金条款的性质

罚金就性质而言，有惩罚性罚金和补偿性罚金之分，因而罚金条款也就有惩罚性罚金条款和补偿性罚金条款之分。世界上大多数国家原则上承认补偿性罚金条款的法律效力，而将惩罚性罚金条款作为例外来处理。

规定补偿性罚金的主要目的是弥补违约方给对方造成的经济损失，其数额通常与违约方造成的实际损失相当或相近，能够迫使违约方对其违约行为承担经济责任，确保受损方能够得到合理的经济补偿。规定惩罚性罚金的主要目的是对违约方进行惩罚和威慑，使违约方意识到违约将面临更大的经济风险，从而促使其更加认真地履行合同义务，其数额通常远远超过违约方实际损失的金额。但惩罚性罚金可能受到法律的限制，如违约金过高可能被认定为不合理、不公平，甚至可能被法院认定为违法。

区分罚金条款的性质的意义在于受损方的权益不同：如属惩罚性罚金条款，债权人除请求支付违约金外，还可以请求强制履行主债务或额外请求损害赔偿；如属补偿性罚金条款，则在违约金之外不得再请求履行主债务或额外请求损害赔偿。

(四) 规定罚金条款的特点

为了确保所订立合同能够得到切实有效的履行，国际贸易当事方在其签署的进出口合同中，常常约定罚金条款。因为在有违约金条款的情况下，无论何方违约，也无论违约是否给对方带来实际损失，违约方都必须向守约方支付约定的罚金。根据过往的国际贸易实践，罚金条款在大宗商品和机械产品的进出口合同中经常被采用。

我国《民法典》对于罚金条款的规定体现了公平合理的原则。如果条款约定的罚金过分高于或过分低于实际损失，有关当事人可请求法院或仲裁庭酌情予以减少或增加；如果条款规定的罚金不是过分高于实际损失，则不能请求减少，因为这样既体现了罚金的补偿性，又在一定程度上体现了其惩罚性。此外还规定，如果罚金条款规定延迟履行约定须支付罚金的，则违约方在支付违约金后，还应当履行债务。

上述规定和做法既有利于维护合同的严肃性，也有利于促使合同当事人贯彻重合同守信誉的原则。

(五) 规定罚金条款的注意事项

在国际贸易实践中，在合同中规定罚金条款应该注意以下几个事项。

第一，鉴于罚金条款的订立有时会涉及不同国家法律的适用，因此罚金的数额不宜定得过高，以防产生不被某些国家法律承认的后果。例如，在英美法系的国家，如英国、美国、澳大利亚、新西兰等国家的法律只承认损害赔偿，不承认带有惩罚性的罚金条款，认为它只能是一种预定的赔偿金，到确定具体支付金额时，要根据具体案情做出适当的解释，而不管买卖双方在合同中采用何种措辞。如果法院断定罚金条款规定的金额属于"罚金"，则对合同的罚金条款不予承认，赔偿金额视具体损失情况而定。所以，在订立罚金条款时务须慎重。

第二，订立罚金条款时，要结合货物的性质、种类和交易对方所在国别等因素，选择对自己有利的法律作为解决合同争议的法律。大陆法系国家如法国、德国等国承认罚金条款的有效性和惩罚性,对合同中的罚金条款予以保护,而在与英美法系国家进行国际贸易时,应注意罚金条款在这些国家的合法性。

第三,对于违约可能造成的损失比较易于确定的买卖合同,一般不订立罚金条款,以免因罚金订得过低而失去获得全部损害赔偿的权利。例如,在英美法系国家中,如果法院断定罚金条款属于"预定的赔偿金",不论损失大小,均按合同条款规定的固定金额支付。

第三节 不可抗力

一般来说,合同的当事方如果发生了违约行为,受到损害的一方可以提出索赔,而造成损害的一方可以依据双方的磋商结果、索赔与理赔条款或者仲裁结论等给予相应赔偿。但是在某些特定情况下,违约的一方也可以不用承担违约责任,即不可抗力的发生。

一、不可抗力的含义

不可抗力(Force Majeure)又称人力不可抗力,是指在国际货物买卖合同签订以后,不因订约者任何一方当事人的过失或疏忽,而是由于发生了当事人既不能预见又无法采取预防措施的意外事故,导致不能履行或不能如期履行合同义务,遭受意外事故的一方得以免除履行合同的责任或延期履行合同。不可抗力既是合同中的一项条款,也是一项法律的免责原则。这种免责,是指遭受意外事故的一方当事人免于承担损害赔偿之责,另一方当事人仍有除要求损害赔偿以外的其他任何权利,包括履约、减价和宣告合同无效等。

在国际贸易中,不同的法律法规各有各自的规定。在英美法系中有"合同落空(Frustration of Contract)"的原则,其含义是当合同签订以后,不是由于当事人自身过失,而是由于事后发生了双方意想不到的根本性的不同情况,致使订约目的受到挫折,据此而未履行的合同义务,当事人得以免除责任。在大陆法系国家的法律中有"情势变迁(Changes in Circumstance)"或"契约失效"的原则,其含义也是指由于不属于当事人的原因而发生了预想不到的变化,致使当事人不可能再履行合同义务或对原来的法律效力需做相应的变更。《联合国国际货物销售合同公约》也有对免责问题的规定,表述是"当事人不履行义务,不负责任,如果他能证明此种不履行义务是由于某种非他所能控制的障碍,而且对于这种障碍,没有理由预期在订立合同时能考虑到或能避免或克服它及其后果"。这项解释,明确地指出当事人的免责是以发生了他不能控制、不能预见和不能避免或克服的障碍为前提条件。

由此可见,尽管不同法律对不可抗力的确切含义在解释上并不统一,叫法也不一致,但其在国际贸易中的原则大体相同。主要包括以下几点:首先,意外事故必须发生在合同签订以后;其次,事情的发生不是因为合同当事人双方自身的过失或疏忽导致的;最后,意外事故是当事人双方所不能控制的、无能为力的。

二、不可抗力的范围

不可抗力的范围很广，涉及的领域很多，且情况复杂多变，难以划定其确切的范围，但就其起因而论，可以大致分为以下几种情况。

（一）自然力量的事故

自然力量的事故是指非人类自己造成的事故，通常包括给人类造成灾害的诸多自然现象，如水灾、冰灾、火灾、风灾、暴风雨、雷电、大雪、地震、海啸、干旱、山崩、泥石流、森林自燃等。

（二）政府的行动

政府的行动是指当事人签约后，有关政府当局发布了新的法律法规、行政措施，如颁布禁令、调整政策制度、宣布贸易对方国家为敌对国家等。政府的这些行动往往影响到国家间经济贸易的正常开展，致使当事人不得不放弃履行原合同。

（三）社会异常事故

社会上出现的异常事故（如骚乱、暴动、战争等）往往构成当事人履约的障碍。这类事故对于普通的合同当事人来说也属于不可抗力。

（四）可协商的不可抗力

以上三种不可抗力是普遍被接受的，可以作为一般情况写入合同条款。但是，由于不可抗力是一项免责条款，买卖双方通常主要是卖方可以援引它来解释自身所承担的合同义务。这种援引在多数情况下会扩大不可抗力的范围，以减少自己的合同责任。有的卖方除把各种自然灾害列入外，还把生产制作过程中的意外事故、战争预兆、罢工、怠工、货物储运中的事故、原材料匮乏、能源危机、原配件供应不及时等生产过程中的事故，以及航运、陆运机构的怠慢、未按已预定日期出航等，统统归入不可抗力的范围。如果合同条款这样规定，将使买方处于不利境地，有时蒙受了损失却得不到应有的救济。因此，在交易中应认真分析情况，进行充分协商，区别不同情况，做出不同处理，防止盲目接受。

三、不可抗力的法律后果

《联合国国际货物销售合同公约》规定："一方当事人享受的免责权利只对履约障碍存在期间有效，如果合同未经双方同意宣告无效，则合同关系继续存在，一方履行障碍消除，双方当事人仍须继续履行合同义务。"所以，不可抗力事件所引起的后果可能是解除合同，也可能是延迟履行合同，应由交易双方按公约规定结合具体情势商定。

在国际贸易业务中，发生不可抗力事件后，买卖双方应按约定的处理原则和办法，并考虑相应的国际贸易惯例及时进行处理。究竟如何处理，应视事故的原因、性质、规模及其对履行合同所产生的实际影响程度而定。

四、合同中的不可抗力条款

订约后发生的当事人双方无法控制的意外事故，能否构成不可抗力，后果如何，国际上并无统一的解释。为了避免一方当事人任意扩大和缩小对不可抗力范围的解释，或在不可抗力发生后在履约方面提出不合理要求，在货物买卖合同中订入不可抗力条款是非常重要的。合同中的不可抗力条款应该包括不可抗力的定义、适用范围（即在何种情况下可以主张不可抗力）、免责原则（明确不可抗力事件发生时，免除当事人因无法履行合同而引起的违约责任）、合理努力（规定当事人在遭遇不可抗力时，应尽合理努力减轻不可抗力事件的影响，并在可能的情况下继续履行合同义务）、分配风险（明确当不可抗力事件发生时，风险和损失的责任分配方式，如是否共担或由一方承担）、争议解决（规定当事人在因不可抗力引起的争议解决方式，如协商、仲裁或诉讼）等。

（一）不可抗力的订明方法

关于不可抗力的范围，应在买卖合同中订明。通常有下列三种方法。

1. 概括式规定

在合同中不具体规定哪些事故属于不可抗力，而只是笼统地规定"由于不可抗力的原因"，至于具体内容和范围并未具体说明。这种方法含义模糊，解释伸缩性大，难以作为解释问题的依据，不宜采用。

2. 列举式规定

在合同中详细列明不可抗力的范围，虽然具体明确，但难以无所不包，且可能出现遗漏情况，这样仍可能发生争执，因此也不是最好的方法。

3. 综合式规定

合同中列明可能发生的不可抗力的同时，又加上"其他不可抗力的原因"的文句，这样就为双方当事人共同确定未列明的意外事故是否构成不可抗力提供了依据。因此，这种规定方法既具体明确，又有一定的灵活性，比较科学实用，在我国进出口合同中大多采用这一种。

（二）不可抗力的后果

不可抗力所引起的后果有两种：一种是解除合同，另一种是延期履行合同。解除合同是指规定当不可抗力事件持续时间过长或对履行合同目的造成重大影响时，当事人可以请求解除合同。什么情况下解除合同，什么情况下延期履行合同，需要根据所发生的事故的原因、性质、规模及对履行合同所产生的影响程度而定，并明确地规定在合同中。

（三）不可抗力发生后通知对方的方式和证明

按照国际惯例，当发生不可抗力影响合同履行时，当事人必须及时通知对方，对方亦应于接到通知后及时答复，如有异议也应及时提出。尽管如此，买卖双方为明确责任起见，一般在不可抗力条款中还规定一方发生不可抗力事故后通知对方的期限和方式。此外，当一方援引不可抗力条款要求免责时，都必须向对方提交一定机构出具的证明文件作为发生不可抗力的证据。在国外，一般由当地的商会或合法的公证机构出具。在我国，一般由中国国际贸易促进委员会或其设在口岸的贸促分会出具。

【不可抗力条款示例】

If the shipment of the contracted goods is prevented or delayed in whole or in part by reason of war, earthquake, flood, fire, storm, heavy snow, the Seller not be liable for non-shipment or late shipment of the goods of this contract. However, in such a case, the Seller shall immediately advise by cable the Buyer of the accident and airmail to the Buyer within 15 days after the accident, a certificate of the accident issued by the competent government authorities or the Chamber of the Commerce which is located at the place where the accident occurs evidence thereof. With the exception of late delivery or no-delivery due to Force Majeure causes, in case the Seller fail to make delivery within the time as stipulated the contract, the Seller should indemnify the Buyer for all losses and expenses incurred to the latter directly attributable to late deliverer or failure to make delivery of the goods in accordance with the terms of this contract. If the Force Majeure cause lasts over 60 days, the Buyer shall have the right to cancel the contract or the undelivered part of the contract. （如因战争、地震、水灾、火灾、暴风雨、雪灾等原因，致使卖方不能部分或全部装船或延迟装船，卖方对此均不负有责任。但卖方必须在事故发生时立即电告买方，并在事故发生后15天内航空邮寄给买方灾害发生地点的有关政府机关或商会所发给的证实灾害存在的证件。除因不可抗力原因导致装船延迟或不能交货外，如卖方不能在合同规定期限内交货，则应赔偿买方直接由于延期交货或不能按合同条件交货所遭受的一切损失及费用。如果不可抗力持续60天以上，买方有权撤销合同或合同中未交付的部分。）

五、援引不可抗力条款免责应注意的事项

当不可抗力发生后，合同当事人在援引不可抗力条款免责和处理不可抗力时，应注意如下事项：

1. 及时通知相关事宜

根据《联合国国际货物销售合同公约》（2010版）第79条（4）的规定"不履行义务的一方必须将障碍及其对他履行义务能力的影响通知另一方。如果该项通知在不履行义务的一方已知道或理应知道此一障碍后一段合理时间内仍未为另一方收到，则他对由于另一方未收到通知而造成的损害应负赔偿责任"。

2. 客观分析事故范围

双方当事人都要认真、客观地分析事故的性质，合理确定所发生事件是否属于不可抗力的范围。

3. 充分提供有效证明

发生事故的一方当事人应出具充分的、有效的证明文件，以作为发生事故的证据。

4. 妥善做好协商处理

双方当事人应就不可抗力的后果，按约定的处理原则和办法进行协商处理。处理时，应弄清楚情况，体现实事求是的精神。

5. 审慎区分商业风险

此外，还应正确区分商业风险和不可抗力。商业风险往往也是无法预见的和不可避免的，但它和不可抗力的根本区别在于一方当事人承担了风险损失后，有能力履行合同

义务。典型情况是对"同种类货物"的处理，此类货物可以从市场中购得，因而卖方通常不能免除其交货责任。

第四节 国际贸易争端解决方式

对于国际贸易活动中产生的争端有多种不同的解决方式。在选择解决方式时，应当根据解决争端的侧重点不同，选择合适的解决方式。

一、国际贸易争端的解决方式

归纳起来，解决国际贸易争端的方式主要有不予索赔、协商、调解、仲裁、诉讼，以及以上方式的结合等。

（一）不予索赔

不予索赔（Non-claim），就是将贸易对方的违约事实告知对方，但并不向对方提出索赔的要求。对于一些违约情形轻微，受损方危害不大的争端，往往可以采取这种处理方式，以使贸易对方知晓自己的失误，避免以后类似事件发生。

（二）协商

协商（Negotiation）又称为友好协商，或者磋商，是指在争端发生后，由当事人双方直接进行商量，自行解决纠纷。在协商过程中，当事人通过提供事实依据，进行客观理性分析，说明事故发生过程，找出损害产生原因，并依据合同规定分清各自责任和义务，必要时双方须各自做出让步，最后达成和解。

（三）调解

调解（Mediation）是指在贸易争端双方自愿的基础上，邀请第三方出面从中协调解决争端的方法。调解往往是在争端发生后，双方协商无果的情况下才采取的方式。在本质上调解和协商一样，最后的解决办法还是得经当事人一致同意才能成立。但是，由于有第三方的存在，尤其是有影响力比较大且权威的第三方存在时，贸易双方更容易分清责任，达成一致。

（四）仲裁

仲裁（Arbitration）是在贸易争端发生以后，双方当事人将争端提交专门的仲裁机构进行裁决的方式。裁决一旦做出，则具有法律效力，国际贸易仲裁具有终局性，一般不得再次提起诉讼。

（五）诉讼

诉讼（Litigation）就是打官司，亦即贸易的一方或双方在贸易争端发生后，向法院申请立案，由法院按照法律程序来解决当事人的贸易争端。诉讼无须征得对方当事人同意，可以单方面提起诉讼。

（六）以上方式的结合

协商与调解相结合。贸易争端发生后，当事人先行协商，协商不成再寻找第三方进行调解。

1）协商与仲裁相结合。贸易双方约定，如果产生贸易争端，先进行自主协商解决，如果分歧太大，不能达成解决方案，则提交仲裁。

2）仲裁与调解相结合。仲裁机构在受理提交的仲裁案件后，如果发现案情简单，可以约请双方当事人商议，尝试调解解决争端，如果不成，再行仲裁裁决。也可以先行裁决，但是在裁决过程中双方当事人也可以申请停止裁决，改为调解。

3）诉讼与调解相结合。法院在受理案件后，如发现案情比较简单，可以与当事人商议，改为调解方式解决，也可以在审判过程中，由双方当事人提出将审判改为调解方式。

二、选择争端解决方式时应考虑的因素

上述争端解决方式各有特点，在解决国际贸易争端的过程中均有采用。但是在选用方式的过程中，要综合考虑各种影响因素，有时还要在不同的要求之间进行权衡。概括起来，要考虑以下几个方面的因素。

（一）贸易伙伴之间的信任程度

如果对方是长期贸易伙伴，彼此比较了解和熟悉，易于打交道，则可考虑采取不予索赔、协商或者调解的办法解决争端。否则，如果双方首次打交道，对对方又没有足够的了解，则应考虑仲裁或诉讼的方式解决。

（二）争端标的的经济价值大小

如果贸易合同额比较大，一旦发生争端，涉及的经济利益往往比较大，则不宜采用协商、调解的方式，而应更多地采用仲裁或者诉讼的方式。反之，对于一些经常性的、小额贸易的业务，则可以采用不予索赔、协商或调解等方式。

（三）解决争端的费用支出

采用不予索赔、协商的方式，基本不需要付出解决争端的费用，调解的费用也比较低，仲裁的费用比较高但可控，而诉讼的费用一般很高且不可控。

（四）解决争端的时间期限

不予索赔的时间最短，只要让对方知晓即可。协商和调解的时间可长可短，难以确定。诉讼的时间一般较长，大的国际贸易争端有时会审理几年甚至十几年。仲裁的时间则比较固定。

（五）解决方案的法律效力

不予索赔不涉及经济利益问题，易于解决。协商和调解的解决方案没有法律约束力，完全取决于当事人执行的自律性。仲裁和诉讼具有法律效力，如果当事人不按照裁决行事，对方当事人可以申请法律强制执行。

（六）解决问题的程序的复杂性

不予索赔一般不会引起后续争端。协商和调解有时会出现反复，当事人有可能事后反悔，要求重新协商或调解。仲裁相对比较简单，基本是"一裁定终身"。诉讼判决后，败诉方有可能提起上诉。

(七) 商务内容的保密性

不予索赔和协商方式仅在贸易对手之间进行，有利于保护商业秘密。仲裁的规则和程序有利于保护商业秘密。调解有第三者介入，商业秘密的保护性相对较差。对商业秘密保护性最差的是诉讼。

(八) 裁决者的专业性

除了不予索赔和协商方式外，其他方式都需要第三者的介入或者由第三者裁决。调解的过程是否顺利，提出的解决方案是否容易被争端当事人接受，很大程度上取决于调解人的专业能力和水平。法院审理除非是专业的商事法院，否则裁决也很难恰如其分。相对来说，商务仲裁机构由于是专门从事商务活动仲裁的，仲裁人员的专业水平较高，因而裁决比较公正，易于为当事人所接受。

(九) 结合方式的可能性

首先，能够采用什么方式解决争端，要看合同的规定。例如，如果合同规定提交仲裁，则任何一方都不能提交诉讼，即使提交了，法院也不予以受理。

其次，要考虑到几种方式结合的可能性。例如，我国法律和仲裁规则规定可以实行审判与调解相结合、仲裁与调解相结合，但是在世界上有些法律和仲裁规则中没有这种规定，如一旦进入审理或仲裁程序，就不能再进行调解，哪怕是双方当事人都同意进行调解。

除了以上各种因素之外，还要考虑到其他一些因素，比如地缘政治因素等。有时这些因素之间可能会相互矛盾，这时就要抓住贸易利益的侧重点。从以往国际贸易的实践看，使用最多的解决贸易争端的方式是仲裁，其次是仲裁与其他方式的结合。

第五节　国际贸易仲裁

一、仲裁的含义及特点

仲裁亦称公断，是由买卖双方根据双方达成的仲裁协议自愿把双方之间的争议提交双方同意的仲裁人或仲裁机构进行裁决，是解决商事争议的首选方式。仲裁裁决对双方当事人都有约束力。与其他争议解决方式相比，仲裁具有以下特点。

1) 当事人意思自治，程序灵活。在仲裁中，当事人享有选定仲裁员、仲裁地、仲裁语言以及适用法律（仲裁规则）的自由。当事人还可以就开庭审理、证据的提交和意见的陈述等事项达成协议，设计符合自己特殊需要的仲裁程序。在当事人没有协议的情况下，则由仲裁庭决定。因此，与法院严格的诉讼程序和时间表相比，仲裁程序更为简单、灵活。

2) 一裁终局。商事合同当事人解决其争议的方式多种多样，但是只有诉讼判决和仲裁裁决才对当事人具有约束力并可强制执行。国际商务仲裁裁决不同于法院判决，仲裁裁决不能上诉，一经做出即为终局，对当事人具有约束力。仲裁裁决虽然可能在裁决做出地被法院裁定撤销或在执行地被法院裁定不予承认和执行。但是，法院裁定撤销或不予承认和执行的理由是非常有限的，在涉外仲裁中通常仅限于程序问题。

3）仲裁具有保密性。仲裁案件不公开审理，从而可以有效保护当事人的商业秘密和商业信誉。

4）裁决可以在国际上得到承认和执行。《承认及执行外国仲裁裁决公约》（以下称《纽约公约》）是于1958年在纽约签署的一项国际公约，旨在促进国际商事仲裁裁决的承认和执行。该公约规定了一系列程序和条件，使公约缔约国之间的仲裁裁决可以在其他公约缔约国得到承认和执行。截至2021年3月，已有160多个国家成为该公约缔约国。

《纽约公约》于1987年对我国生效，我国在加入《纽约公约》时做出了互惠保留和商事保留。"互惠保留"是指我国只承认和执行在缔约国领土内作出的仲裁裁决。"商事保留"是指我国只承认和执行属于契约和非契约性商事法律关系争议作出的仲裁裁决。

5）仲裁时效性强。中国国际经济贸易仲裁委员会对普通程序案件仲裁裁决的期限为组庭之日起6个月内。简易程序案件仲裁庭应在仲裁庭组成之日起3个月内做出裁决。

仲裁不同于司法诉讼，仲裁庭也不同于法庭。仲裁必须有双方当事人的仲裁协议才能进行，是自愿性的。而司法诉讼不需要双方当事人的协议，只要一方按照司法程序向有管辖权的法院提出诉讼，另一方就必须应诉，因此司法诉讼是强制性的。仲裁机构一般都是民间组织，仲裁员由买卖双方当事人指定。法院则是国家机构的重要组成部分，法官都是由国家任命的。

需要注意的是，上述仲裁的有些优点同时可能也会给当事人带来一些限制，如费用较高、对裁决结果不满意时不可上诉等。因此，当事方在选择仲裁作为争端解决方式时，应权衡利弊并根据具体情况进行决策。

二、仲裁协议形式与作用

仲裁协议（Arbitral Agreement）是双方当事人表示愿意将他们之间的争议交付仲裁解决的一种书面协议，它是仲裁机构受理争议案件的依据。凡采用仲裁方式处理争议时，双方当事人必须订有仲裁协议。

（一）仲裁协议的形式

仲裁协议必须是书面形式，可在争议发生前订立，也可在争议发生后由双方协商达成。仲裁的具体形式有合同中的仲裁条款和独立的仲裁协议，两者具有同等法律效力。

合同中的仲裁条款（Arbitration Clause）是指在争议发生前，合同双方当事人在订立合同时即表示愿意把将来可能出现的争议提交仲裁解决，并将其作为一项条款写入合同中。

独立的仲裁协议是指在发生争议之后，合同双方当事人经协商达成的，愿意将争议提交仲裁解决的协议，它是独立于买卖合同的一份单独协议。

（二）仲裁协议的独立性原则及其作用

仲裁协议的效力具有独立性，仲裁协议效力不受当事人所发生争议的合同是否有效的影响，合同无效并不影响仲裁协议的效力。根据大多数国家有关仲裁的法律规定，仲裁协议的主要作用有以下几个方面：

1）仲裁协议是仲裁裁决的依据。仲裁协议是双方当事人在发生争议时，以仲裁方式解决争议的依据，双方须受仲裁协议的约束。

2）仲裁协议是仲裁机构取得争议管辖权的依据。根据中国法律，有效的仲裁协议必须是书面的并须载有请求仲裁的意思表示、选定的仲裁机构和约定仲裁事项（该仲裁事项依法应具有可仲裁性）。只有仲裁协议中指定的仲裁机构才能取得对约定事项的裁决权。

3）仲裁协议可排除法院对争议案件的管辖权。双方当事人有了仲裁协议，任何一方就不能把争议向法院提起诉讼，如果有一方当事人违反仲裁协议向法院提起诉讼，另一方当事人有权依据仲裁协议要求法院停止司法诉讼程序，把有关争议归还仲裁机构或仲裁员审理。各国（地区）法律一般都规定法院不受理双方订有仲裁协议的争议案件，包括不受理当事人对仲裁裁决的上诉。

三、仲裁程序

仲裁程序主要是指进行仲裁的手续和做法，包括仲裁的申请、仲裁员的指定、仲裁条件的审理、仲裁裁决的效力和仲裁费用的支付等内容。各国（地区）常设的仲裁机构都订有各自的仲裁程序规则。进行仲裁时涉及两种法律：一种是上述仲裁程序规则，即程序法（Adjective Law）；另一种是确定双方当事人权利与义务的实体法（Substantive Law）。

关于实体法问题，一般允许双方当事人在合同中加以订明。如果没有订明，除仲裁所在国（地区）另有规定外，一般由仲裁员按仲裁所在国（地区）的法律冲突规则（Conflict of Law）来确定。我国各进出口公司通常不在合同中规定适用的实体法。这就意味着由仲裁员按照所在国（地区）的法律冲突规则予以确定。根据这一原则，既有适用我国法律的可能，也有适用对方法律或第三方法律的可能。

仲裁程序规则一般对仲裁的申请、仲裁员的指定、仲裁案件如何审理都有具体规定。例如，关于仲裁员的指定，我国的仲裁规则规定，仲裁员可由当事人在仲裁委员会仲裁员名册中共同选定，也可委托仲裁委员会代为选定，一般包括在国际货物买卖合同的仲裁条款（Arbitration Clause）中。

四、合同中的仲裁条款

国际贸易合同中的仲裁条款，主要包括仲裁地点、仲裁机构、仲裁程序、仲裁裁决的效力和仲裁费用等。

（一）仲裁地点

仲裁地点是进行仲裁的所在地。根据一些西方国家（地区）的法律解释，在哪个国家（地区）仲裁就适用哪个国家（地区）的仲裁规则或程序法。因此，确定仲裁地点是仲裁条款的重要内容。国际上对仲裁地点的选择一般有以下几种情况：在买方（卖方、第三方）国家（地区）仲裁；在被诉方（原诉方）国家（地区）仲裁；在货物所在地仲裁。

我国各进出口公司在规定仲裁地点时主要有三种方式：第一种，在我国仲裁；第二种，在被诉方所在国（地区）仲裁；第三种，在双方同意的第三国（地区）仲裁。一般来说，首先应当争取在我国进行仲裁，其次才考虑在被诉方所在国（地区）仲裁，或在第三国（地区）进行仲裁。在选择第三国（地方）仲裁时，应注意所选择的国家（地区）必须在政治上对我方友好，仲裁机构有较高的业务能力，审理公平合理，我方对该国（地区）仲裁程序有所了解。

（二）仲裁机构

国际贸易仲裁机构有临时仲裁机构和常设仲裁机构两种。临时仲裁机构是为了解决特定的争议而组成的仲裁庭。争议处理完毕，临时仲裁庭即告解散。常设仲裁机构又可分为两种。一种是国际性和全国性的特设机构。国际性的特设机构如国际商会仲裁院，全国性的特设机构如英国伦敦仲裁院、英国仲裁协会、美国仲裁协会、瑞典斯德哥尔摩商会仲裁院、日本国际商事仲裁协会等。中国国际贸易促进委员会附设的对外经济贸易仲裁委员会（简称"贸仲委"），对外也称中国国际商会仲裁院，也属于全国性的常设仲裁机构。另一种是附设在特定的行业组织之内的专业性仲裁机构，如伦敦谷物商业协会等。常设仲裁机构有负责组织和管理有关事项的人员，为仲裁提供方便，因此在仲裁条款中通常都选用适当的常设机构。如双方同意在中国仲裁，合同内应订明争议由中国国际贸易促进委员会对外经济贸易仲裁委员会（贸仲委）仲裁。

（三）仲裁程序

为便于仲裁进行，仲裁协议或者仲裁条款应明确规定采用哪个仲裁机构的仲裁规则进行仲裁。从理论上讲，可以规定仲裁机构按照世界上任何一种得到承认的仲裁规则来进行仲裁。通常做法是仲裁协议规定在哪个国家（地区）的仲裁机构仲裁，就采用哪个仲裁机构的仲裁规则办理。

（四）仲裁裁决的效力和仲裁费用

仲裁裁决的效力一般都规定为终局性的，对双方当事人都有约束力，但有些国家的法律允许当事人对明显违背法律的裁决可向法院上诉。仲裁费用一般规定由败诉的一方负担。

仲裁的裁决应由当事人自动执行。对于由我国贸仲委做出的裁决，一方如果逾期不予执行，另一方可到人民法院申请强制执行。外国仲裁机构的裁决可以根据具体情况向仲裁所在地国家（地区）的法院或向与仲裁地国家（地区）订有相互承认和执行仲裁公约或条约的国家申请执行。

五、合同中的仲裁条款范例

对于重大国际商务业务或者长期贸易伙伴间的长期重复性贸易活动，贸易双方之间往往单独签署仲裁协议。单独的仲裁条款往往比较复杂，篇幅较长，规定内容详尽。但是对于常规性单边贸易，贸易双方往往在贸易合同中订立仲裁条款。我国对外贸易合同中的仲裁条款常用的有三种,即规定在我国仲裁的条款、规定在被诉方所在国(地区)仲裁的条款,以及在第三国(地区)仲裁的条款。

【规定在我国仲裁的条款示例】

All disputes arising from the execution of, or in connection with this contract shall then be settled amicably through negotiation. In case no settlement can be reached through negotiation, the case shall then be submitted on the Foreign Economic and Trade Arbitration commission of the China Council for the Promotion of International Trade, Beijing for arbitration in accordance with its Rules of Procedure. The arbitral award is final and binding upon both parties. (凡因执行本合同所发生的或与本合同有关的一切争议,双方应友好协商解决。如果协商不能解决,应提交中国国际贸易促进委员会对外经济贸易仲裁委员会,根据该会的仲裁程序规则进行仲裁。仲裁的裁决是终局的,对双方都有约束力。)

【本章小结】

1. 引起争议的原因主要来自两个方面,一是对于合同意思表示的分歧;二是合同当事人违约。

2. 索赔是指受损方当事人向违反合同方当事人提出损害赔偿主张的行为。索赔的提出,一是依据适用的法律规定或者商业惯例;二是依据合同中的索赔条款。索赔条款对索赔条款的内容、索赔依据、索赔期限、索赔的处理办法以及索赔的金额等内容做出具体规定。罚金条款有惩罚性罚金条款和补偿性罚金条款之分。

3. 不可抗力的范围大体包括自然力量的事故、政府的行动、社会异常事故和可协商的不可抗力。不可抗力事件所引起的后果可能是解除合同也可能是延迟履行合同。合同中的不可抗力条款一般包括不可抗力的定义、适用范围、免责原则、合理努力分配风险、争议解决等。

4. 解决国际贸易争端的方式主要有不予索赔、协商、调解、仲裁、诉讼,以及上述方式的结合。仲裁是由买卖双方根据双方达成的仲裁协议自愿把双方之间的争议提交双方同意的仲裁人或仲裁机构进行裁决。仲裁具有以下特点:当事人意思自治,程序灵活;一裁终局;保密性好;裁决可以在国际上得到承认和执行;时效性强等。仲裁协议有独立的仲裁协议和合同中的仲裁条款两种形式。

【习题与思考】

1. 什么是国际贸易争端?引起争端的原因有哪些?
2. 违约有哪些种类?不同的法律体系中违约的后果是什么?
3. 什么是索赔与理赔?索赔的依据有哪些?索赔条款包括哪些内容?
4. 什么是罚金条款?该条款适用于哪些业务?订立罚金条款的注意事项有哪些?
5. 什么是不可抗力?不可抗力的结果是什么?不可抗力包括哪些范围?
6. 不可抗力条款包括哪些内容?援引不可抗力条款免责应注意哪些事项?
7. 解决贸易争端的方式有哪些?选择争端解决方式时应综合考虑哪些因素?

8. 什么是仲裁？仲裁具有哪些特点？
9. 仲裁协议有哪两种形式？仲裁协议包含哪些内容？仲裁协议的作用是什么？

【案例分析】

中国 C 公司与英国 B 公司签订一份出口合同。按 B 公司要求，合同规定将该批食品运至法国某港口并通知法国 F 公司。货到目的港后，经法国卫生检疫部门抽样化验，发现该批食品霉菌含量超过法国卫生标准。法国卫生检疫部门禁止在法国销售该食品并建议就地销毁。F 公司电告 B 公司，并经 B 公司同意将货物就地销毁。嗣后，F 公司凭法国卫生检疫部门出具的证书及有关单据向 B 公司提出索赔。B 公司理赔后，又凭 F 公司出具的索赔依据向 C 公司索赔。对此，C 公司应如何处理？

国际贸易理论与实务

第二十三章 国际贸易方式

贸易方式是指贸易中买卖双方采取的具体做法。无论是国内贸易还是国际贸易，每一笔交易都是买卖双方在交易过程中，根据商品的特点和各自贸易的习惯，通过一定的贸易方式来进行的。国际贸易方式大致可以分为加工贸易方式、一般贸易方式和其他贸易方式。

第一节 加工贸易方式

加工贸易是一种先进口原料、材料或零件，利用本国的生产能力和技术，加工成成品后再出口，从而获得以外汇体现的附加价值。加工贸易是以加工为特征的再出口业务，按照所承接的业务特点不同，常见的加工贸易方式包括进料加工、来料加工、装配业务和协作生产。

一、进料加工

进料加工又叫"以进养出"，是指用外汇购入国外的原材料、辅料，利用本国的技术、设备和劳动力，加工成成品后销往国外市场。这类业务中，经营的企业以买主的身份与国外签订购买原材料的合同，又以卖主的身份签订成品的出口合同。两个合同体现为两笔交易，它们都是以所有权转移为特征的货物买卖。

进料加工主要有两种形式：自行加工和委托加工。自行加工是指有进出口经营权的生产企业进口料件后，利用本企业的生产条件进行加工，生产出成品后复出口的业务，是生产企业进料加工贸易的主要形式。委托加工是指有进出口经营权的生产企业进口料件后，以委托加工形式拨交本单位其他独立核算的加工厂或其他生产企业加工，加工成品收回后自营出口，并向受托方支付加工费的一种形式。

二、来料加工

来料加工通常是指加工方由国外另一方提供原料、辅料和包装材料，按照双方商定的质量、规格、款式加工为成品交给对方，加工方收取加工费。有的是全部由对方来料；有的是一部分由对方来料，一部分由加工方采用本国辅料。此外，有时对方只提出式样、规格等要求，而由加工方使用当地的原料、辅料进行加工生产。

来料加工可以看作以商品为载体的国际劳务贸易，与进料加工相比有如下特点：

1）来料加工进料时不用付汇，来料加工中的料件是外商提供的而不是加工方购买的，而进料加工中的料件是经营单位动用外汇购买的。

2）来料加工由外商提供料件以及由料件加工为成品，其所有权属于外商，加工方按外商要求加工，对货物无处置权。而进料加工业务由经营单位购买进口料件，拥有货物所有权。

3）来料加工的进口与出口有密切的内在联系。外商往往既是料件的提供者又是成品的接受者，因此交易合同不是以货物所有权转移为内容的买卖合同。而进料加工则由经营单位以买方身份与外商签订进口合同，又以卖方身份签订出口合同，进口和出口体现为两笔交易，且交易合同都是以货物所有权转移为特征的买卖合同。

4）来料加工的双方是委托加工关系，其交易的经济效果由外商承担盈亏责任，经营企业只按合同要求进行加工，收取加工费，不负责盈亏。进料加工则是加工方自购料件、自己生产产品、自负盈亏，经营单位要承担价格风险和销售风险。

三、装配业务

装配业务是指由一方提供装配所需设备、技术和有关元件、零件，由另一方装配为成品后交货。装配业务和来料加工一样，包括两个贸易进程，一是进口原料，二是产品出口。但这两个过程是同一笔贸易的两个方面，而不是两笔交易。原材料的提供者和产品的接受者是同一家企业，交易双方不存在买卖关系，而是委托加工关系，加工方赚取的是劳务费，因而这类贸易属于劳务贸易范畴。

装配业务能使贸易与生产紧密结合，国外厂商既是提供原材料、零部件的厂商，又是接收或购买制成品的客户。国外厂商按合同规定及时提供原材料或配件；加工装配方按合同规定时间提供制成品，从而使贸易与生产有机联系。装配业务手续方便，形式比较灵活，协议双方可根据需要配合，发挥各自的优势。

装配业务的形式包括：

1）全部来料来件的加工装配。国外委托方提供全部原辅材料和元器件，由加工方企业加工后，将成品交给国外委托方，制件和成品均不计价，加工方按合同收取加工费。

2）部分来料来件的加工装配。国外委托方要求加工装配的成品中有部分料件需由加工方提供。加工方除收取加工费外，还应收取所提供料件的价款。

3）对口合同，各作各价。国外委托方和加工方签署两份对口合同，一份是委托方提供的原辅材料和元器件的销售合同，另一份是加工方出口成品的合同。对于全部来料来件，两份合同的差价即为加工费；对于部分来料来件，两份合同的差价，既包括加工费，也包括国内加工方所提供料件的价款。

四、协作生产

协作生产是指一方提供部分配件或主要部件，而由另一方利用本国生产的其他配件组装成一件产品出口。商标可由双方协商确定，既可用加工方的，也可用外方的。协作生产的产品一般规定外方销售全部或部分，也可规定由第三方销售。

协作生产的基本形式包括：

1) 当事双方分别生产不同的部件，由一方或双方装配成完整的成品出售。

2) 由技术较强的一方提供关键部分和图样，并在其指导下，由较弱的一方生产次要部件，并组装成完整产品，在本国市场或国际市场销售。

3) 由一方提供生产或设备，按各自的专业分工制造某种零部件、配套件或生产某种产品。在这种合作方式下，技术与设备按技术转让办法和买卖关系处理。

【知识拓展】

我国加工贸易的发展

1978年—1991年，我国这一时期对外贸易最大的特点就是确立了"两头在外"的加工贸易生产模式，从而为改革开放后中国对外贸易的迅速发展奠定了基础。无论是开放初期的纺织、服装、玩具、箱包等产品，还是20世纪80年代中后期的机械设备、电子产品、家用电器等，都充分利用了中国劳动力低成本的资源禀赋优势，创造了大量的就业岗位。

作为中国开放型经济和对外贸易的重要组成部分，改革开放以来，加工贸易曾在促进对外开放、推动产业升级、保障就业等诸多方面发挥重要作用。海关总署数据显示，1981年—2023年，中国加工贸易进出口年平均增长率近20%，累计增长近500倍。

40多年间，中国加工贸易实现了跨越式发展，企业通过加工贸易参与全球分工，从"借鸡生蛋"到逐渐"自主孵化"，业务模式逐步从OEM（代工）向ODM（代设计）以及OBM（品牌营销）转变。

以加工贸易较为发达的广东省为例。如今，广东省加工贸易企业ODM和OBM的比重已上升至约2/3。其中，在作为加工贸易重要基地的东莞市，约三成加工贸易企业设立了研发机构，500多家申请成为高新技术企业，超2,000家加工贸易企业建立起自主品牌，累计拥有品牌数超过1.3万个，ODM、OBM产品出口比重从2009年的40.8%提升至75.3%。（资料来源：汪文正. 商务部等部门推出12项措施，提升加工贸易发展水平：打造中国加工贸易"2.0"［N/OL］. 人民网-人民日报海外版，2024-01-16. http：//finance.people.com.cn/n1/2024/0116/c1004-40159587.html）

第二节 一般贸易方式

一般贸易和加工贸易是国际贸易的两种主要方式。一般贸易方式主要包括经销、代理、寄售、招标与投标、拍卖等，本节逐一介绍。

一、经销

经销（Distribution）是指进口商（经销商）与出口商（供货商）达成协议，承担在规定的期限和区域内销售指定商品的一种贸易方式。出口商与经销商之间的关系是买卖关系，经销商从出口商处购进货物后，自行销售、自负盈亏，承担货价跌落及库存积压的风险，赚取买进卖出的差价。

按经销商权限的不同，经销可以分为两种。

（一）一般经销

一般经销又称定销，出口商可在经销协议的期限内，在同一经销区域内委派一个以上的经销商来经营同类商品。在这种经销方式下，出口商与经销商之间的关系同一般出口商和进口商之间的关系并无本质区别，都是买卖关系。不同的是，经销方式下，出口商与经销商之间能够维持相对长期和稳固的购销关系。而在一般的进出口贸易中，出口商和进口商之间往往是逐笔售定的关系，当一笔交易结束后，双方之间就不存在法律上的必然联系。

（二）独家经销

独家经销又称包销，是指经销商在协议规定的期限和地域内，对指定的商品享有独家专营权的一种经销方式。在经销协议的期限内和制定的经销区域内，出口商只能指定一家经销商经营合同约定的商品。也就是说，包销商享有排他性的经营权。另外，经销还可以与特许经营相结合，即经销商作为特许经营方式下的被许可方，与出口商（许可方）达成协议，由许可方将自己拥有的产品连同商标、专利、专有技术以及经营模式等以合同形式授予被许可方使用。被许可方按照合同规定，在许可方统一的业务模式下从事经营活动，并向许可方支付相应的费用。在这种方式下，经销商不仅购买了出口商的有形产品，还享有了对出口商的包括商标、专利在内的知识产权使用权。

二、代理

代理（Agency）是指代理商按照委托商的授权，代表委托商与第三者订立合同或实施其他法律行为，而由委托商直接享有由此而产生的权利和承担由此而产生的义务。代理商与委托商之间的关系属于委托—代理关系。代理商在代理业务中，只是代表委托商参加商业活动，如招揽客户、招揽订单、代表委托商签订买卖合同、处理委托商的货物、收受货款等，其本身并不作为合同的一方参与交易。

经销和代理有着本质的区别，体现在：

1）出口商和经销商的关系是买卖关系，与代理商则是委托—代理关系。

2）出口商与客户在经销业务中是没有任何关系的，在代理业务中却是买卖关系，出口商需要承担履行合同的责任。

3）经销商的利润来源是转卖商品的差价，代理商的利润来源是为委托商提供服务而收取的佣金。

4）经销商要承担货价下跌、货物积压的风险，而代理商不承担交易风险。

三、寄售

寄售（Consignment）是指出口商（寄售方）先将准备销售的货物运往国外寄售地，委托当地代销商（受托方）按照寄售协议规定的条件代为销售后，再由代销商同出口商结算货款。寄售是按寄售协议进行的，寄售方与受托方之间不是买卖关系，而是委托与受托关系，属于经纪性质。与代理业务不同的是，代销商以自己的名义与客户签订合同，处理协议中规定的事务，它的法律行为不直接对寄售方产生效力。

寄售的特点包括：

1）寄售是凭实物进行买卖的现货交易。在寄售业务中，货物先运至目的地，再寻找买主。与逐笔售定的"先成交、后出口"正好相反，是"先出口、后成交"，有利于抢占商机，扩大销售。

2）寄售方与代销商之间是委托—代售关系。寄售方在货物出售前掌握货物的所有权，代销商只能根据寄售方的指示代为处置货物，但在授权范围内可以以自己的名义售货、收款并处理争议。

3）代销商不承担任何风险和费用。在寄售方式下，代销商对交易盈亏、货物积压等各类风险不负责任，只收取佣金作为报酬，垫付的费用在汇回货款时扣除，有利于调动代销商的积极性。货物出售前的一切风险和费用都由寄售方承担，寄售方承担的风险大于其他贸易方式，收回货款所需的时间也较长，不利于资金周转和收汇安全。

寄售的优点包括：首先，寄售方拥有对货物的销售处理和价格确定等权力，有利于随行就市；其次，寄售方式是凭实物买卖，货物与买主直接见面，有利于促进成交；最后，代销商不负担风险与费用，一般由寄售方垫资，代销商不占用资金，可以调动其经营的积极性。

寄售的缺点包括：第一，寄售方承担的风险大、费用多，资金负担较重，不利于其资金的周转；第二，寄售货物的货款回收较慢，一旦代销商不守协议，寄售方可能遭到货、款两空的风险。

经销、代理与寄售的比较见表 23-1。

四、招标与投标

招标（Tendering）是招标人提出招标项目后，编制招标文件，发出招标公告（要约邀请），潜在投标人前来投标（递交要约），最终招标人向中标人发出中标通知书（承诺）的过程。按照招标人的不同，招标既可是买方招标即对采购内容的竞卖活动，也可是卖方招标即出售内容的竞买活动。

表 23-1　经销、代理与寄售的比较

区别与联系	贸易方式		
	经销	代理	寄售
出口商与受托方的关系	买卖关系	委托—代理关系	委托—代售关系
出口商与客户的关系	无关系	买卖关系	买卖关系
受托方的利润来源	转卖差价	佣金	佣金
受托方是否承担交易风险	承担	不承担	不承担
受托方代表谁签订合同	自己	出口商	自己

投标（Bidding）是指投标人（卖方）应招标人（买方）的邀请，根据招标人规定的要求和条件，在规定的时间内，以填投标单的形式，向招标方发盘，争取中标的行为。

招标、投标使用的范围主要包括两大类：一类是商品的买卖，如机械、设备、原材料、大宗商品等；另一类是项目承包，如工程建设、劳务服务等。招标的组织者主要是国家、政府部门、公共事业单位，也包括一些大型的工商企业。

（一）招标与投标的主要方式

（1）国际竞争性招标　是指招标人邀请几个至几十个投标人参加投标，通过多数投标人竞争，选择其中对招标人最有利的投标人达成交易。通常又有两种做法：一是公开招标（Open Tendering），是指招标活动处于公开监督之下进行，通常要公开发表招标通告，凡愿意参加投标的公司，都可领取或购买较详细的介绍资料和资格预审表格。预审资格经审查通过的公司便可购买招标文件和参加投标；二是选择性招标（Selected Tendering）又称邀请招标，招标人根据自己具体的业务关系和情报资料对企业进行邀请，通过资格预审后，再由他们进行投标。

（2）谈判招标　又称议标，是非公开的、非竞争性的招标。这种招标由招标人物色几家企业直接进行合同谈判，谈判成功，交易达成。它不属于严格意义上的招标方式。

（3）两段招标　是指无限竞争招标和有限竞争招标的综合方式，先用公开招标，再用选择性招标，分两段进行。

招标与投标同一般进出口贸易的做法有所不同。采用这种方式，双方当事人不必经过交易磋商，也不存在讨价还价的余地，而是由各投标人应邀同时采取一次递交的办法，而投标人能否中标，主要取决于投标时递价是否有竞争力。因此，采用这种方式，投标人之间的竞争十分激烈，而招标人则处于比较主动的地位，这也是此方式在大宗商品的采购中被广泛采用的原因之一。

（二）招标与投标的基本程序

世界各国进行的招标与投标程序基本相同，通常按照招标人所在国的有关法令和习惯进行。一次具体的招标与投标通常要经过招标、投标、评标、签约四个阶段。它不需要反复多次的洽谈磋商，投标人一旦递盘后，要么被选中，要么被淘汰，基本属于一次性定板交易。当然，如果招标人认为全部的递盘都不符合要求，也可以宣布招标无效，再另行组织一次招标活动。基本程序大致包括：

（1）招标前的准备工作　采用谈判招标或选择性招标时，一般不发招标通知；采用公开招标和两段招标时，应在国内权威新闻媒介公示招标公告。招标公告主要介绍招标项目的主要内容、要求条件和投标须知等。在公告期满时进行资格预审，预审是指招标人对投标人的基本情况、财务状况、供应与生产能力、经营情况及商业信誉等方面进行预先审查，然后编制招标文件。招标文件又称"标书""标单"，内容主要包括：招标商品的交易条件，但价格条件由招标人投标时提出；投标人交纳投标保证金及履约保证金的条款。

（2）投标前的准备工作　投标人要对招标文件中的招标条件、技术标准、合同格式等进行认真分析，一旦决定参加投标，就要根据招标文件的规定编制和填报投标文件。

（3）开标　招标人在指定日期、时间和地点将收到的投标书中所列的标价和提出的交易条件进行比较，然后择优选定投标人。

（4）评标　招标人组织人员从不同角度对投标进行评审。评标的主要内容包括：研究对比投标报价；评审投标是否有任何违反投保文件的情况；审查投标计算是否有错误；对标书内容是否有严重误解等。

（5）决标　决标是指招标人经过评标，做出决定，最后选定中标人的行为。在投标人的最低报价与其他投标人的报价相差很大，甚至低于主管部门预计的底标价情况下，评标人可裁定其属于不合理报价，并将标权授予其后报价较高的投标人。

（6）中标、签约　中标是从若干人中选定交易对象，中标即为得标。中标者必须与招标人签约，否则保证金予以没收。中标人与招标人签约时应注意：一是双方仍可对合同的条款进一步协商，调整最后价格和部分合同条款，经议标达成一致意见后，签订正式合同；二是中标人要向招标方提交履约保证书，又称履约保函，中标人不能交付履约保函即视为弃权，招标人有权没收其投标保证金。

五、拍卖

拍卖（Auction）是专门从事拍卖业务的拍卖行接受货主的委托，在规定的时间与场所，按照一定的章程和规则，将要拍卖的货物向买主展示，公开叫价竞购，最后由拍卖人把货物卖给出价最高的买主的一种现货交易方式。拍卖是在一定机构内有组织地进行的，有其自身的法律和规章，是一种公开竞买的现货交易。通过拍卖成交的商品通常品质难以标准化，或难以久存，或按传统习惯以拍卖出售的商品，如裘皮、茶叶、烟叶、羊毛、木材、古玩等。

（一）拍卖的方式

按照出价方式的不同，拍卖可以大致分为：

1. 增价拍卖

增价拍卖又称英格兰式拍卖，是指在拍卖过程中，拍卖人宣布拍卖标的的起叫价及最低增幅，竞买人以起叫价为起点，由低至高竞相应价，最后以最高竞价者三次报价无人应价后响槌成交。按拍卖章程规定，在拍卖人落槌前，叫价人可以撤销出价；如果货主与拍卖人事先商定最低限价，而竞买人的叫价低于该价，拍卖人可终止拍卖。

2. 减价拍卖

减价拍卖又称荷兰式拍卖，在这种拍卖中，拍卖人会将价格设定在一个较高的水平，然后通过连续的降价过程，最终由出价最高的人赢得拍卖品。由于减价拍卖成交迅速，特别适用于数量大、批次多的鲜活商品拍卖。

3. 密封递价拍卖

密封递价拍卖又称招标式拍卖，由买主在规定的时间内将密封的报价单（标书）递交拍卖人，由拍卖人选择买主。这种拍卖方式和上述两种方式相比有两个特点：一是除价格条件外，还可能有其他交易条件需要考虑；二是可以采取公开开标方式，也可以采取不公开开标方式。拍卖大型设施或数量较大的库存物品或政府罚没物资时，可能采用这种方式。

（二）拍卖的程序

1. 准备阶段

准备阶段需要货主与拍卖行达成拍卖协议，规定货物品种和数量、交货方式与时间、限定价格以及佣金等事项。货主把货物运至拍卖地点，存放于拍卖人指定的仓库由拍卖人进行分类、分批编号。拍卖人印发拍品目录，并刊登拍卖通告。买主在正式拍卖前可到存放拍卖商品的仓库查看货物，必要时可抽取样品供分析测试。

2. 正式拍卖

正式拍卖是指在规定的时间和地点，按拍品目录规定的顺序逐批拍卖。从法律上讲，拍卖过程中也包含发盘和接受两个环节。以增价方式拍卖，买方出价相当于发盘，拍卖人落槌相当于接受。在落槌之前，买方有权撤销出价，卖方也有权撤回拍卖商品。以减价方式拍卖，拍卖人报价相当于发盘，而买方一旦表示接受，即为承诺，交易成立，双方均受约束。

3. 付款和交货

成交后，买方签署成交确认书，并支付部分货款作为定金，待买方付清全部货款后，拍卖行开出提货单，买方凭单提货。拍卖行从货款中提取一定比例的佣金作为提供拍卖服务的报酬，并扣除按合同应由货主承担的费用后，将货款交付货主。

第三节　其他贸易方式

本节主要介绍对销贸易。对销贸易（Counter Trade）也称对等贸易、反向贸易或互抵贸易，是一种既买又卖、买卖互为条件，以出口来抵补或部分抵补进口为共同特征的一系列贸易方式的总称。对销贸易不同于单边的进出口，是进口和出口相结合的方式，目前主要有易货贸易、互购贸易、补偿贸易、抵销贸易等形式。对销贸易是以进带出，以出补进的贸易方式，双方互相提供出口机会，具有互惠特点。从事对销贸易的双方签订的是"有买有卖"的交易，金额基本相抵，卖方必须帮助买方解决支付问题，多数情况下卖方不能要求买方以现金方式支付，而是以货物的形式平衡交易。

一、易货贸易

易货贸易（Barter Trade）是指在换货的基础上，把等值的出口货物和进口货物直接结合起来的贸易方式。传统的易货贸易，一般是买卖双方各以等值的货物进行交换，不涉及货币的支付，也没有第三者介入，易货双方签订一份包括相互交换抵偿货物的合同，把有关事项加以确定。

易货贸易可分为直接易货和综合易货。直接易货又称为一般易货，往往要求进口和出口同时成交，一笔交易一般只签订一个包括双方交付相互抵偿货物的合同，并且不涉及第三方。综合易货多用于两国之间根据记账或支付（清算）协定而进行的交易。由两国政府根据签订的支付协定，在双方银行互设账户，由双方银行凭装运单证进行结汇，并在对方国家在本行开立的账户进行记账，然后由银行按约定的期限结算。

【知识拓展】

我国的跨境易货贸易

现阶段，跨境易货贸易在我国存在着一定的市场需求，各地也积极推进了跨境易货贸易的开展，取得了一定成效。湖南省对非易货贸易有限公司采取"一单一报"的方式实现跨境易货贸易，于2021年9月完成了与南非的红西柚换中国建材、小商品的跨境易货贸易。2020年6月至2021年2月，宁波玛士通国际贸易有限公司共完成出口伊朗汽配产品总货值200万美元（约合1274万元人民币），并以同等价值进口伊朗开心果，外汇管理部门根据该公司的进出口相关单据完成审核后，该单业务正式完成。

（资料来源：陈浩，等. 我国新型跨境易货贸易发展探索［J］. 中国外汇，2022.8（15）：31-32.）

二、互购贸易

互购贸易（Counter Purchase）又称"平行贸易"或"回购"，是指交易双方互相购买对方的产品，涉及使用两个既独立而又相互联系的合同。交易双方先签订一个合同，约定由先进口国（往往是发展中国家）用现汇购买对方的货物（如机器、设备等），并由先出口国（通常是发达国家）在此合同中承诺在一定时期内买货物。之后，双方还需要签订一个合同，具体约定由先出口国用所得货款的一部分或全部从先进口国购买商定的货物。互购不是单纯的以货换货，而是现汇交易，而且不要求等值交换。

三、补偿贸易

补偿贸易（Compensation Trade）是指在信贷基础上进口设备，然后以回销产品或劳务所得价款，分期偿还进口设备的款项及利息。它既是一种贸易方式，也是一种利用外资的形式。一方先以赊购的形式，从国外进口设备和技术等，待投产后，用所生产的产品和劳务偿还贷款的本金和利息。这种形式既利用了外资，也扩大了商品的销售渠道。

(一) 补偿贸易的特征

补偿贸易通常具有两个基本特征:一是信贷是进行补偿贸易必不可少的前提条件;二是设备供应方必须同时承诺回购设备进口方的产品或劳务。在信贷基础上进行设备的进口并不一定构成补偿贸易,补偿贸易不仅要求设备供应方提供信贷,还要求设备供应方同时承诺回购对方的产品或劳务,以使对方用所得货款还贷款。这两个条件必须同时具备,缺一不可。

(二) 补偿贸易的类别

按照用来偿付的标的不同,补偿贸易大致可分为三类。

(1) 直接产品补偿 即双方在协议中约定,由设备供应方向设备进口方承诺购买一定数量或金额的由该设备直接生产出来的产品,这是补偿贸易最基本的做法。

(2) 其他产品补偿 当所交易的设备本身不生产产品或设备所生产的直接产品非对方所需或在国际市场上难以销售时,可由双方协商,用回购其他产品来代替。

(3) 劳务补偿 双方根据协议,通常由一方代表另一方购进所需的技术、设备,货款由一方垫付,另一方按要求加工生产后,从应收的加工费中分期扣还给提供贷款一方。

四、抵销贸易

抵销贸易(Offset Trade)是指一方在进口诸如国防、航空或宇航、计算机、信息交流等设备时,以先期向另一方或出口方提供的某种商品或劳务、资金等抵销一定比例进口价款的做法。抵销的方式可以是为生产该设备而提供的零部件、投入的资金、所转让的技术以及技术培训、项目研究开发等。抵销贸易的主要类型包括两种:一是直接抵销,是指出口方承诺从进口方购买出口给进口方的产品中所使用的零部件,或与该产品有关的其他产品,有时还会对进口方生产零部件的企业进行投资和技术转让;二是间接抵销,是指出口方承诺向进口方回购与其出口商品无关的产品。

【本章小结】

1. 国际贸易方式大致可以包括加工贸易方式、一般贸易方式和其他贸易方式。常见的加工贸易方式包括进料加工、来料加工、装配业务和协作生产。一般贸易方式主要包括经销、代理、寄售、招标与投标、拍卖等。其他贸易方式中的对销贸易主要有易货贸易、互购贸易、补偿贸易、抵销贸易等形式。

2. 进料加工和来料加工在付汇、货物所有权、交易关系、风险承担等方面有所不同,经销、代理与寄售在交易关系、风险承担、利润来源方面有细微差别,注意区分。

【习题与思考】

1. 国际贸易方式主要包括哪些方式?
2. 进料加工与来料加工有何区别?
3. 经销、代理与寄售之间的区别是什么?
4. 哪些贸易是对销贸易?

国际贸易理论与实务

第二十四章
电子商务与国际贸易

经济全球化、产业信息化及移动互联网的快速发展,对人类社会进步和生活方式产生了巨大的影响。跨境电子商务构建的开放、便利、高效的贸易环境,拓宽了进入国际市场的路径,优化了外贸产业链,成为企业拓展国际市场、扩大产品销路、提升国际竞争力和影响力的重要途径。

第一节 跨境电商发展简介

体现为"互联网+外贸"形式的跨境电子商务,是借助互联网技术实现商品和服务跨境交易的新兴贸易业态,近年来已成为对外贸易增长最快的领域。

所谓跨境电子商务(Cross-border E-commerce,简称"跨境电商"),是指分属不同关境的交易主体,通过电子商务的方式完成传统进出口贸易中的展示、洽谈和成交环节,并通过跨境物流及异地仓储送达商品、完成交易的一种国际商业活动。

交易当事人或参与人利用现代信息技术和计算机网络在全球范围内可以参与各类商业活动,包括货物贸易、服务贸易和知识产权贸易。作为最普遍的形式,不同关境的贸易主体常常通过互联网平台达成交易合同,进行网上支付结算,并通过跨境物流送达商品。

跨境电商涵盖了营销、交易、支付、服务等各项商务活动,是把传统国际贸易加以网络化、电子化的新型国际贸易方式。从国家和企业层面看,跨境电商有助于拓宽国际市场,优化多边资源配置;从消费者层面看,跨境电商有助于消费者获取全球物美价廉的商品。

随着经济全球化和信息化进程的加速,跨境电子商务正在引领世界经济贸易大变革,并受到各国追捧。回顾其发展历史,大致经历了以下几个阶段。

一、国际贸易由手工商务过渡到 EDI 处理

从世界范围看，随着计算机技术和网络数据库的应用，20 世纪 70 年代末至 80 年代初，美国、西欧一些发达国家逐步采用 EDI（Electronic Data Interchange，电子数据交换）技术进行贸易，从而形成了涌动全球的"无纸贸易"热潮。

（一）EDI 的概念

EDI 是一种利用计算机设备进行商务处理的方式。在互联网普及应用之前，曾是一种主要的电子商务模式。它将贸易、运输、保险、银行和海关等行业的信息，用一种国际公认的标准格式，形成结构化的事务处理的报文数据格式，通过计算机通信网络，使各有关部门、公司与企业之间进行数据交换与处理，并完成以贸易为中心的全部业务过程。

贸易伙伴可以通过 EDI 发出订单、询问有关商品信息、接收订单、办理货物运输和银行结算等事项，因为和贸易有关的手续都可以在不使用纸质单证的情况下完成，EDI 也被称为无纸贸易。

与传统的国际贸易方式相比，EDI 贸易方式具有构成简单、费用低廉、覆盖面广、形式多样化和灵活快捷的特点和优势。此后，公司之间的贸易往来不再单纯依赖纸面单证，而逐步被电子单证取代。EDI 贸易方式的大量应用，也使企业迅速获得成本优势，成为其增强国际市场竞争能力的一个重要手段。

（二）EDI 在我国的应用

我国自 1990 年引入 EDI 技术以来，首先应用于外贸领域并取得了一系列进展：1991 年，中华人民共和国科学技术部、对外贸易经济合作部、海关总署等部门共同组织成立了"中国促进 EDI 应用协调小组"，并以"中国 EDI 理事会"的名义参加了亚洲 EDIFACT 理事会，成为该组织的正式会员。1992 年 5 月，我国召开"中国 EDI 发展战略与标准化研讨会"，决定建立国家 EDI 试验系统（海关总署、中国远洋运输集团公司的外运海运空运管理 EDI 系统）、地区 EDI 试验系统（广东、山东、江苏、上海、福建）和行业 EDI 试验系统（山东抽纱企业集团公司的轻纺出口业务 EDI 系统、中国电子工业总公司 EDI 应用系统）。1995 年 1 月，中国海关完成了 EDI 海关系统的全部开发工作，制定了 EDI 海关系统所需的 15 个 EDIFACT 标准报文子集，开通了北京、天津、上海、广州等 EDI 海关系统。1996 年 2 月，我国外经贸部成立了国际贸易 EDI 服务中心，同年 12 月 18 日，联合国贸易网络组织中国发展中心在北京成立，北京海关与中国银行北京分行在我国首次开通 EDI 通关电子划款业务。

与此同时，各省、自治区、直辖市及中央部委也几乎都设立了专门职能部门来负责协调 EDI 的应用推广工作。经过各级政府部门的努力推广，EDI 从贸易行业逐渐扩展到了商检、税务、邮电、铁路、银行等领域。

二、互联网技术开始应用于国际贸易

20 世纪 90 年代以后，互联网在全球迅速普及。为满足不断增长的客户需求并保持

市场竞争力,一种基于互联网、以交易双方为主体、以银行电子支付和结算为手段、以客户数据为依托的全新国际贸易模式出现并发展起来。

(一) Internet 与电子商务

由于使用 VAN(增值网络)的费用很高,推广应用较难,只有大型企业才能使用,限制了基于 EDI 的电子商务应用范围的扩大。但是随着 Internet 的出现,长期被排斥在互联网之外的商业贸易活动开始进入这个领域,电子商务逐渐成为互联网应用的一个热点。

基于 Internet 的电子商务之所以对企业具有如此大的吸引力,主要是因为与基于 EDI 的电子商务相比,它具有以下明显的优势:

(1) 覆盖全面　Internet 几乎遍及全球各个角落,用户可以依靠网络跨越国境,与贸易伙伴方便地传递商业信息和文件。对企业来说,跨境电子商务构建的开放、多维、立体的多边经贸合作模式,大大促进了国际多边资源的优化配置与企业间的互利共赢。对消费者而言,只要具备一定的技术条件,几乎在任何时候、任何地方都能够获取其他国家的商品信息并买到物美价廉的商品。

(2) 成本低廉　互联网使用费用不高,计算机、服务器、网络接入设备等价格逐年下降,在线交易可以迅速达成,数字化产品的订货、付款、交货更是可以快速完成。此外,跨境电商借助交易平台可以实现企业之间、企业与消费者之间的直接交易。相对于传统国际贸易的多级分销过程,跨境电商交易过程更为便捷,减少了传统交易的中间环节,提高了交易效率,节省了时间与资金。

(3) 参与广泛　传统贸易主要以货物贸易和服务贸易为主,参与国际贸易的企业多为大企业或代工工厂,资金周转和交易周期长,交易过程复杂,中小企业往往无法企及。Internet 可以全面支持不同类型的用户实现不同层次的商务目标,如发布电子商情、在线洽谈、建立虚拟商场或网上银行等。同时,由于生产模式、销售模式、物流模式以及支付模式的改变,跨境电商使越来越多的中小企业实现研、产、销一体化并日益发展成熟。

(4) 使用灵活　基于 TCP/IP(传输控制协议/互联网络协议)的 Internet 电子商务使用全球通用标准,不受特殊数据交换协议的限制,不用购买和维护 EDI 软件,不用进行 EDI 单证和 API(应用程序接口)开发。任何商业文件或单证可以直接填写与现行纸面单证格式一致的屏幕单证,不需要进行翻译,任何人都能看懂或只需利用浏览软件就可以直接使用。

(二) 我国电子商务的早期发展

跨境电子商务构建的开放、便利、高效的贸易环境,同样拓宽了中国企业进入国际市场的路径,在优化国际贸易产业链的过程中,为"中国制造"品牌创立和产品创新提供了便利的平台和宝贵的发展机遇。

这一时期,跨境电商在中国由落地生根到蓬勃发展,大致经历了以下两个阶段。

第一阶段(1999年—2003年):跨境电商在中国的起步基本与世界同步,其标志是阿里巴巴公司(Alibaba)的成立。主要特点表现为信息流的整合,跨境电子商务平台通过向进行信息展示的企业收取会员费盈利，主要商业模式是网上展示、线下交易的外贸信息服务模式。

最早出现的是帮助中小企业出口的 B2B 电子商务平台，代表企业有阿里巴巴国际站、中国制造网等。这些跨境电商平台为中小企业提供了商品信息展示、交易撮合等基础服务，但不涉及任何交易环节。此时的盈利模式主要是收取会员费（如年服务费），并逐渐衍生出竞价推广、咨询服务等信息流增值服务，是国内对跨境电子商务发展的初步探索。

第二阶段（2004 年—2012 年）：随着全球网民渗透率的提高，以及跨境支付、物流等服务水平的提高，跨境电子商务逐渐从线上信息服务平台发展成跨境在线交易平台。这一时期，跨境电商平台集营销、支付、物流和金融于一体，主要聚集的是中小卖（买）家，产生的是以小额订单为主的交易。

2004 年敦煌网的上线，标志着我国跨境电商平台开始摆脱纯信息黄页展示的功能，线下交易、支付、物流等流程实现电子化，逐步向在线交易平台过渡。在此过程中，通过服务、资源整合，有效打通上下游供应链，进一步实现买卖双方信息的对接，支付和物流环节逐步纳入等，有效打通了跨境贸易的各个环节，真正实现跨境贸易的在线交易。从形式上看，主要有 B2B（企业对企业）和 B2C（企业对用户）两种模式。

三、数据驱动赋能下的跨境电子商务新阶段

2013 年至今，世界各国都在大力推动跨境电子商务的发展，主动应对全球贸易新格局，跨境电子商务成为企业进入国际市场的有力武器。

尽管全球贸易增速放缓，中国跨境电商却在逆势增长，进出口贸易中的电商渗透率近年来持续提高。商务部数据显示，跨境电商货物进出口规模占外贸比重由 2018 年前的不足 1% 上升到 2023 的 5% 左右。我国跨境电商主体已超 10 万家，建设独立站超 20 万个，综试区内跨境电商产业园约 690 个。我国跨境电商贸易伙伴遍布全球，与多个国家签署了双边电子商务合作备忘录。

（一）外贸综合服务

随着经济全球化、产业信息化及移动互联网的快速发展，跨境电子商务在世界经济中扮演着越来越重要的角色。作为网络化的新型经济活动，跨境电子商务正以前所未有的速度迅猛发展。中国外贸企业将移动互联网、物联网、大数据、云计算和人工智能技术与实体经济结合，逐步实现了从追随者到全球领导者的角色转变。其中，外贸综合服务平台改变了传统外贸企业的交付方式和信用体系，帮助我国外贸实现了从"信息驱动"向"数据驱动"的转型，堪称贸易价值链的标志性变化。

外贸综合服务是近年来兴起的新兴业态，其前身是传统的外贸代理服务。2013 年 7 月 24 日，国务院召开常务会议，指出我国经贸环境复杂严峻，进出口增速均明显放缓，要通过制度创新，提高贸易便利化水平，增强企业竞争力，并据此提出了六条要求（业内称之为促外贸"国六条"），其中第四条明确指出：支持外贸综合服务企业为中小民营企业出口提供融资、通关、退税等服务。自此，外贸代理行业基本升级成为外贸综合服务行业，各外贸代理公司也纷纷转型成为外贸综合服务企业。从功能上看，外贸代理公

司和外贸综合服务企业的区别在于：前者不能提供退税服务，而后者可以。

在跨境电商中，外贸综合服务企业是指为国内中小型生产企业出口提供物流、报关、信保、融资、收汇、退税等服务的外贸企业。在这六项服务中，一般将报关、信保、收汇、退税称为基础服务，将物流、融资称为增值服务。截至2021年年底，我国外贸综合服务企业超过1,500家，海外仓数量超过2,000个，加工贸易保税维修项目已建成约130个，离岸贸易稳步发展，新业态新模式已成为推动外贸转型升级和高质量发展的新动能。

（二）互联网外贸

跨境电商B2B是真正的互联网外贸，其中涉及的通关、结汇、退税等都需要按照传统外贸流程进行，而B2C则将所有的流程进行了最大程度的简化。同时，跨境电商B2B涉及大额贸易，金额在几万、几十万甚至上百万美元，一旦发生违约，平台、卖家、买家三者之间将存在繁杂的责任追索问题，而B2C每次交易中涉及的金额很小，就算发生违约风险，平台也能承担。

信息技术的发展使交易双方能够通过互联网平台低成本发布供需信息，达成交易意向，但不能解决"信息高能"的问题，企业在面对海量冗余信息时，依然难以实现"为我所用"。未来必须以精准匹配为特征，通过巨量供求方数据的沉淀和大数据运用，实现"数据赋能"，通过云储存和大数据的生成和应用，盘活海量、分散、闲置、富余的各种数据资源，完成外贸从"信息驱动"向"数据驱动"的转换。这种驱动不仅仅省去了不停寻找客户的人力成本，还对商家实现了信用赋能。

从应用的角度看，外贸综合服务企业让小企业享受大企业才能获得的服务，既帮助B2B平台实现交易闭环的打造，又能积累国际贸易企业的交易数据，进而衍生出更多基于大数据的服务。互联网和大数据的深度介入，可以帮助平台上的中小企业解决流通和信用两大难题。一方面，企业可以享受外贸综合服务平台提供的通关、退税、物流、金融等一系列外贸服务；另一方面，通过交易积累数据，企业还可以获得数据红利"反哺"、信用背书、融资，利用线上服务，远程赢得客户。

跨境电子商务平台的出现，为商家拓宽了渠道，开拓了市场，减少了商品流通环节，降低了流通成本，拉近了与国外消费者的距离，促进了国际贸易的发展。目前，我国是世界上重要的产品出口大国，在整体出口总量相对稳定的情况下，跨境电子商务交易规模持续扩大，在进出口贸易中所占比重越来越大。

同时，跨境B2B品牌建设之路也已开启，越来越多的B2B平台及平台上的企业开始注重品牌化建设，倾力打造及孵化出海品牌企业，各大传统外贸企业也纷纷开始自建独立站，加快品牌化建设的步伐，通过独立站的方式把产品及服务卖给消费者，通过品牌溢价来提升公司产品及整体的价值。

【知识拓展】

<h3 style="text-align:center">南宁综合保税区与跨境电商蓬勃的发展</h3>

2023年10月18日，"一带一路"倡议10周年暨东博会和峰会创办20周年成果大

型网络采访活动走进中国（南宁）跨境电子商务综合试验区的核心园区——南宁综合保税区，采访团穿梭在如雨后春笋般出现的跨境电商相关企业间，感受南宁跨境电商产业发展的蓬勃脉动。

走进位于南宁综保区的绿港跨境电商监管中心，货物仓库内一片热火朝天的繁忙景象。工作人员正快速整理出口货物，争分夺秒地将来自全国各地的包裹整理、打包并快速清关，准备运往东盟市场。"近年来，随着南宁深度参与'一带一路'建设以及RCEP协议的生效，政府出台了一系列有利于跨境电商发展的政策。公司项目也是得益于这些政策在南宁综保区迅速落地。"广西绿港供应链管理有限公司业务经理卢裳健向记者介绍。2023年1月，公司开始筹备建设广西绿港跨境电商监管中心项目，3月9日通过南宁海关验收工作，3月10日正式开始运营，仅用1个多月的时间就完成了项目的筹备、建设与运营。

卢裳健介绍，近年来，广西的物流通路不断丰富，不仅新增了10多条南宁至东南亚、南亚的全货机航线，还打通了陆铁联运、陆海联运、转关至陆路多口岸出境等物流通路，满足了跨境电商客户的不同需求，使跨境电商得以快速发展。今年上半年，绿港跨境电商监管中心项目累计投资750万元。从3月10日开展业务至今，累计为园区跨境电商企业服务的出口跨境电商单量达5,000多万票，贸易额约29.4亿元，日均发出10个货运柜。

近年来，南宁市推出跨境电商领域改革创新措施30余项，出台综试区建设支持政策27条，加快推动跨境电商物流新通道、面向东盟的物流枢纽建设，全市跨境电商生态圈不断完善，跨境电商通关效率大幅提高，跨境电商业务快速增长。截至2023年，南宁市跨境电商相关企业超300家，其中年跨境电商进出口额超5亿元的企业14家，超10亿元的企业7家，跨境电商集聚度不断提升。2020年—2022年，全市跨境电商进出口额分别为21.64亿元、77.7亿元、137.86亿元，同比增长分别为198%、259%、77.4%，分别高于全国增速166、244、67个百分点。

（资料来源：跨境电商蓬勃发展 优质产品乘风出海（节选）. 南宁日报，2023-10-21. http：//www.nnrb.com.cn/nnrb/20231021/html/page_02_content_001.htm。）

第二节 电子商务的运用与国际贸易

与传统国际贸易相比，跨境电子商务具有突出优势：突破了传统地理范畴的限制，受各国贸易保护措施影响较小，交易环节及中间商较少，交易的高频化和数据化等，但同时也面临着明显的通关、结汇和退税方面的障碍，以及贸易争端处理不完善等劣势。

一、跨境电商基本模式

跨境电子商务作为一种以互联网为载体的新型对外贸易方式，在不同关境地域的交易主体之间以数字化形式达成交易，存在不同的运作模式，盈利情况各异，因此，选择适合企业自身发展的跨境电子商务模式具有重要的现实意义。

根据贸易方向的不同，跨境电商可以分为跨境进口和跨境出口，根据交易方式的不同，跨境电商又可以分为 B2B 和 B2C。传统外贸的目标群体多是海外经销商，以企业用户为主，跨境电商多以小卖家或个人用户为主。由于可以随时拿到终端数据，跨境电商无疑更接近真实需求，其中在线评价、线上推荐、直播下单等电商机制是传统国际贸易所不具备的。

从本质上讲，跨境电商仍然要将商品以一般贸易的方式"走出去"或是"运进来"，但是这个过程是以海外仓或保税仓为依托、以品类管理为基础的，利用互联网技术进行运营和流通，通过 B（商家）端将商品销售给境内外消费者。因此，跨境电商既是传统外贸在"互联网+"背景下的延伸，也是电子商务在进出口贸易上的体现。

（一）跨境电商 B2B

B2B（Business-to-Business），中文简称为"企业对企业"，是指分属不同关境的企业通过电商平台达成交易，进行支付结算，并实施跨境物流运送完成交易的一种国际商业活动，现已纳入海关一般贸易统计。

从广义层面看，跨境电商 B2B 是"互联网+传统国际贸易"，只要在企业对企业的国际贸易活动中涉及互联网行为的，都纳入其中，具体包括：

1）企业在寻找客户过程中，使用自建网站、第三方电商平台网站、搜索引擎（如谷歌、百度）、社交媒体平台（如脸书、抖音）等互联网工具达成交易。

2）企业在交付商品过程中，使用综合外贸服务（如一达通）、航运 B2B 服务或者政府部门单一窗口服务的。单一窗口是国际通行的贸易便利化措施，是改善跨境贸易营商环境的重要举措，是国际贸易领域的"一网通办"，即贸易或运输企业可以通过一个统一的平台，向多个相关政府机构，提交货物进出口或转运所需要的单证或电子数据，办理涉及海关、检验检疫、海事、出入境边检、港务等多个监管部门的事务。单一窗口优化了通关业务流程，提高了申报效率，缩短了通关时间，降低了成本，深受企业欢迎。

从狭义层面看，跨境电商 B2B 是指基于电子商务信息平台或交易平台的企业对企业跨境贸易活动。在出口方面，这类平台包括阿里巴巴国际站（中国供应商）、环球资源、中国制造网、敦煌网等；在进口方面，这类平台包括阿里巴巴国际站（海外供应商）、1688 进口货源中心、通淘国际、海豚供应链、跨境翼、海外帮等。

B2B 跨境电商或平台所面对的最终客户为企业或集团客户，提供企业、产品、服务等相关信息，进行信息发布、搜索并完成交易撮合，盈利模式包括会员服务和增值服务。目前，我国跨境电商市场交易规模中 B2B 跨境电商市场交易规模占总交易规模的 80%以上，可以看出，在跨境电商市场中，企业级市场始终处于主导地位。

（二）跨境电商 B2C

B2C（Business-to-Customer），中文简称为"商对客"或"企业对顾客"，是指企业跨越不同关境直接面向消费者开展在线销售产品和服务，通过电商平台达成交易，进行支付结算并通过跨境物流送达商品完成交易的一种国际商业活动。

B2C 也称跨境零售，无关传统贸易。该模式下企业直接面对国外消费者，以销售个人消费品为主。物流方面主要采用邮政物流、商业快递、专业及海外仓储等方式，其报关主体是邮政或快递公司，目前大多还未纳入海关登记。代表性企业有亚马逊（Amazon）、全球速卖通（Ali-express）、兰亭集势、米兰网、大龙网等。

此外，从交易内容看，跨境电子商务还可以被划分为以货物买卖为主的应用模式和以服务贸易为主的应用模式。前者侧重货物所有权转让的交易情况，其无纸贸易的应用涉及传统贸易链上的各个环节，如交付货物、支付货款、行政审批、货物通关等。后者则侧重以服务为主要内容的应用。与传统的货物买卖不同，服务主导的应用模式更偏重服务的提供。实际上，有关跨境电子商务的许多创新都集中在服务贸易上，因为网络不能代替实际交付，但是可以提升服务的方式、服务的内容等各方面，甚至改变传统的服务内容和服务方式。一个经济体的服务贸易越发达，则以服务为导向的应用越成熟和普及，伴随而来的是有关的创新也越多。

有数据显示，2022 年我国跨境电商进出口（含 B2B）2.11 万亿元，同比增长 9.8%，跨境电商进出口规模首次突破 2 万亿元关口。其中，出口 1.55 万亿元，进口 0.56 万亿元。从出口目的地来看，2022 年我国跨境电商出口市场中，美国市场占比最大，为 34.3%，英国、德国、马来西亚、俄罗斯分别占比 6.5%、4.6%、3.9%、2.9%。从进口来源地来看，2022 年我国跨境电商进口市场中，日本市场占比最大，为 21.7%，其次美国占 17.9%，澳大利亚占 10.5%，法国占 7.5%。在模式结构上，B2B 模式在跨境电商模式占比中近八成，多年来一直是主导的商业模式。跨境电商 B2B 的商业模式在于去中间化，让品牌商和产品直接接触，通过用户来反作用于生产方和品牌方。越来越多的 B2C 跨境电商平台建立起来，跨过众多的中间环节直接连接工厂与消费者，以 B2B2C（企业对企业对消费者）的形式减少了交易环节，消除了信息不对称。B2C 模式通过化整为零面向终端的销售模式比传统外贸等形式更为灵活。

2023 年 1 月，中华人民共和国财政部、海关总署、国家税务总局联合发布《关于跨境电子商务出口退运商品税收政策的公告》，降低跨境电商企业出口退运成本，积极支持外贸新业态发展。2023 年前三季度，我国跨境电商进出口 1.7 万亿元，增长 14.4%。其中，出口 1.3 万亿元，增长 17.7%；进口 0.4 万亿元，增长 5.3%。

二、主流运营平台

跨境电子商务平台是指为从事进出口贸易的企业或个人提供线上产品展示、咨询服务及网上交易洽谈的虚拟网络空间，是协调整合信息流、货物流、资金流，以使其有序、高效流动的重要场所，是保障跨境贸易顺利运营的平台。

传统贸易与跨境电商出口流程的对比如图 24-1 所示。

企业通过跨境电子商务平台提供的网络基础设施、支付平台、安全平台和管理平台等共享资源，能够有效、低成本地开展跨境贸易活动。不同的跨境电子商务平台存在不同的入驻门槛、入驻资质、收费标准以及特色功能，存在经营业务不同、目标市场不同及消费群体不同，但是，跨境电子商务平台的操作流程大致相同。

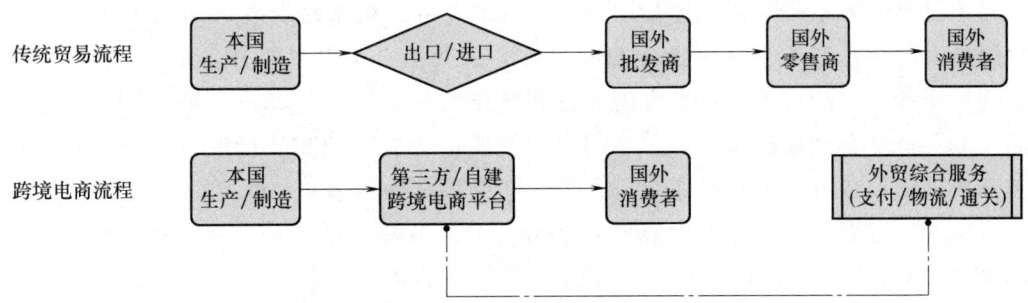

图 24-1 传统贸易与跨境电商出口流程的对比

从跨境电商出口的流程看，生产商或制造商将生产的商品在跨境电商企业的平台上进行展示，在商品被选购，消费者下单并完成支付后，跨境电商企业将商品交付给物流企业进行投递，经过两次（出口国和进口国）海关通关商检后，最终送达消费者或企业手中。也有的跨境电商企业直接与第三方综合服务平台合作，让第三方综合服务平台代办物流、通关、商检等一系列环节，从而完成整个跨境电商交易的过程。跨境电商进口的流程除了与出口流程的方向相反外，其他内容基本相同。

目前，跨境 B2B 电子商务平台的典型代表主要有阿里巴巴（国际站）、中国制造网和环球资源网。跨境 B2C 电子商务平台的典型代表主要有亚马逊、全球速卖通、敦煌网和 eBay（易贝），此外，还有以 Wish 和 Lazada（来赞达）为代表的移动跨境电子商务平台。

从我国跨境电子商务的发展现状看，跨境电子商务 B2B 交易占比占据绝对优势，跨境出口电子商务正逐渐取代传统贸易且成长性良好。下面简要介绍几个外贸企业应用较为广泛的主流第三方平台。

（一）阿里巴巴国际站

阿里巴巴国际站（Alibaba.com）成立于 1999 年，是阿里巴巴集团的第一个业务板块，现已成为全球领先的跨境贸易 B2B 电子商务平台，其核心业务是帮助国内的中小企业找到海外客户，实现产品出口。

图 24-2 所示为阿里巴巴国际站界面。

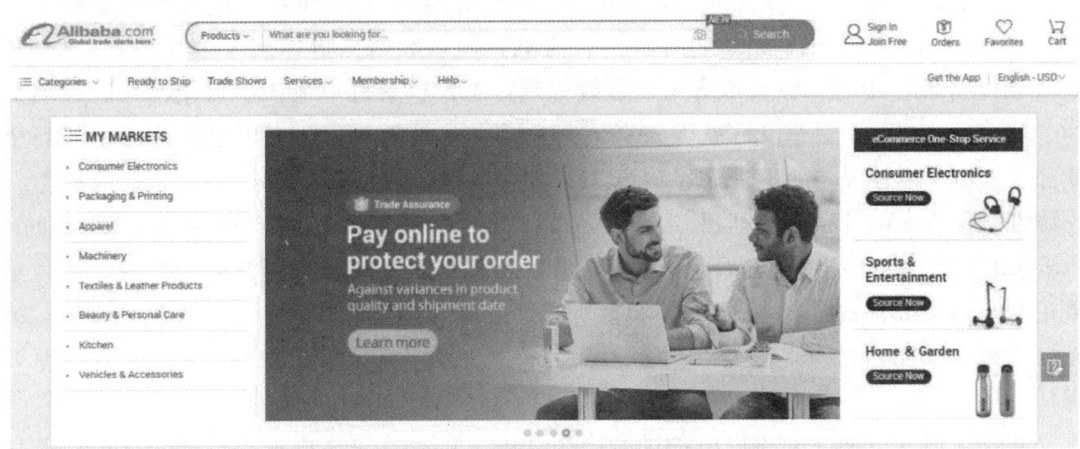

图 24-2 阿里巴巴国际站界面

阿里巴巴国际站是阿里巴巴集团最先创立的业务，根据易观按 2021 年收入计算，其是中国最大的综合型外贸在线批发交易平台，并为其会员及其他中小企业提供进口/出口供应链服务，包括清关、贸易金融服务和物流服务。截至 2022 年 3 月，阿里巴巴国际站的注册会员来自全球超过 190 多个国家，主要由贸易代理商、批发商、零售商、制造商和开展进出口业务的中小企业组成，目前活跃买家数超过 4,000 万个。

从发展历程看，阿里巴巴国际站业务分为两个阶段：第一个阶段定位是"365 天永不落幕的广交会"，也就是为大宗贸易做产品信息的展示；到了第二个阶段，阿里收购了一达通，正式推出"信保"业务，试图打造全球首个 B2B 跨境电商交易闭环，为企业提供出口代理、报关、退税、结汇、融资等服务。

从 1999 年至今，阿里巴巴国际站经历了多次变革，并形成了六大服务板块，即网站建设、获取商机、买卖沟通、交易保障、物流服务、增值服务。

在网站建设方面，阿里巴巴帮助出口商打造专属的国际网站。在这个网站上，出口商可以全方位展示企业相关信息，例如公司介绍、产品详情等。考虑到网络信息的虚拟性，阿里巴巴提供实地认证服务，通过第三方专业机构对出口商进行实地验厂，以确保其展示的信息真实可靠。此外，出口商还可通过"数据管家"了解所处行业的买家偏好情况，对自身网站进行全方位评估。

在获取商机方面，阿里巴巴提供采购直达、多语言市场、在线批发等服务。"采购直达"（Request for Quotation，RFQ）是指海外买家主动填写采购信息，并委托阿里巴巴平台寻找合适卖家。RFQ 让买卖双方的匹配更为高效，已成为出口商获取订单的重要入口。"多语言市场"是独立于阿里巴巴英文站的一系列小语种网站，包括西班牙语、葡萄牙语、法语、俄语等。在英语市场竞争异常激烈的今天，小语种市场成了出口商拓展业务的新"蓝海"。"在线批发"是阿里巴巴为了满足后金融危机时代下的订单碎片化需求，为中国供应商打造的一站式批发和在线交易平台。对于大型出口商，这种小额贸易可以用来消化库存；对于小企业，尤其是做 B2C 出口的卖家，在线批发成了一个新的业务增长点。

在买卖沟通方面，阿里巴巴的 Trade Manager 能够让买方和卖方进行即时通信。目前，Trade Manager 已经集成了实时营销、商机管理、数据分析等多个模块内容。例如，在"商机管理"中心，买卖双方可以在线处理订单，包括订单流入、订单沟通、订单支付、物流进度等。另外，为了满足商务人员移动办公的需要，阿里巴巴还推出了"阿里卖家"App，涵盖新询盘实时提醒、新 RFQ 实时提醒、Trade Manager 实时在线等功能。

在交易保障方面，阿里巴巴针对小额在线贸易提供在线支付服务，即 Secure Payment（原来的名称为"Escrow"）。当然，阿里巴巴在交易保障方面的服务，最为重要的是一达通提供的外贸综合服务和信保服务。前者为出口商提供低成本的通关、结汇、退税，及配套的物流、金融服务；后者将交易线上化，为买家提供额度内的退款保障。

在物流服务方面，阿里巴巴提供海运、空运、陆运及快递服务。以前，这些服务是集成在阿里巴巴国际站上的，在全资收购一达通后，物流服务集成在"一达通国际物流平台"。

在增值服务方面，金品诚企、外贸直通车（Pay for Performance，P4P）、顶级展位及金融服务是重点。金品诚企是在出口通的基础上，增加由第三方专业认证机构提供的企业能力评估报告、主营产品认证和验厂视频服务。外贸直通车跟国内淘宝直通车类似，为出口商提供关键词竞价服务，并按点击收费。顶级展位则是关键词搜索排名最靠前的广告位，主要针对热门关键词开放。至于金融服务，阿里巴巴推出的产品有信融保、赊销保、退税融资、一达通流水贷等，完全覆盖出口贸易不同阶段中的资金需求。

以上六块服务，涉及支付、融资、物流、营销、数据、报关等多个方面，构成了一个小型的外贸生态圈雏形。从这个雏形出发，阿里巴巴正向更大的生态圈迈进。

（二）中国制造网

中国制造网（Made-in-China.com）创立于1998年，由焦点科技股份有限公司开发及运营，是国内领先的综合性第三方B2B电子商务服务平台。中国制造网专注于服务全球贸易领域，致力于为国内中小企业开展国际营销构建展示平台和交流渠道，帮助供应商和海外采购商建立联系。

同时，中国制造网为国内出口企业提供一站式的外贸综合服务，为企业提供安全、高效、低成本的外贸服务，现已成为中国产品供应商和全球采购商共通共享的网上商务平台。

中国制造网的经营理念是"弘扬中国制造，服务中小企业，促进全球贸易"，为众多供应商和采购商搭建桥梁，提供优质可靠的中国产品和供应商信息，帮助买家和卖家实现高效便捷的在线商务活动，是国内中小企业开展国际贸易的首选B2B电子商务平台之一。中国制造网独有的"Made-in-China"域名对中外商家而言非常直观形象，具有很强的亲和力和知名度，其信息平台和商业服务为中国对外贸易的发展提供了有益探索。中国制造网界面如图24-3所示。

图24-3　中国制造网界面

中国制造网于1998年正式上线运营；2002年，开始推出一系列的广告服务，正式开始收费；2006年，中国制造网跟瑞士通用公证行集团（SGS集团）正式开展认证供应商合作。2015 年 6 月，中国制造网国际站成功打通仓储和物流系统，在网上直接提供外贸综合服务，有力提升了平台竞争力。

在国际贸易和商务活动中，供应商希望自己的产品尽可能地被众多采购商熟知，而采购商则希望多多结识和了解产品供应商，从而找到最适合的合作伙伴。中国制造网关注中国企业特别是众多中小企业的发展，凭借其巨量而详实的商业信息数据，以及便捷而高效的功能和服务，帮助了众多供应商和采购商建立联系、提供商业机会，为中国产品进入国际市场开启了一扇方便的电子商务之门。

（三）环球资源网

环球资源（Global Sources）创立于 1971 年，是一家深受国际认可，致力于促成全球贸易的多渠道 B2B 贸易平台，公司以定制化的采购方案及值得信赖的市场资讯连接全球诚信买家与已核实供应商，助力买卖双方应时而变，快速把握新商机，其核心业务是通过贸易展览会、环球资源网站（global sources.com）、贸易杂志及手机应用程序，促进亚洲与全球各国的贸易往来，深受海外买家及供应商社群的高度信赖。环球资源网界面如图 24-4 所示。

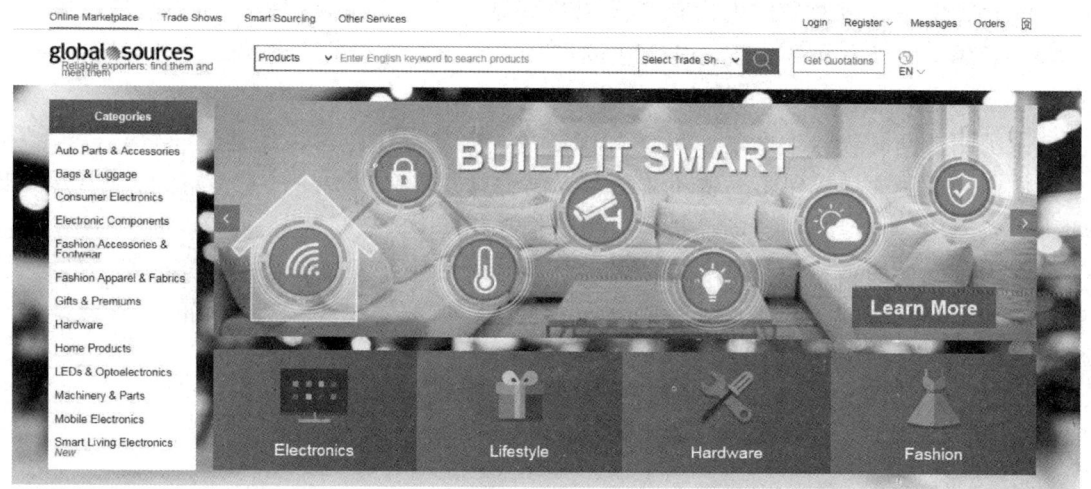

图 24-4　环球资源网界面

环球资源自 20 世纪 80 年代便开始在中国发展业务，通过出版《世界经理人》《国际电子商情》《电子工程专辑》等刊物及举办出口营销管理相关课程，向亚洲地区的电子工程师社群和中国企业高级管理者传播世界先进的产品、最新的行业技术信息及优秀的管理理念和实践技能，帮助中国企业积极参与全球贸易。

环球资源网早期定位是一个以采购商为主要对象的广告公司，致力于提供内容丰富而详实的行业资讯。随着互联网的快速发展，环球资源网意识到了互联网为商业贸易带来的巨大价值，推出了环球资源在线（Global Sources Online），其优势是积累丰富的买家资源。

环球资源网通过网站、展会、杂志及其他多种外贸媒体服务于全球买家社群（即批量进口消费品及工业产品的专业买家），每年 4 月及 10 月在香港举办八场贸易展览会，其中包括世界领先的消费电子展及移动电子展,以及 Lifestyle 展、时尚产品展。目前,环球资源服务全球各地超过 1,000 万注册买家及用户,包括 97 家全球百强零售商,在促进全球贸易发展中发挥了积极的作用。使用环球资源网提供的服务,一方面有助于企业了解供应商及产品的资料,从而在复杂的供应市场中进行高效采购;另一方面有助于供应商提升公司形象,获得销售查询,赢得来自全世界买家的订单。

【本章小结】

1. 电子商务的发展,对进出口贸易产生了一系列影响,从贸易市场、贸易主体、贸易产品、贸易方式、贸易成本到贸易政策和贸易风险,都发生了相当大的变化。目前,世界各国都在大力发展跨境电商,全球电子商务的市场渗透率持续攀升,电子商务市场的持续扩容为跨境电商的发展带来了广阔的发展空间。

2. 本章对跨境电子商务平台的定义、分类和发展历史进行了详细说明,并对典型的跨境电子商务流程和运行平台进行了简要介绍。预计未来几年,跨境电子商务有望延续快速发展态势。

【习题与思考】

1. 简述跨境电子商务的概念及其发展进程。
2. 什么是跨境电子商务平台?其有哪些具体作用?
3. 举例说明跨境电子商务平台的分类及特征。
4. 试述跨境电子商务对国际贸易的影响。

参 考 文 献

[1] ADAM S. An inquiry into the nature and causes of the wealth of nations [M]. Chicago：University of Chicago Press，2010.

[2] 赫尔普曼，克鲁格曼. 市场结构和对外贸易：报酬递增、不完全竞争和国际经济 [M]. 尹翔硕，尹翔康，译. 上海：上海人民出版社，2009.

[3] 克鲁格曼，奥伯斯法尔德. 国际经济学：第5版 [M]. 海闻，译. 北京：中国人民大学出版社，2002.

[4] 波特. 国家竞争优势 [M]. 李明轩，邱如美，译. 北京：中信出版社，2007.

[5] 卜伟，刘似臣，李雪梅，等. 国际贸易 [M]. 2版. 北京：清华大学出版社，2009.

[6] 陈国仇，薛荣久. 国际贸易 [M]. 北京：中国人民大学出版社，1994.

[7] 陈国武. 解读《跟单信用证统一惯例（2007年修订本）》第600号出版物 [M]. 天津：天津大学出版社，2007.

[8] 陈华，张子寒. 区块链如何助推国际贸易转型升级 [J]. 科技与金融，2020（6）：18-24.

[9] 陈岩. 国际贸易理论与实务 [M]. 4版. 北京：清华大学出版社，2018.

[10] 崔日明，王海兰. 国际贸易实务 [M]. 2版. 北京：机械工业出版社，2021.

[11] 邓翔，路征. "新新贸易理论"的思想脉络及其发展 [J]. 财经科学，2010（2）：41-48.

[12] 萨尔瓦多. 国际经济学基础：影印版 [M]. 北京：清华大学出版社，2019.

[13] 方齐云，方臻旻. 国际经济学 [M]. 武汉：华中科技大学出版社，2020.

[14] 冯晓宁. 跨境电子商务概论与实践 [M]. 北京：中国海关出版社，2019.

[15] 傅龙海，陈剑霞，詹小琦. 国际贸易理论与实务 [M]. 6版. 北京：对外经济贸易大学出版社，2022.

[16] 曼昆. 经济学原理：下册 [M]. 梁小民，译. 北京：北京大学出版社，1999.

[17] 郭凤华，张涵. 国际贸易理论与实务 [M]. 北京：北京理工大学出版社，2018.

[18] 郭羽诞，兰宜生. 国际贸易学 [M]. 上海：上海财经大学出版社，2008.

[19] 胡昭玲. 国际贸易：理论与政策 [M]. 北京：清华大学出版社，2010.

[20] 黄涛. 国际贸易实务 [M]. 北京：北京航空航天大学出版社，2015.

[21] 金泽虎. 国际贸易学 [M]. 3版. 北京：中国人民大学出版社，2019.

[22] 冷柏军，张玮. 国际贸易理论与实务 [M]. 2版. 北京：中国人民大学出版社，2019.

[23] 李丹，崔日明. 国际贸易概论 [M]. 2版. 北京：中国人民大学出版社，2019.

[24] 梁坚. 国际贸易理论与政策：基于比较优势统一框架的全新阐析 [M]. 2版. 北京：中国人民大学出版社，2015.

[25] 梁琦. 国际结算 [M]. 4版. 北京：高等教育出版社，2019.

[26] 刘禹宏，常佳宁. 区块链与数字货币在国际贸易中的应用 [J]. 经济研究导刊，2021（29）：108-110.

[27] 莫莎. 国际贸易实务 [M]. 3版. 大连：东北财经大学出版社，2017.

[28] 曲如晓. 中国对外贸易概论 [M]. 5版. 北京：机械工业出版社，2022.

[29] 石玉川，等. 国际结算惯例及案例 [M]. 北京：对外经济贸易大学出版社，1998.

[30] 苏宗祥. 国际结算 [M]. 北京：中国财政经济出版社，1982.

[31] 佟家栋，周申. 国际贸易学：理论与政策 [M]. 3版. 北京：高等教育出版社，2014.

［32］王凯，阚宏. 新编国际贸易理论与实务［M］. 4版. 北京：对外经济贸易大学出版社，2020.

［33］尹翔硕. 国际贸易理论与政策［M］. 北京：机械工业出版社，2018.

［34］于强. UCP600与信用证操作实务大全［M］. 北京：经济日报出版社，2007.

［35］余淼杰. 国际贸易学：理论、政策与实证［M］. 北京：北京大学出版社，2013.

［36］张孟才. 国际贸易实务［M］. 北京：机械工业出版社，2012.

［37］张玮. 国际贸易原理［M］. 2版. 北京：中国人民大学出版社，2013.

［38］张夏恒. 跨境电子商务概论［M］. 北京：机械工业出版社，2020.

［39］赵春明，魏浩，蔡宏波. 国际贸易［M］. 3版. 北京：高等教育出版社，2013.

［40］赵伟，韩媛媛，赵金亮. 异质性、出口与中国企业技术创新［J］. 经济理论与经济管理，2012（4）：5-15.

［41］周桂荣. 国际贸易理论与实务［M］. 厦门：厦门大学出版社，2018.

［42］周双燕，吴莎. 国际贸易理论［M］. 青岛：中国海洋大学出版社，2019.

［43］朱廷珺. 国际贸易［M］. 3版. 北京：北京大学出版社，2016.